KB042301

Purchasing and Supply Management 개정판

기업경쟁력 창출을 위한
구매관리

최정욱 저

박영사

개정판을 출간하면서

2009년 '기업 경쟁력 창출을 위한 구매 관리' 초판을 내고 많은 분들로부터 격려와 도움을 받은 점에 대하여 감사드리고자 한다. 이 책을 사용하여 학교에서 기업에서 그리고 산업 현장에서 구매를 이해하고 학습한 모든 분들에게 또한 감사드리고 싶다. 세월은 흘러서 책을 처음 출판한 시대와 또 다른 시대가 다가오고 있다. 기업 경영에서 변하지 말아야 할 것도 있고, 그리고 경영 환경에 맞추어 변해야 할 것도 있는 것이다. 그 사이를 돌아보면 기업들의 활동에서 구매 부분이 차지하는 전략적 중요성과 비중이 더욱 증가하고 있고, 구매 부분에 대한 관심도 지속적으로 향상되고 있다. 그러면서도 새로운 경영 환경의 변화와 새로운 기술의 발전과 도래가 새로운 구매 형태를 요구하는 시대에 이르게 되었다. 그리하여 초판의 내용을 기본으로 변화된 상황에 대한 내용을 수정 보완하여 개정판을 작업하였고, 이렇게 수정 보완된 책을 발간하게 되었다.

먼저 모듈 1에서는 기업 경영에서 구매가 차지하는 비중과 의미가 강조되면서, 구매 의사 결정이 중요한 기업의 경쟁력을 만들기 때문에 기업 전략과 구매 전략의 연계 부분을 추가하였다.

모듈 2에서는 구매 위험관리가 이제는 일상적인 구매 업무로 진행됨에 따라 이 부분에 흡수하고 좀 더 내용을 충실하게 보완하였다. 그리고 전반적으로 구매 업무의 핵심 영역들도 새로운 구매 부분의 발전에 맞추어 내용의 보완 및 추가 구성을 진행하였다.

모듈 3에서는 구매가 타 부서와 연계되는 내용을 좀 더 추가하였고, 구매 업무의 확장과 다양한 영역과의 연계 및 타 부서와 협조, 조정이 필요한 내용을 새롭게 추가하였다.

모듈 4는 구매의 사회적 의미라는 부분으로 새롭게 구성하였다. 최근 구매 부분에 대한 요구가 올바른 구매 활동을 통해 사회적으로 건전하고 유익한 기업을 만들어 공급 사슬을 건강하게 조성하는 데 조력함으로써 함께 동반 성장하는 사회를 형성하는 역할에 대해 점차 집중되고 있기에 이 부분을 좀 더 상세하게 서술하였다.

모듈 5는 구매 부분의 새로운 변화와 발전에 관하여 서술하였다. 구매 활동의 새로운 가치는 무엇인지 그리고 4차 산업혁명 등으로 인한 환경 변화 속에서 구매가 나아가야 할 길과 발전 방향에 관하여 서술하였다.

이번에 출판되는 개정판이 새롭게 발전하고 변화하는 구매 부분과 관련된 내용들을 학습하고 이해하는 데 도움이 되기를 바란다.

2018년 1월

저자 씀

서 문

한국에 귀국한 지 얼마 되지 않았을 90년대 초반의 일이다. 회사에 계신 중역한 분을 만나서 이런 이야기를 서로 주고받았다.

"교수님, 미국에서도 학생들을 가르치고 교수 생활을 하셨다고 그러던데요?"
"네, 맞습니다."
"어떤 과목을 연구하시고 가르치셨나요?"
"저의 연구 분야는 대체로 구매관리, 공급 사슬 관리, 생산관리 분야인데, 제가특히 관심이 있는 분야는 구매입니다."
"구매요? 물건을 싸게 잘 사는 것, 그런 거 아닙니까?"
"네, 뭐 그런 거죠."
"물건을 싸게 잘 사는 것, 그거 우리집 사람도 아주 잘하는데……, 구매라는 것은 누구나 잘할 수 있을 것 같은데 왜 그런 것을 일부러 연구하시나요?"
그래서 나는 그냥 웃으면서,
"네, 뭐 제가 그 분야를 좋아해서 그렇습니다. 그런데 어떻게 하면 물건을 싸고잘 사게 되는지 그것이 그리 간단하지 않습니다."
라고 얘기한 적이 있다.

90년대 초반만 하더라도 구매란 특별히 전문적인 지식이 필요 없는 누구나 다할 수 있는 일반 관리직으로 인식되는 경우가 많았다. 만약 진정 구매가 그러한단순한 것이라면 독자들은 이 책을 볼 필요가 없다. 정말 구매는 아무나 할 수 있는 일반 관리직일까? 예를 들어, 앞에서 물건을 싸게 사는 것이 구매라고 하였지만, 싸게 산다는 의미도 엄밀히 따지면 결코 쉬운 얘기가 아니다. 싸다는 것이, 과연 무엇이 싸다는 것인가? 구매할 때 단가가 싸다는 것인가? 아니면 추후 발생 비

용이 싸다는 것인가? 우리가 인터넷이나 신문에서 특정 지역 관광 광고를 보고 여
행사를 선택할 때 과연 그 곳에 나와 있는 여러 가지 선택 중 가격이 싼 것을 고
르는 것이 진정 좋은 선택인 것인가? 우리 기업이 흔히 행하는 실수 중의 하나가
한국보다 구매 단가가 싸다고 중국에서 구매를 하고자 하는데, 단지 노동력의 단
가가 싸다고 중국 공급자와 계약을 했다 오히려 나중에 더 큰 비용을 지불하게 되
는 경우도 비일비재하게 많이 발생한다. 결국 싸다는 것도 따지고 보면 단순한 구
매 단가가 아닌, 특정 구매 선택이 발생시키는 총원가를 계산하여 싼 것이 진정으
로 싼 것인데, 이것을 알아내는 것은 결코 누구나 할 수 있는 쉬운 일이 아니다.
결국 구매도 공부를 해야 한다는 것이다. 알지 못하면 원가를 줄이기 힘들고, 분
석하지 않으면 누가 가장 좋은 공급자인지 판단하기 어렵다. 공급자와 협상이 아
닌 협박으로는 해결할 수 있는 사안은 점점 찾아보기 힘들어지고 있다.

 이 책은 이러한 구매 분야에 이해와 공부의 틀과 바탕이 되고자 한다. 90년대
귀국하여 한국에서 구매의 중요성을 역설하고 오랜 시간 동안 학계, 산업계, 기
업에서 구매 관련 연구와 강의를 해오면서 구매를 공부할 수 있는 기본 서적을
출판해야 한다는 절실한 의무감이 있었으나 차일피일 미루어오다 이번에 그 동
안의 연구 논문, 강의 교안들을 기반으로 구매관리에 관한 책을 서술하게 되었다.
아무쪼록 이 책이 한국의 학계, 산업계, 기업에서 구매 관련 담당자들에게, 또한
구매를 공부하고 연구하는 모든 분들에게 도움을 드릴 수 있었으면 하는 것이 바
람이다.

책의 구성

이 책은 크게 5개의 모듈로 구성되어 있다. 전체의 흐름과 개요는 다음과 같다.

Module 1 기업 경쟁력과 구매의 발전

모듈 1에서는 구매가 왜 전략적으로 중요한지, 구매는 어떻게 발전해왔는지, 그리고 구매가 어떻게 전략을 수립하여야 기업의 성공에 공헌할 수 있는지 등을 중점적으로 살펴보고자 한다.

Module 2 구매관리 핵심 영역

모듈 2에서는 구매관리 영역의 핵심이 되는 내용 – 제조/구매 의사 결정, 구매 업무 프로세스 이해, 공급자 소싱 및 관리, 전략적 구매 원가 관리, 구매 협상, 글로벌 소싱 및 구매 위험 관리 등을 중점적으로 살펴보고자 한다.

Module 3 타 부서와 구매와의 연계

모듈 3에서는 구매 활동을 하면서 연계되어야 하는 타 부서와의 관련 이슈들 – 개발 부서와 연계를 통한 신제품 개발, 생산 부서와 연계된 자재 수급 활동, 품질 부서와 연관된 규격 관리 및 공급 사슬 관점에서 구매가 어떠한 역할과 공헌을 해야 하는지를 중점적으로 살펴보고자 한다.

Module 4 사회적 환경하의 구매의 역할

모듈 4에서는 구매 활동을 하면서 생각해보아야 하는 사회적 환경과 책임, 규범 준수, 구매 관련 준법, 구매 윤리 활동 등과 사회적 책임에서 좀 더 발전된 공유 가치 창출의 개념 및 활용 그리고 그 연장선상에 있는 동반 성장 등에 관하여 살펴보고자 한다.

Module 5 구매 혁신 및 구매 발전 방향

모듈 5에서는 구매 업적 및 평가에 관한 새로운 시각 및 관점 그리고 구매 부분의 전통적인 업무를 넘어선 새로운 활동과 가치 창출 이슈, 4차 산업혁명 및 신기술 환경하의 구매 발전 방향 및 선진 구매 부분을 살펴보고자 한다.

〈전체 책 구성〉

Module 1 기업 경쟁력과 구매의 발전

1장 구매란 무엇인가
2장 구매 전략

Module 2 구매 관리 핵심 영역

3장 제조/구매에 관한 의사 결정
4장 구매 업무의 이해
5장 공급자 관리
6장 전략적 원가 관리
7장 구매 협상
8장 글로벌 소싱
9장 구매 위험 관리

Module 3 타 부서와 구매의 연계

10장 개발 부서와 구매의 연계
11장 품질 부서와 구매의 연계
12장 생산 부서와 구매의 연계
13장 공급 사슬 관점에서 본 구매

Module 4 사회적 환경하의 구매의 역할

14장 구매의 사회적 책임
15장 공유 가치 창출과 상생 협력

Module 5 구매 혁신 및 구매 발전 방향

16장 구매 성과 평가
17장 구매의 새로운 가치 창출
18장 4차 산업혁명 하의 구매의 변화

감사의 글

초판과 개정판을 집필하면서 많은 도움이 있었다.

먼저 저자의 지도교수이자 스승이며 이 분야에 눈을 뜨게 해 주신 University of Illinois at Urbana-Champaign의 George Monahan 명예 교수님께 존경과 감사를 드린다. Monahan 교수님이 아니셨으면, 이 분야를 시작하고 연구하지 못하였을 것이다. 그리고 구매 분야에서 연구와 강의를 하는 동안 저자에게 많은 도움을 준 동료들에게 감사하고 싶다. Bowling Green State University의 Chan Hahn 명예교수, Arizona State University의 Joseph Carter 교수, Thunderbird University의 Joseph Cavinato 교수, Miami University의 Lisa Ellram 교수 그리고 미국구매관리협회(ISM)의 Nora Neibergall 부회장 그리고 글로벌 컨설팅 회사 A. T. Kearney의 John Blascovich, Rosanna Yang 파트너에게 감사하고 싶다. Anklesaria 컨설팅그룹을 이끌고 있는 Jimmy Anklesaria에게도 감사하고 싶다. 그리고 오랫동안 이 분야를 함께 연구하고 있는 Arizona State University의 Thomas Choi 교수에게 감사드리고 싶다.

구매 분야를 개척해오는 동안 변함없이 저자의 강의와 연구에 도움과 의견을 통해 향상과 발전을 견인해주신 한국의 산업계, 학계 및 기업의 모든 분들께 감사드리고 싶다. 또한 저자와 함께 구매를 연구하고 있는 국민대학교 구매전공 석, 박사 학생들에게도 감사하고 싶다.

저자의 책을 만드는 작업을 본인의 책처럼 정열과 인내로서 도와주신 박영사의 안종만 회장님, 오치웅 대리, 하정원 박사님께 감사드린다.

무엇보다도 가족의 도움이 없었다면 이 책은 세상에 나올 수 없었을 것이다. 저자의 가족에게 고마움과 사랑을 전하고 싶다.

이렇게 책을 저술할 수 있는 오늘의 나를 있게 해주신 부모님께 이 책을 바친다.

2018년 1월

저자 씀

목 차

Module 1　기업 경쟁력과 구매의 발전

Module 2 구매 관리 핵심 영역

제3장 제조/구매(Make or Buy)에 관한 의사 결정

제4장 구매 업무의 이해

Module 4　사회적 환경하의 구매의 역할

Module 5　구매 혁신 및 구매 발전 방향

기 업 경 쟁 력 창 출 을 위 한 구 매 관 리

Module 1.

기업 경쟁력과 구매의 발전

모듈 1에서는 구매의 의의와 전략적 중요성을 살펴보고자 한다. 구매란 단순히 생산이 원하는 자재를 공급하는 기능으로 만족하는 것이 아니고 공급자를 이용한 새로운 가치를 창출하여 기업의 경쟁력을 만들어내는 데 매우 중요한 역할을 하는 기능으로 발전해가고 있다. 기업이 경쟁에서 승리하기 위해서는 신속한 제품 개발, 낮은 원가, 우수한 품질, 정확한 납기, 고객 만족 등이 요구된다. 그러므로 구매 역량과 능력이 바로 그 기업의 성공을 결정한다고 해도 과언이 아닐 것이다. 앞으로 구매 부분이 우수한 기업들의 성공 사례가 많이 발견되고 연구 대상이 될 것이다.

1장에서는 구매의 정의와 의미를 살펴보고, 과거 구매의 모습에서 시작하여 구매가 발전하고 변화하는 모습과 형태를 분석하고자 한다. 또한 경영의 패러다임이 변함에 따라 구매의 역할과 의미는 어떻게 변하였는가를 살펴보고, 공급자가 기업에게 줄 수 있는 공헌과 의미를 이해하고자 한다. 그리고 구매의 우수성이 어떻게 기업의 성공에 연계되는가를 살펴보고자 한다.

2장에서는 구매가 기업의 중요한 전략적 의미를 가지게 되고 핵심 역할을 수행하게 됨에 따라서, 기업 성공을 위한 구매 전략을 수립할 필요성이 발생하였다. 그래서 기업의 전략은 어떻게 수립되고 그러한 기업 전략을 달성하기 위하여 구매 부분에서는 어떻게 전략을 수립하고, 또한 구매 전략을 수립하기 위하여 고려해야 할 요소들은 어떠한 것들이 있는지 살펴보고자 한다.

구매란 무엇인가

    구매를 한 마디로 정의하기는 어렵다. 단순하게 자재나 서비스를 조달하는 것이 구매라고 생각할 수도 있지만 그것은 구매 전체 중의 일부에 불과하다. 구매에 관한 이해를 많이 할수록 구매 분야가 단순히 주어진 요구 사항을 조달하는 기능만을 수행하는 것이 아님을 확신하게 될 것이다.

    어느 기업이든 혼자 모든 것을 생산하거나 운영할 수는 없다. 반드시 다른 외부 기업으로부터 도움을 받아야 하는데, 이러한 도움을 받는 모든 활동에 구매가 연계된다. 생산은 외부의 자재를 필요로 하고, 총무는 외부의 컴퓨터를 필요로 하고, 개발은 외부의 설비를 필요로 하고 등등 많은 기업 활동들이 외부의 도움과 협력을 필요로 하는데 가장 바람직하게 외부와의 연계와 협력을 하기 위해 구매가 필요하다. 다른 외부 기업의 장점을 연계와 협력을 통하여 우리 기업의 장점으로 만든 것이 구매라고 볼 수 있다. 그러므로 원가절감만 하는 부서가 구매 부서는 아닌 것이다.

    본 장에서는 전통적인 구매의 의미와 정의를 살펴보고, 과거의 단순한 조달 형태의 구매에서 경영 패러다임이 변함에 따라 어떻게 구매의 중요성과 전략적 의미가 증가하고 발전하였는가를 살펴보고자 한다. 공급자가 갖는 기업 성공의 중요한 의미를 살펴보고 구매의 우수성이 기업의 성장과 성공에 중요한 요소임을 이해하고자 한다.

제1장

구매란 무엇인가

1 | 구매의 정의 및 의의

구매란 어떻게 정의할 수 있는가?

기업이 경영 활동을 하는데, 그 기업 내부에서 모든 경영 자원을 확보할 수 있으면 좋겠지만, 필요하지 않아서 또는 가능하지 않기 때문에, 내부의 모든 경영자원을 활용할 수만은 없다. 예를 들자면, 생산에서 자재가 필요하면 외부의 공급자로부터 자재를 구매할 것이고, 개발에서 설비가 필요하다면 외부의 공급자로부터 설비를 구매할 것이고, 인사부에서 인사 시스템 전산 프로그램을 필요로 한다면 외부에서 특정 전산 프로그램을 구매할 것이고, 총무부에서 어떤 비품이 필요하다면 외부에서 어떤 비품을 구매하는 식으로 필요한 외부의 경영자원들을 확보하는 것이 구매라고 이야기할 수 있다.

그중 생산 부분으로 국한하여 예를 들어본다면, 자동차를 만드는 회사에서는 타이어를 구매해야 하고, 컴퓨터를 만드는 회사에서는 반도체를 구매해야 하며, 배를 만드는 회사에서는 철판을 구매해야 한다. 이렇듯 구매란, '기업이 경영 활동을 하는 데 있어서 필요한 자원들을 외부의 공급자로부터 획득하는 과정이다.'라고 정의할 수 있다.

도표 1-1 구매의 위치 및 연계

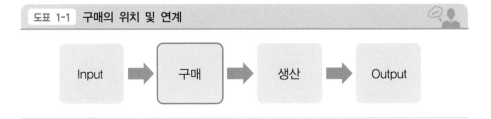

위의 도표에서 보는 것처럼 구매란, 생산의 원활한 활동을 위하여 외부에서 필요한 경영자원을 확보하는 활동이라고 볼 수 있다. 결국 구매가 잘 되지 않으면 생산 활동에도 많은 영향을 줄 수가 있다. 결국 원하는 산출물을 얻기 위해서는 생산의 시작 단계인 구매 부분에서부터 경쟁력을 확보해야 한다. 구매는 생산의 시작이고, 구매가 없다면 생산도 없는 것이다.

2 | 구매의 전통적 의미

전통적으로 구매란 기업이 필요로 하는 재화나 서비스를 사용 부서(기업 내부 고객)의 요구 사항을 만족시키면서 최적의 조건으로 확보하는 것을 의미하였다. 예를 들어 생산이 A라는 자재를 B 수량만큼 C 시간까지 원한다면, 구매는 그러한 조건에 맞게 최선의 공급자로부터 최선의 가격과 품질로 원하는 시간에 공급하게 하는 것이었다. 이러한 경우 구매 부서의 목표는 생산 부서의 요구 사항에 맞추어 자재를 확보하는 일이고, 이러한 구매 행위는 생산의 도우미 역할을 하는 수준에서 인지되었다. 또한 구매란 일반적으로 주어진 예산으로 자재나 서비스를 확보하는 업무이기에 특별한 전문 지식이나 역량을 요구하지 않는 단순한 사무직의 기능과 역할로서 인지되어 구매 부서의 전문성과 전략적 중요성이 높지 않게 인식되어 오기도 하였다. 일반적으로 구매 업무가 "잘하면 본전, 못하면 비난"(잘하면 당연한 것으로 인지됨, 못하면 그렇게 쉬운 일 – 단지 돈 주고 물건 사오는 일 – 도 못하나?)으로 인지되어 구매 부서의 중요성과 의미가 많이 미흡한 시절이 있었다.

그러던 구매 업무가 1970년대 세계적인 오일 쇼크 사태가 일어나면서 인지도에 변화가 오기 시작하였다. 과거에는 구매를 돈 주고 물건 사오는 당연한 업무로 생각해왔던 기업들이 석유 자원의 파동으로 원하는 시간에 원하는 자재가 확보되지 않아서 기업 생산 활동이 중단되기까지 하는 어려움에 직면하였다. 결국 기업은 구매의 중요성을 새삼 인지하기 시작하였는데, 안정적인 자재의 확보(과거에는 당연하다고 인지되었던)가 기업 경영에 얼마나 중요한 사안인지 인식하게 되었다. 마치 우리가 물의 중요성을 모르고 사는 것처럼(물이란 당연히 주위에서 마실 수 있는 것이지만 만약 물이 없다면 우리는 살기가 어렵다) 구매의 중요성도 이러한 경우에 해당되는 것이다. 그래서 기업들은 구매 부서에 좀 더 많은 관심과 노력을 기울이기 시작하였다.

이렇게 구매의 중요성이 제대로 인지되기 시작한 것이 불과 40년 전의 일이다. 하지만 그 이후 패러다임의 변화와 기업 경영 환경이 변화하면서 구매의 전략적 중요성은 날로 성장해가고 있다.

구매가 기업이 필요로 하는 재화 또는 서비스를 조달하는 의미로서 해야 할 내용을 5R 구매(다섯 가지의 올바른 구매)라고 언급되는데 다음과 같다.

① **Right price**(올바른 가격으로 구매하기)

최저가 구매가 아닌, 올바른 가격으로 구매하기란 쉽지 않다. 지금 구매한 이 가격이 최선이라는 것을 어떻게 증명할 수 있을까. 아마도 구매 담당자들은 이 질문에 평생 도전해야 할 것이다

② **Right time**(올바른 시간에 구매하기)

만약 오늘 10시에 필요한 부품을 9시59분에 구매해서 받으면 1분동안 재고를 보유해야 하기에 낭비이고, 10시1분에 구매해서 받으면 품절이 발생한다. 그러므로 구매 담당자들은 가장 올바른 시간(빠르지도 늦지도 않은)을 맞추기 위하여 또한 평생 도전해야 할 것이다

③ **Right quantity**(올바른 수량을 구매하기)

만약 100개가 필요한 경우, 99개를 구매하면 품절이고 101개를 구매하면 재고가 남는다. 하지만 구매 수량은 앞 단의 영업에서 그리고 생산에서 결정되어 구매에게 요구하는 수량이기에 구매가 마음대로 조정할 수 없다. 하지만 자재가 남거나 모자라면 구매의 책임으로 인식되는 경우가 많다. 고로 영업 및 생산과 정보를 잘 공유하고 협력하여 남지도 모자라지도 않게 구매해야 한다.

④ **Right quality**(올바른 품질을 구매하기)

자재가 가끔은 과잉 규격으로 구매될 수도 있고, 또한 품질 불량인 경우로 구매될 수도 있다. 물론 구매인은 개발 및 설계자가 아니기 때문에, 가장 적합한 규격

과 품질이 무엇인지 결정할 수는 없다. 하지만 공급자와 설계 팀과의 중간적 위치에서 과연 무엇이 가장 적합한 품질 수준인지 분석해보고 올바른 품질을 구매하는 데 도전해야 한다.

⑤ **Right supplier**(올바른 공급자로부터 구매하기)

말할 필요도 없이 구매는 공급자가 적합한 공급자일 때 비로소 의미가 생긴다. 가장 적합한 공급자를 찾아서 그들로부터 구매하는 것이 구매인의 역할인 것이다.

3 | 구매의 역할 변화

앞서 언급한 것처럼 구매의 전략적 중요성이 날로 증가하고 있는데, 이러한 변화를 야기시킨 중요한 사안들을 몇 가지 살펴보기로 한다.

(1) 공급 사슬 관리(Supply Chain Management)의 중요성 증대

공급 사슬 관리란 공급자로부터 시작하여 제조 – 물류 – 영업 – 소비자에게까지 이어지는 모든 물류, 자재, 제품 및 가치의 흐름을 통합하고 연계하여 전체적인 하나의 시스템으로 이해하고 분석하려는 활동이다.

도표 1-2 공급 사슬 관리

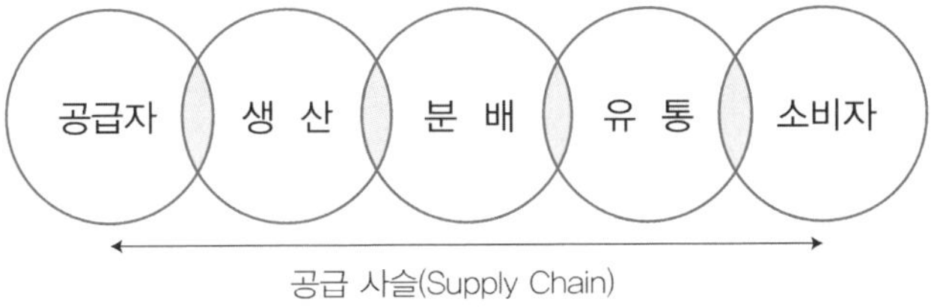

공급 사슬(Supply Chain)

공급 사슬에 관한 자세한 설명과 이론은 다른 책에서 많이 서술하였기에, 본서에서는 그 기본적 개념을 설명하기 보다는 공급 사슬 관리와 구매의 연계성에 대하여 살펴보고자 한다.

　1980년대 후반, 일본 자동차 회사들에게 많은 부분에 비해 경쟁력을 상실하여 미국 내 시장을 뺏긴 미국 자동차 업계가 일본 자동차 회사들을 벤치마킹하였다. 분석적이고 체계적인 벤치마킹의 결과로 미국 자동차 회사들이 일본 자동차 회사들과 대등할 정도의 경쟁력을 보유하게 되었음에도 불구하고 시장에서 경쟁은 여전히 우위를 차지하지 못하고 있었다. 이러한 원인에 관한 분석을 진행하면서 미국의 기업들은 고객의 주문을 확보하기 위한 경쟁은 일본 자동차 회사 대 미국 자동차 회사 간의 회사 대 회사의 경쟁이 아니라, 미국 자동차를 만드는 팀(미국 자동차 업체 + 공급자들)과 일본 자동차를 만드는 팀(일본 자동차 업체 + 공급자들)의 경쟁인 것을 인식하게 되었다. 결국 아무리 자동차 회사가 우수해도 그 자동차 회사에게 부품을 공급하는 공급자들이 우수하지 못하면 경쟁에서 승리할 수 없다는 사실이다.

　예를 들어 공급자로부터 전체 부품의 70%가 들어온다고 가정하면, 공급자가 전체 제품 원가의 70%를 결정하고, 가격의 70%을 결정하며, 납기나 다른 경쟁력의 70%를 결정하는 것이다. 결국 기업 경쟁력의 70%는 공급자로부터 창출되고, 이러한 공급자들을 관리하는 부서가 바로 구매 부서인 것이다. 때문에 구매 부서란 과거처럼 생산이 원하는 자재를 조달하는 단순하고 보조적인 기능이 아니라, 기업 경쟁력의 반 이상을 만들어내는 공급자를 효과적으로 관리하여 기업을 성공에 이르게 하는 중요한 기능이라는 인식이 시작되었다.

　결국 기업이 승리하기 위해서는 기업 혼자 경쟁력을 가지는 것이 아니라, 그 기업에 필요한 자재를 공급하는 공급자들도 함께 역량과 능력을 키워야 하고, 구매 부서가 바로 이러한 중요한 업무를 맡아 기업을 성공으로 이끄는 전략적이고 핵심적인 부서가 되어야 한다는 사실이었다.

　이러한 변화는 전체 경영의 패러다임을 변화시켰는데, 과거에는 기업의 내부적인 우수성이 성공을 만들어냈다면, 앞으로는 우수한 외부 기업과의 연계성이 기업의 성공을 만들어 낸다는 것이다. 가령 아주 성공적인 휴대폰 제조업체가 있다고 해보자. 휴대폰 제조업체의 경쟁력을 조사해보니 휴대폰 업체에게 부품을 공급하는 공급자들이 그들의 분야에서 세계적인 경쟁력을 보유하고 있었다. 그러한 세계적인 부품이 휴대폰에 들어가서 휴대폰이 성공할 수 있게 되었다면, 휴대폰 제조 회사의 성공은 휴대폰 제조 회사 내부의 우수성이 아니라 외부 공급자들의 우수성을 그 회사가 구매하여, 공급자의 우수성이 휴대폰 회사의 우수성이 된 것이다.

우수한 공급자와 좋은 관계가 없는 한 기업은 결코 성공할 수 없을 것이다.

(2) 아웃소싱(Outsourcing)의 증가

도표 1-3 우수 기업 = 핵심 역량 + 아웃소싱

기업의 경영이 복잡해지고 기업 간 경쟁이 심화되고 발전의 속도가 빨라지면서 기업들은 모든 분야를 스스로 다 잘할 수 없다는 것을 알게 되었다. 그러므로 경쟁에서 승리하기 위해서는 본인이 잘하는 역량에 집중하고 나머지 부분은 외부의 우수한 공급자에게 아웃소싱을 주는 형태로 발전해가게 되었다. <도표 1-3>에서 보는 것처럼 기업은 자기가 잘할 수 있는 핵심 역량에 집중하고 많은 부분들을 아웃소싱(외주화)하고 있다. 예를 들어 대학교에서 급식을 대학교가 직접 하지 않고 외부의 급식 전문 업체에게 맡긴다든지, 신제품 개발 시 특정 부품의 개발을 외부 전문 기업에게 맡긴다든지, 물류 운영을 직접 하지 않고 전문 물류 회사에게 맡긴다든지, 이런 식으로 아웃소싱들을 많이 행하고 있다. 결국 본인이 잘할 수 있는 영역에 기업의 경영 자원을 집중하고 나머지 부분(남들이 더 잘하는 부분)을 아웃소싱하여 선택과 집중을 통한 기업 경영을 하는 것이 일반적인 경향이다.

심지어는 신발을 제조하는 나이키와 같은 회사를 살펴보면, 신발 제조라는 부분을 상당히 많은 부분 외주(아웃소싱)를 주고 있다. 그러한 이유는 다음과 같이 설명 될 수 있다. 나이키는 마케팅과 제품 개발에 집중하고 생산은 오랫동안 신발을 제조하여 원가와 품질에 경쟁력을 보유한 신발 전문업체에게 외주를 주는 것이 기업 경영에 더욱 효율적이라는 것이다. 그러므로 기업은 점점 아웃소싱의 영역과 내용을 증가시킴으로써 기업 성과의 효율화·극대화를 추구해가고 있다. 아웃소싱이란 결국 외부의 능력 있고 좋은 공급자를 선택하여 그들의 역량을 구매하는 것인데, 본질적으로 앞서 언급한 공급자의 경쟁력이 우리 회사의 경쟁력이 되는 것과 같은 이치이다. 결국 아웃소싱이 증가한다는 이야기는 기업 경영에서 구매의 영역과 활동이 증가한다는 뜻이다.

10년 전 미국의 애플(Apple)사가 iPhone을 세상에 출시하여 화제를 일으킨 바가 있다. iPhone 출시 당시 CEO인 스티브 잡스는 다음과 같은 질문에 답을 해야 하였다. "한번도 휴대 전화를 만들어 본 경험이 없는 애플사가 이제 와서 휴대 전화 시장에 뛰어 드는 것은 위험하고 무모한 것이 아닌가?" 그때 스티브 잡스는 이렇게 대답하였다. "걱정할 필요가 없다. 애플사는 모든 것을 다 잘할 필요도 없고 또 사실 그렇지도 않다. 우리가 잘하는 디자인과 개발에 집중하고 나머지는 외부에서 구매(아웃소싱)하면 된다." 그래서 iPhone의 뒷면을 보면 다음과 같이 쓰여 있다. "Designed by Apple in California, Assembled in China" 즉 애플사는 디자인과 신제품 개발만 집중하고 제조는 중국의 공급자에게 아웃소싱했다는 의미이다. 다시 말하면 제품의 생산을 아웃소싱하고, 애플사는 그들로부터 완제품을 구매하게 된 것이다. 생산 공장이 없어도 구매를 통하여 제품을 소비자에게 출시할 수 있게 된 것이다.

사실 iPhone 전에도 휴대 전화는 있었다. 그렇다면 iPhone이 세상을 지배하게 된 가장 큰 이유가 무엇일까? 아마도 그전에는 단순했던 휴대 전화의 기능을 스마트폰(smart phone)이라는 개념으로 휴대 전화를 컴퓨터와 동일한 수준까지 혁신시켰기에 iPhone의 폭발적인 성공이 가능한 것이라고 사료된다. 그러면 스마트폰의 핵심은 무엇일까. 그전 휴대 전화와 비교해보면 앱(App, Application)일 것이다. 이러한 앱을 휴대 전화에 깔아서 마치 컴퓨터처럼 사용하게 만든 것이다. 이러한 앱을 처음 개발한 스티브 잡스의 천재성을 엿볼 수 있다. 애플사 내부의 연구 개발자들이 단기간에 창의적이고 유용하고 다양한 앱을 개발하기가 어렵다는 사실을 직시한 잡스는, 외부 개발자들에게 앱을 구매하기로 결심하였다. 그 대신 앱 개발자에게는 앱 판매 수익의 70%를 배분하여 좋은 앱을 개발하면 상당한 경제적 이득을 확보할 수 있게 해주었다. 이렇게 되니 세계의 우수한 그리고 창조적인 사람들이 모두 애플사의 앱 개발에 매달리게 되었고, 애플사는 세상에서 가장 머리 좋고 창조적인 사람들의 발명품을 구매하여 단기간에 애플사의 iPhone의 앱으로 사용하게 되었다. 고객들은 iPhone을 구매해야 그러한 앱을 사용할 수 있었기에 iPhone 구매가 폭발적으로 성장하게 되었다. 결국 잡스는 외부의 창조적인 사람들의 결과물을 구매한 것이다.

결국 기업들은 적절하게 외부 공급자를 이용하여 그들이 원하는 것을 달성하려고 한다. 특히 제조업에서 자신의 핵심 역량을 디자인 및 제품 개발에 집중하고 제조는 이미 그러한 제품을 오랫동안 만들어 본 경험이 있는 제조 회사에게 외주를 주는 형태를 공장이 없는 제조업(Fabless Manufacturing)이라고 한다. 가장 대표적인 기업이 나이키일 것이다. 나이키의 철학은 명료하다. 나이키가 고객의 요구를 파악하여 새로운 신발을 개발한다면, 그러한 신발을 만드는 것은 오랫동안 신발을 만들어본 업체가 나이키보다 훨씬 더 경쟁력이 있다는 것이다. 그렇다면 나이키의 구매부서가 올바른 공급자를 선택하여 그들과 거래를 함으로서 모든 신발이 생산되고 매출이 만들어지게 된다. 결국 앞서 언급한 구매는 생산의 보조 수단이라는 명제가 나이키, 애플, Dell(델)과 같은 회사에서는 생산 자체가 아예 없거나 아주 작기 때문에 구매가 생산의 보조 수단일 수가 없다. 구매는 기업의 수입과 성장을 만들어내는 가장 중요한 핵심 역량이 된다. 공장없는 제조사(Fabless Manufacturing)들의 3대 핵심 역량은 다음과 같다.

도표 1-4 공장없는 제조사들의 3대 핵심 역량

<도표 1-4>에서 언급하고 하는 것은 (1) Marketing : 고객의 요구 사항을 정확하고 신속하게 파악하여 (2) R&D : 그러한 요구 사항에 맞는 새로운 제품을 개발하고 (3) Sourcing : 세계에서 그러한 제품을 가장 잘 만들 수 있는 공급자를 찾아서 그들이 생산하게 한다는 것이다.

그렇기 때문에 100% 모든 제조를 완전히 아웃소싱하기는 어려울지라도 많은 제조업 부분에서 생산 부분의 외주화가 많이 진행될수록 구매 부서의 중요성은 높아지고 역량은 더 많이 필요해진다고 할 수 있다. 요즈음 제조업에서는 전문적인 위탁 생산 업체들을 어떻게 활용하는가 하는 문제가 매우 중요한 핵심 사안이라고 볼 수 있다.

4 │ 공급자와 구매의 중요성

　앞서 언급한 여러 가지 사안과 관점으로 보면 구매에 대한 정의, 구매에 대한 인지, 구매에 대한 인식도 상당히 달라져야 한다. 제조업에서 원가 중 자재비 또는 재료비가 차지하는 비중이 얼마나 될까? 산업별로 제품별로 다르겠지만 아마도 평균 60% 정도 되지 않을까 생각된다. 그렇다면 회사의 자재 중 60%가 외부로부터 공급된다는 이야기인데, 그러면 기업이 가지고 있는 전체 원가의 60%가 공급자에 의해 결정이 되고, 품질의 60%도 공급자에 의해 결정이 되고, 납기나 다른 여러 가지 요인들의 60%도 공급자에 의해 결정된다는 의미이다. 결국 기업 경쟁력의 60%가 공급자에 의해 결정이 되고 이러한 공급자를 관리하는 부서가 구매 부서이기 때문에 구매 부서가 기업 경쟁력의 60%를 책임진다 하여도 결코 과장된 의미가 아닐 것이다.

도표 1-5　공급자의 의미

$$\frac{1+3}{2} = 2$$

　<도표 1-5>는 공급자의 의미와 구매의 중요성을 표현하기 위하여 저자가 만든 공식이다. 기업은 스스로 1류 기업이라고 생각하고 모두들 인정해 준다고 가정하자.(분자의 1의 의미) 그런데 그러한 1류 기업에게 자재나 부품을 공급하는 공급자가 3류 기업이라면, 공급자로부터 물건을 받아 함께(분모 2의 의미) 만들 경우 최종 제품은 2류밖에 되지 않는다. 결국 최종 생산물이 1류이려면 기업 뿐만 아니라 공급자도 1류여야 하고, 이런 이유로 기업은 공급자의 능력을 향상시키려고 노력하는 것이다. <도표 1-5> 분자의 3을 1로 향상시켜야 오른쪽 결과인 최종생산물이 1이 될 수 있다. 3을 1로 향상시키는 것은 공급자를 위하여 하는 것이 아니라 그 기업이 성공하기 위하여 해야 하는 것이다. 공급자를 3류에서 1류로 향상

시키는 것이 구매의 역할이다. 구매 부서가 이러한 중요하고 전략적인 업무를 수행하게 되었다.

　이러한 사실은 미국 구매관리협회의 명칭에 잘 나타나 있다. 미국 구매관리협회는 세계에서 가장 오래되고 영향력도 큰 구매 관련 협회인데 과거의 이름이 NAPM(National Association of Purchasing Management)이다. 그런데 2002년도에 ISM(Institute for Supply Management)이라고 변경하였다.(웹 사이트 주소 www.ism.ws) 새롭게 바뀐 가장 큰 변화는 구매를 Purchasing으로 사용하다가 Supply Management라는 명칭으로 개정한 것인데, Purchasing이 전통적인 조달과 생산의 보조 기능으로서의 구매라는 의미를 가지고 있었다면, Supply Management는 공급자를 관리하여 그러한 공급자의 우수성으로 인하여 기업 경쟁력을 창출하는 역할이 구매라는 의미로의 변환을 말한다. 또한 점점 구매 부분의 비중이 증가하여, 기업이 고객으로부터 수주를 받으면(Demand) 이러한 수요를 충족시켜주기 위하여 제품을 고객에게 공급(Supply)해야 하는데, 과거에는 생산이 만들어서 공급하였으나 점점 구매가 그러한 공급 기능을 맡게 되면서, 외부의 공급자들을 활용하여 제품을 만들어 공급함으로써(Supply Management), 구매가 생산의 보조 수단이 아닌 고객의 수요 요구 사항에 대응하여 제품을 공급해 주는 기능으로 발전하고 있다는 의미로, 미국 구매관리협회 명칭을 NAPM에서 ISM으로 개정하였다.

　물론 아직도 전통적인 구매가 존재하기에 일반적으로 구매를 영어로 PSM(Purchasing and Supply Management) — Purchasing은 전통적 구매, Supply Management는 전략적 의미의 구매 — 이라고 표현하는 것을 많이 볼 수 있다. 한국에서는 그냥 '구매'라는 용어로 아직 모든 의미를 포함하여 사용하고 있으나 앞으로 좀 더 전략적이고 발전적 의미의 구매 단어를 만들어낼 수 있으면 좋겠다.

5 │ 기업 성공과 구매의 역할

앞서 언급한 것처럼 구매가 기업의 중요한 전략적 역할을 수행한다면, 구매는 기업의 성공을 위해 어떤 일을 할 수 있을까? 다시 말하면 구매 부서에서 무엇을 잘해야 기업이 성공할 수 있을까? 일반적으로 기업에서 구매 부서에게 가장 원하는 것은 아마도 공급의 안정성을 확보하면서 원가를 절감하는 일일 것이다. 물론 이러한 요구가 틀린 것은 아니다. 그러나 이러한 요구 사항을 해결하는 것만이 구매 부서에서 해야 하는 전부는 아니다. 결국 기업이 성공하기 위한 중요한 항목들을 분석하여 그러한 항목들에서 구매가 얼마나 공헌할 수 있는가 하는 것을 연구 분석하는 일이 필요하다. 그렇다면 구매가 어떠한 영역에서 기업 성공에 어떻게 공헌할 것인가?

가장 먼저 가능한 영역이 원가를 절감하여 제품의 판매 가격에 도움을 주고 기업의 이익을 창출하는 부분일 것이다. 앞서 언급한 것처럼 많은 기업이 재료비의 비중이 원가에서 많은 부분을 차지하고 있는데, 재료비 원가를 절감하는 것은 기업의 이익에 가장 결정적인 영향을 미쳐서 기업의 성공에 공헌하게 된다. 그러나 절대로 이러한 원가절감이 구매의 성공의 전부라고 이야기할 수는 없다. 보다 많은 구매의 역할이 있기 때문이다.

다음 사례를 들어 보자. 만약 휴대 전화를 제조하는 회사가 휴대 전화에 부착된 카메라의 우수한 성능 때문에 그 휴대 전화가 시장에서 매우 큰 성공을 거두었다면, 카메라를 공급하는 공급자를 효과적으로 활용하여 성공을 한 것이다. 이것은 단지 원가절감이 아니다. 자동차 배터리 공급자가 우수하고 혁신적인 베터리를 개발하여 공급하여 모든 소비자들이 그 자동차를 좋아하게 되었다면 공급자의 혁신 능력이 기업의 성공을 만든 것이다. 공급자의 높은 품질 수준을 구매한다면 공급자의 높은 품질 수준이 우리의 경쟁력이 되는 것이고, 공급자의 신속한 대응력 및 어떤 환경 변화에도 공급할 수 있는 유연성을 구매한다면 그러한 능력이 우리의 능력이 되는 것이다. 공급자가 보유하고 있는 가격의 우수성, 품질의 우수성, 납기의 우수성, 동반자적인 협력의 우수성 등등 구매 부서가 공급자를 활용하여 다른 경쟁 기업보다 앞설 수 있는 모든 영역에서 구매가 공헌할 수 있다.

도표 1-6 구매의 우수성과 기업의 성공

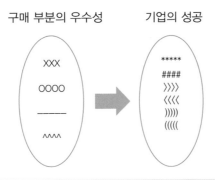

위의 도표는 구매 부분의 특정한 우수성 요인이 기업 성공의 어떤 요소로 연계되는가를 나타내는 도표이다. 예를 들어 구매 부분의 우수성이 '경쟁사 대비 낮은 자재 구매 가격'이라면 기업의 성공에는 '낮은 원가로 인한 매출의 증대'가 될 것이다. 이렇게 다양하고 심도 있는 구매 부분의 우수성을 찾아내고 분석하여 그러한 우수성이 기업의 성공에 어떻게 연계되는가를 분석해보는 것이 바로 구매 부분의 전략적 중요성을 만들어가는 것이라 생각된다. 저자는 구매 부서의 비전을 아래와 같이 나타내고 싶다.

우리 회사 경쟁력의 근원은 구매 부서에서 나온다!

저자는 늘 이야기한다. 우리가 구매하는 것은 부품이 아니라 공급자의 경쟁력이라고. 만약 당신이 30년 동안 경험을 가지고 있는 그 분야 최고의 공급자로부터 특정 부품을 구매한다면, 당신이 구매하는 것은 단순한 부품이 아니라 30년 동안 만들어진 그 공급자의 경쟁력을 구매하는 것이다. 결국 구매를 통하여 30년 동안 그 공급자가 만들어 온 경쟁력을 당신의 것으로 만들 수 있는 것이다. 이것이 구매이다. 결국 구매란 공급자의 경쟁력을 당신 회사의 경쟁력으로 만드는 것이다. 이보다 더 중요한 업무가 있을까?

구매 전략

구매가 단순히 조달 행위를 집행하는 부서인 경우에 전략은 사실상 필요 없었다. 단지 주어진 구매 업무를 실행하기만 하면 되었기 때문이다. 그러나 기업에서 구매의 의미와 중요성이 점점 증대되고, 기업의 경영계획에 구매의 영향력과 요소가 중요한 부분이 되기 시작하면서, 구매 의사결정이 기업 계획과 경쟁력을 결정하게 되었다. 이런 이유로 구매도 전략이 필요하게 되었다.

본 장에서는 기업 전략을 수립하기 위하여, 어떤 부분이 기업에게 전략적으로 중요한 것이고 그리고 기업 경쟁력의 근원이 되는 요소들은 어떻게 구성되고 발전하는가를 살펴보고자 한다. 그리고 기업이 지속적으로 차별화된 경쟁력을 유지하기 위하여 다양한 자원을 효율적으로 우선 순위를 선정하여 전략을 실행하는 방법과, 그러한 기업 전략을 기반으로 구매 부서가 구매 전략을 수립하여 기업 전략과 연계되고 일치되는 전략적 구매 활동을 통하여 기업의 성공과 발전에 공헌할 수 있는가를 살펴보기로 한다.

구매 부서도 전략적이 되어야 한다. 그러므로 구매인들도 본인의 구매 업무에만 충실할 것이 아니라, 기업의 전략과 기업이 무엇으로 경쟁하는가를 이해한다면, 구매 부서에서 어떻게 그러한 기업 경쟁력을 지속적으로 확보하기 위한 공헌을 할 수 있는가를 분석하고, 만들고 실행할 수 있을 것이고, 이러한 것이 진정으로 구매 부서를 기업의 중요한 부서로 만들 수 있는 방안이 될 것이다.

제2장

구매 전략

1 | 기업 전략 수립

　기업은 전략을 수립하기 위하여 단계를 거친다. 이러한 단계를 이해해야 올바른 전략을 수립할 수 있다.

도표 2-1 기업의 전략 수립 과정 단계

비전(Vision)

↓

미션(Mission)

↓

전략(Strategy)

↓

목표(Goals)

↓

계획(Plan)

---

(1) 비전

모든 기업은 그들 스스로 왜 기업을 하는가에 대한 질문에 답을 할 수 있어야 하고, 이것을 비전이라고 부른다. 우리가 하는 일은 무엇이고 이러한 일은 어떤 가치가 있는가에 대한 해답으로, 전 구성원의 꿈과 의지가 함축된 기업의 모습을 이미지화한 것으로 숫자로 나타낼 수 없는 개념적인 모습을 말한다. 비전의 올바른 설정은 전체 기업의 장기적인 미래를 결정한다.

예를 들어 글로벌 유통사 W사의 경우의 경우 '최고의 제품(저렴하고 품질 좋은)을 고객에게 제공함으로써 고객들의 생활을 향상시키고자 한다.'가 비전인 것이다. 다시 말하여 우리가 기업을 하는 이유는 고객들이 우리 매장에서 보다 저렴한 가격으로 품질 좋은 제품을 구매할 수 있다면, 그들은 동일한 소득 수준으로 좀 더 나은 그리고 풍요로운 생활을 영위할 수 있다는 의미이다. 다시 말해 기업의 경영 활동을 통해 고객들의 삶이 좀 더 여유롭게 될 수 있게 만드는 것이다. P 제약회사의 경우 '새로운 약을 개발하여 인류를 보다 건강하게 만든다.'가 그 회사의 비전일 것이다. M영화사의 경우 재미있고 즐거운 영화를 제작하여 '고객들이 2~3시간의 휴식과 안락 그리고 작은 행복을 갖게 만들고자 한다.'일 것이다.

비전은 사실 매우 중요하다. 회사의 진정한 가치이고 사회에 대한 존재의 이유이고 또한 구성원들에게 회사를 다니는 의미를 가지게 만드는 것이다. 일단 비전이 수립되면 그러한 비전을 달성하기 위한 전략이 수립되고, 그러한 전략을 달성하기 위한 목표가 수립된다.

(2) 미션

미션은 비전을 글로 서술해 놓은 것이다. 회사마다 구체적으로 회사의 비전을 상세하고 구체적으로 글로 표현한 회사도 있고, 그냥 비전만을 가지고 있는 회사도 있다. 미션이 완성되면 그러한 미션의 기반하에서 어떻게 경영 자원을 사용하고 어떤 사람을 채용하고 무슨 사업 활동을 할 지가 결정된다.

(3) 전략

전략이란 비전과 미션을 달성하기 위한 구체적인 의사 결정이다. 구체적으로 어떤 의사 결정 과정을 거쳐 기업의 비전과 미션을 달성해야 하는지를 결정한다.

전략은 먼저 전사적 차원의 전략이 수립되면, 그 전략에 따라서 구매 부서의 전략도 결정된다. 전반적인 구매 전략(의사 결정)은 어떤 자재(서비스)를 얼마나 구매 할 것인가. 누구에게 어떤 방식으로 구매할 것인가. 원가를 어떻게 관리할 것인가, 공급자와의 관계를 어떻게 유지할 것인가. 그리고 기업이 성공하고 성장하기 위하여 어떻게 구매가 공헌할 것인가에 관한 것들이다.

(4) 목표

전략이 수립되면 그 다음은 전략을 실행하기 위한 목표가 필요하다. 목표는 조직원이 전략을 수행하기 위하여 구체적으로 실행하여 달성해야 할 것을 의미한다. 대체로 목표는 방향과 내용을 포함하는데, 예를 들어 공급자 품질의 획기적 향상(방향)과 공급자 품질 수준의 500 P.P.M 달성(내용)을 포함한다. 목표는 구체적이고 측정 가능하게 표시되어야 구성원이 무엇을 해야 하는지 알 수 있다.

(5) 계획

목표가 수립되면 그 목표를 달성하기 위한 계획이 필요하다. 계획은 경영 자원을 어떻게 효율적으로 활용할 것인가 하는 실행 방법을 구체화한 것이라고 볼 수 있다. 계획이 필요한 이유는, 계획이 없다면 실행한 뒤에 그러한 실행이 올바르게 수행되었는지 평가가 어렵다는 데서 찾을 수 있다. Plan - Do - See라고 언급되는 과정은 계획을 수립하고(Plan), 실행하고(Do) 그런 다음 계획과 실행의 차이점을 분석하고(See) 그 과정에서 무엇이 문제였는지를 분석한 뒤, 그러한 분석을 바탕으로 효율적인 피드백을 통하여 더 발전해가는 과정을 포함한다. 일반적으로 계획은 경영계획(구매 부서가 어떤 활동을 구체적으로 할 것인가) 재무계획(예산 - 구매 활동에 어느 정도 재무적 자원이 필요한가) 그리고 비상 계획(일이 예정대로 진행되지 않을 경우 어떤 대안을 준비하고 있는가) 등으로 구성된다.

이렇게 진행되는 전략은, 또 전략을 수립하기 위하여 분석해야 하는 기업 내부 또는 외부 요소들은 어떠한 것들이 있는지 살펴보자.

도표 2-2 경영 전략 분석의 요소

📍 환경 분석

먼저 경영 환경을 분석한다. 기업 활동에 영향을 주는 외부의 사건, 추세, 동향 등을 파악·분석하거나 예측하여 이러한 사항들이 기업의 경영 활동에 미치는 영향을 평가함으로써 기회 요인(Opportunity)과 위협 요인(Threat)을 파악하여 경영 전략 수립에 기본적인 구도를 마련하고자 한다.

📍 산업 분석

산업 분석을 통하여 산업의 특성과 성장성을 평가하고, 그 산업에서 성공하기 위한 핵심 성공 요소(critical success factors)를 파악한다.

📍 경쟁 기업 분석

경쟁 기업을 분석한다. 경쟁 기업의 강점과 약점을 분석하고, 경쟁 기업의 전략을 분석하여 대응 방법 및 경쟁 전략을 수립하고자 한다.

📍 기업 내부 분석

기업 내부 분석을 통하여 우리 기업 내부의 강점과 약점이 무엇인지, 그리고 우리 기업의 우월한 가용 자원을 분석하고 핵심 역량을 발굴해서 전략 수립에 활용한다.

2 │ 가치 제안(Value Proposition)

　그렇다면 기업은 무엇으로 경쟁하는가? 경쟁에서 이기지 못하면 생존할 수 없고, 기업은 소멸될 것이다. 그러므로 시장에서 고객으로부터 반드시 우리 제품이 선택받아야 한다. 이러한 개념을 가치 제안(Value Proposition)이라고 한다. 즉 가치 제안이란 고객이 우리 제품을 사는 가치(이유)를 말한다. 예를 들어 자동차를 만드는 A사의 사례를 보면, 고객에게 왜 A사의 자동차를 구매했냐고 물어본 경우, 고객이 A사의 자동차가 '가격이 저렴하고 그러면서도 품질이 우수하여 구매했다.'고 대답한다면 A사의 가치 제안은 '저렴한 가격 + 우수한 품질'이 될 것이다. 또 다른 예로 자전거를 만드는 B사의 경우, 고객들이 B사 자전거가 특히 '디자인이 매우 매력적이어서 구매하였다.'고 한다면, B사의 가치 제안은 세련된 디자인인 것이다. 음식점 C인 경우, 고객들이 그 음식점에 오는 이유가 '아주 훌륭하고 독특한 음식 맛'이라고 한다면 C사의 가치 제안은 우수하고 독특한 맛이 될 것이다. 만약 이러한 가치 제안이 없는 기업은 매우 곤란한 경영 환경에 직면할 것이다. 왜냐하면 고객이 특정 제품을 구매하였는데 별다른 이유 없이 그냥 어쩌다 사게 되었다면, 향후 재구매가 일어나지 않을 것이고 그러면 기업의 지속적인 성장은 어려울 것이다. 그러므로 기업은 반드시 우리의 가치 제안이 무엇인지 확실하게 인식하여야 한다.

　그렇다면 이러한 가치 제안에 구매가 얼마나 공헌을 하고 있는 것일까? 앞서 언급한 자동차를 만드는 A사의 경우, 제조원가의 50% 이상이 재료비(구매가 관리)이기 때문에 저렴한 원가를 만들어 내는 데 구매 활동이 매우 중요하다. 또한 부품의 50% 이상이 공급자로부터 조달되기 때문에 공급자 품질관리도 매우 중요하다. 앞서 예를 든 음식점도 우수한 맛을 만들기 위하여 재료의 우수성도 중요하니, 이런 경우도 구매가 매우 중요한 부서가 될 것이다. 결국 구매가 그 회사의 가치 제안에 매우 중요한 역할을 하고 있고, 이럴 경우 구매 부서는 매우 중요하고 전략적인 부서가 되는 것이다.

도표 2-3 가치 제안과 구매의 공헌

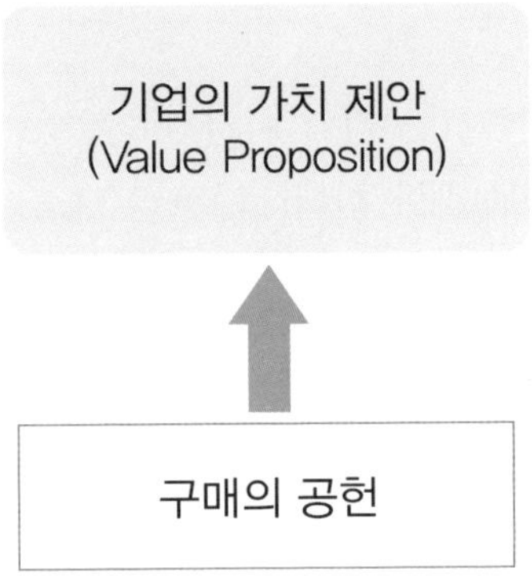

기업의 가치 제안
(Value Proposition)

구매의 공헌

결국 기업의 전략이란 이러한 가치 제안이 경쟁사와 차별화되고 그리고 지속적으로 유지되게 만드는 것이다. 한국의 제조업체인 D사의 가치 제안도 상대적으로 저렴한 가격, 그리고 상대적으로 우수한 품질을(소위 가성비) 가지고 경쟁하고 있었다. 과거에는 중국 제품이 품질 면에서 문제가 발생하여 D사와 경쟁에서 차별화 되었다. 그러던 것이 최근에 중국 제품의 품질이 향상되면서 더 이상 품질 차별성이 없어지고 상대적으로 가격은 중국산이 더 저렴하여 D사의 제품이 팔리지 않게 되었다. 이러한 이유로 D사는 어려운 환경에 처하게 되었다. 많은 한국 기업들이 비슷한 상황을 맞이할 수도 있다. 결국 기업은 그들의 고유한 가치 제안(Value Proposition, 경쟁력)을 어떻게 차별화하여 지속적으로 유지하는가 하는 문제를 해결해가야 한다. 구매 부서도 이러한 이슈를 충분히 이해하고 그러한 이해를 바탕으로 경쟁에서 승리하기 위하여 기업이 가지고 있는 경쟁력 즉 가치 제안의 지속적 차별화 전략에 구매가 어떻게 공헌할 수 있는가를 연구하고 분석하여 실행해야 전략적 구매 활동이 되는 것이다.

3 │ 경쟁 요소 및 우선순위

경쟁에서 승리하기 위해서는 기업의 가지고 있는 고유한 경쟁력이 필요한데, 다음과 같은 경쟁력을 확보해야 한다.

📍 원가 경쟁력

고객에게 제공하는 제품의 가격이 저렴한 경우 다른 조건이 동일하다면 고객은 저렴한 제품을 선택하게 된다. 때문에 기업은 제품의 제조원가를 낮추기 위한 다양한 활동을 실행하고, 이것은 생산과 구매 부분의 가장 중요한 목표가 되기도 한다.

📍 품질 경쟁력

고객은 제품 또는 서비스가 고객이 기대한대로 그리고 일관되게 규격에 일치하고 성능이 우수할 것을 원하고 있다. 품질은 과거에도 중요한 중요한 요인이었으나, 최근 들어 품질에 대한 고객의 요구는 더욱 증가되고 있다. 품질 경쟁력을 확보하지 못한 기업은 더 이상 시장에서 생존하기 어려운 시대가 온 것이다.

📍 시간 경쟁력

고객이 원하는 시간에 고객이 원하는 제품이나 서비스를 제공할 수 있다면 경쟁에서 승리할 수 있다. 시간 경쟁력은 고객이 원하는 시간을 잘 지키는 정확성 측면도 고려되어야 하고 또한 고객이 원하는 것을 경쟁 기업보다 빨리 고객에게 제공할 수 있는 신속성 측면도 고려되어야 한다. 또한 새로운 신제품을 빠르게 개발하여 시장에 먼저 출시하여 시장을 선점하는 경우도 시간의 신속성 범주에 넣을 수 있다.

이렇게 원가, 품질, 시간 이외에도 다양한 경쟁 요소가 존재할 수 있지만, 일단 이 3가지 경쟁력이 가장 중요한 경쟁력이라 가정하고 시작하고자 한다. 모든 기업은 3가지 경쟁력을 모두 다 가지기 원한다. 예를 들어 품질이 문제인 경우, 품질을 확실하게 개선하여 불량률을 획기적으로 낮추면 품질도 좋아지고, 품질 관련 비용도 절감하고 시간도 줄어드는 일도 발생할 수 있다. 그러나 일반적으로 이러한 경쟁력을 모두 동시에 확보하기란 쉽지 않다. 왜냐하면 대부분 원가-품질-시간 사이에는 어느 정도 상충 관계(trade-off relationship)가 존재하기 때문이다.

예를 들어 품질이 우수한 제품을 만들려고 한다면 원가 부분을 희생해야 하거나, 시간 부분을 잃어버릴 수도 있다. 또한 시간(빠름)을 강조하다 보면 품질을 희생하게 되는 경우도 발생한다. 원가를 강조하다 보면 아무래도 낮은 가격의 공급자를 선정하게 되고 그러면 품질이나 시간의 문제점이 발생할 수 있는 가능성이 증가할 수 있기 때문이다. 결국 기업은 기업에게 가장 중요하다고 생각되는 경쟁력의 우선순위를 결정하고 선택하여야 한다. 원가-품질-시간, 이 모든 것을 동시에 다가질 수 없다면 어느 것이 가장 중요한가를 선택하여야 한다. '전략은 선택이다.'라는 명제가 매우 확실하게 전략의 진정한 의미를 전달해준다고 말할 수 있다.

저자는 한국 기업의 구매 부분 활동을 자문하면서, 구매 전략 발표에 참여할 기회가 많았다. 저자가 가장 많이 아쉬워한 부분이 대부분 구매 팀장이 경영진을 모시고 내년 구매 전략을 발표할 때, 주제가 "내년 우리 구매는 원가 경쟁력을 확실하게 확보하면서, 우수한 자재 및 부품 품질을 달성하고 고객이 원하는 시간에 공급할 수 있는 최선의 납기 대응력을 확보하는 것입니다."라고 하는 발표를 듣는 것이다. 이것은 사실 어떻게 보면 무엇을 집중해서 하겠다는 것인지 알 수가 없고, 세상에 존재하는 좋은 단어들을 모두 모아서 그냥 말의 잔치를 하는 것으로 느껴 진 경우도 많았다. 이렇다 보니 듣는 경영진도 그렇고 구매 직원들도 그렇고 무엇을 구체적으로 어떻게 하겠다는 확실한 방향과 방법이 느껴지지 않았다. 그렇다면 어떻게 전략을 수립해야 하는가.

먼저 기업의 전략을 연구하여 기업이 가장 원하는 전략적 우선순위가 무엇인가를 분석해야 한다. 만약 기업의 전략이 '내년을 제품의 품질을 혁신하여 고객에게 다시 우수한 품질로서 인정받는 새로운 품질 원년의 해로 만들자.'라면 당연히 구매의 우선순위도 공급자 품질의 혁신과 발전이 되고, 구매 전략은 어떻게 공급자의 품질 수준을 획기적으로 향상시킬 것인가에 집중되어야 한다. 그렇게 결정되면 공급자 평가도 품질을 우선하여 그리고 구매 부서 평가도 부품이나 자재, 서비스 품질 수준의 향상으로 수립되어야 하는 것이다. 이러한 것을 구매 부서의 전략과 회사 전략의 정렬, 일치, 조화하고 한다(alignment).

예를 들어, 반도체 회사의 전략이 '향후 3~5년 동안 경쟁사가 따라올 수 없을 정도의 기술 격차를 더 벌려서 새로운 반도체를 시장에 출시하자.'라면 구매 전략은 원가가 아닌 품질 및 성능에 집중하여 새로운 기술을 가지고 있는 공급자를 찾고 발굴하여 육성하는 일에 집중해야 할 것이다. 만약 가전 회사가 '지금보다 70%

정도의 가격에 품질을 희생하지 않고 제품을 만들어 개발도상국이나 신흥 산업국가에서 매출을 향상시킨다.'가 기업의 전략이라면 구매는 우수한 저원가 국가 소싱(Low Cost Country Sourcing)을 통하여 제조원가를 낮추는 일에 핵심적으로 매진해야 할 것이다. 결국 기업이 가는 방향을 정확하게 이해하고 그 방향을 구매가 실행하고 또한 공급자들에게도 알려주고 공유하여 모두가 한 방향으로 움직이는 것이 전략의 가장 큰 핵심 성공 요인이다.

　그러므로 구매 부서는 늘 부품 단가 인하 방법에만 노력을 집중할 것이 아니라, 기업의 전략을 이해하여 기업 전략을 달성하는 도구로서의 구매 활동을 해야 하고 이러한 내용을 공급자들과 지속적인 소통을 통하여 알려주고 함께 가야 한다. 특히 공급자는 기업의 내부 구성원이 아니라서 이러한 전략적 방향에 어둡거나 관심이 적은 경우도 발생한다. 구매의 전략적 역할은 그러한 공급자들을 기업이 원하는 방향으로 함께 갈 수 있도록 만드는 것이라고 할 수 있다.

도표 2-4 공급자와 기업의 방향성 일치

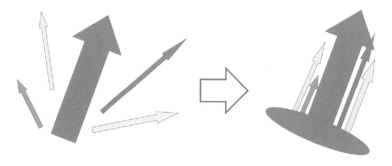

4 │ 구매 전략 수립을 위한 정보 수집 및 활용

　구매 전략을 수립하기 위하여서는 다양한 정보(제품, 시장, 공급자, 시황 등)를 수집하고 분석하여 그것을 바탕으로 전략을 수립하는 것이 중요하다. 다음과 같은 정보들이 구매 전략을 수립하는데 필요한 내용들이다.

(1) 구매 지출 분석(Spend analysis)

구매 지출(Spend)이라 함은 기업의 구매 비용 지출에 관한 내용과 형태에 관한 의미이다. 구매 지출에 관련된 자료를 모으고 분류하는 작업이며, 이렇게 모아진 자료를 분석하여 정보로 만들면, 기업의 구매 활동 특성과 자재 성격 및 구매 방법 그리고 중요한 공급자들의 형태 등 다양한 구매 관련 정보들을 알아낼 수 있다. 다시 말하면, 매출액 대비 구매 금액은 얼마이고 어떻게 변화하는지, 전체 구매 금액은 어디에 얼마가 사용되었는지, 어떤 자재에 지출이 많이 되었는지, 누가 우리 기업에게 가장 중요한 공급자인지, 어떤 방식으로 구매하였는지, 구매력이 현재 효율적으로 사용되고 있는지, 협상 대상과 영역은 제대로 설정되고 운영되는지, 규격에 관련된 비용 측면의 문제는 없는지, 유사한 종류의 자재 구매에서 상이한 비용을 지출한 적이 있는지, 총 비용 측면에서 고려할 때 가장 합리적인 구매 의사 결정인지 등 다양한 질문에 대답할 수 있고, 그러한 질문에 대한 대답은 구매 의사 결정을 보다 전략적인 행위로 만들 수 있다. 과거의 구매 지출 형태를 분석해보면 기업의 구매 특성을 알 수 있고, 그러한 특성에 맞추어 구매 전략을 수립할 수 있다. 또한 피드백도 가능하다. 예를 들어, 과거의 낭비 또는 그릇된 의사 결정으로 인한 잘못을 인지할 수 있게 되고, 그러한 발견이 미래에 보다 발전된 구매 의사 결정을 할 수 있게 도움을 준다.

(2) 제품의 수요 형태

제품의 수요 형태라 함은 최종 생산물이 가지는 수요의 특성을 의미한다. 최종 생산물이 산업재인가 소비재인가에 따라서, 그리고 다품종 소량 생산물인가 또는 소품종 다량 생산물인가에 따라서 구매 전략이 달라진다. 예를 들어 대량 생산의 수요 형태인 경우, 구매에서는 대량 구매에 의한 규모의 경제로 인하여 발생하는 가격 협상에 주력 할 것이고, 소품종 다량 생산의 수요 형태인 경우에는 공급자가 다양한 제품 수요를 충족시킬 수 있는 유연성과 신속성에 보다 더 큰 비중을 두게 될 것이다. 그리고 최종 생산물의 수요 형태가 일반 보급품을 목표로 하는 시장이라면 공급자 선정의 중요한 기준이 원가 또는 가격 경쟁력이 될 것이고, 수요 형태가 최신 고급품을 목표로 하는 시장이라면 공급자 선정의 기준이 고품질, 시장 대응력이 될 것이다. 또한 제품의 수요가 어느 제품 수명 주기에 있는가에 따라서 구매 의사 결정도 달라진다. 예를 들어 최종생산물이 개발기에 있는 제품은 신속하게 개발 납기를 단축하고 양산을 안정화하는 데 공급자와 협력이 최우선 되어야 하고, 만약 쇠퇴기에 있는 제품은 곧 제품의 단종이 예상되는 만큼 공급자에게 알려주고 재고의 정리와 제품 유형의 단순화, 공용화를 통한 불용 자재의 최소화에 역점을 두어야 할 것이다.

(3) 공급 시장 정보

공급 시장에서는 하루에도 수많은 사건(event)들이 발생한다. 이러한 사건은 단지 자료(데이터, data)에 불과하다. 그런데 이러한 데이터를 의미있게 해석하여 구매가 원하는 유용한 정보(information)로 변환하는 활동을 공급 시장 이해(SMI, Supply Market Intelligence)라고 한다. 예를 들어 보자. 오늘 아침에 공급자 A와 공급자 B가 함께 악수하면서 웃고 있는 사진이 언론 매체에 나왔다고 가정하자. 이 사실을 그냥 그런가 보다 하고 넘어간 기업도 있고, 어떤 기업은 이렇게 생각할 수 있다. "공급자 A와 B가 왜 나왔지? 둘이 결합을 한다고 해서 기사가 된 것 같은데, 그렇다면 공급자 A와 B가 합병하여 공급 시장에서 그들의 힘이 커질 것 같은데, 그러면 그들이 시장 지배력을 가지고 시장을 마음대로 조정하면 자재 가격을 올리거나 자재 공급이 원활하지 않을 수도 있겠네. 그러면 우리에게 손해가 되는데…. 그렇다면 그런 일이 발생하기 전에 미리 고정 가격으로 사전에 필요한 자재를 구매 계약하는 것이 좋을 것 같군." 다음과 같은 도표로서 표현된다.

도표 2-5 공급 시장 이해에 의한 전략 구매 활동

결국 모든 사람들이 알고 있는 공급자들의 악수 사진(단순한 자료 – 데이터)을 특정한 기업은 사전 구매 계약이라는 전략적 활동(데이터를 정보로 변환시킨 능력)으로 수행하여 추후 가격 상승을 막았다. 이렇게 공급 시장에서 발생하는 다양한 사건들을 정리하고 분석하여 구매에게 의미있는 정보로 변환시켜 그 정보를 기반으로 사전에 전략적 구매 활동을 하는 것이 선진 구매 기업들의 추세이다. 공급 시장 이해(SMI, Supply Market Intelligence) 활동은 그런 면에서 구매 전략을 수립하는데 매우 중요한 활동이라고 할 수 있다. 그러한 공급 시장 이해(SMI) 활동을 통하여 자재 가격의 추세, 신 기술의 추세, 수급의 동향, 관련 위험 인지 등을 알아낼 수 있고 그 정보를 바탕으로 사전적으로 전략적인 구매 활동을 수행할 수 있다.

5 │ 구매 조직

그렇다면 이러한 전략을 수행하기 위한 구매 조직은 어떻게 구성되는 것이 좋은가? 조직에 관해서는 가장 좋은 조직이라는 정의는 없다. 기업의 전략과 상황에 따라서 최적의 조직을 구성하는 것이 정답이다. 일반적으로 구매 조직은 통합 구매 조직과 분산 구매 조직으로 나누어진다.

(1) 통합 구매 조직

통합 구매 조직이란, 구매가 사업부 또는 제조 공장 단위 등으로 흩어져 있는 것이 아니라 중앙 집중적으로 통합되어, 모든 부서에서 올라오는 구매 요구 사항을 통합하여 접수하고 각 부서 또는 각 사업부 단위에서 발생한 구매 요구 사항들과 구매 관련 이슈들을 전사 통합 구매팀으로 전달하고 관리하는 조직이다. 먼저 회사의 다양한 조직에서 필요한 구매 물량을 통합함으로써 공급자와의 구매 협상에서 대규모 수량 구매를 통한 좋은 조건을 만들어낼 수 있는 것이 가장 큰 장점이 된다. 또한 유사한 자재를 구매할 경우, 자재의 표준화 또는 공용화를 통하여 전사적인 구매 효율성을 증가시킬 수 있고, 각 부서에서 동일한 자재를 구매할 경우 반복적인 구매 행위로 발생하는 비능률이나 낭비를 줄일 수도 있다. 그리고 구매 조직이 통합되어 하나의 조직이 됨으로써 회사의 전략을 이해하고 구매가 그러한 전략에 공헌할 수 있는 역량을 개발할 수 있다.

(2) 분산 구매 조직

분산 구매 조직은 각 사업부 또는 제조 공장 단위로 구매가 독립적으로 구매 활동을 하는 조직을 말한다. 예를 들어 전자 회사에서 휴대 전화 사업 본부, TV 사업 본부, 생활 가전 사업 본부 등으로 나누어져 있는 경우 휴대 전화 사업 본부 내의 구매 조직, TV 사업 본부 내의 구매 조직 그리고 생활 가전 사업 본부 내의 구매 조직이 각각 존재하며 각 사업부의 구매 요구 사항을 위하여 각각 독립적인 구매 활동을 하는 것이다.

이 경우 가장 큰 장점은 현장과의 밀착감에서 오는 신속한 실행 및 사업부 특성에 맞춘 구매 요구 사항의 접수 및 해결인 것이다. 만약 통합 구매 조직이 구성된 경우 특정 사업부의 요구 사항을 상위 본부 구매 조직에서 올리게 되므로, 구매 특성, 긴급도나 시급한 상황이 직접 그 사업부 내의 구매 부서가 존재할 경우와는 이해도 차이가 발생할 수 있다. 그러므로 분산 구매 조직을 구성한 경우는 사업부 내에서 사업부의 요구 사항을 신속하게 해결한다는 것이 가장 큰 장점인 것이다.

그렇다면 어떻게 조직을 운영하는 것이 좋은가. 다음과 같은 예를 들어 보자. 가정용 전자 제품을 만드는 A전자 회사는 3개의 사업부가 있다 – 냉장고사업부, 세탁기사업부, 에어컨사업부. 각각의 사업부 밑에 구매 조직이 있고 각각 사업부장의 명령과 통제를 받고 그들이 원하는 자재를 구매한다면 분산 조직인 것이다. 장점은 위에서 언급한 대로 각 사업부의 특정 환경을 잘 이해하고 거기에 맞추어 구매 업무를 시행하는 것이다. 신속하고 빠른 현업의 요구 사항에 대한 대응, 각 사업부 전략에 맞춘 적합한 구매 전략과 활동의 효율적인 관리 등인 것이다. 하지만 회사 전사적 차원에서 구매 조직을 통합한다면 어떠한 일이 발생할까. 물론 성격은 조금 다를 수 있지만, 냉장고, 세탁기, 에어컨 모두 외부가 철판으로 구성되어 있기에 철판을 구매하여야 하는데, 만약 동일한 성격의 철판이고 세 사업부 소요량을 통합하여 구매할 수 있다면, 구매 물량이 증가하고 전문적인 구매 담당자 육성이 가능하고 공급자와 협상력도 증대될 수 있을 것이다. 그리고 공급자 관리도 유사한 품목은 서로 통합 조정하여 공급자 전체의 최적화를 위한 다양한 관리 방법이 시도될 수 있을 것이다. 하지만 냉장고, 세탁기, 에어컨 사업이 각자 경영 환경이 다르고 계절적 요인도 다르기 때문에 통합해서 구매하는 경우 각 사업부의 특정한 요구 사항에 신속하게 대응하지 못하는 단점도 발생한다. 결국 통합 구매 조직과 분산 구매 조직은 모두 그 나름대로의 장점이 있다.

　그래서 이러한 통합과 분산 조직의 장점을 취합한 조직이 발생하였으니, 바로 혼합 조직(Hybrid Organization)이다. 이 조직은 구매 조직을 크게 통합 조직과 분산 조직으로 병행하여 운영하는 방법을 제안하였다. 기본적으로 전략적 자재이고 중요한 자재는 본부에서 통합하여 운영하고, 단지 생산 유지 및 운영에 관련된 자재 또는 각자가 알아서 구매해도 무방한 자재나 서비스는 철저하게 분산해서 구매하는 이원적 구매 조직 형태를 제안하였다. 실제로 많은 기업들이 이러한 이원적 조직을 운영하고 있다. 이 경우 가장 중요한 관점은 어느 자재 또는 부분을 통합하고, 어느 부분을 분산할 것인가인데, 이것은 실로 기업의 전략에 따라서 달라질 수 있다고 생각된다.

　구매 조직에서 구성원들에게 업무를 할당하고 분장하려면 어떤 기준으로 하는 것이 좋은가. 다양한 방법이 존재한다. 자재별 업무(구매하는 자재 또는 서비스의 유형에 따라 구분) 할당 또는 지역별 업무(내자구매, 외자구매) 할당 또는 직무 별 업무(개발구매, 조달) 할당 등 다양한 방안이 존재한다. 어떤 방법이 가장 좋다라는 것이 아니고, 특정 기업의 성격과 특성에 맞게 운영되면 되는 것이다. 그런데 조직원들에게 구매 업무를 할당하게 되면 필연적으로 그 업무의 내용과 책임(R&R, Role and Responsibility)의 딜레마에 봉착하게 된다. 모든 구성원들에게 명확하게 본인들이 해야 할 업무의 내용과 영역을 정확하게 규정하면 구성원들은 기업 전체를 생각하지 않고, 오로지 본인의 업무에만 몰두하게 된다. 때때로 부분 적정화의 모순(각 부분의 최적화의 합이 전체 최적화가 되지 못함) 현상이 발생하여 본인이 맡은 일을 완벽하게 수행하는 것이 반드시 기업의 전사적 관점에서 올바른 방향이 아닐 수도 있다. 그리고 회사의 일이라는 것이 개인에게 각각 명확하게 정의되어 독립적으로 수행될 수 있게 완전히 분리되기도 어렵다. 그렇다고 일의 내용과 책임(R&R)을 포괄적이고 전사적인 관점에서 크고 약간은 개념적으로 규정하면 구체적으로 본인이 어떤 일을 수행해야 하는지 모호해서 알기가 어려워질 수 있다. 이것이 조직의 R&R에 관한 딜레마이다. 그러므로 이슈를 잘 이해하고 조직 및 구성원의 업무를 할당·분장해야 할 것이다. 이런 면에서 최근 매트릭스 조직의 형태도 고려해볼 만하다. 먼저 구매의 전통적 영역을 분석하여 명확하게 R&R을 규정한다. 그러나 전사적인 관점에서 필요한 내용을 분석하여 타 부서와 연계하여 일을 하도록 R&R을 부여하고 이런 업무를 반드시 전사적으로 연계된 다기능팀

(CFT, Cross Functional Team) 활동을 하게 한다. 대체로 70%는 구매의 전문적 영역의 업무를, 30%는 CFT 활동 업무를 조화롭게 조정하여 만든다면 좋을 것이다. 물론 CFT 활동 업무는 타 부서와의 협조와 소통이 반드시 필요하기에 이러한 업무를 성공적으로 수행하는 데는 많은 노력과 소통이 필요하다.

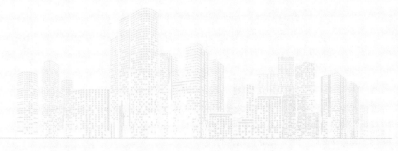

기 업 경 쟁 력 창 출 을 위 한 구 매 관 리

Module 2.

구매 관리 핵심 영역

모듈 2에서는 구매 관리자로서의 핵심적인 업무를 수행하기 위해 필요한 지식과 능력은 어떤 것들인가를 살펴보고자 한다. 구매 관리자로서 학습해야 할 내용은 다양하고 범위도 넓지만, 모듈 2에서는 구매 관리자로서 업무를 수행하는 데 필요한 구매 부분의 핵심적인 지식과 향후 구매 전문가로서 성장하기 위해 필요한 능력을 배양하는 것에 목적을 두고 있다.

3장에서는 생산 요구 사항이 생기는 경우, 자체 생산을 할 것인가 아니면 외부에서 구매를 할 것인가에 관한 의사 결정 기준과 합리적인 의사 결정을 위한 요소들을 살펴보고자 한다. 구매하기 위한 경제성 분석, 그리고 구매 시와 생산 시의 장단점을 비교하여 향후 이와 관련된 의사 결정을 합리적으로 수행하도록 한다.

4장에서는 기본적으로 구매 업무가 수행되는 과정을 살펴봄으로서 전체적인 구매 프로세스를 이해하도록 한다. 그리고 전체 과정을 각 단계별로 나누어 분석하고, 각각의 단계에서 중점적으로 인식하고 점검해야 할 사항들을 학습함으로써, 전체적인 구매 프로세스와 단계별 업무를 이해하도록 한다. 또한 자재를 분석하여 각각의 자재 특성과 차별화된 관리 전략을 이해하고 학습하고자 한다.

5장에서는 공급자 관리에 대해 살펴보고자 한다. 공급자의 의미를 기업의 경쟁력 차원에서 살펴보고, 공급자를 소싱하는 여러 단계를 이해하고, 공급자를 관리하는 다양한 방법과 공급자를 전략적으로 활용하는 방안들을 살펴보고자 한다.

6장에서는 전략적 구매 원가 관리 분야에 대해 살펴보고자 한다. 구매 부서가 원가를 관리한다는 것은 어떤 의미인지 살펴보고, 구매 원가의 이해, 원가 관리의 다양한 방법론 및 활용 방안 그리고 원가 관리를 효율적이고 전략적으로 수행하는 방안들에 관하여 학습하고자 한다.

7장에서는 구매 협상에 대해 살펴보고자 한다. 구매 협상이란 무엇인가, 성공적인 구매 협상자는 어떠한 능력을 가져야 하는가. 구매 협상이 중요한 이유는 무엇인가, 그리고 성공적인 구매 협상이 되기 위해 구매 관리자가 준비해야 할 사안과 내용은 어떠한 것들이 있는지 학습하고자 한다.

8장에서는 국내와 다른 해외 공급자들과 거래하기 위해서는 어떠한 특성과 전략을 구성해야 하는지를 학습하고자 한다. 점점 글로벌화 되어가는 세계 경영환경 하에서 글로벌 소싱의 특성과 유형 그리고 글로벌 소싱을 하는 경우 고려해야 할 요소들과 글로벌 소싱의 프로세스를 살펴보고자 한다.

9장은 구매 부분에서의 위험 관리에 관한 내용이다. 경영 환경의 불확실성과 복잡성이 증대되는 현실에서 구매 부분의 경우 자재 가격이 급격히 변동하거나 공급의 단절이나 자재 확보의 어려움이 발생하면, 그러한 위험은 기업 경영에 중대한 영향을 준다. 구매가 어떻게 위험을 관리하여 기업 운영의 연속성을 유지할 것인가를 살펴보고자 한다.

제조/구매(Make or Buy)에 관한 의사 결정

최근에 나타나는 경향으로서 기업들이 생산 활동을 하고자 할 경우, 자체 생산의 비중을 줄이고, 외부로부터의 구매 부분의 비중을 증가시키고 있다. 이러한 배경에는 다양한 이유가 있겠으나, 우선 기업은 본인의 경쟁력인 핵심 역량에 집중하고 나머지 부분을 아웃소싱하는 데서 생기는 경우도 있고, 외부에서 구매하는 것이 자체 생산보다 비용 측면에서 더 저렴하기 때문이기도 할 것이다. 또는 외부의 공급자가 자체 기업보다 훨씬 더 전문가여서 그들의 품질 수준이나 기술 수준이 높기 때문에 구매하기도 한다. 이러한 경우를 보면 기업의 경영 활동에서 구매 부분의 증가가 현저하게 나타나는데, 이것은 비단 제조업 분야만이 아닌 서비스업에도 마찬가지이고 또한 구매 부서뿐만이 아니고 아웃소싱을 담당하는 총무, 영업, 기획, 인사 등 많은 다른 기능 부서에서도 구매에 관한 전문적인 지식과 역량을 필요로 하는 시기가 찾아오고 있다.

그렇다면 기업은 생산 활동을 할 경우, 어느 경우에 내부에서 제조를 하고 어느 경우에 외부에서 구매를 하는 것일까? 또한 어떠한 판단 기준과 요소들에 의해 이러한 의사 결정을 내리게 되는 것일까? 이러한 제조 또는 구매 의사 결정이 기업의 장기적인 전략에는 어떠한 영향을 줄 수 있을까? 이러한 문제는 기업 경영에서 가장 기본이 되는 주제이기도 하다. 본 장에서는 이러한 내용에 관련하여 학습하고자 한다.

제3장
제조/구매(Make or Buy)에 관한 의사 결정

1 | 제조/구매 의사 결정 요소

생산 활동을 할 경우, 제조/구매(내부에서 제조할 것인가 외부에서 구매할 것인가, Make or Buy)를 결정하게 되는 의사 결정 요소부터 살펴보고자 한다.

(1) 핵심 역량

제조/구매의 의사 결정 첫 번째 기준은 핵심 역량과 관계가 있다. 일반적으로 기업의 핵심 역량인 경우 내재화(Insourcing)를 하고 핵심역량이 아닌 경우 외주화(Outsourcing)를 하는 것이다.

글로벌 기업인 A사의 사례를 들어보자. A사는 전자 회사인데, 새로운 신제품을 개발할 경우, 먼저 신제품에 필요한 기술 기반 구조(Technology Infrastructure)를 만든다. 이러한 기술 기반 구조를 면밀히 분석하여 향후 A사의 경쟁력에 중요하고 반드시 A사가 보유해야 하는 기술은 개발 부서에서 자체적으로 개발하고, A사가 향후 보유할 필요도 없고 또한 보유할 능력도 없는 다시 말하면 외부 공급자가 보유하고 있는 기술은 구매하기로 결정한다. 이러한 의사 결정은 개발, 구매, 생산, 영업, 기획, 재무 등 많은 부서가 함께 모여 의사 결정을 한다. 이럴 경우 구매의 역할은 외부의 가장 우수한 공급자를 선택하여 그들로부터 기술을 구매하는 일이다.

그렇다면 기업은 장기적인 관점에서 그 기업의 핵심 역량 부분이 어떠한 부분인지 살펴보아야 한다. 핵심 역량이란 타 회사가 쉽게 모방하지 못하는 그 기업만이 가지고 있는 고유한 경쟁력을 의미하며, 이러한 핵심 역량은 반드시 내부에서 보유하고 지속적으로 육성·발전 시켜야 한다. 유통/물류업으로 유명한 월마트(Walmart)

는 본사 소유의 거대한 트럭 함대를 가지고 운영하고 있다. 얼핏 생각하면 물류 전문 회사에게 물류 분야를 위탁하는 것이 더 효율적이라는 생각이 들지만 월마트 생각은 트럭을 운용하는 것이 원가에 상당히 중요한 부분을 차지하고, 이러한 효율적인 트럭 운용에 의한 원가 절감은 월마트의 핵심 역량이 되어야 하고 또한 월마트가 잘하는 영역이라고 인정하고, 이러한 경쟁력을 지속적으로 향상시켜야 하기 때문에 본사가 트럭을 직접 소유하여 운영해야 한다는 것이다. 그러므로 저자가 강조하고 싶은 것은 단순히 원가나 당장의 생산 능력을 고려하여 제조/구매를 결정할 것이 아니라 향후 기업의 전략적 구도와 추세를 보고 장기적이고 체계적으로 결정해야 한다는 것이다.

앞서 언급한 기술의 경우만 봐도, 특정한 기술이 일반적이고 보편적인 기술이어서 향후 다른 기업들이 모방하거나 비슷한 형태의 기술로 발전시킬 수 있다면 그 기술을 개발하여 자체적으로 보유해도, 기업의 차별화가 되는 경쟁력을 만들기는 어려울 것이다. 상대적으로 특정 기술이 모방이나 복사가 쉽지 않고 특별한 요소가 포함되어 있다면, 그 기술을 자체적으로 보유하는 것은 매우 큰 기업의 경쟁력이 될 수 있을 것이다. 장기적이고 전략적으로 고려해야 하는 이유이기도 하다.

(2) 원가

원가란 제조와 구매 중에서 어느 쪽이 비용 측면에서 우위에 있는가 하는 것이다. 제조하는 경우 기본적인 비용은 고정비와 변동비이다. 고정비란 생산 활동을 할 때 수량에 관계없이 고정적으로 발생하는 비용(예를 들자면 설비, 토지, 건물 등)이고 변동비란 생산 수량에 연관되어 발생하는 비용(예를 들자면 재료비, 노무비 등)이다. 구매하는 경우는 공급자 탐색 비용, 계약 거래 비용, 그리고 구매 비용이 지출된다. 이러한 비용을 모두 포함하여 구매 가격이라고 하자.

그렇다면 어느 경우가 더 저렴한 경우인지를 분석해보기로 하자.

기업이 필요한 수량이 Q라고 가정하고,

(가) 자체 생산(Make)의 경우

총 비용 = FC(고정비) + VC(개당 변동비) · Q

(나) 구매(Buy)의 경우

총 비용 = P(개당 구매가격)·Q

그러면 (1)과 (2)를 비교해 보면 아래와 같은 결과가 된다.

도표 3-1　제조/구매(Make or Buy) 구분점

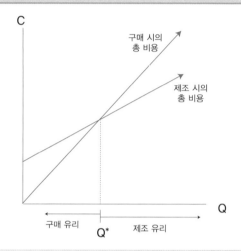

위 도표에서 Q*는 생산 또는 구매를 구분하는 경계점이고 그러한 Q*는 생산일 경우와 구매일 경우의 비용을 동일하게 놓고 수학적으로 해를 구하면 다음과 같다.

$$Q^* = \frac{FC}{P - VC}$$

Q*보다 요구량이 적을 경우, 생산할 때 드는 비용이 구매할 때 들어가는 비용보다 높다. 그러므로 Q*라고 하는 수량보다 적을 경우에는 경제학적으로 얘기하면 구매하는 것이 더 유리하다. 그러나 Q*보다 요구량이 많을 경우, 구매하는 경우보다 생산하는 경우가 원가가 덜 든다. 이것의 이유는 생산 시 발생하는 고정비의 배분 효과인데, 고정비는 제품이 많이 만들어질수록 고정비의 개당 배분 금액이 적어지기 때문이다. 예를 들어서 100개를 만들게 되면 고정비가 1/100으로 나

누어질 것이고, 1,000개를 만들면 고정비가 1/1,000으로 나누어질 것이고, 10,000 개를 만들면 1/10,000로 나누어지기 때문에, 많이 생산할수록 개당 고정비가 낮아져서 생산이 구매보다 더 유리하게 되는 것이다. 그렇다면 원가의 측면으로만 본다면 적은 수량이 요구되는 경우는 구매가 유리하고, 많은 수량이 요구되는 경우에는 생산이 유리하다고 할 수 있다. 그렇다면 일반적으로 대량 생산에서 다품종 소량 생산으로 그리고 지속적인 수요에서 변화하고 불연속적인 수요의 형태로 기업 환경이 변해간다면 생산보다는 구매가 유리하다고 할 수 있다. 기업이 고정비에 부담을 느낀다는 이야기 — 제품을 생산하고자 하면 고정 설비를 보유하여야 하고 만약 그 제품의 수요가 없어지면 고정 설비가 모두 기업의 부담으로 남게 된다는 사실 —를 기업의 경영층에게도 인식시킬 필요가 있다.

(3) 생산 능력

생산 능력이란 최대한의 생산 가능 수량을 이야기한다. 만약 A사의 생산 능력이 월 10만 개일 경우 고객이 15만 개를 요구하게 되면 생산 능력을 확장하여 15만 개를 생산하든지 아니면 외부의 공급자를 이용하여 추가적인 5만 개를 구매하는 두 가지 경우가 있을 수 있다. 그러나 생산 능력의 확장이 그렇게 단기간에 이루어지기는 힘들기에 대체로 구매를 통하여 추가적으로 요구되는 물량을 확보하는 경우가 일반적이라고 볼 수 있다. 이러한 경우 만약 수요가 장기적으로 증가 추세에 있다면 기업 내부의 생산 능력을 확장하여 증가되는 수요를 흡수하겠지만, 만약 일시적인 수요 증가로 판단된다거나 또는 미래의 수요 변화가 증가인지, 감소인지, 정체인지 예측하기 어려운 경우, 외부의 공급자를 이용하여 수요의 변동분을 흡수하는 것이 합리적이다. 공급자와의 구매 계약은 계약 기간과 조건에 따라서 유연성이 있지만, 생산 능력은 한번 증가시키면 고정 설비가 되고 계속 설비 가동율을 유지해야 하기 때문에 유연성이 떨어진다. 그러므로 미래 수요의 확실한 유형을 알 수 없는 경우 구매가 제조보다는 위험에 보다 잘 대처할 수 있다.

(4) 품질 수준

내부적으로 생산하고 싶어도, 생산할 수 없는 품질 수준은 당연히 외부의 공급자로부터 확보할 수밖에 없다. 특정 부품 분야에서 세계적인 경쟁력과 신뢰성을 확보하고 있는 경우, 대부분 그러한 공급자를 이용하는 편이 당연히 합리적이다.

일반적으로 산업계에는 특정 부품이나 소재에 기업의 모든 역량을 집중하여 오랜 기간 동안 특정 분야에서 탁월한 경쟁력을 만들어온 기업들이 있다. 예를 들어 자동차 산업에서도 자동차 부품 및 소재로 유명한 부품 전문 회사들이 있는데, 이경우 대부분 그러한 부품 전문 회사의 부품을 구매하여 사용하는 것이 자동차 회사가 자체적으로 개발하는 것보다 여러 가지 면에서 유리하다. 앞서 언급한 것처럼 세계적인 부품 회사들의 경쟁력이 구매를 통하여 자동차 회사의 경쟁력이 되기 때문이다. 그러나 이와는 반대로 내부에서 개발된 부품을 외부 공급자를 이용하여 구매하고 싶어도 외부 공급자들의 품질 수준이 도저히 기업이 요구하는 수준에 따라오지 못할 경우, 내부적인 생산을 지속하는 것이 보다 합리적이다.

(5) 노사 문제

이미 존재하는 생산의 일부분을 외부로 아웃소싱하기로 결정하였다고 가정하자. 이런 경우 내부의 종업원도 외부 아웃소싱에 맞추어 변화해야 하는데, 특정 공정이나 프로세스를 자체 생산에서 외부 아웃소싱으로 전환하기로 하였다면 그 공정에서 일하던 작업자들을 어떻게 할 것인가 결정해야 한다. 다른 부서로 이전시키든지, 외주 아웃소싱 회사의 직원으로 전출시키든지, 아니면 퇴직을 시키든지 여러 가지 방안이 있지만 모든 것이 작업자들과 합의에 의하여 수행되어야 하는데 이러한 합의 과정이 쉽지 않을 경우, 아웃소싱도 쉽지 않게 된다. 그러므로 자체 생산을 외주로 변환시키고자 한다면, 그러한 외주에 상응하는 인력의 재배치 및 활용 방안이 매우 중요한 요소가 될 것이다. 구매 부분이 증가한다는 의미 중의 하나는 과거의 자체 생산 부분을 외부 공급자로 전환한다는 의미도 될 수 있는데 이러한 경우 자체 생산 시 요구되었던 인력의 문제를 해결하지 않으면 단순한 구매 또는 생산의 경제적 논리로 해결하기 어려운 상황도 야기될 수 있다.

지금까지 구매 또는 제조 의사 결정에 중요한 요소인 가격, 생산 능력, 품질 및 노사 문제를 살펴보았다. 그렇다면 일반적으로 외주라고 부르는 아웃소싱에 대하여 좀 더 자세하게 살펴보기로 하자.

2 아웃소싱의 이해

아웃소싱이란 기업이 수행하던 기능의 일부를 외부의 공급자에게 위탁 또는 주문하는 것을 말한다. 점점 더 복잡해지고 경쟁이 심화되어 가는 기업의 경영 환경에서, 기업은 더 이상 모든 분야에서 경쟁 우위를 가지는 것이 어렵게 되었다. 그래서 기업은 본 기업이 경쟁력이 있고 다른 기업과 차별화되는 특정한 경쟁적 우위 요소를 핵심 역량으로 선택하여 기업의 자원과 전략을 집중하고 나머지 분야는 외부의 공급자에게 아웃소싱하고 있다. 즉 자원의 배분과 전략적 측면에서 고유한 핵심 역량에 집중하고 나머지는 아웃소싱하는 형태가 기업의 패러다임으로 발전 해 갈 것이다.

아웃소싱도 기업 환경, 전략 방법, 실행 용도에 따라서 여러 가지 유형과 특성이 있다. 본 장에서는 아웃소싱의 유형과 특성에 관하여 살펴보고자 한다.

도표 3-2 아웃소싱의 전략적 포지셔닝

아웃소싱이 적합한 경우는 위의 도표에서 보는 것처럼 기업의 핵심 역량이 아니면서 산업에서 중요도가 낮은 경우이다. 산업 중요도란 의미는 특정 분야가 산업에서 중요한 성공 요소인가 하는 점이다. 만약 핵심 역량에 해당하지만 산업에서 중요도가 낮다면 사업을 분사시켜 경영권을 유지하면서 효율성을 추구하는 것이 좋다. 만약 핵심 역량은 아니지만 산업에서 중요한 위치를 차지하고 있는 부분은 타 기업과 전략적 제휴를 통하여 관계를 유지하는 것이 바람직하다. 핵심 역량에 해당되면서 산업에서 중요한 위치를 차지하고 있다면, 그 영역을 자체 수행을 하면서 기업 내부에 지속적으로 보유하고 있는 것이 합리적인 방법인 것이다.

이러한 아웃소싱의 유형과 특성을 살펴보면 향후 제조업의 발전 방향을 예측할 수 있다. 컴퓨터를 예로 들어 보자. 컴퓨터 부품은 현재 각 모듈별로 세계적인 부품 경쟁력을 가지고 있는 다양한 공급 업체들이 있다. 이러한 공급 업체는 단순히 부품 경쟁력만 가지는 것이 아니라, 제조 업체의 사양이나 특성에 맞추어 부품을 생산할 수 있는 능력도 가지고 있다. 컴퓨터 제조 업체로 유명한 A사 같은 경우, 제품을 모두 외부의 공급자에게서 공급받아 단순한 조립 또는 조립 자체도 아웃소싱을 주고 있는 상황이다. 그렇다면 A사가 가지고 있는 경쟁력은 무엇인가? A사는 컴퓨터 제조 업체가 아닌 컴퓨터 브랜드 업체인 것이다. 다시 말하여 세계적으로 경쟁력이 있는 부품을 A사라는 브랜드 하에 모두 모아 놓은 것이다. 결국 A사는 브랜드를 보유하고 모든 부품을 아웃소싱함으로서 원가 및 납기, 품질을 완성하는 것이다. 소비자는 A사란 브랜드를 믿고 구매하는데, 이러한 배경 하에는 A사가 세계적으로 가장 유능한 공급 업체를 A사 브랜드 하에 모두 모아놓았다는 사실을 믿고 있기 때문인 것이다. 결국 이러한 아웃소싱이 증가하면 현재의 제조업의 완성품 업체들은 브랜드 회사로서 발전해 갈 것이다. 특정 분야에서 전문성이 있는 세계적으로 유능한 공급 업체들을 발굴하여 그들의 부품을 체계적이고 합리적으로 구성하여 완제품을 만드는 것이다. 제품의 기술력 및 원가, 납기는 제품을 구성하는 부품을 공급하는 공급 업체들의 경쟁력으로부터 나오고, 브랜드를 가지고 있는 최종 완성품 업체는 전체를 조화있게 구성하는, 예를 들어 오케스트라에 비유한다면 지휘자 역할을 하게 되는 것이다. 물론 좋은 교향악단이 되려면 각자의 영역에서 뛰어난 연주 기량을 가지고 있는 연주자들(공급업체)도 중요하고 이러한 뛰어난 연주자들을 하나의 방향으로 이끌어 가는 지휘자(브랜드 보유 완성품 업체)도 중요하다. 결국 앞으로 아웃소싱이 증가한다면 완성품 업체는 브랜드 보유 업체로서 전체를 모아서 하나로 집대성하는 지휘자와 같은 역할을 하게 될 것이다. 결국 아웃소싱 업체가 모두 각각 유능하여도 고객의 특성에 맞는 제품을 적절한 시기에 시장에 출시하는 것은 전적으로 완성품 업체의 역할이다. 그리고 완성품 업체의 구매부서가 그러한 업무를 주도적으로 하게 될 것이다.

그렇다면 아웃소싱의 유형 및 형태는 어떻게 구별되는지 아래 도표로 설명해 보자.

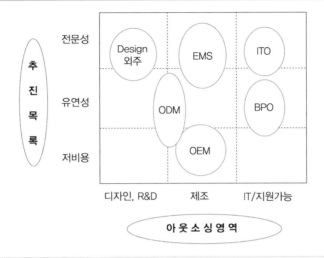

| 도표 3-3 | 아웃소싱의 유형 및 형태 |

디자인과 제품 개발 영역에서 일반적으로 행해지는 아웃소싱은 대부분 외주 업체의 전문성에 기인한다. 어떤 특정 영역에서 독자적인 전문성을 확보한 외부 업체를 사용하여 기업이 원하는 디자인을 확보하는 것이 주요한 목적이 된다. 제조 부분으로 들어 오면 약간 복잡해진다. 기본적으로 제조 회사가 단순한 조립 또는 임가공 생산을 자체적으로 수행하기 보다는 임금이 싼 지역에서 필요한 작업을 완성 할 필요가 있는 경우 **주문자 상표 부착 생산**(OEM, Original Equipment Manufacturer)이라는 아웃소싱이 발생한다. 이 경우는 주문자 위탁 생산 방식으로 외주 업체는 주문자가 생산에 필요한 모든 지침을 정하고 그렇게 정해진 방침에 따라 그대로 단순한 제조 위탁을 받아서 완성하여 납품하는 형태이다. 외주업체는 주문자가 요구하는 주문 방법으로 만들 뿐, 그들의 독자적이고 자유로운 권리나 지적 소유권은 없다. 그러나 그러한 외주 업체도 시간이 지나면서 경험이 축적되고 제조 경쟁력을 가지게 된다. 그럴 경우 외주 업체가 능력이 있어서 주문자가 모든 지시 사항을 다 정하지 않고 대체로 큰 그림을 정하여 개괄 설계를 해서 주면 외주 업체가 받아서 상세 설계를 완성하고 필요하다면 주문자가 지시한 설계나 규격도 변경할 수 있는 경우를 **제조 업자 개발 생산**(ODM, Original Development Manufacturer)이라고 한다. 이 경우 외주업체는 OEM의 경우보다는 권한과 자유도가 약간 있는 편이고 주문자와 협의에 따라서는 주문자의 지적 소유권을 공유할 수도 있다. 이 경

우 주문자는 모든 설계나 규격을 완벽하게 완성할 필요가 없어서 시간과 노력을 절약하게 되고, 외주 업체의 전문성을 보다 더 활용할 수 있는 장점이 있다. 이미 한국에서 ODM 역량을 개발하여 활발하게 사업을 영위하는 기업들이 많다. 특히 화장품과 의류의 ODM 분야에서는 세계적인 경쟁력을 확보하고 있다.

만약 외주 업체가 독자적인 제품 개발 능력이 있고, 또 특정 분야에서 이미 상당한 능력을 인정받아 자체적인 제품 설계 – 생산 – 물류 – 사후 관리 등 전체적인 생산에 관한 역량이 구축되어 있는 업체가 있다면 주문자는 이러한 업체에게 제품 개발부터 생산 및 사후 관리까지 모든 과정을 위탁하게 된다. 이러한 경우를 **제조 전체 서비스**(EMS, Electronic Manufacturing Service)라 하는데, 외주 업체가 주문자의 종합 생산 서비스 공급자(TSP, Total Solution Provider)가 되는 경우를 말한다. 즉 주문자가 제품 생산에 필요한 개념을 이야기하면 그 개념에 맞추어 외주 업체가 모든 과정을 알아서 책임지고 완성하여 납품하는 경우이다. 이 경우 주문자는 공장이 필요 없고 거의 모든 생산 관련 가치사슬(설계, 개발, 구매, 제조, 물류 등등)을 외주 업체가 책임지고 실행한다. 90년대 후반부터 2000년대 초반에 인터넷 열풍이 불면서 인터넷 관련 장비 업체와 전자 업체가 급속한 성장을 했을 때, 장비 및 전자 회사들이 다양한 전자 부품을 외주 업체에게 아웃소싱하면서 생겨났기에 EMS라고 불리지만, 이제는 단순히 전자 산업만이 아닌 다양한 산업에서 활용되고 있다. EMS 업체들이 종합적인 해결책을 제공할 수 있기 때문에 제조 업체는 그만큼 편리한 점이 있으나, 이러한 EMS업체에게 많은 부품을 아웃소싱할 경우 종속적인 의존성이 증가하여 EMS 업체에게 끌려다닐 수 있는 경우도 발생할 수 있다. 기업이 제조 분야를 아웃소싱하고자 할 경우, OEM, ODM, EMS 등 여러 가지 선택과 방안이 있는데 각각의 특성과 환경을 고려하여 가장 적합한 방안을 선택해야 할 것이다.

지원이나 정보 전산의 부분에서는 정보 시스템의 아웃소싱인 ITO(Information Technology Outsourcing)나 기업의 특정한 업무 영역을 분리하여 아웃소싱을 주는 BPO(Business Process Outsourcing)가 있다. 예를 들어 물류 업무 부분을 분리하여 아웃소싱을 주거나 경비 및 보안 부분을 아웃소싱 주거나 인사 초기 서류 심사 업무를 분리하여 아웃소싱 주는 등 업무 프로세스 일부의 아웃소싱이 이러한 경우이다.

3 | 아웃소싱의 전략적 절차

그렇다면 아웃소싱을 실시할 경우 어떠한 절차를 거치는 것이 가장 경제적이고 합리적인가. 아웃소싱을 하는 경우 가장 흔히 범하는 과오가 단기적인 비용 절감을 위해 적합한 공급자에게 모든 아웃소싱 내용을 위탁해 버리는 것이다. 그러나 전략적인 면을 고려해보면 아웃소싱을 하기 전 또는 행한 후에도 지속적이고 체계적인 절차를 수립하여 진행해야 한다. 물론 아웃소싱의 상황과 환경에 따라서 다양한 방법과 절차가 있을 수 있다. 그러나 본 장에서는 일반적인 아웃소싱을 실시할 경우 가장 보편적으로 적용할 수 있는 절차를 분석하여 다음과 같이 제시하고자 한다.

① 아웃소싱의 목적과 내용을 정의한다

첫째로 아웃소싱을 하고자 하는 내용과 목적에 대하여 정확한 정의 및 규격을 만들어야 한다. 예를 들어 기업의 정보 시스템 운영을 아웃소싱하기로 결정하였다면, 우리가 아웃소싱하고자 하는 '정보 시스템 운영'의 내용은 어떤 것이고 이러한 정보 시스템 운영을 아웃소싱하고자 할 경우 공급자가 제공해야 할 규정 및 의무 그리고 정확한 아웃소싱의 내용을 기반으로 품질 수준에 대한 정의가 필요하다. 예를 들어 정보 시스템 운영이 제대로 아웃소싱되고 있는가를 향후 측정 하려면 측정 도구가 필요하고, 이러한 측정 도구의 기준으로서 규격을 정의해야 한다. 다른 예를 들어 보자. 만약 생산의 일부를 아웃소싱하기로 결정했다면 아웃소싱되는 부분에 대하여 정확하게 정의하고 구체적으로 내용을 확정하지 않으면 향후 공급자의 아웃소싱 내용에 대한 평가도 어렵고 궁극적으로 우리가 아웃소싱하고자 하는 목적이 무엇인지를 알기 어려워진다.

② 아웃소싱 관련된 다기능팀을 구성한다

일반적으로 아웃소싱을 수행하는 경우 대부분 한 기능이나 특정 영역의 업무로 끝나지 않고 여러 관련 부서와 연관되어 다양하게 연결되는 경우가 대부분이다. 그러므로 여러 부서의 동의, 협조 및 분석을 요구하게 된다. 따라서 아웃소싱을 수행하고자 할 경우 그에 관련된 여러 기능 부서의 구성원들이 다기능팀을 구성하는 것이 다음 절차이다. 그리고 다기능팀 리더는 아웃소싱 수행 성공의 중요한 영향을 주기 때문에, 반드시 능력 있고 리더쉽이 있는 사람으로 선택하여야 한다.

③ 아웃소싱에 관련된 원가 구조를 이해한다

아웃소싱을 실시할 경우 발생할 수 있는 여러 가지 장점 및 단점을 기반으로 관련된 원가 구조를 이해한다. 추가적으로 발생할 수 있는 비용은 무엇이고, 궁극적으로 절감되고 관리될 수 있는 비용은 어떤 것들이 있는지 아웃소싱에 관련된 원가 구조를 분석하고 이해한다. 이러한 원가 분석은 아웃소싱이 단지 단기적인 비용 절감이 아닌 효과적이고 장기적인 기업의 경쟁력이 될 수 있는 근거와 논리를 제공할 수 있다.

④ 서비스 수준에 관한 정도와 내용을 결정한다

아웃소싱을 할 경우 공급자가 제공하는 서비스의 수준 및 정도 그리고 품질 및 규격을 결정한다. 이러한 기준을 설정해야 아웃소싱의 성과를 평가할 수도 있고 아웃소싱 시에 발생할 수 있는 많은 논쟁과 분쟁을 해결할 수도 있다. 그러므로 아웃소싱과 관련된 내부 기능 부서와 협의하여, 어느 정도의 품질 수준이 필요한 것이지 그리고 성과 측정을 위한 지표 선정 및 주요 성공 측정 요인은 어떠한 것이 필요한지 정의하고 협의해야 한다.

⑤ 아웃소싱 계약의 기간을 결정한다

단기적이며 거래적이고 경쟁적인 계약을 진행할 것인가 아니면 장기적이고 관계 지향적이며 우호적인 계약을 진행할 것인가를 결정한다. 이런 경우 공급자와의 관계를 어떻게 설정하고 공급자를 선택하는 경우에 공급자와 향후 어떤 방향과 모습으로 아웃소싱을 진행해야 할 것인가를 결정한다.

⑥ 아웃소싱의 내용과 공급자의 역할을 정의한다

아웃소싱의 경우 공급자가 수행할 직무의 본질에 관하여 계약자가 이해하고 동의하도록 해야 한다. 아웃소싱의 요구 사항의 개발과 문서화를 통해 공급자가 달성해야 할 것을 확인시켜 주고, 아웃소싱 내용의 명확성, 정확성, 완전성을 수립하는 과정이다. 이러한 과정을 완성하기 위해서는 자원 활용 계획, 품질 검사 및 표준 설정, 공급자 훈련 및 교육 프로그램, 대금 지급 방법 등이 포함되어야 한다.

⑦ 공급자를 탐색한다

아웃소싱 조건에 가장 합당한 공급자들을 탐색한다. 어떤 공급자가 어떠한 능력을 보유하고 있는지, 또한 어느 공급자가 우리와 함께 협력을 하고 싶은지를 탐색한다. 탐색은 여러 자원과 방법을 활용하며 과거의 계약, 공급자 리스트, 인터넷, 아웃소싱 산업 데이터베이스 등을 활용한다.

⑧ 공급자를 평가한다

탐색이 끝나면 아웃소싱에 가장 적합한 공급자가 누구인지를 평가한다. 평가 항목으로는 다음과 같은 구성 요소를 가진다.
- 공급 업체가 제공하는 아웃소싱의 품질 수준
- 공급 업체의 원가 경쟁력
- 공급 업체의 업무 운영에 있어서 시간 개념 및 납기 준수 정도
- 공급 업체와 구매 기업의 기업 운영의 차이 및 문화적 차이
- 계약의 유연성
- 공급 업체의 재무적 건전성
- 공급 업체가 제공할 수 있는 자원의 정도
- 과거의 공급 업체의 아웃소싱 업무 수행 기록 및 평판
- 공급 업체의 전문성

이러한 평가를 시행하는 경우, 여러 가지 항목을 평가한 뒤에 가중치를 부여하여 최종적으로 가장 합당한 공급자를 선택한다.

⑨ 최적의 공급업체와 계약한다

평가를 통하여 최적의 공급업체를 선정하였다면, 그 업체와 아웃소싱 계약을 해야 한다. 공급 업체와의 계약에서는 법적 그리고 경제적으로 완전한 계약에 합의하는 것이 중요하다. 법적이란 용어는 추후에 발생할 수 있는 분쟁의 소지를 어떻게 계약 내용에 포함시킬 것인가 하는 것이고, 경제적이란 계약이 충분히 경제적으로 의미 있고 구매 기업의 경쟁력에 도움을 줄 수 있는 내용을 포함시킨다는 의미이다.

⑩ 공급업체의 성과와 능력을 피드백한다

아웃소싱 계약이 체결되었다고 아웃소싱 절차가 다 끝난 것은 아니다. 아웃소싱이 수행되면서 여러 가지 문제가 발생할 수도 있고, 성과가 미흡하게 나올 경우도 발생하고, 아주 만족한 결과가 발생할 수도 있다. 어떠한 경우라도 수행되는 아웃소싱의 내용과 성과를 검토하여 향후 좀 더 바람직한 방향으로 발전할 수 있도록 피드백을 해주어야 한다.

그렇다면 효과적인 아웃소싱을 수행하기 위해서 필요한 능력이나 역량은 어떤 것들이 있는가? 먼저 공급자를 분석하고 평가하는 능력이 필요하다. 여러 공급자들 중에서 가장 적합한 공급자를 어떠한 항목으로 어떻게 평가할 것인지, 또한 객관적인 평가 항목과 주관적인 평가 항목을 어떻게 결합하여 최적의 공급자를 찾아 낼 것이지, 그리고 다양한 평가 항목의 내용에 대한 이해와 특정 아웃소싱에 관련된 지식을 보유하는 능력들이 필요한 역량이다. 또한 앞서 언급한 것처럼, 아웃소싱을 수행하기 위해서는 하나의 부서가 아닌 여러 부서의 이해 관계 및 목표와 밀접하게 연관되어 있으므로 반드시 다기능팀을 구성하여 아웃소싱을 진행해야 한다. 그렇다면 이러한 경우 다기능팀을 운영하고 다양한 기능 부서에서 발생할 수 있는 상이한 시각 차이 및 의견 갈등 등을 처리할 수 있는 능력이 요구된다. 다기능팀은 여러 가지 장점을 보유하고 있으나 효율적인 관리가 되지 못하면 오히려 단일 기능으로 구성된 조직보다 훨씬 취약해질 수 있다. 그러므로 아웃소싱의 수행에서 다기능팀을 구성하고 다양한 구성원들을 조화롭게 이끌어 가는 능력은 매우 중요한 능력이다. 그리고 일반적으로 아웃소싱은 하나의 프로젝트화 되어 수행되는 경우가 많다. 프로젝트화되어 수행된다는 의미는 일정한 기간 내에서 반복적이지 않은 새로운 주제를 부여받아, 다양한 구성원들이 하나의 팀을 구성하여 납기를 지키고 원가를 관리하면서 목표 품질을 완성하는 경우를 말한다. 이런 경우라면 아웃소싱을 수행하는 데 필요한 또 다른 역량은 프로젝트 관리자로서의 능력일 것이다. 주어진 품질, 원가, 납기를 충족하면서 다양한 구성원들을 기반으로 프로젝트를 수행하는 능력을 의미한다.

4 | 아웃소싱 사례 연구

아웃소싱은 위에서 살펴본 바와 같이 이제 일반적인 기업 경영의 형태로서 확고한 위치를 확립하였다. 그렇다면 이러한 아웃소싱의 사례에서 우리가 배울 점은 없는가. 본 연구에서는 브랜드만 가지고 전체 가치 사슬을 외주화한 BO(brand Owner) 조직, 그리고 신발 제조 업체로 유명한 나이키의 사례를 통하여 아웃소싱의 성공 요소를 분석해보기로 한다.

(1) 브랜드 소유 사업(BO Business, Brand Owner Business)

당신이 한국에서 아주 유명한 의상 디자이너라고 가정하자. 당신은 이미 A라는 의상 브랜드로 아주 유명하다. 그런데 당신은 의류 뿐만 아니라 기업을 더 확장하고 싶다. 패션에 관련된 모든 사업을 당신의 브랜드 A로 통일하여 진행하고자 한다. A 선글라스, A 시계, A 가방, A 향수, A 구두, A 액세서리 등 종합 패션 회사로 가고자 한다. 가능할까. 이럴 경우 당신의 모든 제품이 A브랜드가 추구하는 고유한 브랜드 컨셉에 맞게 개발되고 제조는 아웃소싱을 주어 공급자가 수행한다면 (예를 들어, 시계는 스위스 공급자가, 향수는 프랑스 공급자가, 구두는 이태리 공급자가 제조하게 함) 당신의 제품은 성공할 수 있다. 이러면 당신은 A 종합 패션(시계, 모자, 향수, 선글라스, 구두, 의류 등) 회사로 성장이 가능하다. 당신이 가지고 있는 것은 고유한 브랜드이고, 나머지는 모두 아웃소싱을 준 형태를 BO(Brand Owner) 비즈니스 — 즉 브랜드만 소유 —라고 한다. 실제로 세계적인 다양한 패션 브랜드들이 이렇게 사업을 운영하는 경우가 많다. 이러한 기업의 경쟁력은 결국 브랜드 확보와 나머지는 유능한 구매 관리이다. 물론 이러한 경우 브랜드 소유자가 모든 제품의 품질, 성능, 원가도 책임지고 제품을 만들어야 한다. 고객은 브랜드를 믿기 때문이다.

전자 제품의 사례를 하나 더 살펴보자. 미국 대표 TV 제조 업체인 비지오(Vizio)는 2017년 연간 판매량 800만 대, 스마트 TV 보유량은 1,700만 대 이상으로 북미 시장 30% 이상을 장악하고 있다. 한 해 판매량이 800만 대에 달하는 돌풍의 주역이지만 미국 캘리포니아주 어바인 시내 2층짜리 조그만 건물이 본사의 전부다. 전체 임직원을 다 합쳐봐야 200명에 불과하다. 2002년 설립된 신흥기업 비지오가

쟁쟁한 기업들을 제친 비결은 생산 공장, 선도 기술, 유통 채널 등이 없는 '3무(無)' 기업이기 때문이다. 본사는 기획, 마케팅, 고객 콜센터만 담당하고 생산 유통 및 애프터서비스 등은 모두 아웃소싱한다. 공장이 없고 개발 인력이 필요 없고 유통 투자가 필요 없으니 비용이 대폭 절감되었다. 이렇게 해서 우수한 품질의 TV를 경쟁사들보다 20 ~ 30% 싸게 판매한다. 다른 기업들의 아웃소싱과 다른 점은 비용이 좀 들더라도 해당 업계 최고의 파트너와 협력 관계를 구축한다는 것이다. LCD 패널은 LG 디스플레이와 대만 AUO에서, TV부품은 삼성 전기와 LG 이노텍 등에서 조달하는 게 단적인 예다. 생산은 암트란, TPV 등 대만과 중국 업체들이 맡고 있다. 따라서 조립 라인을 건설하거나 보수할 일도, 대규모로 기술 인력을 채용할 일도 없다. 결국 비지오는 Vizio란 브랜드가 소비자들에게 가격이 저렴하면서 품질은 믿을 수 있는 TV라는 브랜드 인식을 가지게 만들고 생산은 모두 외주화한 기업인 것이다. 물론 비지오의 미래가 어느 방향으로 움직일지, 그리고 다른 전자 회사들과 경쟁은 어떻게 진행될지는 좀 더 두고 보아야 할 것이다.

(2) 나이키의 사례

나이키는 신발의 핵심 부품을 스스로 제조하기도 하지만, 크게 보면 앞에서 언급한 공장이 없는 제조업의 한 형태로 이해할 수 있다. 신발을 스스로 제조하는 것보다, 신발 제조에 탁월한 성과를 보유한 오랫동안의 경험이 많은 기업들에게 제조 분야를 아웃소싱하는 편이 더 효율적이고 경제적이라고 믿고 있기 때문이다. 나이키의 제조 분야 아웃소싱 전략은 다음과 같은 전략적 공급업체를 관리하는 방법으로 요약할 수 있다.

① **전략적 핵심 아웃소싱 업체**(Developed Partner)

10년 이상 장기적인 관계를 유지하며 나이키의 개발 부서와 협력하여 신제품 개발에 참여하여 나이키의 신제품 출시를 맡는 고품질, 고성능의 신발 제조업체들이다. 이러한 핵심 업체들은 나이키의 신제품을 신속하게 시장에 출시하여 고객들에게 나이키 신발의 새로움을 알리고 시장에서 주도적인 제품 개발 및 출시를 맡아서 아웃소싱을 수행한다. 이러한 공급자들은 주로 신발 제조에 오랜 경험이 있는 일본, 한국, 이태리 등에 있다.

② 대량 생산 아웃소싱 업체(Volume Supplier)

특정 품목에 대하여 규모의 경제를 기반으로 원가 경쟁력을 확보하는 아웃소싱 업체들이다. 핵심 아웃소싱 업체가 신제품을 제조하여 시장에 출시하면 어느 정도 시간이 지나면서 신제품이 도입기에서 성장기로 이전할 때 나이키사는 (1) 전략적 핵심 아웃소싱 업체로부터 기술이전을 실시하여 (2) 대량 생산 아웃소싱 업체에게 기술을 이전하고, 대량 생산 아웃소싱 업체는 받은 기술을 기반으로 규모의 경제하에서 대량 생산을 실행하여 원가를 낮추고 이익을 창출시킨다. 주로 중국이나 동남아의 저원가 국가에 있다.

아래 도표는 제품 수명 주기 별로 나이키의 아웃소싱 전략을 나타내고 있다.

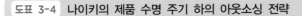

도표 3-4 **나이키의 제품 수명 주기 하의 아웃소싱 전략**

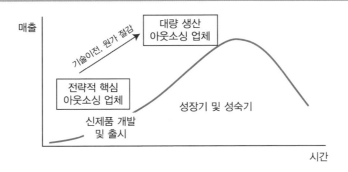

그러나 기업이 전체적인 가치 사슬 중에서 어느 부분을 내재화하고, 어느 부분을 외주화(아웃소싱)할 것인가를 결정하는 것은 상당히 전략적 판단에 의해 실행하여야 한다. 당장 원가가 저렴하다고 또는 편하기 때문에 가치 사슬 일부를 외주를 주었다가 새로운 문제점이 발생하여 다시 내재화를 실행하지만, 오히려 또 다른 문제가 발생할 수도 있기에 신중하게 결정하여야 한다. 사례를 살펴보면 A 전자 회사는 전통적으로 강한 제조 기술에 기반을 두고 성장하였다. 그래서 제조의 기반 기술이 되는 금형, 사출, 성형 등에 관련된 기본 기술을 내재화하여 운영하였다. 그러나 상황이 변하여 제품의 품질 차이가 적어지고 기술이 표준화 성숙화되면서 제품의 제조 특성의 차이가 줄어들기 시작하였다. 그래서 A사는 제조보다는 마케팅을 강조하는 전략으로 변환하고 싶었다. 이에 공급자에게 제조 관련 금형,

사출, 성형 등의 기술을 외주주고, A 전자는 마케팅 분야를 보다 강조하고자 경영 자원을 판매 및 영업 쪽으로 이동하였다. 그러나 다시 제품의 품질 및 사용 성능 문제가 야기되어 외주화했던 기술들을 다시 내재화하는 과정을 거치기도 하였다.

구매 업무의 이해

　　모든 업무는 기본적으로 업무 프로세스가 존재한다. 업무 프로세스는 일종의 표준으로 이러한 업무 프로세스가 없다면 일하는 사람마다 각각 업무를 수행하는 방법이 달라서 매우 혼란스러울 것이다. 구매 업무도 마찬가지이다. 물론 산업별로, 제품별로 다양한 구매 업무 프로세스가 존재하겠지만, 이 책에서는 가장 공통적이고 기본적인 구매 업무 프로세스를 분석해보고자 한다. 구매란 외부의 경영 자원을 획득하는 업무이다. 일반적으로 구매 프로세스는 구매 목적을 인지하고 그 목적에 합당한 공급자를 찾고 평가하고 선택하여, 가장 적합한 공급자와 계약하고 사후에 공급자를 관리하는 전체 프로세스를 자세하게 분석하고자 한다.

　　그리고 공급자를 찾는 것으로 만족하지 않고 공급자를 찾고 관리하는 전체 과정을 소싱(Sourcing)이라고 정의한다면, 소싱의 내용은 구체적으로 어떤 것들이 있는지 살펴보고자 한다. 업무는 어떻게 이루어지고 진행되는가? 이번 4장에서는 기본적인 구매 업무 프로세스에 관하여 살펴보고자 한다.

　　그리고 구매 부서에서 자재를 구매할 경우 가장 기본적으로 자재는 어떻게 분류하는 것이 좋은지, 그리고 그러한 분류 기준에 따라 구매 업무를 수행할 경우 자재관리는 어떻게 차별화하여 관리할 것인지를 학습하고자 한다.

구매 업무의 이해

1 │ 구매 업무 프로세스 분석

일반적으로 구매 업무를 수행할 경우 어떠한 절차와 단계별로 수행되는가? 본 장에서 이러한 업무의 프로세스에 관하여 먼저 살펴보고자 한다. 구매 업무 프로세스를 크게 6단계로 나누고 각 단계별로 설명하고자 한다.

도표 4-1 구매 업무 프로세스 단계

구매 목적을 인지한다

↓

공급자를 탐색한다

↓

공급자를 평가한다

↓

공급자를 선택하고 계약한다

↓

구매 진행 과정을 점검한다

↓

자재를 받고 대금을 지급한다

(1) 구매 목적 인지

구매의 시작이자 업무의 첫 번째는 구매 목적을 인지하고 정의하는 것이다. 구매 업무를 하면서 가장 중요한 일은 구매하려는 것에 정확한 목적이 무엇이고, 그 구매하려고 하는 것에 대한 내용이 어떤 것인지를 정확히 인지하는 것이다. 만약에 현업 사용부서에서 A라고 하는 제품에 대한 구매를 요청하였는데, 구매 부서가 A라는 제품에 대해서 정확하게 정의하거나 규격을 잘 모르면 어떤 공급자가 가장 적합한 공급자인지, 또 어떠한 방식으로 구매를 하여야 할지 알 수가 없다. 그러므로 가장 기본적인 구매 업무의 첫째 사안은 구매를 요청한 현업 부서에서 요구하는 정확한 규격과 내용을 구매 부서가 정확하게 이해하는 것이다. 이러한 경우 현업의 사용 부서에서 구매 부서에게 구매를 요구하는 요청서를 보내 오는데, 이것을 구매 요청서(PR, Purchase Requisition)이라고 한다. 구매 부서는 현업으로부터 PR을 접수받으면 구매 업무가 시작된다고 볼 수 있다.

(2) 공급자 탐색

정확하게 무엇을 구매해야 하는지 구매 요구 사항을 인지하고 정의하였다면, 그 다음 절차는 그 요구 사항에 가장 적합한 공급자를 탐색하는 것이다. 탐색이란, 어떤 공급자가 우리의 요구 사항에 가장 적합한가를 알아내는 업무라고 할 수 있다. 기본적으로 구매의 가장 이상적인 공급자 탐색은 Full and Open(모든 가능한 공급자 전부 그리고 미래의 가능한 공급자 환영)이다. 즉 타이어를 구매하려고 한다면 세상에서 타이어 만드는 회사 전부(Full) 그리고 지금은 만들지 않지만 미래에 만들고자 한다면 우리 공급자로 환영(Open)한다는 것이다. 이렇게 된다면 가능한 모든 경우를 분석해서 최적의 공급자를 평가하고 선택할 수 있게 된다. 하지만 이것은 사실상 불가능하고 우리는 어느 정도 제한된 범위 안에서 공급자를 탐색하게 된다. 물론 많은 공급자를 탐색하면 그만큼 우수한 공급자를 선정할 가능성도 높지만 비용도 그만큼 많이 발생하기 때문이다. 결국 공급자를 탐색하는 경우에 어느 정도 시간과 노력을 들여서 어떤 공급자까지를 찾아보느냐 하는 문제는 비용 대 효과의 분석을 통하여 결정해야 한다. 물론 인터넷과 정보 기술의 발전으로 탐색 비용이 과거보다 줄어들고 있는 것은 사실이다. 그렇다면 어떤 정보를 이용하여 탐색할 것인가 생각해보기로 하자. 과거에 거래했던 공급자들의 리스트를 참조할 수도 있고, 인터넷을 통하여 공급자를 탐색해 볼 수도 있을 것이다. 또는 어떤 특정 산업 협회의 자료를 이용할 수도 있고, 전시회를 통하여 정보를 얻을 수도 있고, 산업별 공급자 데이터베이스(예, www.thomasresgister.com)를 이용할 수도 있다. 이렇게 다양한 방법으로 공급자를 탐색할 수 있다. 그러므로 어떠한 방법을 택해서 어떤 공급자를 찾느냐 하는 것은 전적으로 기업의 선택에 달려 있다.

이렇게 탐색하는 과정에서 어떤 공급자가 어떠한 능력과 내용을 가지고 있는지 알아야 한다. 이러한 방법으로 제안 요청서(RFP, Request for Proposal) 또는 RFQ(Request for Quotation) 등이 있다. RFP란 구매자가 공급자에게 "우리가 이러이러한 물건들을 구매하고 싶은데, 당신이 우리에게 줄 수 있는 내용과 조건이 어떤 것입니까?" 라고 물어보면, 공급자들이 구매자에게 "우리는 어떤 조건에, 어떤 가격에, 어떤 수준에 이런 물건들을 당신에게 공급해드릴 수 있습니다."라고 제안서(Proposal, 구매자의 RFP에 대한 대답)를 구매자에게 보내게 된다. 이런 과정을 거쳐서 구매자와 공급자는 서로 대화하게 되는 것이다.

쌍방향 탐색 과정 : 구매자 ⇔ 공급자

📍 **구매자 → 공급자**

→ RFP(Request For Proposal, 우리가 구매하고 싶은 내용은 이런 것들입니다. 당신의 조건들을 알고 싶습니다) 구체적으로 어떤 내용들을 알고 싶은지는 구매 상황에 따라 다르다. 대체적으로 구매하기 위한 조건(가격, 품질, 납기, 계약 조건, 보증) 등에 관하여 공급자가 줄 수 있는 대답을 요구한다.

📍 **공급자 → 구매자**

→ Proposal(우리는 당신에게 이러한 조건으로 물건을 공급할 수 있습니다) 구매자의 질문에 대한 공급자의 대답.

(3) 공급자 평가

그 다음 절차는 공급자들을 평가하는 단계이다. 평가를 통하여 가장 좋은 공급자를 가려내기 위함이다. 가장 좋다는 의미는 구매 부서에서 요구되는 여러 가지 항목들을 어느 공급자가 가장 잘 충족 시키고 있는가 하는 의미이다. 여러 가지 항목이란 품질, 납기, 원가, 기술, 대응력, 그리고 공급자의 재무 상태, 노사 관계 등 실로 다양하다고 할 수 있다(아래 사항들 참조). 그렇다면 구매자는 이러한 다양한 항목들을 필요에 따라서 가중치를 부여하고, 공급자들을 평가하고, 가중치로 합산하여 가장 좋은 공급자를 가려내야 한다. 물론 모든 항목이 계량적 항목으로 표시될 수는 없으나, 정량적, 정성적 항목들을 다양한 평가 방법을 통하여 객관적 판단 기준으로 변환하여 객관성과 신뢰성이 있는 평가 테이블을 만들어야 한다. 이러한 평가 기준은 궁극적으로 공급자들에게도 어떠한 방향으로 공급자들이 개선되어야 향후 구매자의 선택 영역에 포함될 수 있는가를 알려주는 중요한 지표가 되기도 하므로 매우 중요한 사항이 되는 것이다.

일반적으로 공급자를 평가하는 항목들은 다음과 같은 내용이 포함된다.
- **원가 능력** – 원가 구조와 가격이 어느 정도 경쟁력이 있는가
- **품질 능력** – 품질의 우수성이 어느 정도인가
- **납기 능력** – 원하는 시점에 시간에 맞추어 공급할 능력이 있는가
- **기술력 및 개발 능력** – 어느 정도 기술적 우수성과 자체 개발 능력이 있는가
- **재무적 건전성** – 얼마나 재무적으로 안정적이고 건전한가
- **노사 문제** – 노사간의 대립이나 분쟁의 소지는 없는가
- **대응 능력** – 변하는 환경과 요구 사항에 어느 정도 신속하게 대응할 수 있는가
- **생산 능력** – 생산 확장 및 증산의 요구에 대응할 능력이 있는가
- **사후 관리 능력** – 문제가 발생하는 경우 어느 정도 대처 능력이 있는가
- **관리자 능력** – 관리자들의 수준과 역량이 어느 정도인가
- **정보화 능력** – 전산 시스템 운영과 정보 처리 능력이 어느 정도인가
- **친환경 역량** – 친환경적인 기업 경영의 역량이 있는가
- **경영 능력** – 최고 경영자의 역량과 기업의 경영 상태는 어떠한가
- **협조 역량** – 적극적으로 공급자가 되기를 원하는가

공급자를 평가해야 하는 경우, 다양한 항목을 평가하였다면 전체의 가중치를 어떻게 구성하는 것이 합리적인가. 만약 품질, 납기, 가격 3가지 항목을 평가하였다고 가정하고 100점 만점에 품질 몇 퍼센트, 가격 몇 퍼센트 그리고 납기 몇 퍼센트의 가중치를 주어야 할까. 이 주제를 구매인들에게 질문해보면 대부분 그냥

회사가 그동안 해왔던 관례대로 시행한다고 대답하고 왜 그 항목이 그렇게 가중치가 주어져야 하느냐에 대한 고민은 없어 보인다. 만약 새로운 사업부의 구매를 맡아서 공급자 평가 시스템을 만들어야 한다면 어떻게 할 것인가. 가장 좋은 대답은 앞서 언급한 기업의 가치 제안(value proposition)을 이해하고 또 기업의 경쟁력 우선 순위(제2장 구매전략 참조)에 맞추어서 가중치를 만들면 가장 합리적인 평가가 될 것이다. 공급자 평가도 기업이 가고자 하는 방향과 일치하게 하여 공급자도 그와 같은 방향으로 발전하려고 노력하게 만들어야 하는 것이다.

(4) 공급자 선택 및 계약

평가를 통하여 최선의 공급자가 가려졌다면, 그 공급자와 계약을 하는 것이 다음 절차이다. 계약을 통하여 구매자는 정식으로 공급자에게 구매를 요청하게 된다. 구매 계약의 종류와 방법은 실로 다양하여 그 내용이 방대하므로 본서에서는 생략하기로 한다. 일반적으로 기업은 표준 구매 계약서 양식을 가지고 기본적인 구매 계약 내용과 필요한 서류 등을 관리한다. 또한 공급자와 협상에 의하여 그 계약의 특성에 맞는 구매 계약서를 작성하기도 한다. 이러한 구매 계약에 관련해서는 법적인 요구 사항이 필요하므로, 계약법 또는 상법을 통하여 완전한 법적인 구매 계약 내용을 이해하면 좋겠다. 일반적으로 PO(Purchase Order)라고 하는 구매 발주서는, 구매자가 PO를 공급자에게 발행하고 공급자가 이러한 PO에 이의를 제기하지 않으면(쌍방이 모두 인정하면), 구매자와 공급자는 법적으로 구매 계약을 한 것이 되므로 한쪽에서 임의로 계약을 일방적으로 파기할 수 없다. 만약에 PO를 발행한 다음 임의로 계약을 파기하면 다른 쪽이 피해를 입기 때문이다. 그러므로 PO는 법적 구속력을 지닌다.

(5) 구매 진행 과정 체크, 일정 확인

구매 관리자의 역할과 임무는 구매 발주서(PO)가 발행된 시점에서 끝나는 것이 아니고, 요청한 자재가 이상 없이 접수되고 인수되어 원하는 장소에 보관될 때까지가 임무인 것이다. 그러므로 구매 관리자들은 요청한 구매가 원하는 시점까지 무사히 잘 진행되고 있는지를 감독하고 관리할 의무가 있다. 만약 일이 잘못되어 원하던 자재나 부품이 원하는 시간에 납품되지 않거나 또는 자재가 불량인 상태로 입고 된다면 모두 구매 부서의 책임이 되는 것이다. 물론 공급자 공장이나 작

제4장 구매 업무의 이해 63

업장을 매일 수시로 가서 체크할 수는 없겠지만, 적어도 주문한 구매의 진행 상황이 제대로 진행되고 있는지 그리고 공급자에게 어떤 특별한 상황이 발생하지는 않았는지 늘 체크할 필요가 있다. 갑자기 뜻하지 않은 자연재해로 인하여 공급자 공장에 문제가 생겨 우리가 원하는 납기에 자재가 제대로 공급되기 어려운 상황이 발생할 수도 있다. 그러므로 늘 구매 발주서를 발행한 다음이라도 공급자가 예정대로 잘 진행되는지를 모니터링하고, 필요하다면 원활한 진행을 위하여 여러 가지 관리를 수행해야 하는 것이 구매의 책임인 것이다. 그리고 예를 들어 다음 달 초 입고 예정이었던 자재가 구매사의 생산 계획 변경으로 이번 달 말에 필요하게 되는 경우가 발생할 수 있다. 이런 경우 구매자는 납기 촉진(Expediting)을 하게 되는데 추가 비용을 부담하고 공급자와 협의하여 납기를 촉진하여 변경하는 것을 의미한다. 상황이 변하여 예정보다 더 빠른 시간에 필요하다면 추가적인 비용을 지불하더라도 공급자와 협력하여 납기를 앞으로 조정하는 노력이 필요한 것이다.

(6) 자재 수령 및 검사, 대금 지불

일정한 시간이 지나서 공급자로부터의 주문이 도착하면 구매자는 그 물건이 원래 주문한 내용과 일치하는지 검사해야 한다. 구매자가 원하는 수량은 이상이 없는지, 품질은 양호한지 그 외에 구매자가 원하는 내용이 모두 제대로 이행되었는지 검사한다. 이러한 검사의 중요성은 검사 시점에서 만약 문제가 발견되면 신속하게 처리할 수 있지만, 검사에서 문제가 발생되지 않고 그 후에 문제가 알려지면 공급자의 과실을 증명하기 위해 훨씬 더 많은 노력과 시간이 요구된다는 점에서 확인할 수 있다. 수량에 관한 예를 들어보자. 접수 및 검사 시에 요구한 수량이 일치하지 않으면 공급자에게 수량의 불일치에 관하여 통보하고 정확한 수량을 요구할 수 있다. 그러나 검사 시에 발견되지 않고 창고에 보관 후 나중에 생산 현장에서 구매한 부품의 수량 문제가 발생하였다면 ① 공급자가 수량을 잘못 보낸 것인지, ② 운송 도중 유실된 것인지, ③ 구매사의 창고에서 도난이 발생하여 숫자가 줄은 것인지, ④ 기타 등등 모든 경우를 분석하여 공급자의 과실을 밝혀내야 하므로 시간과 노력이 많이 소모된다. 그러므로 모든 문제는 검사 시에 발견되고 수정되어야 한다.

이렇게 모든 검사가 끝나면 최종적으로 정리를 하게 되는데, 이 경우 3가지를 비교해보는 과정을 수행해야 한다. 송장(Invoice), 구매발주서(Purchase Order), 그리고 물건(Physical item) 이렇게 세 가지를 전부 다 확인하여야 한다. 송장과 구매발주서의 내용이 일치하는지, 실제 물건과 송장의 내용이 일치하는지, 그래서 세 가지가 모두 일치하면 공급자에게 대금을 지불하고 물건을 받아서 창고에 보관한다. 그러면 구매 관리자의 임무는 끝이 나는 것이다. 송장(Invoice)의 내용과 거래 내역을 기준으로 공급자가 구매자에게 대금 청구(세금계산서 발행)를 하는데, 이 경우 PO와 내용이 일치하지 않는 경우도 발생하기에 세심한 주의를 가지고 검토해야 한다. 최근 한국 기업에서는 공급자가 거래 내역을 기준으로 구매자에게 대금을 청구하기 위하여 세금계산서를 발행하는 것을 정방향 거래(공급자가 세금계산서 발행하여 구매자에게 전달)라고 하고, 거꾸로 구매자가 거래 내역을 기준으로 정확성을 확인하고 세금계산서를 작성한 뒤 공급자가 해당 내용이 정확한지 승인을 하게 만든 방법을 역방향 거래(구매자가 세금계산서 발행하여 공급자에게 전달)라고 한다. 아마도 구매 회사가 공급자보다는 전문 요원이 거래 내역을 담당하기에 보다 정확성을 기할 수 있다고 생각하기 때문에, 대금을 지불할 구매자가 세금계산서를 작성하는 역방향 거래도 꾸준히 증가하고 있다.

2 | 소싱(Sourcing)

일반적으로 소싱이라 하면 공급자를 찾아내는 것으로 인식되는 것 같다. 회사에서 "김 과장, 이번 자재는 중국에서 소싱해 봐."라고 상사가 지시한다면 중국에서 적합한 공급자를 찾아보라는 의미로 해석된다. 결국 '공급자를 찾는 것이 소싱이다.'라고 인식 되는데, 소싱이란 단지 공급자를 찾는 것만은 아니다. David Burt는 그의 저서 'World Class Supply Management'에서 5단계로 소싱의 단계와 의미를 설명하고 있는데, 매우 적절한 개념이라고 생각한다. 그는 소싱이란 단순히 공급자를 찾는 것만이 아니고 다음과 같은 5단계를 거치면서 완성된다고 하였다. 소싱의 정확한 의미는 '공급자를 찾고 선택하고 관계를 발전시키고 관리하는 것'이고 이것은 다음과 같은 단계에 의하여 설명될 수 있다.

도표 4-2 소싱의 단계 및 의미

탐색(Discovery)

평가(Evaluation)

선택(Selection)

발전(Development)

관리(Management)

첫째는 찾는다는 의미이다. 즉 어떤 공급자가 우리에게 가장 적합한지를 찾는 것이다. 둘째는 그런 공급자를 여러 사람 찾았다면, 그 중에 우리에게 가장 적합한 공급자 즉, 최선의 공급자가 누구인지 평가하는 것이다. 셋째는 최선의 공급자를 선택하는 것이고, 여기서 끝나는 것이 아니라 넷째로 그 공급자와 계속해서 좋은 관계를 맺고, 구매사에게 좋은 공급자가 되기 위해 관계를 발전시킨다는 의미이다. 그 다음에 다섯째 마지막으로 그렇게 함으로써 공급자가 구매사와 함께 갈 수 있는 모습을 갖출 수 있게 관리되는 단계까지 이르는 것을 소싱이라고 정의한다. 이러한 의미를 저자가 강조하는 것은 소싱의 단계 중에서 앞의 3단계 즉 찾고 - 평가하고 - 선택하는 것보다 오히려 발전하고 - 관리하는 단계가 더 중요하다고 생각했기 때문이다. 인생에서 결혼이란 사안을 고려해보면 결혼 전(배우자를 찾고 선택하는 과정)보다 결혼 후(배우자와 함께 인생을 만들어가는 과정)가 더 중요한 것처럼, 단순히 공급자를 찾고 선택하는 것이 구매의 중요한 업무가 아니고 선택한 후에 그 공급자와 좋은 관계를 잘 유지해 가는 것이 더 중요하다고 할 수 있다. 그런 의미에서 소싱의 완성은 공급자와 좋은 관계를 구축하는 것이 될 것이다.

3 │ 자재 분류 및 관리

앞에서는 기본적인 구매 업무의 절차와 내용에 관해 살펴보았다. 그렇다면 구매 관리자가 자재를 구매할 경우 이러한 자재는 어떻게 분류하여 관리하는 것이 좋은지 살펴보기로 하자. 자재를 특성에 맞추어 분류하는 방법은 실로 다양하다. 기업마다 자재의 특성에 맞게 다양한 분류 기준이 존재한다. 본서에서는 일반적으로 구매 자재 분류에서 가장 널리 사용되는 자재 분류 및 자재 차별화 전략(Kraljic Matrix)을 사용하기로 한다.

도표 4-3 **자재 분류**

📍 **가로축의 구매 위험**(Purchasing Risk) - **구매 용이성**

구매를 시행할 때 야기되는 위험도 및 복잡성을 나타낸 것이다. 왼쪽에 Purchasing Risk 즉 구매 복잡성 및 위험도가 낮다(Low)는 의미는 언제 어디서든지 쉽게 구매할 수 있다는 의미이고, 오른쪽의 복잡성 및 위험도가 높다(High)는 의미는 구매 행위를 시행할 때 대상이 되는 물건을 쉽게 구할 수 없다든지 또는 구매하는데 매우 복잡하고 힘든 과정을 거친다는 의미이다.

📍 **세로축의 경영 중요도**(Business Impact) - **구매 금액 및 비중**

기업에서 지출하는 총 구매 비용 중에 특정 구매 대상 품목에 할당된 구매 금액의 비율로서 아래 쪽의 구매 금액 비율이 낮다(Low)는 것은 상대적으로 중요성이 덜 하다는 의미이고, 위 쪽의 구매 금액 비율이 높다(High)는 것은 중요성이 높다는 얘기이다.

이러한 세로축과 가로축의 분석을 바탕으로 4가지 형태의 자재군을 분류하였다.

(1) 비전략적 자재(Non-critical item)

이 경우는 구매 품목이 기업의 전략적 중요성도 적고 구매 행위의 위험이나 복잡성도 낮아 구매가 쉬운 제품들이다. 소위 말하는 소모성 잡자재군 즉, MRO(Maintenance, Repair and Operating supplies)들이 이곳에 속한다. 금액도 크지 않은 제품군이다. 구매의 가장 중요한 관리 포인트는 구매 가격이 아닌 구매 프로세스를 어떻게 단순화하고 노력을 최소화 시키는가 하는 것이다. 그 이유는 이러한 품목에 많은 시간과 노력을 투자하여 구매를 해도 투자된 노력과 시간 대비 결과적으로 효용과 가치가 적기 때문이다. 그러므로 구매 업무 프로세스를 단순화하고 자동화하는 것이 필요하다. 한국의 기업들이 MRO 전문 대행업체에게 이러한 Non-critical한 자재 업무를 위탁 주는 것이 일반적인 방법이다. 다시 말하면, 중요하지 않은 잡자재를 구매해야 하는데 필요한 노력과 시간은 외주 업체에게 맡기고, 구매 부서는 좀 더 의미 있는 구매 활동을 하고자 하는 것이다. 다른 회사에게 위탁 주지 않는 경우라면 공급자와 일관 계약(Blanket Order)을 통한 자재 공급을 생각 해 볼 수도 있다.

(2) 레버리지 자재(Leverage item)

이 경우 구매 품목은 구매 행위의 복잡성이나 위험도가 높지는 않고 구매가 쉬운 편이지만 구매 금액이 상대적으로 많아 기업의 이익과 구매 원가 관리에 중요한 비중을 차지하는 품목들이다. 대부분 공급자 시장에서 표준화된 상용품으로 구할 수 있는 그리고 다수의 공급자가 존재하는 자재 군을 말한다. 명칭이 Leverage(지렛대 효과)인 것은 구매 가격을 약간만 절감해도 많은 구매 물량으로 인해 기업의 비용 절감 효과가 매우 크게 나타나기 때문에 그렇게 명명하게 되었다. 동질적인 다수의 공급자가 공급하는 표준품을 대규모 물량으로 구매하는 경우가 이러한 경우에 해당될 수 있다. 이러한 경우 구매 관리의 초점은 구매 단가를 어떻게 절감하는가 하는 일이다. 즉 구매 거래를 어떻게 효율적으로 할 것이냐 하는 것이다. 이러한 경우 구매를 효율적으로 하게 되면 buying leverage 즉, 구매 거래의 효율성에 의한 기업 이익의 증가가 실현될 수 있다. 가장 효과적인 방법은 다수의 공급자에게 경쟁 입찰을 통한 최적 공급자를 선택하여 구매를 실현하는 방법일 것이다. 구매 가격이 다른 여러 가지 조건보다 중요하다면 경쟁 입찰을 통하여 공급자들의 가격을 최저로 움직이는 것이 합리적이기 때문이다.

(3) 병목 자재(Bottleneck item)

이 경우 구매 품목은 기업의 지출 면에서는 비록 크지 않지만, 구매 행위가 복잡하거나 또는 위험이 내재되어 잘못하면 품목을 구하지 못하는 품절을 야기시킬 수도 있는 품목들이다. 공급자가 제한되어있는 품목, 구매사의 특별한 요청이나 규격이 포함되어 아무나 만들 수 없는 제품, 리드타임이 장기여서 주문하고 오랜 기간이 지나야 물건을 받을 수 있는 부품들이 이 영역에 속한다. 당연히 구매의 관리 포인트는 구매 원가나 구매 경비가 아니라 장기적이고 안정적인 구매 공급의 확보에 있다. 그러므로 단기적인 경쟁 입찰이 아닌 장기 계약 관계를 추구하는 것이 합리적이다. 또한 이런 경우 대체로 적정 재고를 유지하는 것이 재고 최소화 시스템을 운영하는 것보다 효율적일 수 있다. 즉, 재고를 보유하는 데 들어가는 재고 유지 비용이 혹시 발생할 수 있는 품절 비용에 비하여 상대적으로 작기 때문이다. 다시 말하면 품절 비용이 치명적이라고 한다면 기업은 재고를 보유하는 편이 오히려 더 경제적일 수가 있는 것이다. 이러한 경우 대부분 총 원가를 고려한 공급자 관리 방안을 수립해야 할 것이다.

(4) 전략 자재(Strategic item)

이러한 경우에는 구매 진행 과정이 쉽지 않고, 구매자가 요구하는 조건을 충족하는 공급자가 제한되어 있거나 위험이 크고, 상대적으로 기업에서 원가 측면이나 지출 면에서도 의미가 큰 부품들이 이 영역에 속한다. Strategic이라는 단어의 의미처럼 핵심 자재로서 구매 부서가 가장 많은 관심과 노력을 기울여야 하는 대상인데, 기업의 능력에 따라 구매 역량의 차이가 뚜렷이 나타나는 영역이다. 이러한 경우 구매 관심과 철학은 공급자와 상생과 협력을 통한 집중과 성장이다. 파트너십 계약, 전략적 제휴 등을 통하여 공급자와 구매자가 서로 공생하면서 관계를 유지 할 수 있는 방안을 찾아내야 한다. 공급자, 구매자 모두가 상호 이익적이면서 장기적인 관계에서 구매 행위를 수행해야 한다.

이렇게 자재의 특성에 따라 4가지 영역으로 나누는 것은 자재의 특성에 따른 차별화된 관리를 하여야 한다는 이야기이다. 즉, 자재의 특성이 A영역에 속한다면 그 영역에서는 (1)이라는 전략과 실행 방안을 수립하는 것이 합리적이고, 자재 특성이 B라는 영역에 속한다면 그 경우 (2)라는 전략과 실행 방안을 진행하는 것이 논리적이라는 말이다. 결국 자재의 특성과 내용이 다르면 그 자재를 관리하는 방법과 전략도 달라져야 한다는 것이다. 또한 특정 자재가 시간에 따라 특성이 달라지기도 한다. 처음에 전략 자재의 위치에 있던 자재가 제품이 성숙기에 도달하면 표준화되어 레버리지 자재 영역으로 이동할 수도 있다.

앞서 지출 분석(Spend analysis)을 학습하였다. 그렇다면 구매한 모든 자재를 자재의 성격과 특성을 분석하여 이 4가지 영역에 맞추어 집어넣을 수 있을까. 그런 후에 구매 부서의 지출을 분석해 볼 수도 있다.

만약 발전소를 건설하는 회사가 발전소에 필요한 5가지 유형의 펌프를 구매하는데, 특성이 다르고 공급자가 제한되어 모두 병목(Bottleneck) 자재에 속했다고 하자.(자재 A1, A2, A3, A4, A5) 이럴 경우 Bottleneck에 속해 있으면 구매사의 힘도 약할 수밖에 없다. 구매 팀장이 이러한 자재를 Leverage로 옮겨서 공급자들끼리의 경쟁을 유도하여 가격 및 공급 조건을 개선하고 싶다고 한다면 가능할까. 가능한 방법은 A1, A2, A3, A4, A5 펌프를 공용화, 표준화하여 공용 자재 Ao로 만들어 통합 구매를 하면 각각을 공급하던 모든 공급자들이 모이게 되고 경쟁이 가능하게 하는 것이다. 그러면 각각을 구매할 때보다 표준품 하나를 구매하는 구매 금액도 올라가고 공급자도 많아져서 Leverage 영역으로 이동이 가능하다. 하지만 이렇게 하기 위해서는 5가지 펌프를 표준화하여야 하는데, 먼저 설계팀과 협업을 해야 하고 또한 표준화하려면 모든 펌프가 다 성능이 가능하게 설계해야 하기에 각각의 펌프에서 보면 과잉 성능 설계가 될 수도 있다. 결국 과잉 성능의 낭비와 Leverage 품목으로 이동하였을 경우의 구매 조건 향상과 원가 절감 효과를 비교·분석하여, 만약 Leverage 이동 효과가 더 크다면 그렇게 실행하여야 한다. 위의 도표는 이렇게 자재의 유형을 분석하고 개선을 하는 데도 유용하게 활용될 수 있다.

공급자 관리

고객은 기업에게 매우 중요한 존재이다. 그렇다면 공급자는 기업에게 어떤 존재인가. 고객이 없으면 기업이 생존할 수 없는 것처럼, 공급자가 없으면 기업 역시 생존 할 수 없다. 더군다나 앞서 언급한 것처럼 기업의 원가에서 50%가 재료비라면 전체 원가 구성의 50%가 공급자로부터 만들어지고, 제품의 품질, 원가, 납기의 50%가 공급자에 의하여 결정된다고 할 수 있다. 이렇듯 기업 경쟁력에 절대적인 영향을 주는 것이 공급자이다. 또한 구매라는 것은 단순히 부품을 구매하는 것만이 아니라, 공급자의 역량을 구매함으로써 공급자의 경쟁력을 구매사의 경쟁력이 되게 만드는 포괄적인 행위를 구매라고 할 때, 공급자의 중요성은 구매 부서가 아니더라도 기업 성공에 매우 중요한 요소임을 부정할 수 없다.

공급자를 관리하는 기본적인 철학은 구매 기업에게 가장 유리한 방법이 무엇인지 살펴보면서도 그러한 방법이 공급자에게도 충분히 납득될 수 있어야 한다는 것이다. 본 장에서는 공급자를 관리하는 다양한 방법을 살펴보기로 하자.

서구에서 발전된 공급자 관리 방법과 일본에서 발전된 공급자 관리 방법의 차이와 장·단점 그리고 공급자와의 관계에서 협력과 경쟁이 가지고 있는 내용들을 이해하고자 한다. 그리고 공급자들의 특성을 파악하고 그러한 정보를 모아서 효율성을 가장 극대화하여 공급자를 관리할 수 있는 방법도 본 장에서 논의하고자 한다.

제5장

공급자 관리

1 | 공급자의 의미와 기업과의 관계

먼저 공급자 우호(Supplier goodwill)의 개념에 대하여 논하기로 하자. 공급자의 대칭점에 있는 고객부터 살펴보자. 고객은 기업에게 중요한가. 고객이 기업에게 호감을 가지고 그 기업의 재화 또는 서비스를 좋아하고 그 회사의 이미지에 좋은 감정을 가지는 것을 고객의 우호(Customer goodwill)라 한다. 고객이 기업에게 우호를 가지면 그 기업의 제품을 사게 된다. 고객이 가지는 기업에 대한 호감은 기업의 아주 중요한 무형 자산으로 인지되어 기업에서는 Customer goodwill을 높이기 위해 매우 많은 노력을 기울인다. 아마 우리가 일상적으로 접하는 모든 광고나 기업 홍보가 모두 이러한 Customer goodwill을 높이기 위한 수단이 아닌가 생각된다. 그렇다면 고객의 반대쪽에서 기업과 연계되어 있는 공급자들이 기업을 향해 가지고 있는 호감 즉, Supplier goodwill — 공급자들이 기업과 함께 일하고 싶어하고 기업과 함께 번영하고 공생하며 그리하여 공급자가 기업에게 가지게 되는 호감도 및 친밀도 — 도 존재하는 것일까? 저자는 Customer goodwill 만큼 Supplier goodwill도 중요하고 이러한 Supplier goodwill은 반드시 존재하여야 한다고 생각한다.

도표 5-1 Customer goodwill 과 Supplier goodwill 연관성

앞서 언급한 것처럼 공급자가 기업 경쟁력의 많은 부분을 창출하기 때문에, 기업이 성공하려면 공급자와 협력을 잘하지 않으면 안 되는 현실이 되었다. 그리고 앞으로 기업이 공급자에게 의존하는 정도는 더욱 더 증가 될 것이다. 이처럼 기업은 공급자에게 많은 부분을 의지하고 그들과의 관계가 기업의 중요한 경쟁력으로 대두됨에 따라, 결국 Supplier goodwill 또한 Customer goodwill만큼이나 중요한 무형 자산으로 인지되어야 하는 상황이 되었다. '공급자가 함께 일하고 싶은 기업'이란 세상의 우수한 공급자들이 모두 내 편이 될 수 있다는 강력한 경쟁력의 근원이 된다.

현재 구매 회사가 업계에서 규모나 크기가 1등이라고 공급자들에게 압력을 가하면서 군림하려고 하면 언젠가는 우수한 공급업체들을 모두 경쟁사에게 빼앗기게 되고 결국 회사의 경쟁력도 떨어지는 결과가 발생할 수 있다는 명백한 사실을 간과해서는 안 된다. 공급자 우호(Supplier goodwill)가 회사의 성공과 성장에 중요한 핵심 요소가 되는 것이다. 이러한 공급자 우호는 궁극적으로 기업이 가지게 되는 평판에도 영향을 준다. 공급자에게 인정을 받고 좋은 호감을 준다는 것은 기업의 구성원 모두를 배려하는 문화와 이미지가 되어, 사회적으로 존경받는 기업의 조건이 되고, 그러한 평판이 고객에게도 친밀한 이미지가 되므로 Supplier goodwill은 Customer goodwill에도 영향을 준다. 때문에 공급자와 우호적인 관계를 발전시키는 것은 기업 전체에도 공헌하는 일인 것이다.

저자는 말한다. "만약 중요한 한 명의 고객을 잃어버리면 기업에게는 무척 큰 손실이 됩니다. 그러나 그렇다고 기업이 망하지는 않습니다. 하지만 아주 중요한 공급자 한 명을 잃어버리면 그래서 그 부품을 제대로 만들어 공급할 다른 공급자를 찾지 못하면 제품이 불량이 되고 나쁜 제품이 되어버리고 고객들이 외면하여 기업이 망할 수도 있습니다. 한 명의 중요한 고객을 잃어버리는 것 보다, 한 명의 중요한 공급자를 잃어버리는 것이 기업에게는 더 치명적일 수 있습니다."

```
2 │ 공급자 관리 유형
```

공급자를 어떻게 관리해야 하는가? 기업이 공급자로부터 자재를 구매할 경우, 한 공급자에게 장기간 자재를 공급받는 것이 좋은 것인가 아니면 상황이 바뀔 때마다 새로운 공급자에게 자재를 공급받는 것이 좋은가? 그들과 정보를 공유하는 것이 좋은가 아니면 정보를 가능한 한 숨기고 거래하는 것이 좋은가? 기본적으로 경쟁적인 관계를 유지하게 하는 것이 좋은가 아니면 우호적인 관계를 유지하는 것이 좋은가? 이러한 질문에 대한 대답은 구매하는 자재의 성격이 어떤지에 따라, 또 기업의 전략이 어떤지에 따라 그리고 공급자의 특성과 성격이 어떤지에 따라 달라진다. 본 장에서는 공급자들을 분류하기에 앞서 먼저 공급자들을 관리하는 유형을 크게 세 가지로 나누어 분석하고자 한다. 세 가지 유형이란 거래적 관계, 협력적 관계, 그리고 제휴적 관계를 말한다.

(1) 거래적 관계(Transactional Relationship)

거래적 관계란 구매자가 공급자와 일정 간격을 유지하면서 단순히 거래 중심적인 사안에 초점을 맞추는 관리의 유형이다. 이러한 거래적 관계에서의 공급자와의 계약이나 특징을 보면 다음과 같다.

- 상대방에 대한 배려나 고려가 거의 없다. 나의 입장만을 생각한다. 즉 한 쪽이 이기면 다른 쪽은 지는 경우가 발생한다.
- 모든 계약은 단독적이고 단기적이다. 즉 하나의 계약이 향후 다른 계약에 영향을 미치는 일이 적고, 한 번의 계약은 그 한 번의 계약에서 모든 이해관계가 끝난다.
- 모든 정보는 공유되지 않고 가능한 한 상대방에게 정보를 숨긴다.
- 가격이 모든 관계 설정에 가장 중요하다. 즉 다른 공급자가 더 좋은 가격 조건을 제시한다면 언제든지 공급선을 바꿀 수 있다.

이러한 거래적 관계의 경우 다음과 같은 장점이 있을 수 있다.

- 구매자는 구매하기 위해 최소한의 시간과 경비를 투입한다. 즉 가격 조건을 검토하여 최적 가격자에게 구매 행위를 수행하면 된다.
- 구매를 하기 위해 고차원의 기술이나 능력이 요구되지 않는다. 가격 조건을 보고 가장 최적의 공급자를 매번 고르기만 하면 된다.

그러나 이러한 거래적 관계인 경우 단점 또한 발생한다.

- 다른 관계 유형보다는 많은 의사소통의 문제가 발생할 수 있다.
- 품질 확보나 정확한 납기를 위해 많은 노력과 시간이 들어간다.
- 만약 구매자가 상황이 불확실하여 유연성을 필요로 한다면, 이러한 거래적 관계에서는 유연하도록 요구하기가 힘들다
- 품질 조건은 공급자가 최소한의 요구 사안만을 만족한다.
- 공급자가 그들이 구매자에게 제공하는 재화 또는 서비스의 좀 더 나은 향상을 생각하거나 노력하지 않는다. 그럴만한 동기가 없기 때문이다.
- 다른 관계보다 공급의 단절이 일어날 가능성이 많고 이러한 가능성에 대한 예측이 매우 어렵다.

(2) 협력적 관계(Collaborative Relationship)

협력적 관계란 상대방과의 협력과 상호 의존이 공급자 관계에서 필요하다는 것을 상호 인지한 형태의 관계이다. 이러한 협력적 관계에서는 상호 믿음 구축, 의사소통 및 정보 공유, 기업 운영에 있어서 협력 등이 서로에게 도움이 되고 궁극적으로 두 기업의 경쟁력을 제고할 수 있다고 믿게 된다. 구매자가 신제품 개발을 할 경우, 필요하다면 공급자는 구매자의 개발 프로세스 초기에 참여하여 공헌하고, 그러한 공헌에 의하여 궁극적으로 구매자가 시장에서 경쟁에 승리한다면 당연히 그 승리의 결과가 공급자에게 전달되어 공급자 또한 혜택을 보는 관계가 이러한 협력적 관계의 유형인 것이다. 이러한 협력적 관계에서는 거래가 한 번으로 끝나는 것이 아니고 장기적인 관계하에서 지속적으로 유지될 수 있다. 앞서 언급한 거래적 관계가 공급자와 구매자간의 경쟁적 관계였다면, 협력적 관계는 보다 우호적 관계이고 장기적 관계이다. 그러므로 거래적 관계의 장단점이 이 협력적 관계에서는 역으로 이해될 수 있을 것이다. 즉 구매 행위를 하기 위해 거래적 관계보

다는 더 많은 시간과 노력이 필요하고, 또한 좀 더 고도화된 기술이 요구된다. 그러나 의사소통이 원활하고 구매되는 재화나 서비스의 규격의 변화, 구매 물량의 변화, 그리고 다른 여러 가지 불확실성에서 오는 변동에 관한 유연성을 가질 수 있으며, 서로 정보가 공유되므로 갑작스런 공급의 단절이나 혹은 예상치 못하던 문제의 발생 빈도가 현저히 줄어든다. 또한 협력과 신뢰의 기반 위에서 관계를 만들어가며, 서로에게 도움을 줄 수 있도록 향상 및 개선 활동을 끊임없이 하게 되는 동기가 생긴다.

　앞서 언급한 것처럼, 이러한 협력적 관계는 관계를 만들고 유지하는 데 매우 많은 노력과 비용이 지출되지만, 일단 협력적 관계가 만들어져 신뢰 관계가 구축되면 많은 거래적 비용을 감소시킬 수 있다. 먼저 공급자와 구매자간의 모든 정보를 믿음으로써 그 정보에 관련된 검증 비용을 줄일 수 있다. 만약 공급자가 A라는 가격이 최선의 가격이라고 제시할 경우, 거래적 관계에서는 그러한 가격이 타당성이 있고 진짜 그들의 최선의 가격인지 끊임없이 검증하고 확인해보아야 한다. 또한 제품도 제대로 만들었는가에 대하여 꼼꼼히 품질 검사를 시행하여야 할 것이다. 그러나 협력적 관계에서는 정보의 신뢰에 의하여 이러한 검증 비용이 지출되지 않는다. 또한 거래적 관계에서는 상대방이 내가 모르는 나에게 불리한 어떠한 일을 실행할 수도 있다는 의심이나 방어적인 근거 때문에 여러 가지 보험 성격의 비용을 지출하게 되는데, 협력적 관계에서는 이러한 보험적 비용을 지출할 필요가 없다. 협력적 관계가 더 일층 발전하면 공급자와 구매자 간에 파트너쉽 관계가 구축된다. 파트너쉽 관계란, 협력적 관계가 장기적으로 유지되어 두 기업이 협력적 관계에서 오는 상호 이익을 인정하고, 이러한 협력적 관계를 계속하여 유지하고자 하는 동기가 부여되어 계속하여 협력적 관계를 지속하게 되는 관계를 말한다.

(3) 제휴적 관계(Alliance Relationship)

　제휴적 관계란 단순히 서로 믿고 협력하는 관계에서 더 발전하여 두 회사가 마치 한 회사처럼 연계되어 움직이는 관계를 말한다. 공급자와 구매자가 서로 회사 차원에서 제휴를 맺고 많은 경영 자원을 공유하게 되는 관계 형태이다. 왜 기업은 제휴를 하게 되는 것일까? 먼저 서로 보완적인 핵심 능력을 연계하려는 것이다. 공급자와 구매자가 서로의 핵심 능력을 합치는 경우 과거보다 새로운 능력이 창출된다면 공급자와 구매자는 한 회사처럼 제휴할 수도 있다. 또한 두 회사가 제휴하는 것이 공동으로 위험을 대처하고 비용을 분산할 수 있다면 그러는 편이 더 좋을 것이다. 이러한 제휴를 통하여 시장 접근이 용이하고 외관상의 규모가 확대되는 경우도 충분히 논리적 타당성이 부여될 수 있다.

　이렇게 제휴적 관계가 구축되면 어떤 점이 좋은가? 공급자와 구매자는 마치 한 회사처럼 움직이기 때문에 쓸데없는 거래적 행위를 할 필요가 없고, 공급자의 공정을 구매자가 마치 자신의 회사처럼 개선하고 향상시킬 수도 있다. 궁극적으로 두 회사가 마치 한 회사처럼 움직이면 두 회사 사이에 발생하였던 모든 거래 비용을 줄일 수 있다. 그리고 총 비용의 관점에서 구매 시행 시, 구매 기업에서 발생하는 비용과 공급 기업에서 발생하는 비용의 총합을 구하여 서로가 총 비용의 절감과 관리를 위해 노력하게 되고 구매와 관련되어 발생되는 모든 비용의 최적화를 장기적으로 추구하게 된다. 이렇게 제휴적 관계가 되면 실제적으로 두 기업은 자원을 공유하고 경영 목적을 공유하며 공동의 목적을 달성하기 위해 신뢰 관계를 구축해 간다. 물론 모든 공급자들을 제휴적 관계로 할 필요도 없고 또한 그럴 수 있는 경영 자원도 없지만 구매 기업에 중요하고 또 전략적으로 특정 공급자가 매우 고유한 경쟁력을 가지고 있다면, 구매 기업은 제휴적 관계를 고려해볼 수 있다. 또한 공급 기업에게도 구매자가 공급자의 경영에 매우 중요한 의미가 있고 공급자 입장에서 구매자와 함께 전략적인 업무를 수행하여야 할 필요가 있는 경우, 이러한 제휴적 관계를 고려해볼 수 있다.

　일반적으로 제휴 관계를 수립하기 위해서는 두 기업 모두가 많은 경영 자원의 투입을 요구하게 된다. 상대방의 기업과 제휴된다면 그 동안 두 기업이 독자적으로 운영되던 방식에서 탈피하여 새로운 모습을 갖출 준비와 자세가 필요하게 된다. 또한 제휴 관계에 필요한 신뢰 구축이나 서로를 믿고 많은 정보를 공유하는 문화는 매우 많은 노력과 시간을 필요로 한다. 결국 제휴 관계란 많은 노력과 자원이 필요로 하는 사안이다. 특히 신뢰의 문제에 있어서는 단지 제휴적 관계를 구축하려는 상황이나 의지만이 있는 것이 아니라, 기업이 다른 기업과 공생을 통하여 서로가 Win-Win할 수 있다는 기본적인 사고의 전환을 이룩하여야 하는데 이러한 사고의 전환이 쉬운 일은 아니다. 그러므로 두 기업 모두 이런 노력과 자원이 과연 제휴 관계에서 오는 이점을 충분히 상쇄하고도 남음이 있는지 고려해보아야 할 것이다.

또 하나 생각해보아야 할 점은, 제휴 관계를 구축하게 되면 이러한 제휴는 적어도 어느 정도 장기적인 관계를 유지해야 하는데, 경영 환경이 급변하거나 기술의 발전이 빠른 경우, 오늘은 제휴 관계가 최선책처럼 보여도 내일은 오히려 거래 관계가 좋을 수 있는 환경이 나타날 수도 있다. 그러므로 제휴 관계를 구축하게 되면 서로에게 묶여 있어서, 새로운 공급자 또는 구매자를 선택하는 일이 쉽지 않음을 알아야 할 것이다.

서구 사회에서 공급자 관리의 기원은 거래적 관계에서 출발하였다. 특별한 구매 기술이 필요하지도 않았고, 공급자들을 잘 경쟁시켜 그중 경쟁에서 승리한 공급자를 선정하면 되었다. 이번에 잘했던 공급자보다 다음 번에 더 잘하는 공급자가 있으면 새롭게 바꾸는 것이 구매 기업에 좋다는 생각이다. 기본적으로 이러한 거래적 관계의 철학과 논리는 '공급자는 경쟁을 통하여 발전한다.'이다. 그러므로 유능한 구매인은 공급자의 경쟁을 촉진시킬 수 있는 능력을 가진 사람이라고 정의하였다. 신규 공급자를 찾아서 기존의 공급자 그룹 − 풀(pool)에 집어넣어 경쟁을 촉진시키거나, 아니면 공급자들에게 적당하게 서로에게 경쟁적인 정보를 흘리면서 경쟁을 촉진하는 방법 등 결국 경쟁이 촉진되면 더욱 더 경쟁이 가열되고, 그러면 공급 원가가 내려가고 품질이 좋아지고 납기가 빨라진다고 믿는 것이다. 구매 기업은 그러한 경쟁을 통하여 승리한 공급자를 선택하면 되는 것이었다. 승리한 자는 기존 공급자일 수도 있고 새로운 공급자일 수도 있다. 이러한 경쟁을 기반으로 하는 구매의 철학은 아직도 상당히 많은 서구 기업의 구매 정책으로 남아 있는 것이 사실이다. 경쟁이 촉진되는 상황만 만들어지면 공급자들이 스스로 경쟁하여 발전하기에 구매자가 힘들게 노력하지 않아도, 공급자의 발전을 이룩할 수 있는 장점이 있다.

그러나 80년대 중반 일본 기업들이 글로벌 시장에서 서구 기업보다 더 많은 경쟁 우위를 보이면서 시장을 선점하기 시작하였다. 특히 미국 시장에서 일본 자동차 회사들(도요타, 혼다, 닛산…)이 미국의 자동차 회사들을 누르고 시장을 확보하였는데, 그들의 공급자 관리 형태를 살펴보니, 경쟁에서 승리한 공급자들을 그때마다 교환하는 서구 기업과 달리 한 공급자와 수십 년간 제휴적 관계를 유지하며 마치 하나의 기업처럼 뭉쳐서 우수한 성과를 내는 사례가 많은 것을 발견하게 되었다. 일본 기업들은 서구 기업들과 달리 경쟁이 아닌 협력을 통하여 공급자를 발전시키고자 하였다. 적합한 공급자를 선정하여 구매 기업이 협력을 통한 장기적인 계약 관계를 보장해 주고, 그 안에서 공급자와 구매 기업이 함께 노력하여 공급자 역량을 발전시켜 가는 방법을 선택하였다. 구매자가 원하는 원가 절감, 품질 향상, 생산성 증가 등을 공급자의 능력과 역량을 발전시킴으로써 달성하고자 하였다. 구매자가 직접 공급자를 찾아가서 그들과 함께 공급자 생산 방식을 혁신하고 개선함으로써 생산 원가를 줄이고, 품질을 향상시키고, 정보를 공유하여 납기를 맞추는 방식으로 공급자를 발전시켰다. 이러한 협력에 근거한 관계의 또 다른 이점은 공급자를 구매자가 원하는 방식으로 발전시켜갈 수 있다는 것이다. 예를 들어보자. 만약 구매자가 네모난 형태에서 동그란 형태로 자재를 발전(변경)시켜서 구매하기를 원한다고 가정하자. 그런데 공급자가 동그란 형태로 만들려면 새로운 설비를 추가적으로 투자해야 한다고 가정하자. 이럴 경우 경쟁적 관계에서는 공급자가 설비를 추가적으로 투자하여 제품을 만들어도 그 공급자가 선정이 될지는 알 수가 없다. 왜냐하면 경쟁에서 승리해야 주문을 확보할 수 있기 때문이다. 그렇다면 어떤 공급자도 미래가 불확실한 상황(다른 공급자와 경쟁해서 이겨야 공급이 가능함)에서 스스로 설비를 투자하려고 하지 않을 것이다. 그러나 협력적인 관계에서는 동그란 형태의 자재를 만들기 위한 설비 투자는 이미 공급이 확정되어 있기 때문에 공급자가 스스로 투자를 하고 혁신을 한다. 미래가 확실하게 때문이다. 그러므로 구매자가 공급자를 그들의 방식으로 신속하게 따라오게 하려면 협력적 관계가 더 유리 할 수 있다.

　물론 경쟁적 관계가 더 좋다, 협력적 관계가 더 좋다라고 말할 수는 없다. 그것은 기업이 처한 상황과 특성에 맞추어 각자의 적합한 방법을 발전시켜가면 되는 것이다. 그렇다면 전체 공급자들을 각 공급자들의 특성과 성격을 기준으로 아래의 영역에 가장 적합한 곳으로 배치할 수 있을까. 예를 들어 당신이 100명의 공급자를 관리한다고 하면, 100명을 기업의 전략과 그들의 특성에 맞게 ＜도표 5-2＞처럼 도표의 적당한 위치에 배치시켜야 한다. 배치가 완성되면 그 배치에 따라 각각 차별화된 관리 전략을 수립해야 하는 것이다.

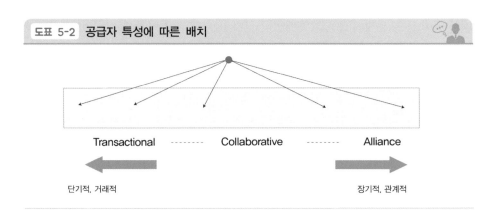

도표 5-2 공급자 특성에 따른 배치

특성에 따라 배치를 하였다면, 각자의 특성에 맞추어 차별화된 관리 전략을 수립해야 한다. 아래 도표는 차별화된 관리 전략을 나타낸 것이다.

도표 5-3 공급자 특성에 따른 차별화 전략

	거래적 관계	협력적 관계	제휴적 관계
계약 유형	단기 계약	중기 계약	장기 계약
가격 관리	가격이 중요한 요소, 경쟁 입찰을 통해 가격 절감 추구	구매 물량 통합 등으로 협상에서 win-win 실현	Total cost 측면에서 협상 계약 원가 공유를 실시
품질관리	엄격한 품질관리 모든 품질 불량은 공급자가 책임	공급자의 품질관리 활동을 도와 줌 품질 향상을 도와 줌	품질 향상을 위한 공동의 조직을 만듦 품질을 상호 책임짐
공급자 선정 절차	단기적인 가격	공급사 사전 평가	동반자 관계의 추구
의사소통	공급사와 제한적 구매 시에만 소통	공급사에 이해 증진, 주기적인 의사소통	상호 상황을 인지함, 상시 의사소통

3 | Win-Win과 Win-Lose

Win-Win이란 상호 모두에게 이익이 될 수 있는 관계를 말하며, Win-Lose 란 한쪽의 이익이 다른 쪽의 손해가 되는 즉, 한편은 +이고 다른 편은 -인 제로 섬(Zero Sum)인 관계를 말한다. 파이를 예를 들자면 Win-Lose 관계는 다른 사람의 파이를 빼앗아 내 것이 되게 하는 것이고(나는 커지고 상대방은 작아짐), Win-Win은 남의 것을 빼앗지 않고도 파이가 커져서 나도 그리고 상대방도 모두 더 많이 가지 게 되는 것을 말한다.

공급자와 구매자의 관계는 Win-Win인가 아니면 Win-Lose인가. 우리는 많은 경우에 "상호에게 이익이 되는 바람직한 상생 관계를 구축하고···."라는 선언 또는 문구를 수 없이 보아왔다. 그러나 유감스럽게도 진정한 Win-Win을 바탕으로 한 상생 관계는 그렇게 쉽게 구축되는 것이 아니라고 생각한다. 심지어 10년이 넘게 서로 거래한 공급자와 구매자 사이에서도 서로를 못 믿고 숨기는 일이 비일비재 한 것을 보면 Win-Win의 상생 관계란 말처럼 쉬운 일이 아닌 것 같다.

그렇다면 왜 Win-Win이 어려운 것인가. 다음 사례를 들어서 설명해보기로 하자.

도표 5-4 Win-Lose의 유형

공급자 원가	90		공급자 원가	90
공급자 이익	10	→	공급자 이익	1
구매 가격	100		구매 가격	91

공급자로부터 100원의 가격으로 자재를 구매한다고 가정하자. 공급자 원가가 90원이고 그들의 이익이 10원이다. 이 경우 공급자의 이익을 구매 기업의 비용으 로 생각한다면 바로 Win-Lose 마인드인 것이다. 즉, 우리가 비용을 절감하기 위 해 공급자의 이익을 줄이는 방법이다. 공급자에게 이익을 1원만 가지라고 강요하 여 나머지 9원의 이익을 빼앗아 우리의 원가 절감액으로 시용한다는 의미이다. 그 래서 100원에 구매하던 자재를 91원에 구매하게 되었다. 구매자는 만족스럽고 공

급자는 매우 불만족하다. 전형적인 Win-Lose 경우이다. 물론 공급자가 91원에 맞추어 보라는 요구를 구매자로부터 받았을 때, 이익을 희생하여 단가를 맞추는 것이 아닌, 그들 스스로가 생산 혁신을 통하여 원가를 절감하여 공급 단가를 낮출 수 있다면 정말 다행이다. 그러나 대부분 이런 경우 생산의 혁신을 통한 구매 단가를 내리기 보다는 품질을 약간 완화하거나(구매자 몰래) 또는 다른 방법으로 생산 원가를 줄여서 구매 단가를 맞추는 경우가 많았다. 결국 공급자도 그들의 이익을 희생하길 원하지 않았고 구매 단가도 맞추어야 하기에 다른 부분을 약간 희생하여 구매자의 요구를 맞추게 되었다. 처음에는 몰랐던 품질 문제가 나중에 발생하여 구매자 공급자 모두가 어려움에 직면하였던 사실이 많은 기업의 사례에서 보면 알 수 있다.

도표 5-5 Win—Win의 유형

공급자 원가	90		공급자 원가	80
공급자 이익	10		공급자 이익	10
구매 가격	100		구매 가격	90

다음은 Win-Win의 경우를 보자. 공급자의 이익을 희생시키는 대신 구매자가 공급자의 공장으로 가서 공급자를 도와서 그들의 생산 공정의 혁신을 시도한다. 예를 들어 7단계의 공정을 5단계로 줄이고 품질 수준을 향상시키고 기계 효율성을 높여서 공급자 생산 원가를 줄일 수 있게 되었다. 그래서 그들이 90원에 제조하던 원가를 80원에 가능하게 만들었다. 구매자는 공급자의 이익은 과거처럼 10원을 모두 보장해주고도 90원에 구매할 수 있다. 공급자도 이익은 전혀 줄지 않고 (오히려 이익률은 높아 졌음) 자재의 경쟁력이 향상되어 더 많은 수요가 발생하게 되었다. 이 경우 구매자는 과거보다 저렴하게 구매하게 되어 만족하고, 공급자도 이익도 보장받고 또 새로운 경쟁력을 확보하게 되어 매우 행복하고 만족하고 있다. 전형적인 Win-Win 경우이다.

진정한 Win-Win과 Win-Lose 사례를 독자들은 이해하였을 것이다. 그러나 문제는 어느 쪽이 구매 회사가 더 쉽게 할 수 있는가 하는 점이다. Win-Lose는 힘만 있으면 된다. 우리가 즐겨 이야기하였던 "김 사장님, 되요, 안 되요!" "김 사장, 한번 해 보세요. 어렵겠지만 가능하시지요…. 당연히 그렇게 하셔야지요!" "김 사장, 계속 거래를 원하시면 그렇게 하시는 것이 좋을 겁니다."에서 볼 수 있는 경우이다. 힘이 있다면 당장은 가능할 수 있다. 하지만 Win-Win의 경우는 직접 공급자를 찾아가서 그들과 함께 노력해야 하고 새로운 생산 혁신 방법을 찾고 고민하고 늦게 퇴근해야 한다. 일반적으로 구매자에게 두 가지 경우가 주어진다면 어느 쪽으로 선택할까? 그렇기 때문에 많은 기업들이 Win-Lose 방법을 사용한다. 쉽고 간편하고 나는 즐겁기 때문이다. 이런 사실을 보면 Win-Win 방법은 결코 쉽지 않다는 것을 알 수 있다. 그러므로 Win-Win을 제대로 실행할 수 있다면 그 기업은 그 자체로 매우 강력한 경쟁력과 핵심 성공 요소가 될 수 있는 것이다.

HAM(Honda of America) 기업은 구매 분야에서 널리 알려진 기업인데 저자의 판단으로는 아주 잘 Win-Win 방법을 실행하고 있다. HAM은 공급자에 대하여 그들보다 더 잘 공급자를 이해하고 있는 것 같다. 공급자로부터 500원을 절감하고자 할 때, 어떤 자동차 회사들은 공급자가 어떻게 500원을 절감할 수 있는지 그러한 방법을 알고 싶어 하지도 않고 알 능력도 없이 무조건 공급자에게 500원을 절감하도록 강요한다. 만약 절감을 못하면 당신 회사와의 거래가 어려워질 수도 있다는 압력을 사용한다. 그러나 HAM은 공급자가 어떻게 500원을 절감할 수 있는지 같이 고민하고 협력하고 노력하여 500원을 절감한다. 500원의 절감뿐만 아닌 많은 것들을 이러한 활동에서 얻어내고 있다. 이러한 차이점이 HAM의 경영 성과 및 실적을 그대로 나타내주는 산 증거라고 할 수 있다.

4 | 공급자 육성(SD, Supplier Development)

여러 공급자 중에서 최선의 공급자를 선정했을 경우에도 그 공급자가 구매자가 원하는 역량을 모두 가지고 있다고 볼 수는 없다. 부족한 면이 있을 경우 구매자가 공급자를 구매자가 원하는 방향으로 육성 및 발전시키는 것을 공급자 육성(SD, Supplier Development)라고 한다. 이러한 공급자 육성은 다른 말로는 RM(Reverse Marketing)이란 용어로도 널리 사용되는데, 그 의미는 일반적으로 Marketing은 파는 사람(Seller - 즉 Supplier)이 적극적이고 주도적으로 구매 계약을 진행하는데, 반대로 공급자 육성은 사는 사람(Buyer)이 적극적이고 주도적으로 이러한 과정을 진행하여 역 마케팅이란 의미로 생긴 말이다. 결국 구매 회사가 공급자의 역량을 구매 회사가 원하는 정도의 수준으로 육성하고 발전시키는 활동을 의미한다.

  이러한 공급자 육성의 기본 철학은 이 책에서 자주 언급되었던 것처럼, 공급자의 역량이 구매자의 역량이고 공급자들이 발전해야 구매 회사도 궁극적으로 이롭다는 생각에서 비롯된 것이다. 그래서 구매 회사는 그들보다 역량이 낮은 공급자들을 그들이 원하는 수준으로 구매 회사가 주도적으로 이러한 활동을 하고자 하였다.

  공급자의 제조 생산성 향상을 위하여 공급자의 제조 시스템을 선진화하고 품질 교육을 발전시켜 공급자 제품의 품질을 세계 수준으로 육성하며 특히 제조업의 경우, 제조 생산에 사용되는 설비에 대한 교육을 강화하였다. 일례로 제조에 필요한 금형 등의 교육을 통하여 금형 관리 기술을 향상시키고, 금형 교체의 시간을 단축하는 방법을 학습하여 신속한 제조가 가능하도록 적극적으로 육성하는 것이다. 그리고 품질 생산성 향상을 위하여, 또는 노후 설비 교체 비용을 위하여, 신규 설비 투자 지원을 위하여, 핵심 부품 개발을 위하여, 신기술 개발을 위하여 공급자는 자금을 필요로 하는데, 이럴 경우 필요한 자금을 지원하여 공급자의 경쟁력을 향상시키는 것이다. 이러한 공급자 육성으로 가장 널리 알려진 방법이 글로벌 기업 John Deere가 시행하여 유명해진 Benefit Sharing(성과 공유제)이다.

  성과 공유에는 다음과 같은 논리가 존재한다. 그동안 기업이 공급자를 육성하여 그들의 경쟁력을 강화하는데 많은 노력과 시간을 투자하였다. 그럼에도 공급자들의 역량 강화가 직접적으로 구매 기업에게 혜택으로 돌아오지 않은 이유는 공급자들이 스스로의 발전되고 강화된 역량을 또 다시 구매 기업이 가져가거나 역량 강화를 근거로 새롭게 압박하는 형태가 될까 걱정하여 소극적으로 임하였던 점이 많았던 것이었다. 그래서 공급자의 역량 강화를 뛰어넘는 새로운 개념이 필요하게 되었고, 그러한 관점에서 단순한 공급자 능력의 향상보다, 공급자와 구매자 간의 관계의 향상 즉 어떻게 하면 공급자들과의 협력적이고 적극적인 관계를 만들어낼 수 있는가를 연구하게 되었다. 이러한 배경에서 가장 강조된 것은, 공급자들의 동기 부여 방법이었다. 즉 공급자들이 그들의 역량을 강화하게 되면 그러한 역량의 강화에 의한 결과를 공유하겠다는 것이다. 이것이 성과 공유제의 근간이고 이렇게 발전된 역량으로 공급자가 원가를 절감하거나 생산성을 향상시키면, 그러한 결과를 공급자과 구매자가 공유(함께 나눔)함으로서, 공급자 역량 강화를 도와 준 구매자에게도 혜택이 되고 그러한 역량 강화 프로그램에 따라서 역량을 강화한 공급자 자신에게도 이익이 되는 상호 이익과 성장이 되는 것이다. 좀 더 구체적으로 이러한 관점에서 공급자와 구매자 간의 성과 공유제를 살펴보자.

도표 5-6 성과 공유제에 의한 원가 절감 성과 분배 사례(50:50 분배)

프로젝트 수행 전		프로젝트 수행 후		
공급사 A의 제조원가	$900,000	공급사 A의 제조원가	$700,000	→ 성과 공유제로 $200,000 절감(50:50으로 이익분배)
+ 공급사 A의 이익	$100,000	+ 공급사 A의 이익	$200,000	→ 공급사 영업이익 $100,000 증대
구매 회사의 구매가	$1,000,000	구매 회사의 구매가	$900,000	→ 구매사 구매 원가 $100,000 감소

구매자가 공급자로부터 자재 또는 부품을 구매한다고 가정하고, 구매 가격은 100원이라고 가정하자. 이 경우 원가 분석이 가능하여 공급자의 원가를 분석해 보니 공급자 생산 원가가 90원이고 공급자의 이익분이 10원 그리하여 모두 더하여 공급자 전체 가격이 100원인 것이다. 그렇다면 어떻게 구매 단가를 절감 하면서도 (구매자에게 이익) 공급자도 더 많은 가치를 확보할 수 있는가(공급자도 이익)를 규명하는 것이 가치 창출의 핵심인 것이다. 이 경우 구매자는 공급자에게 다음과 같은 제안을 할 수가 있다. [구매자가 공급자와 협력하여 공급자의 생산 원가를 줄이는 부분의 성과를 구매자와 공급자가 서로 공유한다.]

공급자 생산 원가 90원 중에서 구매자와 공급자가 협력하여 새로운 방법을 찾고 혁신하고 공급자의 생산 공정 및 방법을 개선하여 공급자 생산 원가를 낮출 수 있다면(90원에서 70원으로) 20원이라는 새로운 가치가 창출되는 것이다. 그렇다면 새롭게 창출된 20원에 대하여 공급자와 구매자가 성과를 공유하기로 하는 것이다. 예를 들어 사전에 모든 성과를 반반씩 나누기로 협의하였다면 새롭게 창출된 20원을 공급자와 구매자가 50:50으로 나누어 구매자가 10원, 공급자가 10원을 가지고 갈 수 있다. 그렇다면 공급자는 이익이 과거의 10원 그리고 새롭게 확보한 10원을 더하여 20원이 될 것이고(이익의 증가), 구매자는 100원에 구매하던 과거보다 10원의 가치를 받아서 90원에 구매(원가 절감)하게 되므로 모두에게 이롭게 되었다. 새롭게 창출한 20원의 성과를 공급자와 구매자가 함께 공유함으로써 구매자, 공급자에게 모두 이익이 되는 방법을 성과 공유제라고 한다. 이러한 방법은 공급자 구매자에게 모두 이익이 되기 때문에 공급자도 적극적으로 구매자의 제안과 내용을 받아들이고 이러한 활동에 동참하게 되는 것이다.

　그렇다면 이러한 공급자 육성을 하고자 하는 기업은 전략적으로 어떤 마스터플랜을 가지고 있어야 하는가.

도표 5-7　공급자 육성 마스터플랜

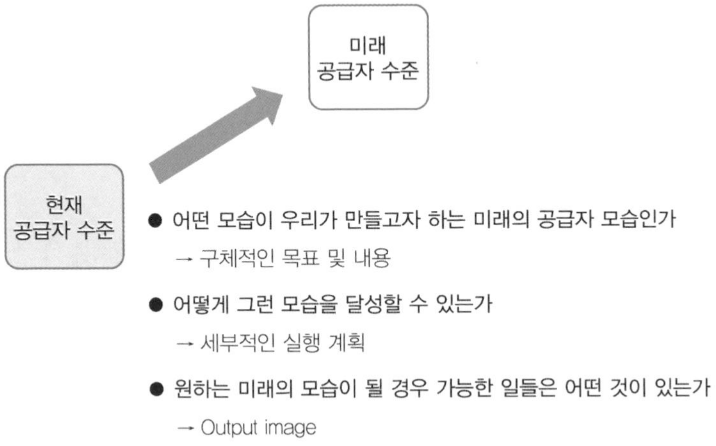

미래
공급자 수준

현재
공급자 수준

● 어떤 모습이 우리가 만들고자 하는 미래의 공급자 모습인가
　→ 구체적인 목표 및 내용

● 어떻게 그런 모습을 달성할 수 있는가
　→ 세부적인 실행 계획

● 원하는 미래의 모습이 될 경우 가능한 일들은 어떤 것이 있는가
　→ Output image

　먼저 우리가 육성하고자 하는 공급자 수준이 어느 정도인가를 결정한다. 예를 들어 향후 3년 내로 공급자들의 품질 수준을 500PPM 정도로 향상시키려고 한다든지 또는 원가를 500$ 이하로 제조할 수 있도록 만들고자 한다든지 구체적인 수치로 목표를 설정한다. 그 다음은 그 목표에 도달할 수 있게 하기 위하여 어떠한 실행 방법을 사용 할 것인지 구체적으로 연간 월간 계획으로 해야 할 내용(구매기업 + 공급자)들을 작성한다. 마지막으로 그러한 공급자 육성이 달성된 경우, 우리가 할 수 있는 일들이 무엇인가(예를 들어 공급가 설계 역량의 완성도를 50% 이상으로 향상시키면 구매기업은 기본 설계를 공급자에게 주면 그들이 알아서 상세 설계를 통한 제품의 완성을 할 수 있다 등)를 나타낼 수 있다. 결국 공급자를 어느 정도까지 육성할 것이고, 그러한 육성의 구체적인 방법은 무엇이며 그러한 육성이 달성된 경우

구매 기업에게는 어떠한 일이 가능한가를 보여주는 전체적인 계획을 말한다. 적어도 공급자를 육성하겠다고 마음먹은 기업은 이러한 공급자 육성 마스터 플랜을 가지고 있어야 한다.

5 ｜ **구매 체스보드**(Purchasing Chessboard)

　구매자와 공급자의 관계를 가장 잘 설명할 수 있는 단어가 무엇일까. 아마도 힘(Power)일 것이다. 누가 힘이 더 강한가 그리고 그러한 힘은 어떻게 변화하는가이다. 당연히 힘이 센 사람이 힘이 약한 사람을 관리하고 마음대로 움직이려고 할 것이다. 여기에 착안하여 글로벌 컨설팅 회사인 커니(A. T. Kearney)는 공급자와 구매자의 힘의 관계를 가지고 구매 전략 도표를 만들었다. 기본적으로 X축은 구매자의 힘, 그리고 Y축은 공급자의 힘을 표시하고 구매자, 공급자 힘의 관계에서 구매의 가장 적합한 전략이 무엇인가를 몇 년에 걸쳐 분석하고 연구하여 구매 체스보드(Purchasing Chessboard)라는 테이블을 만들었다.

도표 5-8　구매 체스보드

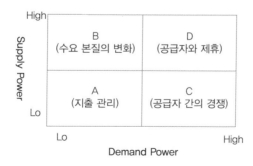

　구매자 힘(Demand Power)이 어느 정도인가를 측정하는 기준은 매출비중, 기업 성장력, 상호 가능성 등에 의하여 결정된다. 한편 공급자 힘(Supply Power)이 어느 정도인가를 측정하는 기준은 공급자 수, 성격, 진입장벽, 제품 가용성 등에 결정

된다. 그러면 이렇게 4가지의 4분면(A, B, C, D)이 나오는데 이러한 4분면에 맞게 각자 적합한 전략을 수립하여야 한다는 것이다.

(1) A 영역 – 공급자, 구매자 모두 파워(영향력)가 낮은 경우

이 경우는 지출을 관리하여 통합 구매 또는 물량 조정을 통하여 가능하면 수요를 증가시키는 방법으로 공급자에 대한 우위 전략을 가져가는 것이 좋다.

(2) B 영역 – 공급자의 파워가 크고 상대적으로 구매자 파워가 작은 경우

이 경우는 가능하면 이렇게 발생하는 수요를 변화시키거나 혁신으로 다른 수요를 만들어 공급자를 대체하거나 또는 규격을 변경하여 공급자의 의존성을 줄이는 방법 등으로 공급자를 상대하는 것이 합리적인 구매 전략이 된다.

(3) C 영역 – 구매자의 파워가 크고 상대적으로 공급자 파워가 작은 경우

이 경우는 가능하면 공급자에게 경쟁을 유도하여 가장 경쟁력이 있는 공급자를 선정하는 것이 좋다. 글로벌 소싱을 강화하고 공급자의 목표 가격을 재정립하고 공급자 가격을 재검토하여 합리적인 구매 의사 결정을 수행한다.

(4) D 영역 – 구매자, 공급자 모두 파워(영향력)가 큰 경우

이 경우는 공급자와 제휴 및 협력을 통하여 상호 이익을 증대시키는 방안으로 접근하는 것이 좋다. 파트너쉽 구매를 통하여 상호 비용 관리를 협력하고 가치를 증대시키고 위험을 공유하는 방식의 구매 방법으로 서로가 Win–Win할 수 있는 영역을 분석하고 탐구해야 한다.

커니의 체스판 모델은 단순히 4가지 A, B, C, D 경우로 나누어서 관리하는 것이 아니고 각각의 경우에 또 다시 세세한 전략이 있고, 그 안에 또 다시 세세한 전략이 있어 총 64가지(8 * 8 = 64)의 다양한 관리 전략을 수립하고 있다. 다양한 전략에 관한 상세한 설명은 본 장에서는 생략하기로 한다.(상세한 전략과 그 내용들은 구매 체스보드에 관련된 도서나 자료들을 참조하기 바란다. www.purchasingchessboard.com)

도표 5-9 64가지 방법론 – 구매 체스보드

	A low	B	C	D	E	F	G	H high
high 8	Invention on demand	Leverage innovation network	Functionality assessment	Specification assessment	Value chain reconfiguration	Revenue sharing	Profit sharing	Strategic alliance
7	Core cost analysis	Design for sourcing	Product teardown	Design for manufacture	Supplier tiering	Sustainability management	Project based partnership	Value based sourcing
6	Vertical integration	Intelligent deal structure	Composite benchmark	Process benchmark	Collaborative capacity management	Virtual inventory management	Total lifecycle concept	Collaborative cost reduction
5	Bottleneck management	Political framework management	Product benchmark	Complexity reduction	Visible Process organization	Vendor managed inventory	Supplier development	Supplier fitness program
4	Sourcing community	Buying consortia	Cost data mining	Standardi-zation	RFI/RFP process	Expressive bidding	Total cost of ownership	Leverage market imbalances
3	Procurement outsourcing	Mega supplier strategy	Master data management	Spend transparency	Supplier market intelligence	Reverse auctions	Price benchmark	Unbundled prices
2	Compliance management	Closed loop spend management	Supplier consolidation	Bundling across generations	Make or buy	Best shoring	Cost regression analysis	Factor cost analysis
low 1	Demand reduction	Contract management	Bundling across product lines	Bundling across sites	Global sourcing	LCC sourcing	Cost based price modeling	Linear performance pricing

Supply Power (vertical axis, low → high)

Demand Power (horizontal axis, low → high)

구매 체스판의 활용은 다음과 같다. 대체로 구매자와 공급자의 힘이 결정되면 (구매자 점수 A ~ H 사이(A = 1점, H = 8점), 공급자 점수 1 ~ 8점 사이) 그 영역에 해당하는 4 ~ 6가지 정도의 전략을 선정한다. 예를 들어 Demand Power = 4.5, Supply Power = 5.6이면 대략 Collaborative capacity management 영역 근처 4−6 가지 전략들을 선택한 후에 그러한 각각의 전략을 검토하면서 주어진 현재 상황에 적합한가 적합하지 않은가를 판단하여 그중에서 가장 적합한 전략을 선정하여 실행하는 것이다. 커니는 공급자 관리의 모든 경우의 수를 대략 64가지 방법으로 나누

고 그중에서 가장 현재 상황에 적합한 전략을 선택하여 실행하는 방식을 제시한
것이다. 이것은 물론 완전히 새로운 것은 아니지만 그 동안 존재하였던 다양한 공
급자 관리 전략을 일정한 연계성과 흐름을 가지고 64가지 조합으로 연결한 것이다.
또한 현재의 위치에서 다른 위치로 이동하고 싶다면 어떤 전략적 실행을 통하여 그
러한 원하는 위치로 이동할 수 있는지도 구매 체스보드는 보여주고 있다.

결국 이러한 체스보드는 말 그대로 공급자와 구매자가 게임을 할 수 있는 개념
을 새롭게 도입한 것이라 할 수 있다. 공급자와 구매자의 힘의 크기와 정도가 변
화하면 당연히 사용되어야 하는 전략의 내용도 달라진다. 고로 X 축과 Y 축 내의
현재 위치가 상황이 변하여 움직이면 그에 따라서 체스 말이 움직이는 것과 같이
적합한 공급자 관리 전략도 움직인다는 것이다. 결국 그 동안 많은 전략이 정적인
개념(한번 설정하면 대체로 유지되는 개념)이였다면, 이러한 구매 체스보드는 정적이
아닌 동적의 개념으로 상황이 변화하면 지속적으로 전략이 수정되고 변화하는 것
이 특징이라고 할 수 있다.

---

6 │ 공급자 관계 경영(SRM, Supplier Relationship Management)

앞에서 우리는 공급자 관리의 기본적인 개념인 거래적 – 협력적 – 제휴적 관계를
살펴보았다. 그렇다면 이러한 공급자와의 관계를 활용하여 기업이 경쟁력을 창출
할 수 있는 방법은 무엇인가? 그것은 이러한 공급자와의 관계를 기반으로 공급자
들을 분류하고 세분화하여 그들의 영역에 맞는 전략을 수립하고 각각 차별화 된
공급자 전략을 구사하여 기업에 극대 이익과 수익을 창출하는 것이다. 이렇게 공
급자들을 차별화하여 각자의 영역에 맞는 전략을 구사하는 것은 회사에 미치는
영향력의 정도가 서로 다른 공급자들의 성격을 이해하고 각자의 성격에 맞게 서
로 협력하기 위한 규칙을 설정하는 활동이다. 이러한 활동을 공급자 관계 경영
(SRM, Supplier Relationship Management)이라고 정의하고자 한다. 다시 말하면, SRM
은 공급자들을 특성을 구분하여 분류하고, 그러한 구분에 맞추어 차별화된 공급자
관리 전략을 수립하고 실행하는 것이다.

도표 5-10	공급자 관리 차별화 전략

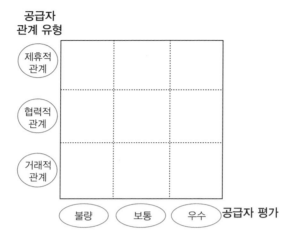

(1) Y 축 – 공급자 관계 유형 분석

　Y 축은 공급자의 관계 유형을 구분하는 축이다. 어느 정도 공급자가 구매 기업과 밀접한 관계를 가지고 있는가 하는 것으로 공급자 특성을 구분한다. 구체적으로 어떤 기준으로 이러한 관계를 구분할 수 있는가. 먼저 공급자 거래 내용은 어떻게 발전하였는가? 공급자가 구매 기업의 구매 금액 중 어느 정도 비중을 차지하는가? 품목 당 공급자의 숫자는 어느 정도인가? 어떤 구매 영역에서 공급자들을 정리하고 정예화할 필요가 있는가? 공급자들을 지원 육성하려면 어떤 공급자들이 적합한가? 등 공급자들에 관해 체계적이고 그러한 자료를 가지고 구체적으로 공급자 관리 전략을 수립해야 한다. 공급자와 어떤 관계를 가져갈 것인가. 기업이 공급자로부터 자재를 구매할 경우, 한 공급자에게 장기간 자재를 공급받는 것이 좋은 것인가 아니면 상황이 바뀔 때마다 새로운 공급자에게 자재를 공급받는 것이 좋은가. 기본적으로 경쟁적인 관계를 유지하게 하는 것이 좋은가 아니면 협력적인 관계를 유지하는 것이 좋은가. 이러한 질문에 대한 대답은 <도표 5-2>에서 언급한 것처럼, 구매되는 자재의 성격이 어떤지에 따라, 또 기업의 전략이 어떤지에 따라 그리고 공급자의 특성과 성격이 어떤지에 따라 달라진다.

(2) X 축 – 공급자 성과 평가

X축은 공급자의 성과를 평가하여 성과 차이를 구분하는 축이다. 현재 공급자들이 보이고 있는 성과를, 다양하고 객관적이고 합리적인 기준으로 평가하여 불량, 보통, 우수의 3가지 단계로 나누어본다.

그렇게 하면 그래프 좌표 X, Y 축에서 한쪽 축은 공급자 관계(특성)로 차별화되고, 다른 한쪽 축은 평가(성과) 측면에서 차별화 된 3 * 3 매트릭스를 만들 수 있다. 그런 후에 각자 특성에 맞는 성격을 규정하고 각각의 영역에 맞는 공급자 관리 차별화 전략을 수립한다. 이러한 공급자 관리 전략은 전체 공급자를 하나의 전략과 방법으로 관리하는 것이 아니라 각자의 특성과 역량에 맞는 차별화된 관리 전략을 수립함으로써 보다 미래 지향적이고 성과 지향적으로 공급자를 관리하고자 하는 것을 목적으로 한다.

이렇게 도표를 만들고 나면 각기 다른 영역이 나오는데 그러한 각기 다른 영역에 따라 공급자 관리 전략을 차별화하여 진행하는 것이다. 예를 들어 거래적 관계의 공급자가 평가 등급이 불량이라면 그러한 공급자는 대체 또는 교환하는 것이 좋을 것이다. 또 제휴적 관계인 공급자가 평가 등급이 보통이라면 그 공급자와는 다양한 협업 기회를 제공하여 개선 활동을 유도하여 공급자가 보다 더 나은 성과를 발휘하여 평가 등급이 양호에서 우수로 향상될 수 있도록 노력하는 것이다. 이렇게 보면 3 * 3 = 9의 전략이 나올 수 있다. 그리하여 우수 공급자는 포상을 실시하고 우대하여 더욱 더 능력을 향상하도록 도와주거나, 우수 공급자의 가능성이 있는 공급자에게는 구매자가 전문적인 지식이나 능력을 도와주는 공급자 육성 프로그램을 실시하거나, 아주 저조한 평가를 받게 된 공급자에게는 일정 기간 개선의 기회를 주고 도와주지만, 만약 개선이 실효성이 없을 때는 퇴출시키거나 거래를 중지시키는 등의 전략적이고 체계적인 활동이다.

아래 도표는 이러한 9가지 경우의 각자 차별화된 전략을 간략하게 나타낸 도표이다.

도표 5-11 각 상황에 따른 차별화 전략

	불량	보통	우수
제휴적 관계	지원 정책(기술 지원, 교육 등)을 통한 등급 상향 유도, 개선합의서 작성, 면밀한 모니터링	다양한 협업 기회에 대해 공급자 협력 유도 개선 활동 유도	공동 이익 증대를 위한 협력 강화 장기적 안정적 물량 배정 확대
협력적 관계	매우 제한적인 경우에만 양호 등급으로 향상시키기 위한 지원 개선합의서 작성 및 1-2회 기회 부여, 약속한 개선이 이루어 지지 않을 경우에 퇴출	경쟁을 통해 거래 공급자 선정 경쟁 강화 및 인센티브 부여를 통해 우수로 향상하기 위한 동인 제공	공동 이익 증대를 위한 협력 강화 평가 결과에 따라 장기적 안정적 물량 배정 확대로 인센티브 제공
거래적 관계	기본적으로 즉시 퇴출시키며, 개선을 위한 노력 불필요	인센티브 제시로 우수로 향상하기 위한 공급자 자체 노력 유도	인센티브 부여로 관계 충실도 유지

그러나 현실적으로 이렇게 9개 영역으로 공급자를 분류하여 그 특성에 맞게 차별화하여 관리하는 것은 복잡하기도 하고 영역을 나누기도 모호하여 사실상 어렵다. 그래서 현업에서는 4가지 유형으로 줄여서 관리하는 것이 일반적이다.

도표 5-12 공급자 차별화 전략

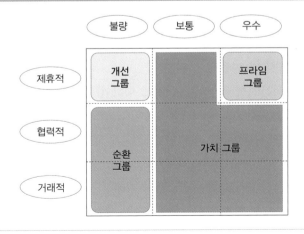

프라임 그룹은 기업이 줄 수 있는 모든 당근(인센티브)을 집중할 수 있는 경우이다. 가치 그룹은 현재의 계약 조건을 특별한 변경 없이 연장하는 경우이다. 개선 그룹은 가능한 동기부여를 통해 지금보다 발전되게 돕고 성과가 향상되게 만드는 그룹이다. 순환 그룹은 일정한 기간 내에도 발전이나 향상이 없으면 퇴출시키는 그룹이다.

이러한 전략을 수립하여 실행하는 가장 큰 이유는 공급자들의 성과를 향상시켜 공급자들의 경쟁력을 향상시키고, 그러한 결과로서 전체 공급 사슬의 경쟁력을 강화시키는 것이 최종적인 목적이다. 그러므로 <도표 5-12>의 각각의 관계 영역에서 X 축을 기준으로 오른쪽으로 진행할 수 있도록(평가 등급이 불량에서 보통으로, 또는 보통에서 우수로) 노력을 해야 할 것이다. 예를 들면 제휴적 관계의 공급자를 보통에서 우수로 향상시키려면 인센티브를 부여하고 협업 시행 1차 우선 대상자로 선정하여 지원하고 또 장기적인 안정적 물량 배정을 확대해 가는 방안이 있을 것이다. 그리고 제휴적 관계의 공급 업체가 현재 불량 성과를 내고 있다면, 보통 그리고 우수로 가기 위해 집중 육성 대상 업체로 선정하여 진단 및 개선 프로그램을 확충하는 방법도 있을 것이다. 협력적 관계의 공급자는 어떠한가. 이러한 공급자들을 보통에서 우수로 향상시키기 위해서는 평가 결과에 따라 장기적이고 안정적인 구매 계약을 확대해감으로써 인센티브를 제공할 수 있고, 거래적 관계라도 매우 우수한 성과를 나타낸다면 그러한 성과에 상응하는 인센티브를 제공하여 지속적인 거래 관계를 유지할 수 있는 동인을 제공하여야 할 것이다. 이렇게 공급자를 차별화하여 관리하고 차별화된 공급자들을 그 차별성에 맞게 경영한다는 의미는 전체 공급자들 중에서 능력이 좋은 공급자들에게는 좀 더 많은 능력을 나타내게 만들고 능력이 부족한 공급자는 그러한 능력이 부족한 영역을 과감하게 정리하고 자신이 보다 잘할 수 있는 다른 영역에 집중하게 함으로서 전체 공급자 기반(supply base)을 더 강하게 만들려는 의지가 있다.

공급자 관리를 정리하면서 최선의 공급자에 대하여 이야기하고 싶다. 어떤 공급자를 선택했을 때, 그 공급자가 최고, 즉 Best라고 정의할 수 있는가. 저자는 Best란 완성형이 아니고 진행형이라고 생각한다. 결혼도 좋은 남자, 좋은 여자가 서로 만나서 같이 살면서 점점 서로에게 더 좋은 즉 Good → Better → Best로 되어 가는 과정이라고 생각한다면, 구매도 좋은 공급자와 거래를 시작하여 상호 간에 Better로 그리고 궁극적으로 Best로 발전해가는 과정이라고 생각한다. 그러므로 Best는 지금이 아니라 앞으로 점점 더 진행해야 할 과제라는 점을 강조하고 싶다.

전략적 원가 관리

아마도 구매 부서의 가장 오래 되고 가장 강조되는 역할 중 하나가 원가 절감일 것이다.

원하는 자재나 부품을 가능한 싸게 구매하는 것, 이것이야 말로 오랫동안 구매 부서의 목표였고 능력이었고 경쟁력이었다. 그리하여 원가 절감이 구매 부서 목표의 전부는 아닐지라도, 아직도 많은 기업들이 원가 절감이 구매 부서의 주어진 역할이라고 생각하는 경우가 많은 것도 사실이다. 특히 구매 부서는 제품의 원가 구성에 가장 많은 부분을 차지하고 있는 재료비라는 부분을 관리하고 있기 때문에 재료비 원가 절감이야말로 전체 제품의 원가를 줄일 수 있는 가장 큰 원천이라고 생각하는 것이다.

그럼에도 불구하고 모든 구매 부서가 원가 절감이 가장 큰 관심 사항임에도 원가를 제대로 정확히 이해하여 원가 절감을 하는 경우는 그렇게 많지 않다. 본 장에서는 이러한 원가 관리의 기본이 되는 개념, 방법론 그리고 사례들을 학습하기로 한다.

원가는 절감만이 가능한 것은 아니다. 왜냐하면 원가 절감만이 유일한 원가 관리 방법이 아니기 때문이다. 원가는 절감만이 아니라 다양한 방법으로 관리되어야 하므로 원가 관리라는 말이 더 적합하다고 생각한다. 또한 이러한 원가 관리도 전략적으로 수행되어야 한다고 생각된다. 원가를 관리하는 방법은 실로 다양하여 방법들을 모두 논할 수 없는 정도이다. 본 장에서는 그러한 원가 관리 내용 중 가장 핵심적인 내용을 학습하고자 한다.

제6장

전략적 원가 관리

1 │ 구매 원가와 기업 경쟁력

재료비 절감이 기업의 이익과 경쟁력에 어떠한 영향을 미치는 것일까. 예를 들어 설명해 보기로 하자. 영업이 물건을 팔 경우, 가령 영업 이익률이 5%라고 한다면 100원의 물건을 팔게 되면 이익이 5원 발생한다는 의미이다. 즉 영업이 100원의 물건을 파는 활동을 하는 경우 만들어 낼 수 있는 이익 공헌도는 5%라는 이야기이다. 그런데 구매의 경우를 한번 살펴보자. 구매에서 1원의 원가를 절감하면, 즉 재료비를 1원 절감하면 그 절감된 1원은 100% 다 이익으로 간다. 모든 부서의 단위 업무 중에서 구매 행위의 이익 부가 가치 창출이 가장 높다는 이야기이다. 즉 동일한 노력을 경주한 경우 구매 부서의 노력이 기업 이익에 가장 큰 영향을 준다는 것이다.

다른 상황을 한번 살펴보자. 일반적인 한국의 제조업체를 사례로 설명하고자 한다. A회사는 1,000억의 매출이 발생하였다. 영업이익은 60억으로 이익률은 6% 정도이다. 원가를 분석해보니 재료비가 600억 정도 지출되었다. 이 경우 구매 부서에서 재료비 원가를 1% 절감하면 금액으로는 6억(600억 * 0.01 = 6억)이고 그 절감 금액이 모두 이익으로 간다면 영업 이익률은 10%(과거 이익60억에서 현재 추가된 이익 포함 66억으로 10% 증가) 증가한다. 구매에서 원가를 5% 절감하면(30억) 영업 이익률은 50% 증가(60억에서 90억이 됨)한다. 일반적으로 영업이익을 50% 증가시키려면 기업에서 매우 많은 노력이 수반되어야 한다. 그런데 구매에서 원가를 5% 줄이면 그 10배 즉 50%가 영업이익에 공헌한다. 이런 현상을 구매의 이익 레버리지(Profit leverage)라고 하는데, 이 말은 구매 행위가 이익에 미치는 영향 − 레버리지(leverage, 지렛대 효과) −이 매우 높다는 이야기이다. 그렇기 때문에 구매 부서의 가장 중요한 성과 및 업적이 원가 절감이 되고 있는 것이다.

　그러나 저자는 원가 관리라는 명칭을 사용하고, 가능하면 일반적인 표현에서 원가 절감이란 표현을 조심스럽게 쓰고 싶다. 예를 들어 원가 회피(Cost avoidance) 란 개념을 이해해보자. 원가 절감(CR, Cost Reduction)이란 실제로 발생한 원가를 절감하고자 하는 노력을 말하는데, 예를 들어 작년엔 100원에 샀는데 노력해서 올해엔 동일한 재료를 90원에 샀다면 그런 것들이 원가 절감이 되는 것이다. 그러나 원가 회피란 발생할 수 있는 원가 증가분을 근본적으로 막고 예방하자는 개념이다. 예를 들자면 내년에 자재 값의 상승이 예견되어 올해에 내년에 필요한 자재도 함께 구매하였다고 가정하자. 내년이 되었는데 그 자재 값이 120원이 되었다면, 올해 100원에 구매하였기 때문에 추가적인 20원을 지출할 필요가 없어진 것이다. 즉 재료비 상승에 의한 추가 비용 발생 상황을 원천적으로 봉쇄, 회피, 예방한 것이다. 이런 경우를 원가 회피라고 하는데 이것은 단순한 원가 절감과 다르다. 여기서는 하나의 원가 회피 사례를 제시하였으나 사실 원가를 관리할 수 있는 방법은 실로 다양하다. 그러므로 단순한 원가 절감이 아닌 종합적인 원가 관리가 되어야 된다고 생각하고, 그런 이유로 원가 절감보다는 원가 관리란 용어를 사용하고 싶다.

2 ｜ 원가 구성 및 항목 분석

　그렇다면 구매 관리자들은 어느 정도 원가와 회계 전문가가 되어야 하는가? 물론 우리 구매 관리자들이 전문적인 회계사 수준이 되도록 할 수는 없지만, 저자는 구매인들에게 가능하면 더 많은 원가·회계 지식을 습득하라고 말하고 싶다. 원가 구조와 내용을 모르면 원가 관리가 제대로 수행될 수 없기 때문이다.

　다음 도표는 원가의 구성을 나타내고 있다

| 도표 6-1 | 원가의 구성과 구조 | |

			이윤	
		판매비와 일반 관리비	총 원 가	판 매 가 격
	제조 간접비	제 조 원 가		
직접 재료비 직접 노무비 직접 경비	직 접 원 가			

(1) 직접원가

<도표 6-1>에서 직접원가(direct cost)는 직접재료비(direct material cost)와 직접노무비(direct labor cost) 그리고 직접경비(direct overhead cost) 등의 직접비로만 구성되어 있다. 제품을 만들 때 필요한 노동시간과 재료 사용량이 직접원가이다. 이 직접비는 총원가 구성의 가장 근본적인 기초를 의미하며, 직접이란 의미는 제품의 개수나 양에 따라 비례적으로 직접 변화하는 특징을 가지고 있으며 또한 각 제품에 직접적으로 부과가 가능한 비용인 점이 그 특징이다. 따라서 특정 제품에 직접 부과할 수 없는 재료비나 노무비 그리고 경비는 결코 직접원가에 소속될 수 없으며 이와 같은 직접 부과할 수 없는 비용은 제조 간접비에 속하게 된다.

(2) 제조원가

제조원가(manufacturing cost)는 직접원가에 제조간접비(indirect cost)를 더한 원가로서, 공장원가(factory cost) 또는 생산원가(production cost)라고도 하며, 일반적으로 원가라 할 때에는 이 제조원가를 말하는 경향이 있다. 여기서 제조간접비는 위에서 언급한 대로, 특정 제품에만 직접적으로 소요되는 비용이 아니기 때문에 한 제품에 전부를 부과하기 곤란한 재료비나 노무비와 경비를 의미한다. 예를 들어서 공장에서 전등을 사용하여 10가지 종류의 제품을 생산하였다면, 전등 소모비용은 특정 제품에게 직접 부과되는 것이 아니라 10가지 제품에 성격과 특성에 따라서 분배되어야 한다. 이러한 제조 시에 발생하는 비용 중에서 제품에 분배되어야 하는 비용을 제조간접비라고 한다. 만일 여기서 제조에 직접 소용되는 비용이 아니라면 이는 제조간접비의 범주에 속하지 않고 일반관리비에 속하게 된다.

(3) 총원가

총원가(total cost)는 제조원가에 판매비와 일반관리비를 더하여 얻어진 비용이다. 이는 판매원가(selling cost)라고도 불리우며, 여기까지의 원가요소들이 기업에서 제품을 생산하기 위해 소요되는 모든 비용의 합이다. 따라서 이 원가를 기준으로 손익분기가 이루어진다.

(4) 판매가격

판매가격(selling price)은 제품의 공급자인 기업이 대개 결정하며 경우에 따라서는 유통 업체에서 결정하는 경우도 있다. 가격의 경쟁과 유통업 우위의 정도가 심해 질수록 유통 업체가 가격을 결정하게 된다. 판매가격은 총원가에 일정한 이익을 가산한 금액으로서, 통상 기업에서 판매하고자 하는 가격을 의미한다. 이때 이익의 크기는 기업 경영자의 판단에 따라 결정이 되겠지만, 대개 수요와 공급의 원리에 따라 결정되거나, 또는 원가에 일정 비율을 곱하거나 더하는 방식으로 결정이 될 수도 있으며, 이는 경쟁 정도에도 크게 영향을 받는다. 또한 소비자의 입장에서 가치가 높은 신제품의 경우에는 많은 이익이 책정될 수 있다.

3 | 손익분기점(BEP, Break Even Point)

기업이 물건을 만들면 비용이 발생하고 그 물건을 팔면 수익이 발생한다. 만든 비용과 판 수익이 동일하여 이익이 0이 되는 점을 손익분기점(BEP, Break Even Point)라고 한다. 손익분기점 이상의 판매에서는 이익이 발생하고 그 이하에서는 손실이 나기 때문에 손익분기점이라 명명되었다. 이러한 내용을 비용함수와 수익함수를 가지고 설명해보자.

기업이 물건을 제조할 경우 고정비와 변동비가 발생한다. 고정비란 생산 수량과 관계없이 발생하는 비용으로 예를 들면 공장을 짓기 위해 땅을 산다든지, 건물을 짓는다든지, 또는 거기에 어떤 기본적인 설비를 집어넣는다든지 하는 것은 그 공장에서 물건을 1개를 생산하든, 100개를 생산하든, 10,000개를 생산하든 이미 투자됐거나 또는 일정 기간 동안에 기본적으로 들어가는 비용들이다. 그런 반면 변동비는 생산 수량과 비례하여 발생하는 비용인데, 대표적으로 노무비와 재료비가 이 영역에 속한다. 생산량이 증가할수록 노동을 더 많이 해야 하고 재료도 더 많이 필요로 하기 때문이다. 만약 기업이 Q 수량 만큼 생산한다고 가정하면, 일정한 고정비가 지출되고 단위 변동비에 수량을 곱한 비용만큼 변동비가 발생한다. 기업이 물건을 팔아서 수익을 얻는 경우 단위 판매 가격이 S라면 Q개만큼을 팔 경우 S×Q 만큼의 수입을 발생시킨다. 고정비를 FC라고 정의하고 단위당 변동비를 VC라고 정의하면 다음과 같은 식으로 설명할 수 있다.

- 총 비용 = FC + Q · VC
- 총 수입 = S · Q

총 비용과 총 수입이 동일한 점(총비용 = 총 수입)으로 식을 Q에 관하여 정리하면

$$Q^* = \frac{FC}{S - VC}$$

이러한 경우 Q*를 손익분기점으로 표시한다. 그림에서 보면 아래와 같다.

도표 6-2 손익분기점

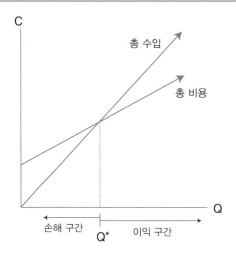

<도표 6-2>에서 보는 것처럼 손익분기점의 아래 부분에서는 수익보다 비용이 크기 때문에 손해가 발생하고 위의 부분에서는 수익이 비용보다 크기 때문에 이익이 발생한다. 그렇다면 기업은 손익분기점을 계산하는 것으로 만족할까. 그렇지는 않을 것이다. 어떤 경우라도 손익분기점을 낮출 수 있다면 매우 바람직한 경우가 될 수 있다. 만약 손익분기점이 아주 낮아져서 $Q^* = 1$이라는 이야기는 기업이 1개만 만들어도 그 이후는 이익이 발생한다는 이야기이고 아주 행복한 상황인 것이다. 그렇다면 어떻게 손익분기점을 낮출 수 있는가. 위의 수식에서 보면 (1) 판매 가격을 올리거나 (2) 고정비를 줄이거나 (3) 변동비를 줄이면 손익분기점은 낮아진다. 그러나 (1) 판매 가격을 올리는 경우는 시장 상황을 파악해야 함으로 조심스럽다. 결국 고정비와 변동비를 줄이는 것이 손익분기점을 낮출 수 있는 방법인 것이다.

구매의 입장에서 손익분기점을 음미해보자. 자체 생산을 줄이고 외부에서 구매를 증대시키면 기업이 가지고 가야 할 설비 인력 등 고정비가 감소하게 된다. 즉 고정비용을 적게 투입하고 수익을 만들 수 있다면 기업에게는 매우 효과적인 경영 방안이 될 것이다. 만약 수요 패턴이 불확실하고 자주 변하는 경우, 고정 설비를 가지고 만든다면 어느 정도 수량 이상의 수요가 발생해 매출이 생겨야만 손익분기점에 도달할 수 있다. 그런데 자주 수요가 변하여 작년에 많았던 수요가 올해는 아주 적어지기도 하는 경우가 발생하였다고 하자. 수요가 적어져도 고정비는 계속 지출되고 수익은 저조하므로 기업이 어려움에 빠질 수 있다. 그러나 고정 설비를 최소한으로 줄이고 외부에서 구매를 하면, 작은 수량이라도 팔아서 수익만 나면 고정 설비 비용이 거의 없으므로 기업에게는 좋은 소식이 된다. 결국 구매를 증가하면 수요의 변화에 대처하는 유연성이 증가하게 된다. 이러한 개념이 생산 활동에서 '적은 생산 + 많은 구매'를 이루게 하는 또 하나의 방향이 될 것이다.

4 │ 전략적 원가 관리

　본서에서 전략적 원가 관리라고 제목을 명명한 것은 이유가 있기 때문이다. 일반적으로 전략적이라고 하면 무턱대고 하는 행동이 아닌 분석적, 계획적, 차별적 행동을 일컬어서 하는 말인데, 원가 관리도 그렇게 해야 한다는 논지에서 비롯되었다.

　먼저 경쟁의 핵심 요소와 원가 관리에 관한 개념을 이해해보자. 휴대 전화를 만드는 경우를 예로 들어 보자. 만약 많은 고객들이 우리 휴대 전화를 구매하는데 다른 휴대 전화보다 표시되는 액정 화면의 크기가 커서 보기 좋고 편리하여 구매한다고 가정하자. 이런 경우 원가를 절감하기 위해 액정을 작은 것으로 바꾼다면, 원가는 줄어들 수 있으나, 매출이 급감하여 기업 성과에 매우 나쁜 영향을 미치게 된다. 즉 넓은 액정 화면은 핵심 경쟁 요소이기 때문에, 이러한 핵심 경쟁 요소에서 원가 절감하기 보다는 덜 민감한 부분을 먼저 원가 절감해야 한다. 즉 자재나 부품을 원가 절감할 경우, 절감 결과와 기업의 핵심 경쟁력과의 인과관계를 분석하고 원가 절감을 하여야 한다는 논리다. 원가를 절감하였는데 결과적으로 매출이 죽어버리면 무슨 의미가 있겠는가. 그러므로 무조건 원가를 절감하지 말고, 특정 내용의 원가 절감이 과연 매출에 어떻게 영향을 미치는지 원가 절감의 효용성을 생각해보라는 뜻이 전략적 원가 관리에 담겨 있다.

　다른 사례를 보자. A 화장품 회사의 구매 부서에서 원가 절감에 관한 회의가 시작되었다. A 화장품의 주력 제품인 B 제품을 분석해보니, 화려한 포장과 고급 유리병 구매가 제조 원가의 많은 부분을 차지하고 있었다. 그래서 화려한 포장을 단순한 친환경 포장으로, 그리고 고급 유리병을 일반 플라스틱 병으로 대체하기로 결정하였다. 구매 부장은 이러한 원가 절감이 가격을 내릴 수 있게 만들고, 그러한 착한 가격이 더 많은 매출을 만들어 낼 것이라고 생각하고 있었다. 그러나 사실 B 화장품을 구매하는 고객들은 화려한 포장과 고급 유리병이 주는 제품의 우아하고 고급스러운 품위가 좋아서 구매한 것이었다. 결국 이러한 원가 절감은 고객들에게 부정적으로 인지되었고, 매출이 급격히 줄어들게 되었다. 결국 원가 절감의 노력에도 불구하고 B 제품은 경쟁력을 잃어버리게 되었다. 이 사례는 무엇을 이야기 하고 있는가. 원가 절감이 중요한 것이 아니라 기업 경쟁력이 중요한 것이다. 결국 아무리 원가 절감을 훌륭하게 수행하였어도, 고객들이 선택하지 않으면 원가 절감 활동은 아무런 의미가 없다. 그러므로 원가 절감 활동을 하는 경우도 그러한 활동이 기업의 경쟁력에 어떤 영향을 주는지, 또는 시장에서 제품의 경쟁력에 미치는 영향이 있는지 등을 분석해보고 결정해야 한다. 이러한 관점을 전략적 원가 관리라고 정의할 수 있다.

다른 사례를 하나 더 보자. K 상사는 고객에게 판매한 건강 기구(헬스 머신) 제품 문의에 관한 전화 고객 응대 서비스를 외주 용역을 주기로 하였다. 그렇게 함으로서 인건비를 절감하고 또 제품 문의에 관한 전화 응대 서비스는 사실 기업에서 핵심 역량이 아니라고 생각했기 때문이다. 그런데 낮은 인건비를 책정해놓은 외주 용역 회사에서 저임금으로 인하여 전화 서비스 응대 담당자가 빈번하게 이직하는 일이 발생하였다. 그래서 새로운 사람을 고용해야 하는데, 이럴 경우 새로운 인력을 교육(제품, 그리고 응대에 관한 교육)시켜야 하는 비용이 발생하여 총 비용은 더 증가하였다. 그리고 또한 고객들도 응대 서비스 수준이 낮고 담당자들이 전문적이지 못하여 응대 서비스의 불만족을 표현하면서 제품의 반복 구매도 주저하게 되었다. 결국 기업에서 핵심기능이 아닌, 중요하지 않다고 생각하였던 기능을 원가 절감을 위하여 외주 아웃소싱 주면서 오히려 더 많은 문제를 발생시킨 경우가 되었다.

이 경우도 단순하게 외주를 주면 비용이 절감된다는 단편적인 시각에서 출발하였기 때문이다. 비록 전화 응대 서비스가 핵심 역량은 아닐 수 있지만, 내재화 경우와 외주화 경우의 장·단점 및 기업 경쟁력, 고객 특성 등을 모두 비교 분석하여 결정해야 하는데 단순한 아웃소싱의 비용 절감이라는 하나의 관점으로 접근해서 발생한 문제이다. 결국 원가 절감도 그 하나의 주제로 독립하여 생각해서는 곤란하다는 결론에 도달한다. 전체적인 회사의 경쟁력을 분석해보고 또 원가 절감의 영향과 그에 따른 다양한 결과에 대한 예측과 분석이 동행되어야 비로소 의미가 있다는 것이다. 이러한 것을 포괄적으로 전략적 원가 관리라고 언급해도 좋을 것 같다.

또한 전략적 원가 관리란 다음과 같은 질문에 답할 수 있어야 한다.
→ 원가 관리 영역은 어느 부분이 가장 중요하고 우선적으로 하여야 하는가?
→ 원가 관리 대상은 어느 부분이 가장 중요하고 우선적으로 하여야 하는가?
→ 원가 관리 활동은 어느 부분이 가장 중요하고 우선적으로 하여야 하는가?
→ 원가 관리 효과는 어느 부분이 가장 중요하고 우선적으로 하여야 하는가?

　　그리고 원가 관리를 하고자 하는 경우, 다양한 영역이 존재한다는 사실을 인지하여야 한다. 어느 부분의 중요성이 가장 크고 무엇부터 하는 것이 좋은가를 분석하여야 한다.

- 구매 프로세스 비용
- 구매 간접 비용
- 구매 단가
- Sourcing 비용
- 재고 비용
- 자재 품절 비용
- 품질 불량 비용
- 계획 수정 비용
- 개발 비용
- 기회 비용

　　원가 관리 활동들을 분석하여 보면 구매 부서 혼자서 할 수 있는 원가 관리 활동들도 있고 반드시 다른 부서와 협력을 해야 효과가 발생하고 실행 가능한 방법도 있다. 또는 단기적으로 효과를 만들어낼 수 있는 방법이 있는가 하면, 어느 정도 시간이 걸려야 효과가 나는 방법들도 있다. 이러한 차별화된 방법이 있는데 무조건 구매 부서에서 올해 안에 원가 얼마를 절감하라고 목표를 잡는다면 무리가 따른다. 그러므로 원가 절감을 달성하는 주요 지표(KPI)도 다음과 같은 영역으로 구분하여 측정해야 할 것이다.

도표 6-3 원가 관리 방법의 영역과 KPI

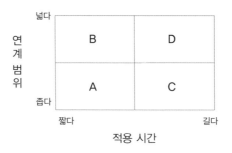

그리고 원가 절감 활동을 차별화하고 그러한 기준으로 평가하는 것이다.

→ A는 구매 부서가 단기간에 혼자서 수행할 수 있는 원가 절감 활동(예 : 글로벌 소싱 지역의 확산 및 공급자 추가 탐색) – 이 경우 평가는 구매 부서의 단기 업적으로 한다.

→ B는 단기간에 가능하지만 구매 부서 혼자는 어렵고 반드시 유관 부서와 협력이 요구되는 원가 절감 활동(예 : 공급자의 혁신적인 제안을 채택하여 규격을 변경하여 원가를 줄이고자 할 경우, 설계팀의 승인과 협조가 필요함) – 이 경우 평가는 구매 부서 그리고 관련되는 부서의 공동 평가(Co - KPI) 항목으로 설정하고 두 부서가 공동으로 평가받도록 실행한다.

→ C는 구매 단독으로 가능하지만 일정 기간을 요하는 원가 절감 활동(예 : 공급자 품질 관리 역량 강화를 통한 품질 비용 절감) – 이 경우는 단기간이 아닌, 어느 정도 기간이 지난 다음에 그 결과를 평가하도록 한다(예, 3년 후에 평가).

→ D는 시간도 어느 정도 필요하고 유관 부서의 협조가 필요한 원가 절감 활동(예 : 현 공급자가 독점적 위치로 높은 가격을 요구하는 경우, 설계와 생산이 가능하다면, 부품의 설계를 변경시켜 대체 자재 탐색이 가능하게 되어 다른 공급자로부터 구매 가능하게 되면서 원가 절감. 그런데 설계팀과 생산팀과 협력 필요) – 이 경우는 일정 기간이 지난 후에 구매 부서와 관련 부서가 공동으로 평가 받도록 한다(예, 3년 후에 구매 – 설계 – 생산 공동 평가).

결국 원가 절감 노력을 이처럼 체계적으로 구분하고 나누어서 각각의 영역을 정의하고 유관 부서와 협력하여 실행하여야 한다. 왜냐하면 대부분의 원가 관리 활동은 관련 부서와 연결되어 있거나 또는 어느 정도 시간이 지나야 효과가 발생하는 사안들이 많다. 이러함에도 단기적으로 구매 부서에만 원가 절감 목표를 주고 평가한다면 그것은 올바른 전략적 원가 관리라고 할 수 없기 때문이다.

5 | 가격 분석 및 원가 분석

일반적으로 구매 시에 공급자의 가격이 합리적인 가격인지 어떻게 검증할 수 있는가. 만약 공급자가 자재를 가지고 와서 100원이라고 할 경우, 당신은 그 가격이 합리적인 가격인지 어떻게 검증할 수 있는가. 이러한 검증 방법은 크게 두 가지로 나누어지는데, 첫째가 가격 분석(Price Analysis)이고 둘째가 원가 분석(Cost Analysis)이다.

가격 분석이란 시장 또는 경쟁사를 통하여 공급자의 가격이 합리적인 가격인지 검증하는 방법이다. 이 방법은 공급자의 원가를 분석할 필요가 없이 쉽고 간편하다. 경쟁사나 시장만 존재한다면 공급자와 직접 비교를 통하여 검증이 가능하다. 예를 들어 입찰을 한다든지, 경쟁 공급자로부터 견적서를 받아보면 공급자의 가격이 어느 정도 합리적인지 알 수 있다. 다음과 같은 경우는 가격 분석이 적합한 경우이다.

- 경쟁이 존재(비교 대상이 있음)
- 가격이 중요한 구매 결정 요소
- 구매 대상의 가격 및 원가가 표준화되어 있는 경우
- 가격 산정에 불확실성이 적은 경우
- 미래에 규격 변화가 요구되지 않은 경우

가격 분석을 하기 위한 다양한 비교 지표 또는 방법은 다음과 같다.

✓ 출판되어 나온 가격 비교 데이터
✓ 소비자 물가 지수, 생산자 물가 지수, 산업 물가 지수 등 각종 물가 지수 정보
✓ 국내 공급 물가 지수(예, 한국은행 경제통계시스템)
✓ 과거 계약 시의 가격 비교
✓ 타 공급자 견적(RFQ)
✓ 동종 또는 동일한 자재 유형의 가격 지표
✓ 시장 가격 지표(예, LME – London Metal Exchange)
✓ 정부 고시 가격
✓ 인터넷 비교 가격

이렇게 가격 분석은 빠르고 간편하게 검증할 수 있는 장점이 있음에도 불구하고 제약 또한 많이 존재한다. 기본 가정은 동일한 환경하에서 비교 가능해야 한다는 것이다. 만약 공급자가 '이 제품은 다른 제품과 품질이 많이 차이가 나기 때문에 단순한 가격을 비교한다는 것은 의미가 없습니다.' 또는 '제품의 특성이 다양해서 단순하게 가격만으로 비교할 수 없습니다.'라고 한다면 어떻게 할 것인가? 이럴 경우 우리는 원가 분석(Cost Analysis)을 할 수밖에 없다. 원가 분석이란 공급자의 원가 구조를 분석하여 제시한 가격이 합리적인가를 검증하는 방법이다. 물론 시간이 많이 소요되고 복잡하고 어렵다. 그러나 다음과 같은 경우에는 원가 분석 만이 해결책이 된다.

- 표준품이 아니고 특정 규격이 들어간 제품(다른 제품과 비교가 어려움)
- 경쟁 업체가 없는 경우
- 가격 이외의 다른 요소들이 중요한 경우
- 향후 규격 변화가 예상되는 경우
- 원가 산정에 불확실성이 많은 경우
- 상당히 복잡한 요구 사항을 구매하는 경우

그러면 어떻게 상대방의 원가 구조를 밝혀낼 것인가. 물론 쉽지 않은 일이다. 일단 상대방의 원가 구조를 살펴보자.

총원가 = 재료비 + 인건비 + 간접비 + 일반 관리비 + 이익

재료비는 분해가 가능하다면 구성하고 있는 재료 요소들의 시장 가격을 분석하고, 재료 유형과 등급에 따른 가격 차이를 합산하며 예측한다. 인건비는 다양한 배경 및 차이 즉 임률, 기술, 지역, 시장 상황 등을 고려하여 적정한 인건비를 예측하고 제조 시간을 분석하여 전체 임금 총액을 계산한다. 간접비는 다양한 방법과 다양한 상황이 존재하므로 가능한 출판물이나 기타 자료를 이용해본다. 일반 관리비도 산업, 제품, 시장 환경의 차이에 따른 다양한 경우를 이해하고 기존 자료를 이용하여 계산해본다. 마지막으로 상대방의 이익은 경쟁력, 생산성, 효율성, 기술 우위성의 함수이기에 공급자의 능력과 특성 등을 고려하여 계산한다. 이렇게 원가 구성 부분들을 분석하고 합하여 보면 상대방의 원가가 어느 정도인지를 예측할 수 있게 된다. 물론 상대방의 알기 힘든 부분들도 존재하기에 정확히 계산하기는 쉽지 않다. 그러나 이러한 시도를 기업 내부에서 반복적으로 시행해가면서 공급자와의 거래를 통하여 여러 가지 정보를 수정하고 보완하며 좀 더 정확한 자료와 정보를 지속적으로 업데이트해가면 점점 더 정확한 원가 구조를 알아 낼 수 있다. 저자는 이러한 점을 강조하고 싶다. 원가 분석의 능력이 그 기업의 구매 부서의 능력이기도 하다. 한번에 모든 것이 완성될 수 없기에 지속적인 데이터의 관리와 보완 그리고 업데이트가 요구된다. 구매 부서가 원가 관리에 대한 노력과 목표가 있다면 여러 번의 시행 착오를 거쳐가면서 원가 정보를 모으고 분석하고 수정하게 될 것이다. 그러면 점점 더 정확한 수치가 나오기 시작한다. 이렇게 만들어진 원가 정보는 공급자와 협상을 위한 기본 데이터로 활용되기도 하고, 원가 절감 가능성의 대상 및 내용을 확인하고 가능한 업무를 시작할 수 있는 지침이 되기도 한다. 그러므로 기업이 얼마나 열정과 노력을 가지고 이러한 원가 정보를 지속적으로 관리하는가 하는 점이 그 구매 부서의 역량이기도 하다. 지금부터라도 원가 정보를 관리해보는 계획을 수립해보면 어떨까.

가격 분석과 원가 분석이 중요한 이유는 단지 숫자의 정확한 계산에 있는 것이 아니다. 숫자가 정확하지 않을 수도 있다. 그러나 이러한 숫자를 분석하고 연구하면서 숫자 이상의 많은 내용들을 학습할 수 있다. 숫자 분석을 실행하다 보면, 과거에는 잘 몰랐던 사안들을 자꾸 많이 알게 된다. 이렇게 알게 되는 과정과 내용이 중요하다. 예를 들어서 공급자의 원가 구조를 분석하다 보면 그들의 생산 프로세스를 이해하게 되고 생산에서 발생한 원가를 추적하다 보면 그들의 생산 방식을 이해하게 된다. 이 경우 만약 생산에서 생각보다 많은 원가가 발생한 것으로 분석된다면, 그 과정을 이해하려고 노력하게 되고 (ⅰ) 만약 생산 방식이 효율이 떨어지는 오래된 방식이어서 그렇게 되었다면 그러한 방식을 개선하여 원가를 줄일 수도 있고 (ⅱ) 만약 새로운 방식으로 생산하고 있는데도 많은 원가를 발생한다고 하면 그러한 정보의 신뢰성이 떨어지는 것으로 면밀한 분석을 통하여 정확한 원가를 계산하고 원가 절감을 요구할 수 있는 것이다. 공급자가 원재료가 상승하여 원가 인상을 요구 하는 경우에도 그들의 제조 공정에서 원재료가 차지하는 정확한 비율을 이해하고 있어야 어느 정도 인상이 합리적인 조건인지 알 수 있다. 원가를 분석하다 보면 위험을 인지할 수도 있다. 만약 공급자가 가격이 싼 원료를 사용하여 부품을 만드는 과정을 알게 되었다면 그러한 싼 원료가 추후에 품질 문제를 발생시킬 수 있다는 사실도 이해하게 된다. 공급자 원가를 학습을 하면서 공급자의 내용을 점점 더 많이 알게 되고 결국 공급자를 철저하게 관리할 수 있는 능력이 된다. 저자가 자주 언급한 것처럼 알지 못하면 관리가 되지 못하는데 공급자의 원가 구조와 가격 구조를 정확하게 모르고 어떻게 공급자의 원가 절감이 가능할 수 있는가.

가끔 공급자로부터 원가 자료를 제공받기도 한다. 이러한 원가 자료를 공급자를 공격하는데 사용하여서는 절대로 안 된다. 만약 공급자가 원가 자료를 줄 경우 구매자가 압박을 할 것이라고 생각한다면 정확한 자료를 줄 리가 만무하다. 원가 자료는 공급자를 이해하는 데 사용해야 한다. 그리고 공급자가 제시하는 원가 자료 중에서 잘 이해할 수 없는 부분은 공급자에게 설명을 요구해야 한다. 설명이 안 되는 부분은 협상이 가능하다는 의미이다. 이러한 과정에서 공급자의 원가를 좀 더 정확히 이해하게 된다. 공급자도 엉터리 원가 자료를 주면 구매자가 철저히 분석하기 때문에 구매자를 논리적으로 설득시킬 수 없다는 사실을 이해하게 되고 그러면 좀 더 정확한 원가를 만들어내려고 노력할 것이다. 결국 원가 분석을 위하여 공급자의 원가를 공유하고 싶은 경우, 그러한 원가 공유가 반드시 공급자에게도 도움을 줄 수 있다는 사실을 인지해야 공급자가 원가를 공유하고자 한다. 구매자는 공급자의 원가를 공유하고 이해함으로 인하여 공급자의 원가를 줄일 수 있는 방법을 서로 모색하고 그들의 원가를 줄이도록 노력해야 한다.

그럼에도 원가 분석은 어렵고 힘들다. 구매 원가 관리 컨설팅의 세계적 대가인 Anklesaria의 원가 분석에 관한 논지는 음미해볼 만하다. "원가 분석은 윗몸 일으키기 또는 팔 굽혀 펴기 등의 운동과 같습니다. 윗몸 일으키기를 매일 50회씩 실행한다고 결코 그러한 운동이 쉬워지지 않습니다. 매일 해도 할 때 마다 50회는 늘 어렵고 힘이 듭니다. 원가 분석도 마찬가지입니다. 오래 하였다고 쉽거나 힘이 안 들지 않습니다. 늘 어렵고 힘듭니다. 하지만 우리는 알고 있습니다. 운동을 꾸준히 하면 반드시 몸이 건강해진다는 것을, 그리고 건강한 사람들은 운동을 하루 안 해도 크게 차이가 안 나고 그러니까 오늘은 대충 넘어가자는 유혹을 참아가며 꾸준히 운동을 하는 사람들이라는 것을. 원가 분석도 꾸준히 하면 기업이 좋아집니다. 하지만 꾸준히 하게 되는 것 자체가 어렵고 그러한 꾸준히 하는 기업들이 사실상 구매 경쟁력을 확보하게 되는 우수한 기업들입니다."

6 | 가치 분석(VA, Value Analysis)

원가 절감은 사실상 완성이라는 게 없다. 예를 들어 생산에 필요한 자재 A를 살펴보자. 자재 A가 정말 100% 적합한 자재라고 자신 있게 말할 수 있는가. 더 저렴하면서도 충분히 동일한 기능을 수행할 수 있는 자재는 지구상에 없는 것일까.

결국 구매 부서는 필요한 기능을 달성하는 최적 자재를 찾아내고자 한다. 지금 사용하는 자재보다 반드시 저렴하거나 또는 같은 가격이라면 좀 더 향상된 기능을 보유한 자재가 어딘가에 존재하겠기에 끊임없이 좀 더 적합한 자재를 찾고자 하는 것이다. 또한 요구되는 기능들이 반드시 필요한 기능인지, 그러한 기능들을 좀더 단순하고 저렴한 자재로 대체하는 경우에도 가능한지를 끊임없이 연구하고 분석한다. 이러한 노력을 가치 분석(VA, Value Analysis)이라고 정의한다.

- 요구되는 기능을 손상시키지 않고 어떤 부분이라도 제거될 수 있는가?
- 요구되는 기능을 손상시키지 않고 원가를 낮추기 위해서 어떤 부분의 디자인 또는 특성이 단순화될 수 있는가?
- 덜 비싼 그러나 충분히 기능적으로 만족되는 대체 자재를 발견할 수 있는가?

가치(Value)라는 의미를 살펴보면 좀 더 정확한 의미의 가치 분석이 가능할 수 있다.

$$가치 = \frac{기능}{원가}$$

위의 식에서 가치를 증진시키는 방법은 4가지가 있다.

① **동일한 기능 그러나 낮은 원가**(기능→, 원가↓)

  - 과거와 동일한 기능을 수행하는 자재이지만 원가는 더 저렴하다.

② **향상된 기능 그러나 동일한 원가**(기능↑, 원가→)

  - 과거와 동일한 원가의 자재이지만 더 발전된 기능을 나타낸다.

③ **가격보다 훨씬 더 향상된 기능 그러나 상승한 가격**(기능↑↑↑, 원가↑)

- 원가가 비록 상승하였지만 원가의 상승분보다 훨씬 더 많은 기능의 향상이 있다.

④ **향상된 기능 그리고 낮아진 원가**(기능↑, 원가↓)

- 기능은 향상되고 반대로 원가는 낮아졌다.

앞서 본 ①, ②, ③, ④ 모든 경우가 가치 분석을 통하여 과거보다 향상된 모습을 이룩하려고 하는 방향이다. 위에서 주로 ① 관점에 관하여 구매 부서가 노력해야 한다는 언급을 하였지만, 보는 것처럼 ①, ②, ③, ④ 모든 경우를 살펴보고 좀더 발전되고 향상된 가치를 만들기 위하여 노력해야 한다.

그러나 이러한 노력은 구매 부서 단독으로 할 수 없는 경우도 많이 발생한다. 예를 들어 제품을 만들기 위한 자재로서 현재까지 A 자재가 선택되어 사용되었다고 가정하자. 구매 부서에 충분히 기능적으로 차이가 없으면서 가격이 저렴한 B 자재를 발견하여 향후 A 자재에서 B 자재로 전환하여 구매할 것을 건의한다면 개발이나 품질 또는 생산 부서에서 진정으로 A 자재에서 B 자재로 교환할 경우 품질이나 향후 생산에서 어떠한 문제도 발생하지 않을 것을 검토하고 인정해야 한다. 이러한 검토 및 인정을 타 부서에서는 그들의 고유한 업무가 아니라는 이유로 (자재의 원가 절감은 구매 부서의 업적이고 평가이기 때문에 우리 부서의 업무는 아니다. 오히려 자재를 변경하여 혹시나 문제가 발생할 수 있다) 가치 분석 활동의 협조에 소극적이거나 또는 방해하는 경우도 발생한다. 그러므로 충분히 타 부서에게 가치 분석의 의미와 중요성에 관하여 적극적으로 설명하고 이해를 구하고 필요하다면 다기능팀(CFT, Cross Functional Team)을 구성하여 함께 협력하여 달성하고 그 성과를 관련 부서들이 공유하게 만들어 가치분석이 구매 부서의 외로운 노력으로 끝나지 말도록 해야 한다.

7 | 공급 사슬의 관점에서 본 원가 관리

과거의 구매 원가 관리의 주 관점은 부품이나 단품의 가격을 절감하는 것이었다. 즉 공급자에게 더 낮은 가격에 물건을 공급하도록 압박하거나 유도하여 과거의 구매 단가보다 낮은 구매 단가를 만들어내는 것이 주된 업무였다. 공급 사슬 관리하에서는 원가 절감이 한 기능 부서의 업무 목표 또는 과제가 될 수가 없다. 원가 절감은 단순히 한 부서의 일이 아니라 공급 사슬을 이루고 있는 전체 구성원이 함께 달성해야 하는 과제인 것이다. 공급 사슬을 이루고 있는 구성원들끼리 선행적이고 능동적으로 원가에 대한 관리를 해 나가는 것이다. 그렇다면 공급 사슬을 이루고 있는 구성원들끼리 선행적이고 능동적인 원가를 관리한다는 것은 실제로 어떤 경우가 있을 수 있는가. 과연 그러한 경우 부품이나 단품의 단가 인하에 의한 원가 절감보다 더욱 더 효과가 크게 될 수 있는가.

다음의 예를 들어보자. 생산자가 원단을 공급자에게 구매하여 이 원단을 바탕으로 청바지를 만들어 유통 업자에게 전달하면 유통 업자는 도·소매점을 통하여 고객에게 팔게 된다. 고객의 취향을 조사하여 만들었기 때문에 고객이 좋아하리라는 확신을 가지고 생산자는 1월에 많은 청바지를 만들어 유통 업자에게 전달하였다. 그러나 1월의 청바지 매출은 신통치 않았다. 약간 의심이 들었으나 생산 업자는 고객이 좀 늦게 반응한다는 생각을 가지고 2월에도 많은 청바지를 만들어 유통 업자에게 전달하였다. 그러나 또 매출이 신통치 않아서 1,2월에 만든 많은 청바지 재고량이 유통 업체에 쌓여만 갔다. 3월은 만들지 않고 유통 업체의 반응을 기다렸으나 유통 업체에서 아무런 연락이 없었다. 4월에도 유통 업자로부터 연락이 없자 생산 업자는 이 청바지는 시장에서 실패한 것으로 단정하고, 공급자에게 현재 가지고 있는 청바지 원단이 더 이상 필요 없으니 잉여 자재로 구분하여 처분하라고 권하였다. 공급자와 생산자가 손해를 보고 청바지 원단을 처분한 뒤에 유통 업자가 생산 업자에게 추가로 많은 청바지를 주문하였다. 생산자가 깜짝 놀라 원인을 알아보니, 3월에 고객의 수요가 발생하기 시작하였으나 유통 업체가 스스로 보유하였던 청바지 재고를 소진하면서 아무런 연락이나 상황을 생산 업자에게 알려주지 않은 것이다. 유통 업체의 생각은 내 재고를 내가 처분하는데 뭐하러 생산에게 연락할 필요가 있는가 하는 점이었다. 그 후 4월에는 더 많은 수요가 고객으로부터 생겨났으나, 또한 가지고 있던 재고를 처분하느라 아무런 연락을 주지 않았다. 그러다가 기존 재고를 모두 소진 후에 더 필요하게 되어 갑자기 생산에게 연락을 하게 된 것이다. 상황이 이렇게 되다 보니 공급 업체와 생산 업자는 다시 긴급으로(비싸게 구매) 청바지 원단을 수배하여 야간 작업을 하면서(비싸게 생산) 청바지를 완성하였다. 만약 유통 업체와 생산, 공급 업체 사이에 정보 교류만 원활하였더라도 이렇게 많은 낭비요인이 발생되지는 않았을 것이다. 정보의 공유가 공급 사슬의 원가를 절감시킬 수 있는 것이다.

 기업은 재고를 보유하는 부담에서 오는 비용을 줄이고자 적기 생산 시스템(JIT, Just−In−Time)을 운영하려고 한다. 그런데 만약 생산자가 이러한 JIT의 방법으로 재고를 줄여서 재고 비용을 줄이고 그럼으로써 원가를 줄이려고 한다면 즉, 다시 말하여 생산자가 재고를 보유하지 않고 공급자에게 필요한 시점에 필요한 수량만큼 공급하라고 요구한다면 생산자는 재고를 줄일 수 있을 것이다. 그러나 공급자는 어떠한가. 생산 기업이 요구하는 물량을 적시에 공급하려면 공급자는 더 많은 재고를 보유하여야 한다. 결국 생산 기업의 재고 감소는 공급 업자의 재고 증가로 나타난다. 공급자가 생산자의 재고를 가져가는 결과만 되는 것이다. 이러한 경우 전체 비용은 하나도 줄어들지 않는다. 결국 생산자의 비용이 공급자로 이전된 모습인데 이렇게 이전되는 경우 대부분 비용 측면에서 절감되기는커녕 재고 이전 비용 그리고 정보 처리 비용과 위험 부담 비용 등이 더해져서 오히려 더 나빠지게 된다. 앞서 언급한 이런 경우들을 보면 공급 사슬을 이루고 있는 구성원들끼리 협력을 하게 되면 얼마나 많은 비용 절감의 효과가 나타날 수 있는가를 보여주는 대목이다. 결국 전략적 원가 관리란 생산자와 공급자, 더 나아가서 유통 업자 모두가 함께 발생할 수 있는 비용을 최대한 줄이고자 하는 체계적인 노력인 것이다.

 이러한 원가 관리에서 가장 중요한 업무 중의 하나가 공급 사슬에 있는 원가 동인(Cost Driver)을 찾는 것이다. 원가 동인이란 원가를 구성하고 있는 요소 즉 원가 항목(Cost Elements)이 아니라 원가를 발생시키는 원인이 되는 요소를 말한다. 원가 항목을 분석하면 노동비, 재료비, 간접비 등 여러 가지 항목을 발견할 수 있으나 이러한 항목을 이해한다고 하더라도 쉽게 원가 절감을 이루어내기는 쉽지 않다. 그것은 실행에 관련된 문제이기 때문이다. 예를 들어 공급자의 생산 능력의 경우를 살펴보자. 공급자의 생산 능력이 현재 70% 가동률을 유지하는 경우, 만약 그 공급자의 생산 능력의 현재 여유분(나머지 30%)을 사용하여 계약을 하게 된다면 공급자의 고정 비용을 낮추어 생산 단가를 낮아지게 할 수 있는 원인이 될 수 있는 것이다. 이 경우 구매자가 공급자의 생산 능력 여유분을 이용하게 된다면 이 것이 원가 동인이 될 수 있는 것이다. 또 기계가 고장나서 생산이 중단되는 경우 발생할 수 있는 비용적인 면들은 어떤 것들이 있는가. 전 공정의 재고가 쌓일 것 이고 노동력은 유휴하게 될 것이고, 고객의 주문을 납기에 맞추지 못하는 결과도 생길 수 있을 것이다. 그러면 이러한 비용이 바로 기계가 중단되는 경우의 Cost Driver인 것이다.

　다른 사례를 들어 보자. 공급자가 재고가 많아서 공급자의 재고를 낮추기를 원하고 있다. 그런데 분석해보니 공급자가 재고를 많이 가지게 된 원인이 구매자의 빈번한 생산 계획의 변경 때문이라는 것을 알게 되었다. 생산 계획이 수시로 변경되기 때문에, 불확실한 생산 요구를 맞추려고 재고를 많이 가지게 되었던 것이다. 그런데 생산 계획의 변동 원인을 살펴 보니 영업의 수요 예측의 정확도가 부족한 것이었다. 수요 예측 정확도가 낮아서 영업 수주가 자주 변경되고 그러한 변경이 생산 계획에 영향을 준 것이었다. 결국 공급자의 과다 재고의 Cost Driver는 영업의 수요 예측의 정확도이다. 공급자 재고 수준을 낮추려면 영업이 수요 예측의 정확도를 향상시켜야 한다.

　이러한 원가 관리를 활용하면 과거 원가 비중의 많은 부분을 차지하였던 재고 관리도 과거와는 개념과 실행의 원리가 달라진다. 전체 공급 사슬 중에서 누가 재고를 보유하는 것이 가장 최적인가를 파악하게 되어 공급 사슬을 구성하고 있는 구성원끼리 재고 원가를 배분할 수도 있고, 더 나아가서 재고를 보유하게 되는 근본적인 원인이 무엇인가 즉 예를 들자면 생산의 불안정인가, 수요 예측의 불안정인가, 구매 공급의 무계획성인가 아니면 고객 수요의 문제인가 등등을 파악하여 그 원인에 맞는 처방을 내림으로써 전체 공급 사슬의 비용을 최소화하려고 하는 시도인 것이다. 이런 개념은 비단 재고 비용뿐만 아니라 품질 비용, 물류 비용, 진부 비용 등 많은 부분에 모두 적용 가능하다.

8 │ 총 소유비용(TCO, Total Cost of Ownership)

구매 관리의 가장 큰 목적 중 하나가 외부 공급자로부터 구매 시에 가능한 자재 또는 서비스를 저렴하게 구매하는 것이다. 그런데 '저렴하다'란 무엇이 저렴하다는 말인가? 일반적으로 구매를 할 경우, 거래 당시의 구매 단가에 많은 관심이 집중되기 쉽다. 즉 단가가 저렴한 것을 구매 의사 결정에 기본 원리로 생각하는 경우가 많다. 그러나 낮은 단가의 자재나 서비스를 구매하는 것이 과연 정말 경제적이고 합리적인 의사결정인가? 만약 설비 자재인 경우, 초기 구매 비용이 저렴하였지만 구매한 후 사용 시에 계속 문제가 발생할 수도 있고, 소모품을 교체하는 데 비용이 많이 들 수도 있고, 고장을 수리하기가 비싸고 어려운 경우도 발생하고, 기술이 발전하여 새로운 모델이 나왔을 때 전환이 어려운 경우가 생기면 어떻게 할 것인가? 저원가 국가 소싱(LCC, Low Cost Country Sourcing)이 진정으로 저렴한가? 만약 그 나라의 공급자에게 구매를 하였는데, 품질 문제가 발생하거나, 정치적으로 위험한 상황에 직면하거나 또는 물류 비용이 추가적으로 더 발생한다면 그곳에서 구매하는 것이 합리적인 것인가? 컴퓨터 소프트웨어를 구매하는 경우 단가보다는 구매 후에 직원들에게 컴퓨터 프로그램 활용을 위한 교육 및 훈련 내용, 유지 보수에 관한 사후 서비스 그리고 프로그램에서 문제가 생길 경우 신속한 처리 등 실제로 구매 단가보다 중요한 항목과 비용 발생 요소가 매우 많다. 결국 문제는 구매 당시의 구매 비용이 아니라 그 물건을 구매한 경우, 그 물건의 총 수명 기간 동안에 발생하는 총 원가를 계산하여 어느 쪽이 더 합리적인가를 분석하고 결정하여야 한다.

총 소유비용이란 자재 또는 설비를 구매(소유)하는 경우 그 제품 수명 주기 동안에 발생하는 모든 원가를 말한다. 다시 말하면 설비 자재의 경우 설비 자재를 구매하는데 드는 비용뿐만 아니라 그 설비 자재를 사용하는 동안에 발생하는 모든 추가적인 비용을 포함하여 설비를 활용하는 수명 주기 동안에 발생하는 모든 원가를 다 더하여 총 소유비용(TCO, Total Cost of Ownership)이라고 정의한다. 다시 말하여 구매 의사 결정을 하는 경우, 구매 단가가 아닌 구매 의사 결정으로 발생되는 모든 비용을 더한 것을 의미한다.

📍 **TCO**(총 소유비용)
= 구매 단가 + 구매 대상품 수명 기간 중 발생되는 모든 관련 비용의 합

TCO를 적용하여 생산에 사용되는 설비 자재 구매 분석을 시도한 경우를 살펴보자.

📍 **TCO = 구매가 + 유지 비용 + 사용 비용 + 처분 비용**
- 구매가 : 구매 단가
- 유지 비용 = 파손 비용, 진부 비용, 보수 비용, 자본 비용, 보험, 부품 품절 비용, 부품 재고 유지 비용
- 사용 비용 = 생산 지연 비용, 유휴 가동 비용, 제품 교체 비용, 훈련 비용, 수리 비용, 변환 비용, 불량 처리 비용, 재작업 비용
- 처분 비용 = 처리 비용, 잔존 비용, 리사이클링 비용, 해체 비용, 폐기 비용

이러한 총 소유비용이 중요한 이유는 대부분 구매 의사 결정에서 단순한 초기 단가보다는 그 후 수명 기간 동안 발생하는 추가적인 비용이 오히려 더 많기 때문에 초기 단가로 구매 의사 결정을 할 경우, 바람직한 의사 결정이 되지 않는 상황이 많이 발생하기 때문이다. 그러므로 구매 의사 결정에서 총 소유비용을 계산하여 구매 의사 결정을 해야 합리적인 구매 의사 결정이 된다는 논리이다. 물론 구매가 단순한 조달 행위에 머물러 있을 경우에는 총 소유비용이 계산도 안 되고 보이지도 않으니까 관심도 없다. 그냥 그 당시 최저가 구매를 하면 구매를 잘한 것으로 인정받았다. 그런데 구매가 발전하고 수준이 올라가면 점차 가격에 관련된 많은 요소 및 항목이 보이기 시작하고 계산이 가능해진다. 그러면 점점 TCO를 적용하려는 노력을 하게 된다. 결국 TCO도 구매가 발전하면서 같이 진행되는 과정인 것처럼 보인다.

예를 들어 보자. 기업이 설비 자재를 구매하려고 한다. 설비 자재의 후보군은 A와 B 중 최종적으로 결정해야 한다. A는 구매 단가가 100,000,000원이고 B는 구매 단가가 150,000,000원이다. 그리고 내용연수도 5년으로 동일하다고 가정하자. 물론 구매 단가로 보면 A가 더 유리하다. 그런데 5년 동안 매년 유지 보수 및 관리 비용으로 A는 매년 30,000,000원이 발생하고 B는 매년 10,000,000원이 발생한다.

이자율이 연 10%라고 가정한다면 구매 단가와 매 연간 발생하는 비용을 현가(Net Present Value)로 고쳐서 비교해야 한다.

① **A의 총 소유비용**(TCO)

$$= 100,000,000 + \{30,000,000/1.1 + 30,000,000/1.12 + 30,000,000/1.1^3$$
$$+ 30,000,000/1.1^4 + 30,000,000/1.1^5\}$$
$$= 213,723,603,100원$$

② **B의 총 소유비용**(TCO)

$$= 150,000,000 + \{10,000,000/1.1 + 10,000,000/1.1^2 + 10,000,000/1.1^3$$
$$+ 10,000,000/1.1^4 + 10,000,000/1.1^5\}$$
$$= 187,907,867,700원$$

결국 구매 단가는 A가 더 낮았지만 총 소유비용을 계산해보면 B가 더 저렴한 것을 알 수 있다. 결국 단가보다는 사용 기간 동안에 지출되는 경비가 A가 더 많기 때문에 실제로 B를 선택하는 것이 기업에게는 더 이점이 있다는 결론이다.

이렇게 총 소유비용을 활용할 경우 어떠한 이점이 있는가. 가장 중요한 이점은 장기적인 구매 원가 관리가 가능하다는 점이다. 앞서 언급한 것처럼 구매하는 장비, 자재 또는 서비스가 그 수명이 다 할 때까지의 총 비용을 계산하여 구매 의사 결정을 내리면 기업의 장기적인 전략과 총 구매 원가를 절감할 수 있는 점이다. 또한 이러한 총 소유비용을 수행하면 업적 및 성과 평가가 발전될 수 있다. 공급자들을 평가하는 것도 장기적인 관점이 되고 품질, 비용 등의 여러 가지 내용이 전체 총 비용에 내재되기 때문이다. 그리고 전체 구조와 비용을 이해해야 하기 때문에 구매 의사 결정에 균형이 잡히고 여러 부서의 의견을 수렴하게 된다. 특히 공급자 선정 시에 개발 측면에서는 기술력을 강조하게 되고, 구매 측면에서는 원가 또는 가용 자재의 쉬움을 강조하게 되는데 이러한 갈등도 총 소유비용을 활용하면 갈등 해결이 가능하다. [기술 + 구매 + 개발 + 생산 + 품질] 부서가 계산한 총 비용을 기준으로 의사 결정을 한다면 어떠한 부서도 불만이 있을 수 없다. 왜냐하면 A라는 공급자가 모든 비용을 고려하여 가장 적합하다고 판정하였기 때문이다. 그러므로 이러한 총 소유비용은 사내에 다양한 부서 간에 좋은 커뮤니케이션의 도구가 될 수도 있다. 구매 부서와 타 부서 간에 또, 구매 부서와 공급자 사이에 서로가 총 비용을 계산하기 위한 정보를 교환함으로써 서로를 이해하고 의사소통을 하는 도구가 될 수도 있는 것이다. 그리고 총 소유비용은 '정보의 관리, 개선과 향상'이라는 좋은 습관을 기업이 만들 수 있다.

　일반적으로 총 소유비용을 계산하는 것은 쉽지 않다. 그리고 여러 부서가 연계되어야 한다. 그러므로 많은 시행착오를 거쳐야 하는데 이렇게 종합적인 원가를 계산하려고 여러 부서가 노력하다 보면 원가에 관련된 정보를 어떻게 수집하고 분석하고 유지해야 하는지 방법을 알려준다. 그리고 수집 분석된 원가 정보를 향후에 어떻게 활용해야 하는지, 그리고 매년 향상 및 발전을 시켜야 하는 의무와 관리 방안을 가능하게 해 준다. 결국 총 소유비용을 계산하려고 노력하다 보면 기업은 자연적으로 정보 관리 및 개선에 관하여 타 경쟁 회사에 대비하여 훨씬 더 뛰어난 역량을 보유하게 된다. 또한 총 소유비용은 미래의 비용과 현금 흐름 등을 분석해야 가능하기 때문에 기업에 적절한 분석의 도구를 제공해 줄 수 있다. 공급자와 이러한 총 소유비용을 함께 계산하고 분석하다 보면 원가 절감의 기회와 방법이 보이고 두 기업 간의 협력에 의하여 이러한 비용의 절감이 가능해 질 수 있다는 점이 새로운 원가 관리 방법으로서 총 소유비용이 사용되어야 한다는 근거가 될 수 있겠다. 이러한 총 소유비용을 계산하여 최적의 공급자를 평가하고 분석한다면 공급자도 단지 판매 가격을 낮추어 구매자의 환심을 사서 구매를 유도하는 전략을 사용할 수가 없을 것이다. 결국 공급자도 장기적인 원가 항목들을 고려해보아야 하는데 이렇게 공급자와 구매자가 단기적인 단가가 아닌 장기적인 관계를 고려하게 되면 자연히 거래 관계도 장기적으로 형성되어 간다. 결국 총 소유비용을 분석하여 의사 결정을 하게 되면 자연히 공급자와의 관계도 장기적인 방향으로 개선되어 갈 수 있는 것이다.

　글로벌 기업으로 이러한 TCO를 훌륭하게 수행하고 있는 B사의 구매팀장을 만날 기회가 있어 TCO에 관하여 토론한 적이 있는데, 그가 한 말은 참으로 의미가 있었다. "사실 지금도 TCO가 얼마인지에 대한 정확한 계산과 증명은 쉽지 않습니다. 하지만 TCO가 실행된 다음부터 구매 의사결정을 하려면 먼저 유관부서들이 서로 관련 정보를 교환하고 협력해야 합니다. 또한 단지 지금 상황만을 고려하는 것이 아니고 미래 상황을 고려해서 의사 결정을 해야 합니다. 그러므로 TCO

를 실행한 뒤에 B기업은 좀 더 미래 지향적인 관점과 운영을 하게 되었고 유관 부서들끼리 협력하여 의사 결정을 하게 되었습니다. 경영진은 이러한 기업 변화를 간절히 원하고 있었는데, 구매 부서의 TCO 활동을 통하여 어느 정도 구현이 되었다고 모두 인정하고 있습니다. 결국 TCO는 단순한 기법이 아니고 회사의 문화와 일하는 방법을 변화시킬 수 있는 혁신의 도구로 인식하는 것이 올바른 것 같습니다. 그리고 그러한 변화를 구매가 주도하였다는 것에 모두 자부심을 느끼고 있습니다.”

이렇게 유용한 총 소유비용이지만 적용을 하려고 하면 어려운 점이 있는 것도 사실이다. 첫째로 위에서 본 바와 같이 총 소유비용을 구하려면 구매 대상 품목 수명 기간 중 발생되는 모든 관련 비용의 합을 알아야 하는데, 구매 의사 결정 시 고려해야 할 원가 항목은 다양하고, 그러한 다양한 원가 항목들은 눈에 보이고, 관리가 가능한 항목들로부터 눈에 보이지 않고 숨어 있으면서 측정 및 계산이 쉽지 않은 원가 항목까지 다양하게 존재한다. 공급 품질에 문제가 발생하여 공급이 중단되고 그 결과로 구매 기업의 생산이 중단되어 제품을 인도하지 못해 고객과의 약속을 지키지 못하게 되는 경우, 공급자의 품질 문제가 발생시킨 비용은 얼마나 될까. 쉽지 않은 계산이다.

도표 6-4 총 소유비용 계산의 난이도 분석

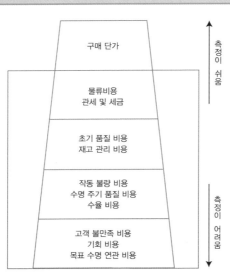

<도표 6-4>에서 보는 것처럼 총 소유비용은 매우 많은 항목으로 구성되었다. 그러나 표면에 있는 구매 단가는 측정하기 쉬우나 아래로 내려갈수록 측정과 계산이 쉽지 않다. 예를 들어 설비를 구매한 경우, 설비에 문제가 생겨 제대로 작동되지 못하는 경우 발생되는 손해 비용이라든지, 제품이 잘못 제조되어 발생하는 고객의 불만족 그리고 그로 인한 기회비용 등은 평가와 측정이 쉽지는 않다. 이렇게 총 소유비용 개념은 이해하고 있어도 실제로 활용하려고 하면 구체적인 평가와 계산이 어려워서 산업계에서 널리 활용되지 못하는 원인이 되기도 한다. 그래서 전체 총 소유비용 중 확연하게 알 수 있는 부분만을 일단 계산하여 그러한 비용들의 합으로써 비교하는 방식을 활용하는 기업들도 많다.

그렇다면 이렇게 중요한 총 소유비용의 적용을 어렵게 만드는 요인은 계산의 어려움만 있는 것일까. 또 하나의 문제점이 바로 기업의 문화적인 면이다. 예를 들어 구매 담당자가 A와 B 두 가지 대안 중에서 A가 당장 구매 단가는 비싸지만 다년간 발생하는 총 소유비용이 저렴하여 팀장에게 A를 구매하도록 건의하였다고 하자. 그러나 팀장은 올해의 성과로 평가받기 때문에 5년에 걸쳐 지속적으로 효과가 있는 총 소유비용보다는 지금 당장 저렴하여 비용을 적게 지출하고 그래서 올해 성과에 긍정적인 영향을 줄 수 있는 B를 선호하게 된다. 결국 실무자가 세부적인 항목을 계산하여 총 소유비용에 의한 의사 결정을 제안하여도, 상위의 의사 결정권자가 단기적인 구매 단가에 의한 의사 결정을 해 버리면 총 소유비용은 아무런 의미가 없어진다. 실제로 기업의 결정권자는 당장의 단기적인 업적에 관심이 많기 때문이다.

그렇다면 기업은 단지 올해가 아닌 연속적이고 영속적인 기업 경영을 영위하기 위해 어떻게 총 소유비용 활용을 장려 또는 관리하고자 할까. 글로벌 기업인 B사는 규모가 큰 설비 또는 서비스를 구매할 경우, 그 당시 의사 결정권자의 이름을 영구적으로 기입하여 둔다. 만약 그 후에 어떠한 문제가 발생하고 그 문제가 구매 그 당시 결정한 사람과 연관이 있으면 그 담당자가 회사 내 어떤 다른 부서에 있든지 과거의 부서로 와서 해결해야 하는 문화와 규칙을 만들었다. 즉 단기적으로 결정하고 다른 부서로 가면 그만이라는 생각과 처신을 없애고자 하는 것이다. 또한 총 소유비용 분석 팀을 만들어 규모가 큰 의사 결정은 반드시 총 소유비용 분석 팀의 검증과 인증을 받게 만들었다. 만약 현업 부서에서 총 소유비용으로 계산되지 않은 구매 의사 결정은 인증을 받을 수 없어 진행되지 못한다. 즉 총 소유비용 분석 팀이 구매 의사 결정의 감시와 감사 기능을 하게 만든 것이다.

그렇다면 총 소유비용을 적용하기 위해 기업은 어떻게 체계적인 프로세스를 구축하여야 할까.

도표 6-5 총 소유비용 구축 프로세스

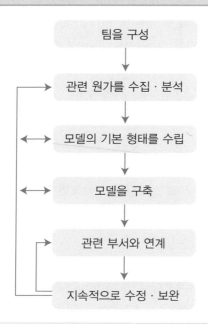

먼저 팀을 구성하는 경우 팀은 다기능팀(CFT, Cross Functional Team)이 되어야 한다. 구매, 기술, 사용자, 품질, 회계 그리고 마케팅까지 다양한 원가에 관련된 모든 부서가 참여해야 제대로 된 총 소유비용을 계산할 수 있다. 팀을 구성하면 그 다음에는 총 소유비용 관련 항목들을 수집하고 분석한다. 원가를 발생시키는 항목들을 인지하고, 핵심적인 원가 항목들을 수집하고, 원가에 관련된 항목들의 기록을 표준화된 양식에 기록하고 분석하는 작업이다.

이렇게 원가 관련 항목들이 수집되었으면 그 다음은 기본적인 총 소유비용 모델을 수립한다. 이 경우 완전한 모델은 아니지만 총 소유비용에 포함되어야 하는 원가 항목들을 구체적으로 서술하고 계량화하여 기본적인 총 소유비용 모델을 만드는 단계이다.

이렇게 기본적인 모델이 수립되면 이러한 기본 모델을 바탕으로 각 관련 부서의 의견과 자료를 활용하여 공식적인 모델을 구축한다. 이 경우 관련 부서의 검토와 분석이 매우 필요하다. 만약 관련 부서와 갈등 또는 이견이 발생할 경우 모델의 활용이 어려워지므로 반드시 이 단계에서 원가 관련 부서와 모델의 내용과 형식 그리고 구체적인 형태에 관하여 일치된 의견과 내용의 합의를 수립하여야 한다.

　원가 모델은 독립적으로 존재하지 않는다. 그러므로 원가 모델에 관련된 다양한 사내 또는 외부의 부서와 총 소유비용 시스템을 연계시켜야 한다. 총 소유비용 모델은 기본적으로 합리적인 구매 의사 결정을 위해 구축하는 것이다. 그러므로 공급자를 선정하고 평가하는 기존 시스템에도 총 소유비용 모델이 연계되어야 한다. 또한 공급자의 교육과 훈련에도 총 소유비용 시스템이 연계되어야 교육과 훈련의 효과를 총 소유비용 관점에서 분석할 수 있다. 공급자 육성과 개발 내용을 결정하는 경우에도 마찬가지이다. 공급자를 육성·개발할 경우 이러한 활동에 비용이 지출되는데 이러한 비용이 미래 어떠한 경쟁력으로 구매 회사에 되돌아 올 수 있는가를 총 소유비용 모델로 접근하지 않으면 합리적인 의사 결정이 될 수 없기 때문이다. 그러므로 현재 운영하고 있는 다양한 관리 시스템에 총 소유비용 시스템을 연계·접목시켜야 한다.

　총 소유비용 시스템은 여러 가지 항목과 복잡한 관계를 가지고 있는 매우 정교해야 하는 시스템이다. 따라서 환경이 변하고 원가 내용이 변하면 신속하게 수정 보완되어야 한다. 만약 사용 부서 또는 관련 부서가 총 소유비용 모델이 현재 시점에서 낙후된 모습을 보인다고 인지하면 활용도가 현격히 줄어들기 때문에 신속하고 정확한 수정 보완이 매우 필요하다.

9 ｜ 목표 원가 관리(Target Cost Management)

　① 원가 + 이익 = 가격
　② 가격 − 이익 = 원가
　①과 ②의 차이점은 무엇인가? 그 차이점은 누가 가격을 결정하는가에서 비롯된다고 할 수 있다. ①은 생산자가 가격을 결정하는 것이다. 즉 생산자의 원가에 적당한 이익을 더하여 소비자에게 가격으로 제시하는 것이다. 반면 ②는 시장(소

비자)이 가격을 결정하는 것이다. 일반적으로 독점적 상황이 아닌 이상 시장에서 경쟁이 치열하고 대부분의 경우 기업은 시장 또는 소비자가 인정하는 가격에 만들어서 팔아야 한다. 결국 ②의 경우가 더 많이 발생한다고 볼 수 있다. ②의 경우처럼 시장 가격에서 기업이 생존하기 위해 필요한 이익을 빼면 만들어야 하는 원가가 나온다. 이러한 원가를 목표 원가(target cost) 즉, 기업이 생산해야 하는 목표 원가라고 한다.

목표 원가 관리란 시장에서 팔릴 수 있는 목표 가격을 산정하여 이에 맞추어 모든 활동을 수행하는 것을 말한다. 이러한 목표 원가 관리는 '제품은 고객이 지불하려고 하는 가격에 만들어야 팔린다.'라는 관점에 기반을 두고 있다. 경쟁이 치열해지는 시장에서 생존하고 성장하기 위해서는 고객이 원하는 그리고 시장이 원하는 가격에 제품을 공급할 수 있어야 한다. 그러기 위해서 기업은 정해진 목표 원가를 만족시키는 제품을 개발하여 생산해야 한다. 결국 목표 원가란 원가를 중심으로 다양한 회사 내의 조직이 서로 연계하여 만들어내는 합의점인 것이다.

도표 6-6 목표 원가 산출을 위한 다기능 활동

이러한 목표 원가 관리가 기업의 전사적 역량으로 이해되고 있는데 그 이유는 목표 원가를 달성하기 위해서는 관련된 많은 부서들(외부 공급자도 포함)끼리 협력하여 함께 기업이 원하는 원가 구조를 만들고 수행해 가는 전사적 협력의 산출물로 인지되기 때문이다. 결국 원하는 생산 단가를 맞추기 위하여 구매, 개발, 기술, 생산, 품질 등이 협력하여 그러한 생산 단가를 맞추어야 한다. 이러한 목표 원가 관리에 구매 부서에서 어떻게 참여해야 하는지 단계별로 분석하면 다음과 같다.

도표 6-7 목표 원가 구축 프로세스 및 구매의 참여

(1) Step 1 : 자재 · 서비스의 특성 및 고객 요구 인지

이 단계에서는 관련 자료를 수집하고 시장 조사, 고객 조사, 내부적 분석을 통하여 고객의 요구를 인지하는 단계이다. 구매 부서의 역할은 가능성이 있는 공급자들을 조사하고 그들의 능력을 검토하며 공급자의 개발 과정 조기 참여의 가능성을 분석한다.

(2) Step 2 : 목표 판가 결정

시장 조사, 경쟁사 조사, 고객 요구 조사를 통하여 경쟁력이 있는 목표 판가(시장에서 팔릴 수 있는 가격)를 결정한다. 이러한 목표 판가란 원하는 시장 점유율을 보장하는 가격 구조로서 생산에 관련된 원가 구조 이해 및 생산 가능성 분석이 동반되어야 한다. 그러나 구매 부서 역할은 제한적일 수 밖에 없다.

(3) Step 3 : 목표 원가 결정

목표 판가에서 필요한 이익을 빼면 목표 원가가 나온다. 이익의 결정은 제품 수명 주기와 장·단기 시장, 경쟁 상황에 맞는 의사 결정을 통해 이루어져야 하는데, 역시 이 단계에서도 구매 부서 역할은 제한적일 수밖에 없다.

(4) Step 4 : 원가 배분 및 세분화 작업

목표 원가를 각 부분으로 나누는 단계이다. 합리적, 과학적 방법을 이용하여 상위 단계에서 체계적으로 하위 단계로 분할해간다. 제품 개발 자료, 공급자 자료, 엔지니어링 자료 등을 이용하여 분석한다. 구매 부서의 역할은 공급자들의 원가 자료를 제공하고, 공급자들과 협상을 시작하고, 그리고 인정된 공급자들을 분류하여 목표 원가 실현 계획을 수립하는 일이다.

(5) Step 5 : 목표 원가 활동

구매 부서가 공급자 및 다른 기능 부서와 함께 목표 원가에 맞는 제품을 개발, 생산하는 과정으로 구매 부서가 주도적 역할을 담당한다. 공급자가 목표 원가 달성을 할 수 있도록 지원하고 협력한다. 원가에 영향을 미치는 공급자의 생산 능력 및 수량, 학습 효과, 직접비, 간접비 관리 등에 관한 계획과 실행을 세우고 공급자 육성을 실행하며 디자인 변화, 자재 변화, 규격 변화에 따른 상관관계를 분석하고 실행한다.

(6) Step 6 : 수행 완료 및 피드백

목표 원가를 기본으로 제품·서비스 생산을 완료한 뒤 구매 부서가 중심이 되어 공급자들과 새로운 관계 정립, 공급자들과 향후 개선 방향을 논의한다. 향후 장기적 원가 절감이 가능한 영역을 택하여 원가 절감 프로젝트를 진행한다.

근본적으로 목표 원가의 개념은 기업이 개발하고자 하는 제품이 아닌, 고객이 원하는 제품을 만들고자 하는 의미이다. 아무리 기술이 우수하고 새로운 혁신이 가능한 제품이라 할 지라도 그러한 혁신을 고객이 원하지 않으면 아무 소용없다. 시작부터 고객 지향적으로 시작해야 한다는 의미이다. 미국 기업들이 개발 단계에서 설계 후 원가가 예상보다 과다하면 다시 설계를 변경하는 과정을 수 없이 반복하는 동안, 일본 기업들은 처음부터 목표 원가를 정해 놓고, 그 원가를 맞추어 내

기 위한 노력을 개발－설계－생산－구매－공급자가 모두 함께 공동으로 진행함
으로서 경쟁력을 확보하였다. 앞서 언급한 바와 같이 이러한 활동은 전적으로 다
양한 기능 부서가 함께 모여서 협력을 통하여 달성해야 하는 과제인 것이다.

10 │ 간접 경비 관리(Indirect Spend Management)

　기업에서 지출되는 모든 비용 중에서 구매가 관리하고 통제하는 비중은 얼마나
될까? 일반적으로 생산에 요구되는 자재 즉 직접 구매는 구매가 지출을 관리한다.
그렇다면 간접 구매(생산 활동에 직접 투입되지 않고 주로 회사 운영에 필요한 다양한 활
동에 지출되는 구매)는 기업에서 누가 지출을 관리하는가? 예를 들어 보자. 기업이
건물을 소유하고 있을 경우, 건물이 화재보험을 들어야 한다면 보험사(공급자)를
선정하고 계약을 하고 비용을 지불하는 조직은 어디인가. 회사가 구내식당을 아웃
소싱 주기로 하였다면 누가 외부 공급자를 판단하고 선정하고 계약할 것인가. 회
사가 특정 영역에서 컨설팅을 받기 위하여 컨설팅 회사를 선정하여 계약하고자
한다면 누가 이러한 계약을 하고 비용을 지불할 것인가. 회사가 업무 효율성을 향
상하기 위하여 새로운 컴퓨터 100대를 구매하기로 했다면 누가 이러한 업무를 수
행하고 비용을 지불할 것인가. 회사가 타 회사와 합병하게 되어 그 회사의 자산가
치를 평가 해야 할 경우 누가 회계 법인과 법무 법인을 선정하고 비용을 지불하는
가. 회사의 간접 구매 품목을 분류하면 다음과 같다

- **물류** – 해상·육상·항공 인테리어 설비 공사
- **IT** – 하드웨어, 소프트웨어 유지 보수 및 서비스
- **MRO** – 사무용품, 비품, 소모성 자재, 포장재 및 기타 잡자재
- **생산 설비** – 제조 공구, 유지보수, 소모성 부품
- **마케팅** – 판촉·인쇄물, 행사, 매체 제작, 광고대행
- **여행** – 항공, 호텔, 차량, 바이어 방문
- **용역/서비스** – 교육, 컨설팅, 프로젝트, 일반·전문 계약직

이러한 간접 구매의 특징은 프로세스가 직접 구매처럼 정형화되어 있는 것이 아니고 품목에 따라 다르고, 때에 따라 복잡하고 비정형화된 업무 형태를 지닌다. 대부분 모든 비용 지불(지출)은 각 관련 부서(총무, 기획, 재무, 인사, 영업, IT부 등)에서 스스로 알아서 실행하였다. 물론 그들도 모두 효율적으로 잘 구매한다고 생각되지만 그들과 구매 부서 중 누가 더 구매 업무와 지출 관리에 전문적이고 효율적인가. 최근 점점 이러한 간접 구매도 구매 부서에서 관리하고 통제하는 것이 기업의 효율성과 투명성을 높이는 일이라는 인식이 확산되고 있다.

특히 이러한 지출을 구매가 관리하게 되면 혹시 발생할 수 있는 구매 윤리 문제도 해결할 수 있다는 점이다. 대부분 구매에서 투명성(윤리) 문제는 구매 발주를 하는 사람이 공급자도 직접 선정하는 경우, 다시 말하여 모든 업무를 한 사람이 다 할 경우 발생할 가능성이 많다. 그렇게 한 사람이 결정하고 실행하다 보니, 업체에게 대가를 받고 특정 업체를 선정하거나, 허위 검수를 수행하거나 하는 일이 발생할 수 있다. 또는 특정 업체와 장기적인 유착 관계를 형성하게 되는 경우도 발생한다. 이럴 경우 만약 기업에서 업무 역할 분리와 상호 견제(SOD, Separation Of Duty)라는 관점에서, 발주 요청은 A가 하고, 공급자 선정은 B가 한다면 A, B가 서로 상호 분리 및 견제가 되어 윤리적 문제가 발생할 수 있는 가능성이 줄어든다. 이러한 관점에서 지출의 요구는 그 지출이 필요한 현업 부서에서 하고, 그러한 요구사항을 구매 부서가 접수하여 가장 최적의 공급자를 선정하면 지출도 효과적으로 관리되고 구매 투명성도 향상된다. 특정한 지출에 관하여 현업의 전문성이 요구되는 경우라면 공급자 선정 시 현업과 구매가 함께 팀을 구성하여 공급자를 선정하고 구매 계약을 수행하면 되는 것이다. 그래서 기업에서 이러한 간접 경비 지출을 관리하고 통제하는 부서를 만들어 구매 조직 내에 두기로 한 기업이 증가하고 있는 것이다.

A사는 일반 구매(GP, General Procurement)라는 조직의 명칭을 붙이고 구매 부서 내에 위치하면서, 회사의 간접 구매를 관리하는 조직을 만들었다. A사의 기본적인 회사의 정책은 '회사가 지출하는 모든 경비는 구매 부서가 관리하고 집행한다.'이다. 고로 직접 구매이든 간접 구매이든 모든 돈이 지출되는 항목은 구매 부서가 관리하고 통제하는 것으로 정한 것이다. GP 조직을 운영하면서 분산되어 있던 간접 경비가 통합되어 구매의 효율성도 증가하였고, 다양한 구매 방법을 활용하여 상당한 원가 절감도 실행하였고, 구매 프로세스의 투명성과 합리성이 향상되었다.

특히 공급자들의 적극적인 로비 활동에 연계되어 윤리적인 이슈에 걸리게 되는(어떤 부분은 본인도 인지하지 못하고) 유능한 직원들을 보호할 수 있게 되었다. 실제로 K는 외국에서 공학박사 학위를 받은 유능한 전문가로, 한 회사에서 제품 개발을 위하여 적극적으로 스카우트하여 직원으로 고용되었는데, 그 후 제품 개발에 필요한 설비를 선정하고 구매하는 과정을 책임지고 일하다가, 설비 공급자들의 적극적이고 교묘한 로비와 영업 활동에 연계되어, 윤리적 문제가 야기되어 직장을 떠나는 일이 발생하게 되었다. 만약 그러한 설비 구매 일을 맡지 않았다면 윤리적 문제가 발생하지 않았을 일이었다. 그 후 GP 조직이 탄생하여 더 이상 이러한 일이 발생하지 않게 노력하고 있다.

구매 협상

우리 주변을 보면 외국과 FTA 협상이라든지, 국회에서 법안을 통과시키기 위해 여당과 야당이 만나 협상한다든지, 또는 노사 관계 협상 등 사실 협상이 없는 곳이 없을 정도로 협상에 대한 내용과 구성은 다양하다. 사실 경영자가 직원들을 설득하여 회사가 원하는 방향으로 이끌고 가는 활동도 엄밀히 이야기하면 협상이라고 할 수 있다.

협상은 구매 부분에서 아주 중요한 비중을 차지하고 있다. 거의 모든 구매 계약이 협상을 동반한다고 할 수 있다. 특히 기계가 발전하여 인공지능 등이 인간을 대체하고 많은 구매 업무 부분에서 자동화, 전산화가 진행되어도 사람을 설득하고 화합하는 것은 기계가 대체할 수 없다. 그러므로 협상을 체계적이고 전략적으로 학습하여 공급자 또는 유관 부서와 구매 협상에 임하는 것은 구매 업무에서 매우 중요한 요소인 것이다.

협상력은 타고 나기도 하지만 배우고 학습하면 증대된다. 그러므로 협상을 공부하여야 한다. 특히 다양한 협상 중에서 우리의 관심 사항은 공급자와 구매자 간에 발생하는 구매 협상이다. 현재까지 많은 협상 관련 서적이 출간되었으나 대부분 협상 도서가 일반적인 협상에 관한 내용을 서술한 것이고, 아직 구매 협상을 대상으로 쓰여진 책은 거의 구하기 힘든 형편이다. 본서에서는 일반 협상의 이론뿐만 아닌 구매 협상의 내용에 관해 학습하고자 한다.

구매 협상

1 │ 협상의 이해

다음 상황을 생각해 보자.

인사동에 나가서 골동품을 하나 구매하기로 결정하였다. 그런데 어느 가게에 들어가서 본 특정 골동품이 매우 마음에 들었다. 동행한 부인에게 남자는 이야기 한다.

남자 "여보, 내가 저 골동품을 사고 싶은데."

부인 "정말 좋아 보여요. 그런데 가격이 600만 원이나 되니 너무 비싼데요."

남자 "그렇기는 하네. 그런데 걱정 마, 내가 300만 원으로 깎아볼게."

부인 "그게 가능할까요?"

남자 "나만 믿어봐."

잠시 후 남자는 골동품 가게 주인을 불러 흥정을 시작하였다.

남자 "이 골동품 마음에 듭니다."

주인 "잘 보셨습니다. 정말 좋은 물건이지요."

남자 "그런데 나는 충분한 돈이 없습니다. 지금 현금 300만 원을 드릴 테니, 결정 하세요. 협상하지 말고 지금 대답을 주세요. 당신이 판다면 저는 살 거고, 안 판다면 가게를 나갈 겁니다."

📍 **상황 1**

주인 "300만 원이라구요? 반값에요! 참 내…. 어이… 할 수 없지요. 정 원하신다면 드릴게요."

이렇게 되어 남자는 골동품을 300만 원의 가격으로 구매하게 되었다.

상황 2

주인 "선생님, 저하고 지금 장난하시는 겁니까? 600만 원 가치를 어떻게 300만 원
    에 드려요? 저희도 이것을 구매한 단가가 있는데, 300만 원에 달라는 얘기
    는 우리는 가게를 하지 말라는 소립니까? 그 가격에는 절대로 안 됩니다."
라고 하면서 밀고 당기고 밀고 당기다가 마지막 순간에 결국 주인이 좀 양보하여
남자는 골동품을 400만 원에 구매하게 되었다.

 상황1과 상황2 중 어느 쪽이 남자가 더 만족하고 행복할까. 상황1이 분명히 상
황2보다 더 싸게 구매하였다. 그러나 대부분 상황2를 더 만족해 할 것이다. 이상
하지 않은가. '싸다고 정말 좋은 것인가?' 400만 원에 골동품을 확보한 남자는 평
생 행복할 것이다. 하지만 300만 원에 산 경우는 무엇인가 속은 것 같기도 하고
하여튼 별로 기분이 좋지 않을 것이다. 무슨 차이가 있는가.

 처음의 경우는 협상이 없었다. 그냥 300만 원에 판 경우이다. 두 번째 경우는
협상을 한 경우이다. 즉 협상이란 원하는 물건을 상대방에게 원하는 가격에 팔면
서 상대방도 만족하게 만드는 것이다. 협상은 상대방이 "이것은 쉽게 얻을 수 없
는데, 내가 노력해서 만족하게 잘 되었어."라고 느끼게 만드는 것이다. 그래서 협
상이란 본인이 원하는 것을 얻으면서도 상대방도 만족스럽게 느끼게 만드는 과정
이다.

 또한 협상이란 나와 상대방이 다른 의견, 다른 생각을 가지고 있을 때 그러한
차이점을 설득, 이해, 타협 등을 통하여 해결하려고 하는 과정이다. 내가 어떤 제
안을 할 경우 상대방이 나의 제안에 No 라고 하는 시점에서 협상은 시작된다. 협
상을 통하여 상대방의 No를 Yes로 만드는 것이다. 이럴 경우 상대방이 충분히
Yes를 만족스럽게 하는 경우를 협상이라 하고, 어쩔 수 없이 할 수밖에 없어서 강
요에 의한 Yes를 하는 경우를 협박이라 한다. 저자는 강의 시에 구매 담당자들에
게 질문을 해보기도 한다. "구매 협상에서 실제로 공급자와 협상을 하십니까? 협
박을 하십니까?" 많은 사람들이 웃지만 실제로 협상은 협박보다 장기적인 관점에
서 볼 때 유리하다. 한 번으로 끝나는 구매 계약인 경우 협박이 유리할 수도 있겠
지만, 장기적인 관계에서 협상이 협박보다 상대방의 도움을 훨씬 더 효과적으로
받을 수 있다. 다음 그림을 보고 협상의 본질을 이해하자.

도표 7-1	그림의 이해	

위의 그림은 무엇으로 보이는가? 토끼로 보일 수도 있고 또는 오리 모양으로 보일 수도 있다. 어떤 것이 옳은가? 답은 '두 가지가 다 옳다.'이다. 결국 협상이란, 남은 나와 다르게 생각할 수 있고, 기본적으로 상대방은 나와 다를 수 있다는 관점에서 출발한다. 나와 다르다고 상대방이 틀렸다고 생각해서는 안 된다. 틀린 것이 아니라 단지 다른 것이다. 누가 옳고 그른 것이 아니라 단지 다른 것이라는 의미이다. 그러 므로 협상을 통하여 다른 부분을 조정하고 해결하려고 하는 노력이 기본이 된다.

그렇다면 구매 계약에서 늘 협상을 해야 하는가? 반드시 그렇지는 않다. 먼저 협상이 적합한 환경인지 살펴보고 적합한 환경인 경우에만 협상을 수행하도록 해 야 한다. 일반적으로 경쟁 입찰과 협상은 반대 개념이 아니다. 경쟁 입찰을 시행 한 후에 최종적으로 2~3개의 공급자가 선택되었다면 그러한 공급자와 다시 협상 을 할 수도 있기 때문이다. 그러나 만약 경쟁 입찰이 선호되는 상황과 협상이 선 호되는 상황을 분리하여 생각해본다면, 다음과 같이 협상이 경쟁 입찰보다 유리한 경우를 생각해볼 수 있다.

📍 계약에서 가격보다 더 중요한 것들이 많은 경우

- 가격보다 구매 조건, 사후 서비스 등 여러 가지 고려 사항이 많을 경우, 협상을 통하여 이러한 내용을 충분히 협의하여야 한다.

📍 규격이 고정된 것이 아니고 추후에 변화가 예상되는 경우

- 규격의 변화와 개선이 요구되는 경우, 협상을 통하여 충분히 협의하여야 한다.

📍 **상당히 복잡한 요구 사항을 구매할 경우**

    – 단지 가격, 품질 등 눈에 보이는 요소 뿐만 아니고 복잡한 사안들이 내재되어 있는 경우 이러한 사항들을 충분히 고려하여 협상을 해야 한다.

📍 **구매 단가보다 총 소유비용(TCO)이 중요한 경우**

    – 구매 총 소유비용을 계산하여 구매하는 경우 협상을 통하여 TCO 계산과 TCO 총 원가를 절감하기 위한 협력을 유도해야 한다.

📍 **구매 계약에 많은 불확실성이 존재할 경우**

    – 불확실성이 많다는 이유는 미래의 여러 가지 경우에 대한 다양한 대비책을 수립해야 하는데 이러한 경우, 협상을 통하여 공급자와 다양한 경우를 고려해야 한다.

📍 **원가 산정이 관점에 따라 달리 분석 가능한 경우**

    – 보는 관점에 따라 원가 산정이 변하는 경우에는 공급자와 여러 관점을 이해하고 그러한 관점에 따라 어떻게 원가를 산정할 지를 협상하여야 한다.

📍 **Special tooling이나 setup cost가 많은 원가를 차지하는 경우**

    – 예를 들어 구매 단가보다 설치, 보수, 유지비용이 더 많은 비용을 지출하는 경우 협상을 통해 이러한 비용에 대하여 관리해야 한다.

📍 **공급자와 장기적인 관계 구축을 원하는 경우**

    – 공급자와 한 번으로 계약이 끝나는 것이 아닌 지속적인 계약을 원하는 경우, 협상을 통하여 장기적인 관계를 역설하고 이러한 장기적인 관계를 이용한 효과를 협상을 통하여 만들어야 한다.

경쟁 입찰	구매 대상의 성격	협상
표준품, 상용품	구매 대상의 성격	사양품, 전용품
짧다	공급자 리드타임	길다
많고 동질적	공급자 수 및 성격	적고 이질적
변화 없음	규격의 변화 및 개선	변화 많고 개선 필요
쉬움	원가 산정의 용이성	어려움
가격	의사 결정 이슈	품질 비 가격 요소
단가	원가 유형	총원가(TCO)
공급자 참여 불필요	제품 개발 유형	공급자 참여 요구

도표 7-2 경쟁 입찰과 협상의 차이

우리들은 살아가면서 많은 갈등 상황을 맞이한다. 갈등이 없다면 협상도 필요 없다. 이렇게 갈등이 발생하는 경우 어떤 방식으로 대처할 것인가? 예를 들어 당신이 퇴근 후에 집에 가 보니 대학생인 아들이 머리를 노랗게 염색을 하고 왔다고 가정하고, 당신은 아들이 머리를 노랗게 염색한 것이 마음에 들지 않는다고 가정하자. 나와 상대방의 갈등을 해결하는 방법에는 크게 3가지가 있는데, ① 자기의 주장을 강요하는 경우와 ② 남의 주장을 따라가는 경우와 마지막으로 ③ 절충하는 방법이 있다. 각각의 특성을 살펴보기로 하자.

① 자기 주장을 관철함(Contending)

갈등이 생기는 경우, 자기의 주장을 강조하고 남의 주장을 무시하거나 철회시키게 압력을 가하는 경우이다. 위의 사례인 경우, 아들에게 이렇게 말하는 것이다. "아버지는 네가 머리를 노랗게 염색한 것이 마음에 들지 않는다. 노랗게 염색한 머리가 건전한 대학생처럼 보이지 않는다. 그러니 아무 말 말고 염색을 지우고 오너라. 만약 이러한 아버지의 생각에 동의하지 않으면 집을 나가거라!" 만약 아들이 아버지의 강압적인 명령에 따를 수밖에 없다면, 그는 염색을 지우고 그냥 자연적인 머리색으로 되돌아올 것이다. 염색에 관한 갈등은 일단 해결되었다. 이렇게 강요 또는 압력을 통하여 상대방이 어쩔 수 없이 동의하게 만드는 방식이다. 갈등이 겉으로 해결된 것처럼 보이지만 사실은 갈등이 내부적으로 숨어버린 경우가 많다.

② 상대방의 의견에 따라감(Yielding)

이 경우는 나의 주장이나 요구 사항은 양보하고 상대방의 주장이나 의견에 따라가는 것이다. 아버지는 위의 경우 이렇게 생각할 수도 있다. "생각해보니 나도 대학 시절에는 참 자유분방했지. 아들이 그냥 한번 머리를 염색해 본 것인데 내가 아이들을 이해해야지. 저 녀석도 나이가 들면 다 알아서 하겠지." 그리고 아들에게 이렇게 말한다. "노란 머리색 네가 좋다면 그렇게 해라. 아빠도 너의 나이 때 자유분방함을 이해한다." 이 경우 아들은 노란 머리 염색을 계속하고 일단 갈등은 해결되었다. 비록 내가 원하는 결과를 얻지는 못했지만 상대방을 이해함으로써 인정하고 갈등은 해결되었다.

③ 조정 및 절충(Compromise)

이 경우는 나와 상대방이 적당히 조절하고 절충하여 쌍방의 해결책을 찾아가는 경우이다. 위의 사례에서 본다면 아버지는 이렇게 말할 수 있다. "네가 원한다면 머리를 계속 노랗게 염색할 수도 있다. 그러나 아버지가 보기에는 별로 좋아 보이지 않지만, 네가 원한다면 허락하겠다. 하지만 너도 아버지의 요구사항을 인정해라. 그래도 계속하여 우수한 학점을 유지한다면 머리 염색은 허락하마." 즉 머리 염색과 우수한 학업 성과를 맞 교환하여 우수한 학업 성과를 보이면 머리 염색은 가능하다는 맞교환의 대안을 제시하는 것이다. 이럴 경우 아들이 그러자고 한다면 아들은 열심히 공부하여 우수한 학업성과를 내고 그 대신 머리를 자유롭게 염색할 수 있는 권한을 얻을 수 있는 것이다.

당신은 위의 세가지 경우 중에서 어느 경우로 갈등을 해결하는가? 예를 들어 주유소에 가서 직원에게 "3만 원어치만 기름을 넣어주세요!"라고 몇 번이나 이야기하였는데 직원이 깜빡하고 가득 채워서 5만 원어치 기름을 채웠다면 어떻게 할 것인가?

① 끝까지 우기면서 내가 3만 원어치만 넣으라고 했으니 3만 원밖에 줄 수 없다. 정 싫으면 2만 원어치 만큼 내 차에서 도로 빼어내 가라고 우긴다.

② 직원이 실수하기는 하였지만 어쨌든 가득 채웠으니 현금은 3만 원밖에 없지만 그냥 카드로 결제하고 직원이 실수할 수도 있다는 사실을 이해한다.

③ 5만 원을 카드로 결제하지만 직원의 실수이니만큼 그에 상응하는 적당하고 합리적인 사은품을 요구한다. 직원이 재량으로 줄 수 있는 고객 사은품과 함께 주유받으면서 해결한다.

이러한 성격과 유형을 이 장에서 언급하는 이유는 설득과 조정이 협상의 좋은 배경이 되기 때문이다. 협상을 하는 것이 옳지 않거나 귀찮다는 생각을 하는 경우도 있기 때문이다. 절대로 남은 옳지 않고 내가 분명하게 옳다고 강한 신념과 생각을 가지고 자기의 주장을 강요하는 경우나 또는 상대방과 싸우기 싫어서 혹은 귀찮아서 또는 상대방에게 겁을 먹어서 나의 주장을 포기하고 상대방이 원하는 대로 따라가는 경우 모두 협상에는 좋은 성격과 배경이 아니다. 협상을 통하여 갈등을 해결하고 보다 더 좋은 방안을 찾아서 나도 좋아지고 상대방도 좋아진다면 궁극적으로 모두에게 득이 되는 것이 협상이기 때문이다.

2 | 구매 협상력 분석

구매 협상을 할 경우 가장 중요한 요소는 구매자와 공급자가 이번 협상에서 누가 유리한 위치를 점하고 있는가 하는 점이다. 일반적으로 앞서 언급한 것처럼 협상이 아니고 종종 협박이 되는 경우가 많은 것은 구매 협상 시에 구매자가 늘 공급자보다 유리한 위치를 점하고 있다고 믿기 때문이다. 물론 대부분의 경우 구매자가 공급자보다 유리한 위치를 점하는 것은 사실이다. 그러나 반드시 늘 그렇지는 않다. 예를 들어 공급자가 독점적인 공급자인 경우 구매자의 협상력보다 공급자가 훨씬 더 강력하고 유리한 위치에 있는 것이다. 이곳에서는 공급자와 구매자의 협상력의 차이와 유불리를 분석하고자 한다.

(1) 힘

힘이란 공급자와 구매자 사이에 누가 더 많은 힘을 가지고 있는가 하는 점이다. 힘이 생성되는 원천과 형성 과정을 이해하는 것은 협상 과정에서 매우 중요하다.

① 공급자 시장 상황 분석(Supply Market Analysis)

도표 7-3 공급자 시장 상황 분석

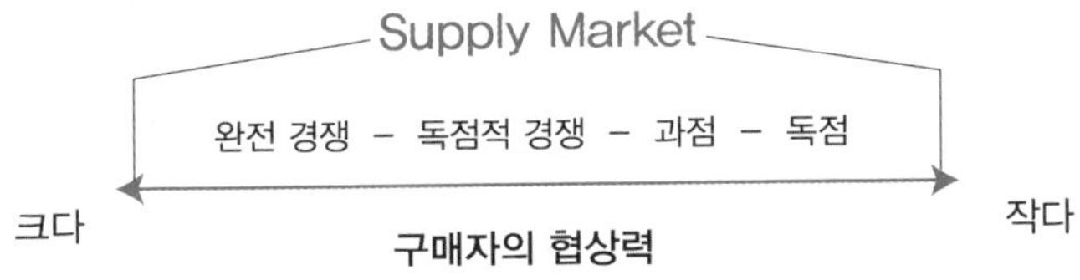

Supply Market

완전 경쟁 – 독점적 경쟁 – 과점 – 독점

크다 　　　**구매자의 협상력**　　　 작다

<도표 7-3>에서 보는 것처럼 공급자 시장이 독점적일수록 구매자의 협상력은 작고 공급자 시장이 완전 경쟁에 가까워질수록 구매자의 협상력은 커진다. 예를 들어 자재를 공급하는 공급자가 A라는 독점적 공급자라면 A이외의 대안이 없다는 것이다. 이럴 경우 A가 원하는 대로 구매자는 따라갈 수밖에 없다. 그렇지 않으면 A가 공급을 하지 않겠다고 할 것이고 대안이 없기 때문에 구매자는 A의 요구를 들어줄 수밖에 없는 것이다. 상대적으로 공급자 시장에 동일한 성격의 다수의 공급자가 존재하면 구매자의 협상력은 커진다. 구매자가 마음대로 선택할 수 있기 때문이다.

그러므로 가능하면 공급자 시장에서 다수의 공급자가 존재하는 경우를 만드는 것이 구매자에게는 협상력이 커진다. 그러나 그렇게 원하고 진행하여도 때에 따라서 어쩔 수 없이 공급자가 독점적인 환경이 되는 경우도 발생한다. 이럴 경우 과연 협상이 가능할까? 결론적으로 독점적 공급자와 협상은 매우 어렵다. 그러나 완전히 불가능한 것은 아니다. 독점적인 공급자와의 협상을 공격적인 방법과 우호적인 방법으로 구분하여 분석해보기로 하자.

다음과 같은 사례를 가지고 분석해보기로 하자.

K사는 한국의 유명한 제과 업체이다. 수년 동안 지속적으로 인기가 좋은 과자 S가 많이 팔려서 K사를 즐겁게 해주고 있다. 과자 S의 중요한 원료인 특수한 향신료는 공급자 A가 독점적으로 개발하여 K사에 공급하고 있는데, A사가 독점적인 공급사이다. 그런데 얼마 전에 A사로부터 향신료 가격의 인상을 일방적으로 통보받았는데 이번 인상분은 너무 많다고 K사는 생각하고 있다. K사의 구매 부장은 A사를 만나서 협상을 통하여 향신료 가격 인상분을 없애고 과거와 같은 가격으로 지속적으로 공급받아야만 하는 상황이 발생하였다.

📍 공격적인 방법

(a) A사와 사업 중단을 통보하고 과자 S의 생산을 중단한다

만약 향신료 가격을 과거와 같이 유지하지 않는다면, K사는 인상된 원자재 가격으로 더 이상 시장에서 과자 S의 성공을 기대하기 어려워진다. 이럴 경우 차라리 S의 사업을 철수하는 편이 좋다고 생각하고 강하게 A사에게 이렇게 요구할 수 있다. "향신료 가격 인상은 받아들이기가 어렵습니다. 만약 향신료 가격이 인상된다면 우리는 그러한 환경에서 사업을 더 이상 할 수 없습니다. 그러므로 가격을 과거와 같이 유지해주지 않으면 우리는 사업을 철수하고 더 이상 당신과 거래를 할 수 없습니다." 이럴 경우 A사가 그러한 매출 손실을 원하지 않는다면 향신료 가격을 원래대로 유지하려고 할 것이다.

(b) A사의 대체 거래선을 적극적으로 찾아본다

다른 공급자 B는 향신료 개발에 별로 관심이 없었으나, K사의 적극적인 노력으로 B도 향신료에 관심을 가지게 되고 B에게 이런 방식으로 설득할 수 있다. "만약 당신이 이 특정 향신료를 개발한다면 우리가 전량 구매해드릴 수 있습니다. 물론 적정 이윤도 보장해드릴 수 있습니다." 이렇게 하여 B가 향신료를 개발하도록 만들고 이 사실을 A가 알게 만들어서 만약 A가 무리한 요구를 계속할 경우 모든 거래가 B로 갈 수도 있다는 사실을 상기하게 해준다.

(c) A사를 합병한다

공급자인 A사를 합병하여 더 이상 A사가 무리한 요구를 하지 못하도록 만든다.

(d) A사의 부당한 요구를 세상에 알리고 비난을 받도록 한다

만약 A사가 무리한 요구를 하였고, 이러한 사실을 사람들이 인지하게 만들어서 사회적으로 많은 비난을 받게 하여 A사에 압력이 가해지게 만든다. 기업의 사회적 책임이 강조되는 요즈음에, 기업이 독점적인 지위를 이용하여 다른 기업에게 무리한 요구를 행하는 것에 대한 사회적 규탄과 압력을 가할 수 있는 분위기를 조성하는 것이다. A도 이러한 상황을 견딜 수 없다면 K사의 요구 사안을 따라 갈 것이다.

우호적인 방법

(a) A사와 지금까지의 공생을 역설한다

A사가 향신료를 개발하고 K사가 최종 생산물을 만들어 성공적으로 시장에서 판매함으로써 A사와 K사는 그 동안 좋은 관계를 유지해왔다. 그런데 이렇게 A사의 갑작스럽고 무리한 요구가 두 회사 간의 협력 관계를 파괴하고, 결국 A사에게도 도움이 되지 못한다는 사실을 A사의 담당자에게 설득한다. K사가 다음과 같이 논리를 가져가면 어떨까. "당신의 도움으로 우리 K사도 계속적인 성장을 해와서 고맙게 생각합니다. 그리고 우리 과자의 매출이 늘어서 결국 당신 회사의 향신료도 더 많이 필요하게 되고 그래서 당신들도 우리 회사와 함께 성장하였다고 생각합니다. 그러나 당신들이 무리하게 향신료 가격을 인상하면 우리 회사 원자재 가격이 인상되고 결국 과자 가격이 인상되면 과거만큼 과자 S가 팔리지 않을 것이고 그러면 필요한 원자재 수량도 줄어들기 때문에 당신들에게 요구하는 향신료 물량도 줄어듭니다. 향신료 단가는 올라갔지만 물량이 줄어들어서 결국 당신 회사의 전체 매출과 이익도 손해가 됩니다. 결국 향신료 가격 인상은 우리 회사에게도 짐이 되지만 당신들도 손해가 나는 정책입니다. 과거와 같은 가격이 유지되면 더 많은 매출과 이익이 날 수 있습니다. 다른 시장을 개척하여 시장을 확대하여 당신들에게도 더 큰 이익이 돌아가도록 하겠습니다."

(b) 구매 이외의 다른 분야에서 A사에게 도움이 되는 방법을 찾아서 도와준다

A사는 K사와 거래를 하고 있는데, 만약 K사가 A사에게 구매 이외의 부분에서 도움을 준다면 A사는 고마워할 것이고 우호적인 관계를 지속할 수 있다. K사는 품질 분야의 6시그마 운동을 오래 전부터 시행해왔고, 이제는 안정적인 기반을

갖추었다고 가정해보자. A사는 6시그마를 아직은 시행하고 있지 않지만, 곧 시행하려고 하는 상황에서 K사가 그들의 전문 인력을 A사에 보내 그들의 6시그마 구축을 도와준다면, A사는 K사에게 호감을 느끼게 될 것이고 좋은 관계를 유지하려고 할 것이다. 이렇게 구매 분야 이외의 분야에서 A사가 부족한 부분을 도와줄 경우 A사는 결코 무리한 요구를 하지 않을 것이다.

위에서 우리는 공격적인 방법과 우호적인 방법을 살펴보았다. 그러나 결론은 역시 독점적 공급자는 협상이 어렵다는 사실이다. 그러므로 가능한 한 독점적 공급자를 만들지 않는 것이 좋다. 제품을 개발할 경우도 가능하면 1명의 공급자와 개발을 하기 보다는 당장은 힘들고 비용이 많이 발생한다고 생각되어도 2~3곳의 복수 공급자와 함께 개발을 하면 추후에 원하는 협상력을 보유할 수 있다.

② **수요-공급의 상황 분석**(Demand & Supply Analysis)

도표 7-4   공급자 시장에서 수요-공급 상황 분석

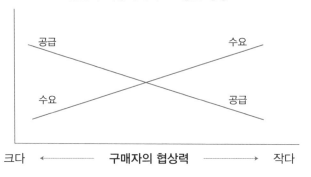

구매 협상력의 둘째 상황은 수요와 공급의 분석이다. 만약 공급자 시장에서 공급되는 물량은 많고 수요가 적다면 즉, 구매자가 마음대로 공급자를 선택할 수 있다면 구매자의 협상력은 클 수 있다. 하지만 반대의 경우처럼, 사려고 하는 구매자는 많고 공급하는 물량과 공급자 수는 적다면 공급자가 자기가 원하는 구매자에게 팔 것이고 구매자의 협상력은 적어진다. 이것은 당연한 경제적 논리이다. 수요-공급의 법칙에 따라 협상력이 결정되는 것이다. 그런데 공급자 시장은 수시로 변한다. 작년에 공급 과잉이 발생하여 구매자가 매우 유리한 위치에서 협상을 진행하였던 품목이 올해는 반대로 수요가 폭발하여 품귀 현상이 발생할 정도가 되면 구매자는 공급자가 시키는 대로 따라 하면서 자재를 받아와야 하는 실정이 되어버린다. 그러므로 구매 관리자는 향후 시장에서 수급 상황이 어떻게 변할지 늘 분석하고 예측해야 유리한 협상을 진행할 수 있다.

③ **교환 비용 분석**(Switching Cost Analysis)

도표 7-5	교환 비용과 구매 협상력 관계	

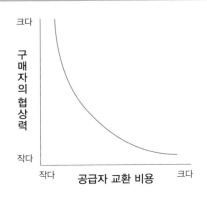

교환 비용(Switching Cost)이란 기존 공급자를 다른 공급자로 대체 교환하는 데 드는 비용이다. 이러한 비용이 많이 들수록 — 공급자를 바꾸기가 어려울수록 — 구매자의 협상력은 적어진다. 상대적으로 공급자를 교환하는 비용이 적을수록 교환이 쉽고 구매자의 협상력은 커지는 것이다. 앞서 언급한 독점 공급자의 경우 공급자를 교환할 수 없다. 독점이기 때문이다. 그러므로 이런 경우는 교환 비용이 무한대이고 구매자의 협상력은 매우 적을 수밖에 없는 것이다. 다음과 같은 사례를 가지고 좀 더 분석해보기로 하자.

H사는 사내 전산 시스템 운영을 외부 회사에게 아웃소싱 주기로 결정하였다. 면밀하게 검토한 결과 W사가 가장 적합하다고 결정하고, W사에게 모든 전산 운영 시스템을 맡기기로 하였다. 현재는 구매자인 H사가 공급자인 W사보다 협상력이 훨씬 우위에 있다. 왜냐하면 W사가 제대로 일을 못할 경우 대체 가능한 Y사, Z사 등 교환 비용이 별로 비싸지 않기 때문이다. 그러나 W사가 이러한 업무를 맡

고 나서 수년 동안 H사의 모든 직원을 W사의 전산 시스템으로 교육시키고 학습시키고 모든 업무를 W사가 개발한 시스템으로 운영하게 하였다고 가정하자. 이럴 경우 계약 초기보다 W사의 협상력은 점점 커진다. 왜냐하면 비록 W사가 H사가 원하는 내용을 정확하게 만족시켜주지 못하여도 W사를 다른 회사로 교환하기에는 이미 비용이 너무 커져 버린 것이다. H사 대부분의 직원들이 W사의 전산 시스템으로 교육받고 일을 하기 때문에, 이것을 다른 Y사로 교환하면 다시 처음부터 Y사가 개발한 전산 시스템으로 교육받고 업무를 수행하여야 하는데 이것은 천문학적인 시간과 노력이 들어가는 일이어서 감히 엄두가 나지 않는 것이다. W사가 H사의 직원들을 W사의 프로그램으로 익숙하게 만들면 만들수록 W사의 H사에 대한 협상력은 커진다. 이러한 협상력의 변화를 교환 비용에 의한 협상력 분석이라고 한다.

특정한 한 공급자를 참여시켜서 새로운 신제품을 개발하는 경우, 특정한 공급자가 개발 기간이 상당히 경과하여 이제는 구매 회사가 자기를 대체하여 다른 공급자를 찾아서 사용하기에는 너무 늦었고 교환 비용도 매우 많다고 생각되면, 공급자가 자기 주장을 강하게 요구할 수 있게 되는데 이것도 교환 비용 이론으로 설명할 수 있다. 결국 교환 비용이 너무 커지지 않게 처음부터 한 공급자가 아닌 복수 공급자를 개발에 참여시켜 관리 조정해야 하는데 이러한 복수 공급자 관리 또한 쉬운 일은 아니다.

(2) 정보

정보란 협상을 진행하기 위해 필요한 정보를 누가 더 많이 확보하고 있는가 하는 점이다. 구매자가 공급자의 정보를 많이 가지고 있으면 가지고 있을수록 공급자에 대한 협상력은 커진다. 즉 상대방이 무엇을 원하고 무엇이 부족하고 무엇이 약점인지를 안다는 것은 협상에 있어서 매우 유리한 위치를 점하고 있는 것이다. 그렇다면 성공적인 구매 협상을 위하여 어떠한 정보를 수집해야 하는가. 예를 들자면 아래와 같은 정보를 확보할 수 있다면 매우 유리할 것이다.

- 원가 및 가격 정보
- 공급자의 재무적 상황 정보
- 공급자의 기업 상황 및 이번 협상의 노력도 및 중요도 정보
- 협상 결렬 시 공급자 대안 유무에 관한 정보

- 시장 정보
- 공급자의 강점 및 약점에 관한 정보
- 공급자 측 협상인의 개인 신상에 관한 정보

이러한 정보를 수집하는 방법에는 사전 정보 수집과 대면 정보 수집이 있는데 사전 정보 수집이란 협상을 하기 전에 사전적으로 상대방에 대한 여러 가지 정보를 다양한 경로를 통하여 수집 분석하는 것이고, 대면 정보 수집이란 상대방과 대면 협상 시 질문들에 의하여 상대방의 정보를 수집하는 것이다. 성공적인 협상을 위해 협상에 필요한 정보를 체계적으로 잘 수집 분석해야 한다.

(3) 시간

시간이란 여러 가지 의미를 지닌다. 먼저 협상을 준비하는 시간이 어느 쪽이 더 많은가 하는 점이다. 당연히 많은 시간을 가지고 있는 쪽이 유리하다. 협상을 체계적으로 준비하는 것은 협상 성공의 가장 큰 요소이다. 그러므로 다른 업무에 바빠서 협상을 준비할 시간이 없다는 것은 말이 되지 않는다. 반드시 협상을 준비할 시간을 만들어 준비를 하고 협상에 임해야 할 것이다. 왜냐하면 준비되지 않은 협상은 실패할 가능성이 높고, 오히려 때에 따라서는 실패보다 나쁠 수 있기 때문이다. 실패를 하면 실패에서 배우지만 준비를 하지 않으면 무엇을 실패한지 모르고 그 다음에 같은 실수를 다시 할 가능성이 높기 때문이다.

다음은 협상 마감 시간이다. 마감 시간이 촉박할수록 협상에서는 불리하다. 그러므로 상대방의 마감 시간을 알아내고 마감 시간을 이용하는 것이 협상의 전략이다. 상대방의 마감 시간을 알아낼 수 있다면 매우 유리할 것이다. 마감 시간이 급한 사람이 당연히 선택의 폭이 좁게 되기 마련이다. 외국에 협상을 하러 간 한국 기업의 K 부장의 이야기를 들어보자.

"외국에 협상을 하러 갔는데 친절하게 상대방 회사에서 공항까지 나와서 차로 호텔로 안내를 해주어 매우 고마웠습니다. 호텔로 가는 도중, 상대방이 '가실 때도 모셔다 드릴 테니 언제 본국으로 가시냐.'고 물어서 아무 생각 없이 비행기 일정을 알려주었습니다. 그러나 그것이 화근이 되었어요. 상대방은 가기 전날까지 계속 협상을 지연하다가 내가 가야 할 시간에 임박하여 협상 타결의 압력을 가해왔습니다. 이미 귀국 일정이 정해져 있어서 어쩔 수 없이 많은 것을 양보할 수밖에 없던 협상이 되고 말았습니다. 많이 배우고 왔지요."

협상에서 시간의 또 다른 의미는 상대방에게 빠른 의사 결정을 위한 시간 압박을 가하는 경우이다. 상대방이 시간을 지연할 수 없게 압박을 가하는 것이다. 예를 들자면 "김 사장님, 이번 협상은 이번 달까지 완결하셔야 합니다. 다음 달에 새로 구매 담당 임원이 오시는데 기존 협상 방향을 대폭 수정하실지도 모르겠습니다."라든지 또는 "이번 주까지 협상이 되지 않으면 저희 회사 경영진들이 중국에 가서 새로운 공급처를 소싱해 보라고 하는데, 박 사장님 이번 주까지 협상이 반드시 타결되어야 거래가 가능해질 것 같습니다." 등으로 상대방에게 협상이 타결되지 않고 시간을 지체하면 당신과의 협상이 어려워 질 수 있다는 압박을 가하는 것이다. 상대방에게 빠른 의사 결정을 요구하는 경우인 것이다. 가끔 물건을 사러 가서 협상을 하려고 하면 주인이 시간을 끌지 말고 빨리 사는 것이 좋겠다고 이야기하면서, 왜냐하면 다른 사람도 관심이 있어서 지금 당신이 안 사가면 다른 사람에게 팔겠다고 하는 것도 시간적 압박을 가하는 것이다.

3 │ 협상의 준비

성공적인 구매 협상을 위한 가장 중요한 요소가 협상을 위한 준비인 것이다. 실제로 저자는 전체 협상을 100으로 볼 때 준비에 80으로, 대면 협상에 20정도로 비중을 두고 있다. 즉 준비가 없다면 전체 중 80 %가 부족하다는 이야기이다. 아무리 강조해도 철저한 준비는 지나치지 않다. 체계적이고 과학적인 준비야말로 협상을 성공으로 이끄는 가장 중요한 요소인 것이다. 그렇다면 무엇을 준비할 것인가?

(1) 협상의 목표 수립

첫 번째로 준비해야 할 사항은 협상의 목표를 수립하는 것이다. 목표란 이번 협상에서 우리가 가장 중점적으로 노력해야 하는 것이 무엇인지를 명확하게 인식하게 해 준다. 더군다나 목표란 막연하게 우리가 원하는 것이 아니다. 목표란 협상에서 우리가 얻으려고 하는 구체적이고 계량 가능한 달성치를 말한다. 효율적인 목표는 구체적이고 계량화되어야 한다. 그래야 목표 달성 여부를 정확하게 평가

할 수 있기 때문이다. 그러므로 단순하게 '최선을 다하여 협상에 임할 것'이라는
등의 목표는 의미가 없다. 일반적으로 구매 협상에서 요구되는 목표는 원가 절감,
납기 확보, 품질 수준 확인, 공급자 관리 능력 강화, 공급자와 신뢰 관계 구축, 등
여러 가지가 있고 이러한 목표 중에는 반드시 우선 순위가 있다. 목표 중에서 어
떤 목표가 우리에게 가장 중요한 목표인지 그리고 상대방은 어떤 목표를 가장 중
요하게 생각할 지 분석하여야 한다.

(2) 전략 수립

목표가 수립되면 다음으로 구매 협상 전략을 수립해야 한다. 전략은 기본적으
로 협상에 임하는 기본적인 자세와 관점을 이야기하는 것이다. 협상을 단기적인
관점으로 볼 것인가 장기적인 관점으로 볼 것인가가 중요한 전략적 고려 사항이
된다. 단기적인 관점이라면 상대방을 강하게 압박하고 많은 양보를 이끌어내며 가
능한 힘을 모두 사용하는 방법이다. 한편 장기적인 관점이라면 상대방에게 필요한
부분은 양보를 하고 상대방을 이해하려고 노력하며 비록 이번 협상에서 상대방이
좀 더 많은 부분을 확보한다고 하더라도 다음번을 위해 좋은 인상과 관계를 만드
는 방법이다. 결국 기업의 전략이 수립되면 그러한 전략에 따라서 협상의 방법이
결정된다.

(3) 사실의 수집과 분석

사실(Fact)은 상대방이 부정할 수 없다. 그러므로 협상에 유리한 많은 사실을 준
비하여 협상에 임하는 경우 큰 영향력을 발휘할 수 있다. 상대방이 부정할 수 없
는 객관적 사실은 우리의 논지를 주장하고 상대방을 설득시키기 매우 좋은 자료
인 것이다. 예를 들어 가격 협상을 하는 경우, 그 동안 공급 과잉으로 가격이 지속
적으로 떨어졌고 향후 공급 과잉이 계속될 상황이라면 이러한 사실을 이용하여
강력한 가격 할인을 유도해낼 수 있다. 상대방의 원가를 정확하게 분석하여 원가
구조에 대한 정확하고 객관적인 데이터를 가지고 있다면 이것 또한 사실이 되는
것이다. 이러한 사실에 입각한 협상을 FBN(Fact-Based Negotiation)이라고 한다.
한 마디로 협상이란 상대방과 내가 서로 인정할 수 있는 객관적 기준을 찾고 만들
어가는 과정이라고 볼 수 있다. 누구나 인정할 수 있는 자료 또는 권위 있는 기관
의 보고서 등이 합리적 근거이고 객관적 기준이 된다. 이러한 객관적 기준이 사실

이다. 그러므로 협상에 임하기 전에 상대방이 인정할 수 있는 사실들을 분석하고 수집하는 활동에 힘을 기울여야 한다.

(4) 협상 대상 품목에 대한 이해

당연히 협상 대상이 되는 품목에 대한 여러 가지 내용을 이해해야 한다. 예를 들어 반도체를 구매한다고 하면 반도체의 종류, 기술적 특성, 수급 상황, 새로운 기술 개발, 공급자들의 역학 관계, 시장 가격 변동 추세 등 품목에 대한 정확한 내용을 많이 알면 알수록 협상에서는 유리한 위치를 확보할 수 있다. 이러한 품목의 정보는 개인이 수집하기에는 무리일 수도 있기에 조직에서 품목의 특성과 내용에 관해 지속적인 정보의 축적이 필요하다. 축적된 정보를 다음에 필요한 사람이 이용하게 만드는 것도 기업의 협상 역량이라고 볼 수 있다.

(5) 협상이 결렬될 경우를 대비한 차선책(BATNA)

상대방과 협상을 진행할 경우, 우리가 유리한 쪽으로 협상이 진행되면 좋겠지만, 최악의 경우 협상이 결렬될 수도 있다. 이럴 경우, 결렬되는 것에 대한 대비책을 만들어놓지 않는다면 아주 어렵게 되고 당혹스러운 상황이 발생할 수도 있다. 예를 들어 생산에 중요한 자재를 구매하러 협상에 나갔는데 상대방이 터무니 없는 가격을 제시하여 도저히 수긍할 수 없어서 협상이 결렬되는 경우를 생각해 보자. 협상이 결렬되면 당장 자재를 확보하지 못하게 되는 것이고, 이러면 우리 생산 라인에 차질이 발생하게 된다. 이러한 생산 차질이 허용될 수 없다면 어쩔 수 없이 공급자와 불리한 조건이라도 협상을 해야 한다. 만약 이러한 경우 차선책을 미리 준비하고 협상에 임했다면, 협상이 너무나 불리하거나 도저히 합리적이지 않은 경우, 협상을 결렬시켜도 차선책이 있어서 우리에게는 방법이 있는 것이다. 그러므로 차선책을 준비하여 협상에 임한다는 것은 그만큼 협상력을 증가시키고 협상에서의 유연성을 확보할 수 있다. 이러한 차선책을 BATNA(Best Alternatives To Negotiated Agreement)라고 한다. 이 개념은 소개된 지가 오래 지났지만 아직도 가장 강력한 협상 준비 요소 중 하나이다. 다른 사례를 한번 들어보자. 현재 미국 공급자가 거의 독점적인 상태에서 특정 부품을 공급하는데 모든 조건을 자기들 마음대로 움직인다고 가정하자. 아무리 노력을 기울여도 협상을 우리가 원하는 방향으로 가져갈 수가 없다. 이유는 BATNA가 없기 때문이다. 그런데 일본의 한 업체가 미국의 공급자와 성능과 품질이 동일한 또는 더 좋은 부품을 개발했다고 하자. 이럴 경우 우리는 미국의 공급자가 터무니없는 조건을 제시한다면 그들과 관계를 청산하고 일본 공급자와 새로운 거래를 시작할 수 있다. 즉 BATNA가 생긴 것이다. 이럴 경우 미국의 공급자도 그들의 힘이 급속히 약화될 수 있다. 만약 일본 공급자가 그들보다 유리한 조건으로 제시한다면 구매자들이 일본 공급자와 거래할 수 있는 경우가 발생하기 때문이다. 그러므로 구매 협상에 있어서 가능한 한 BATNA를 찾고, 없다면 만들 노력도 해야 하는 것이다. BATNA를 가지고 협상하는 경우와 BATNA 없이 협상하는 경우는 아마도 하늘과 땅 차이만큼 큰 차이가 날 것이다.

4 ┃ 성공적인 구매 협상 방법

협상의 궁극적인 목적은 상대방을 설득하여 우리가 원하는 방향으로 이끌어 가면서도 상대방도 만족하게 만드는 일이다. 물론 이러한 일은 어렵다. 첫째로 상대방이 쉽게 설득 당하려 하지 않고 또 설득을 해도 상대방이 쉽게 만족하지 못하기 때문이다. 그렇다면 상대방을 어떻게 설득해야 우리가 원하는 목적을 얻으면서도 상대방도 만족감을 느끼게 만들 수 있을까? 이 장에서는 그러한 성공적인 구매 협상을 위한 가장 중요한 요소들을 설명하기로 한다.

(1) 저항점 움직이기

협상에서 일반적으로 상대방은 절대로 양보하지 않으려고 하는 점이 있다. 이러한 점을 저항점이라고 부르기로 하자. 예를 들자면 공급자가 마음 속으로 절대로 가격을 5만원 이하로는 내릴 수 없다고 생각하고 있든지, 또는 집을 파는 경우 집의 가격을 절대로 7억 이하로 내려서 팔 생각이 없다는 등 자기 스스로 정해 놓은 마지노선 같은 점을 말한다. 그러나 우리는 상대방의 그러한 저항점을 움직여야 한다. 저항점을 움직여야 우리가 원하는 방향으로 끌고 갈 수가 있기 때문이다. 그렇다면 상대방이 스스로 정해놓은 저항점을 어떻게 움직일 것인가?

① 상대방의 저항점을 인지한다

먼저 상대방이 협상에서 절대로 양보하지 않으려고 하는 마지노선이 어디인가를 분석해야 한다. 예를 들어 보자. 집을 살 경우 상대방이 절대로 7억 원에서 한 발짝도 양보하지 않으려고 한다는 사실을 인지하게 되었다면 상대방의 저항점은 7억 원인 것이다.

② 상대방의 저항점의 원인과 이유를 분석한다

위의 사례에서 상대방의 저항점이 7억 원인 것을 인지하였다면 둘째로는 왜 상대방이 7억 원에서 한 발짝도 양보하지 않을까 하는 사안을 분석해야 한다. 알아보니 그 동네의 공인중계사가 7억 원은 반드시 받을 수 있다고 하였다든지, 동네 주민회에서 7억 원 이하로는 팔지 말자고 협의하였다든지, 본인이 반드시 7억 원을 원하고 있다든지 등 어떤 이유가 있을 것이다. 이러한 이유를 분석해서 어떻게 설득을 해야 할지를 알아내는 것이다.

③ 새로운 사실을 추가하여 상대방의 저항점을 움직인다

한번 저항점을 결정한 사람은 좀처럼 저항점을 움직이기가 쉽지는 않다. 그러나 그럼에도 불구하고 협상에서는 상대방의 저항점을 움직여야만 한다. 이럴 경우 상대방의 저항점을 움직이기 가장 좋은 방법이 앞서 언급한 새로운 사실을 추가하는 것이다. 상대방이 저항점을 가지게 된 인지의 형태에다 새로운 사실을 추가하면 상대방은 그러한 인지 형태를 움직일 수도 있다. 예를 들어 설명해 보기로 하자. 앞서 말한 대로 상대방이 7억 원에서 하나도 양보하지 않으려고 하는 경우 상대방의 인지 형태는 "7억 원은 내가 받을 수 있는 금액이고, 반드시 나는 7억 원을 받고 싶다."라는 것이다. 그러나 이제 새로운 사실을 추가하여 보기로 하자. 올해 초부터 집값이 점진적으로 하락하였다고 하자. 그렇다면 먼저 이렇게 집값이 점진적으로 하락하고 있다는 사실을 상대방에게 보여준다. 사실이기 때문에 상대방은 부정할 수 없다. 그런 다음 내년에도 많은 집들이 건축될 예정이어서 주택 공급은 더 늘어 난다는 사실을 알려준다. 그리고 경기가 내년에도 아주 좋아지지 않는다는 사실도 알려준다. 상대방이 점진적인 집값 하락, 내년 주택 공급 증가, 경기 침체 등 이러한 사실을 이해하게 되면서 만약 상대방과 협의점을 찾지 않고 계속 7억 원만 주장하다가 만약 협상이 결렬되어 못 팔고 내년을 맞이한다면 집 값이 오히려 하락하여 올해 7억 원보다 더 낮아질 수도 있다는 새로운 사실을 인식하게 되고, 이러한 새로운 사실은 7억 원을 고집하던 과거의 저항점을 움직일 수 있는 인지형태의 변화를 제공해준다. 지속적으로 새로운 사실을 제공하면서 설득하면 상대방은 과거에 스스로 믿고 있던 인지의 형태가 반드시 옳지는 않을 수도 있다고 인정하게 된다. 그러면 양보를 위한 시도가 시작되는 것이다. 한번 저항점이 움직이기 시작하면 그 다음부터는 쉽게 움직일 수 있다. 결국 상대방이 그동안 옳다고 믿고 있던 인지의 형태를 새로운 사실을 추가하여 어떻게 변화시킬 수 있는가 하는 점이 핵심 관건이 되는 것이다.

④ 저항점을 움직이고자 하는 상대방에게 명분을 준다

이렇게 상대방이 인지의 형태가 변화하여 새로운 양보를 하게 되고, 위의 사례의 경우 7억 원을 고집하던 상대방이 6억 8천만 원의 매매 거래에 합의하였다고 가정하자. 이럴 경우에도 상대방은 아직도 조금은 7억 원에 대한 미련이 있기 마련이다. 이때 당신은 상대방이 양보한 행위에 대하여 상대방이 기분 좋게 느낄 수 있도록 명분을 제공하여야 한다. 예를 들면 아래와 같이 말이다.

"선생님, 6억 8천만 원은 현재 선생님이 받으실 수 있는 최선의 가격입니다. 7억 원을 주장하시다가 거래가 안 되고 내년으로 넘어가서 6억 5천만 원 정도의 시장 가격이 형성된다면 선생님께서 지금 보다도 더 큰 손해를 보셔야 합니다. 6억 8천만 원이야말로 선생님께서 얻을 수 있는 최고의 가격입니다." 이렇게 하여 상대방이 내가 비록 양보를 하였지만, 지금 이 조건이 내가 얻을 수 있는 최선의 조건이라고 확신을 가지고 즐겁게 협상을 마무리 짓도록 하는 것이 중요하다. 앞서 몇 번이나 강조한 것처럼 구매 협상은 구매자 공급자 모두를 만족스럽게 만드는 것이 중요하기 때문이다.

(2) 주장(Position)과 욕구(Interest)의 이해

협상에서 아마 가장 중요한 항목 중 하나가 상대방의 마음을 읽는 것이다. 상대방이 왜 이러한 요구를 하였는지를 이해하게 되면 자연스럽게 답도 나온다. 상대방이 요구하는 주장을 Position이라고 정의하고 그러한 주장 뒤에 숨어있는 의도 및 욕구를 Interest라고 정의하자. 다음의 사례를 살펴보자.

고객 "사이다 하나 주세요."

상점 주인 "지금 사이다가 없는데요."

거래가 끝났다. 상점 주인은 우리집에는 사이다가 없으니 사이다를 마시고 싶으면 다른 집으로 가라는 것이다. 그런데 과연 고객이 진정으로 원한 것은 무엇일까? 고객이 '사이다 주세요.'라고 말한 것은 Position이다. 그러나 왜 사이다를 달라고 한 것일까? 아마도 목이 말라서 사이다를 달라고 한 것이 아닐까? 그렇다면 '사이다 주세요.'라고 말한 뒤에는 '목이 말라요.'라는 욕구(Interest)가 숨어 있는 것이 아닐까. 결국 모든 주장(Position)에는 반드시 그 뒤에 숨어 있는 욕구(Interest)가 있기 마련이고, 이러한 욕구를 알아내고 찾아내는 것이 협상을 성공적으로 이끄는 매우 중요한 방법이다. 위의 사례를 Interest라는 개념을 이용하여 다시 한 번 살펴보자.

고객 "사이다 하나 주세요."

상점 주인 "지금 사이다가 없는데요. 하지만 쥬스는 있는데 쥬스는 어떠세요?"

고객 "그러면 쥬스 주세요."

이 경우 손님도 쥬스를 마시면서 갈증을 해결하였고 주인도 쥬스를 팔아서 이익을 만들었다. 고객이 '사이다 주세요.'라고 말하면 주인은 '목이 말라요.'라고 들어야 한다. 결국 상대방이 제시하는 모든 주장, 요구 및 조건들을 듣고 나서, 그렇다면 상대방이 진정으로 원하는 것이 무엇인가를 찾아내는 것이 성공적인 협상의 중요한 요소이다. 각각의 Position끼리 부딪히면 결국 아무도 양보하기 어렵게 되고(이럴 경우, 양보란 자기의 자존심을 구기는 일이 되어서 좀처럼 어렵다), 결국 이러한 상황은 협상을 어렵게 만든다. 그러므로 서로가 상대방의 Position 뒤에 숨어있는 Interest를 발견함으로써 서로가 어떻게 타협할 수 있는지에 대한 대안이 만들어진다. Interest의 중요성은 아무리 강조해도 지나치지 않는다. 다른 예를 들어 보자.

남편 "이번 휴가는 산으로 갑시다."

아내 "저는 바다로 가고 싶어요."

남편 "여보, 그러지 말고 그냥 산으로 갑시다."

아내 "산은 싫어요, 바다로 가요."

남편은 휴가 때 산을 원하고 아내는 바다를 원하는 경우이다. 물론 바다와 산이 함께 있는 경우는 없다고 가정하자.(한국의 동해안이 왜 좋은지 독자들은 이해할 것이다). 산으로 가자, 아니 바다로 가자. 이것이 Position이다. 남편이 요구하길 '내가 산으로 가고 싶으니 당신이 양보해.' 그런데 아내는 '바다로 가고 싶으니 당신이 협조해줘.' 이렇게 오랜 기간 Position을 가지고 대화해봐야 결코 협상이 되지 않는다. 한 편이 다른 한 편을 위하여 자기를 희생하고 양보해야 일이 마무리 되는데 양보하게 되는 것이 쉬운 일이 아닌 것이다. 그렇다면 그러한 Position 뒤에 숨어 있는 Interest를 살펴보자.

남편 "이번 휴가는 산으로 갑시다."

(숨어 있는 욕구 – 나는 아무 방해받지 않고 산 같은 조용한 곳에서 그냥 푹 쉬고 싶어.)

아내 "저는 바다로 가고 싶어요."

(숨어 있는 욕구 – 탁 트이고 광활한 바다와 수평선을 바라보고만 있어도 가슴이 시원해지는 것 같아요.)

결국 Interest는 남편은 조용한 곳에서의 휴식이었고, 아내는 바다를 바라볼 수 있는 광활한 곳에서의 휴식이었다면, 사람의 인적이 드문 조용한 섬에 가면 남편은 조용한 휴식을 얻을 수 있고 아내는 바다를 바라볼 수 있는 광활함을 얻을 수 있어서 모두가 행복할 수 있는 것이다. 이렇게 상대방의 Interest를 이해하면 모두가 행복할 수 있는 대안을 찾아낼 수 있다. Interest! 상대방을 이해하는 것이 왜 중요한지를 설명해주는 아주 중요한 사안인 것이다.

(3) 레버(Lever)의 활용

바게닝 믹스(Bargaining Mix)라는 용어를 협상 상황에서 정의해보자. Bargaining Mix란 구매 협상을 할 경우 상대방과 결정해야 할 의제와 이슈들의 우선 순위, 중요도, 연관 관계를 의미한다. 예를 들어 집을 사고 파는 경우, 협상에서 결정되어야 하는 의제 및 이슈는 집 가격, 입주 시기, 대금 지불 조건, 집 입주 시 하자 보수 처리 유무 등일 수 있다. 그런데 이러한 의제들이 사는 사람과 파는 사람의 우선 순위가 다를 수 있다. 예를 들어 집을 팔고자 하는 사람은 사업이 어려워져서 집을 한시라도 빨리 팔아서 집을 판 대금으로 사업 자금을 삼고 싶고, 사는 사람은 그 지방으로 전근을 오게 되었는데 한시라도 빨리 집을 구하는 것이 우선 순위라고 가정해 보자. 그렇다면 협상을 통하여 서로의 Bargaining Mix를 이해하게 되면 사는 사람은 빠른 입주를 요구할 것이고, 파는 사람은 가격과 대금 지불 조건이 맞는다면 당장이라도 집을 비워줄 수 있다고 할 것이다. 결국 약간 낮은 가격으로 금액을 일시불로 다음 주에 지급하고 다음 주에 이사가 가능하게 협상을 하였다면, 파는 사람은 집을 신속하게 현금화하여 사업 자금으로 사용할 수 있게 되었고, 사는 사람은 약간 낮은 가격으로 신속하게 입주할 수 있게 되어 서로에게 모두 이익이 되는 협상이 된 것이다. 그러므로 협상이란 나의 Bargaining Mix를 준비하고 협상에 나아가 상대방의 Bargaining Mix를 이해하고 서로 우선 순위가 상대적으로 낮은 것을 상대방에게 주고 상대적으로 높은 것을 상대방에게 받는 행위이다.

이렇게 Bargaining Mix를 이해하면 서로의 이슈를 맞교환하게 되는데 이러한 맞교환을 레버(Lever)라고 한다. 결국 이러한 맞교환을 통하여 쌍방이 유익해지는 방법을 찾아가는 것이 성공적인 구매 협상의 또 하나의 중요한 요소인 것이다. 역사적으로 가장 널리 사용되었던 맞교환(Lever)은 명분과 실리였다. 한 쪽은 명분을 다른 쪽은 실리를 택한 사건들이 매우 많았는데, 이렇게 쌍방에게 유리한 내용들을 서로 교환함으로서 Win-Win 협상을 만들어 가는 것이다.

5 │ 협상의 전술

협상에서 가장 중요한 것은 앞서 언급한 것처럼 준비이다. 협상의 목표, 전략, 나와 상대방의 강점 약점 분석, 차선책, 사실 수집과 분석 등등 체계적인 준비야말로 가장 협상에서 중요한 사안이다. 그러나 그러한 준비를 하고 상대방을 맞이해도, 대면 협상에서 협상을 유리하게 진행할 기술이 필요하기도 하다. 그렇다면 상대방과 협상을 진행할 경우, 협상을 유리하게 진행할 수 있는 협상 전술 등은 어떤 것들이 있을까? 협상 전술의 방법은 매우 많고 계속 변화하지만, 이곳에서는 기본적인 전술들을 소개하기로 한다.

(1) 작은 숫자로 상대방을 안심시키기(Funny Money)

예를 들어 자재를 10ton 구매하려는 협상을 살펴보자.

"이번 거래에서 3억 원만 깎아주세요."와 "Kg 당 3만 원만 깎아주세요."는 어느 쪽이 상대방에게 덜 부담이 될까? 사실은 같은 금액이다. Kg당 3만 원이면 전체 구매 물량 10톤은 결국 10,000Kg이니까 전체 할인 요구 금액은 3억 원이다. 그러나 상대방은 3만 원이 3억 원보다 훨씬 더 부드럽게 들린다. 협상이 가능하다는 의미이다. '상대방에게 가격을 요구할 경우 가능하면 가격의 기준을 작은 금액으로 낮추어라.'가 바로 Funny Money이다. 우리 실생활에서 광고를 보면 "하루 1,000원으로 30가지의 질병을 예방하세요."라고 광고를 하지 절대로 "1년에 36만원이면 30가지 질병이 예방됩니다."라고 하지 않는다. 사실은 하루 1,000원이나 일년 36만원이나 동일한 가격임에도 1,000원이 훨씬 더 고객들에게 부드러운 숫자여서 고객의 거부감이 덜 하기 때문에 광고에서는 그러한 방식을 사용하는 것이다.

(2) 제한된 메뉴(Limited Menu)

아이를 데리고 외식을 하는 경우, 부모가 어떤 특정 음식은 아이 건강이나 몸에 별로 좋지 않아서 아이에게 사주고 싶지 않다면, "너 오늘 무엇이 먹고 싶니?"라고 물어보지 말고 "아빠가 너에게 저녁을 사주고 싶은데, A 먹을래, B 사줄까, 아니면 C로 할래?"라고 메뉴를 한정해서 주면 대부분 아이는 그 메뉴에서 선택을 하게 된다. 이렇게 상대방에게 한정된 메뉴를 주고 그곳에서 선택하게 하는 것을 '제한된 메뉴'라고 한다. 이러한 제한된 메뉴 안에는 어떤 경우라도 우리가 좋은 대안들을 넣어서 만들 수 있다. 예를 들어 상대방에게 이렇게 제시해보자.

"김 사장님, 이번 협상에서 저희 대안을 수용해주시면, 저희가 김 사장님 회사를 도와드리겠습니다. 저희 회사가 김 사장님 회사를 도와드릴 수 있는 방법은 A안, B안, C안, D안이 있는데 어느 것이 가장 좋으십니까?"라고 한다면 그 4가지 경우 중에 선택할 것이고 우리 회사의 입장에서는 4가지 모두 수용 가능한 방안인 경우이다. 그러므로 Limited Menu를 만들어 상대방에게 제시하면 상대방은 대부분 그중에서 최선의 안을 선택하게 되고, 그 어느 경우도 우리 회사에게는 가능하기 때문에 우리도 수용할 수 있는 전술을 제한된 메뉴라고 한다.

(3) 다른 사람(경우)으로 돌림(Bogey)

가장 유명한 협상 전술 중의 하나이다. 원래의 뜻은 내가 별로 원하지 않는 것을 상대방에게 요구하였다가 그러한 요구를 양보하는 것처럼 하고 사실 나에게 중요한 것을 얻어낸다는 의미인데, 이제는 약간 다른 상황에도 적용 가능하다. 대체로 상대방이 요구하는 것을 만족시켜줄 수 없는 이유를 제3자에게 돌려 내가 피해 간다는 의미로 많이 사용된다. 다시 말해 '나는 당신과 같은 생각이고, 당신의 의견에 동의합니다. 그러나 주위 상황이 내가 당신의 의견을 채택하지 못하게 해서 저도 정말 유감입니다.'라고 하면서 상대방이 나에 대한 공격을 할 수 없게 만드는 방법이다. 다음 사례를 살펴보자.

고객 "이 자동차 좋아보이는데, 1,800만 원에 합시다!"

자동차 영업 사원 "선생님, 사실 어렵지만 저도 1,800만 원에 맞춰보겠습니다. 잠시만 기다리세요."

지점장을 만나고 나온 영업사원이 고객에게 이렇게 말한다.

영업사원 "선생님, 저도 1,800만 원에 드리고 싶습니다, 그런데 지점장께서 반드시 1,900만 원에 팔라고 하시네요. 참 내…"

고객 "그러지 말고 한 번 더 노력해 보세요."

영업사원 "네, 잘 알겠습니다."

지점장실에서 지점장이 영업 사원을 호통치면서 야단을 크게 치는 소리가 밖에까지 들린다. 지점장실에서 나온 영업 사원이 풀이 죽어서 고객한테 다가간다.

영업사원 "제가 1,800만 원에 해보겠다고 계속 우기다가 지점장님에게 많이 혼났습니다. 저보고 회사 경영과 경제도 모르는 바보 같은 놈이라고 야단을 치시던데요. 저도 1,800만 원에 팔고 싶은데…"

이런 경우 대부분 1,900만 원에 그냥 사게 된다. 영업 사원은 Bogey 전술을 이용하여 상대방(고객)이 1,800만 원으로 자기를 공격(가격 요구)하는 것을 지점장을 이용해 승리한 것이다. 이렇게 어쩔 수 없는 환경, 어쩔 수 없는 제3자 때문에 당신의 의견을 들어주고 싶은데 못 해주어서 미안하다고 하는 방법이 Bogey이다. 그러면 상대방이 당신을 공격하기가 어려워진다. 많이 사용되는 전술이다.

이 외에도 구매 협상 전술은 매우 많다. 대략 열거하면 다음과 같다.
- 좋은 사람 + 나쁜 사람 복합 전술(Good guy and Bad guy)
- 사소한 것 얻어 내기 전술(Nibbling)
- 겁쟁이 이기기 전술(Chicken)
- 상식에 호소하게 만들기 전술(Snow Job)
- 한 번 더 누르기 전술(Krunch)

- 나는 그런 경우가 아닌데요 전술(Tactical Degrading)
- 제한된 권한 전술(Limited Authority)
- 조금씩 얻어내기 전술(Salami)

이러한 전술에 관한 구체적인 설명과 활용 방안은 시중에 나온 많은 다른 협상 책에서 자세하게 다루고 있기 때문에 본서에서는 생략하기로 한다.

6 │ 협상 인프라 구축

협상의 능력은 개인의 능력인가 아니면 조직의 능력인가? 예를 들어 A사의 김 과장이 중국 공급자와의 협상을 아주 잘한다고 가정하자. 김 과장은 중국말도 잘 하고 중국 문화에 대한 이해도 깊고 중국 공급자와 관계(關係)도 형성되었고, 지 금까지의 협상 과정에 관한 상세한 진행 정보도 알고 있다. 오늘 중요한 중국 공 급자와의 협상을 준비하기 위하여 어제 회사에서 야근을 하였다. 그런데 야근을 하면서 회사 근처에서 먹은 저녁이 탈이 나서 식중독으로 현재 병원에 입원했다 고 가정하자. 그렇다면 회사는 오늘 중국 공급자와의 협상을 어떻게 진행할 것인 가? 김 과장 개인의 조그만 일신상의 변화가 회사의 매우 중요한 미래를 결정할 수 있다는 사실은 너무나 위험하다. 그래서 기업들은 구매 협상이라는, 본질적으 로 개인의 능력을 회사의 역량으로 승화시킬 수 있는 방법들을 연구하기 시작하 였다. 이런 것을 협상 인프라를 구축한다고 한다. 즉 모든 사람이 활용할 수 있는 기본 틀을 만들어 개인의 역량을 회사 조직의 역량으로 발전시키고자 하는 시도 이다.

그렇다면 어떻게 회사의 협상 인프라를 구축할 것인가. 먼저 협상에 필요한 내 용들을 개인에게 맡겨두지 말고 회사가 시스템을 구축하여, 그러한 시스템 하에서 체계적으로 준비하고 그 결과를 분석하도록 만드는 것이다. 협상 인프라에 관한 내용들을 살펴보자.

(1) 협상 프로세스 구축

협상을 진행하는 경우 개인에 따라서 준비하는 절차와 방법이 각각 다르고 또 어떤 사람은 전혀 준비를 하지 않고 협상에 임하는 경우도 있다. 그러므로 기업에서는 협상에 임하는 모든 사람이 반드시 지켜야 하는 기본적인 협상 프로세스를 만들어 공표하고 모든 구매인들에게 알리고 시행해야 한다. <도표 7-6>은 협상 프로세스의 한 사례이다. 반드시 이렇게 구축할 필요는 없지만 적어도 이러한 프로세스를 구축하여 모든 구매인들이 공유하게 만들어야 한다.

도표 7-6 협상 프로세스 사례	
협상 목표 수립	• 협상에서 우리가 달성할 목표를 정한다 • 목표의 우선 순위와 중요도를 결정한다 • 목표들을 수치화하고 계량화하여 객관성을 확보한다
↓	
협상력 분석	• 우리의 강점 약점, 상대방의 강점 약점을 분석한다 • 시장 상황, 수급 상황, 경제 상황 등을 분석한다 • 우리가 확보할 수 있는 대안을 수집한다
↓	
협상 전략 수립	• 협상의 성격에 따른 차별화된 전략을 수립한다 • 상대방을 설득할 사실을 수집하고 분석한다 • 협상 가능 영역을 결정하고 상대방의 영역을 분석한다
↓	
정보 수집 및 분석	• 협상에서 활용될 가격 및 원가 정보를 수집·분석한다 • 산업의 추세 및 동향에 관한 정보를 수집하고 분석한다 • 상대방 회사에 대한 정보를 수집하고 분석한다
↓	
협상 전술 활용	• 협상에 활용할 전술들을 분석한다 • 설득 전술을 수립한다 • 협상의 전략에 따른 적합한 전술을 활용한다
↓	
협상 진행	• 상대방과 협상을 진행한다 • 사안을 교환하고 합의에 이르도록 노력한다 • 협상 결과에 따른 계약을 수립한다
↓	
협상 결과 평가 및 피드백	• 협상의 결과를 평가한다 • 협상에서 필요한 시사점을 분석하고 기록한다 • 차기 협상에 유용한 정보로 활용한다.

(2) 협상 체크리스트(Checklist) 작성

협상을 하기 전에 어떤 항목들을 미리 체크(분석, 연구, 탐색)해 보아야 하는지 결정하여 그러한 사항은 리스트를 만들어 모든 구매인들이 협상에 나가기 전에 준비하고 나가도록 원칙을 만드는 것이다. '체크리스트를 채우고 완성하지 않으면 협상에 나갈 수 없다.'가 구매 부서의 절차와 규칙이라면 이미 협상을 잘하는 부서가 된 것이다. 왜냐하면 모든 구매인들이 사전에 철저히 준비를 하고 협상에 임한 다면 가장 중요한 협상 성공 요소를 이미 가지고 있기 때문이다. 저자는 이러한 체크리스트를 기업의 특성에 맞게 만들어서 반드시 협상 전에 준비하고 나갈 것을 강력하게 권유한다. 이것이 회사의 모든 구매인이 협상을 잘 하게 되는 중요한 요소가 된다고 생각하기 때문이다. 아래는 하나의 사례이다.

도표 7-7 체크 리스트 사례

이번 협상의 목표는 무엇인가?

<참 조>
구체적인 목표를 서술할 것(숫자인 경우 반드시 영역으로 표시)
- 가격 : 15.5$~16.5$/unit
- 납기 : 다음 달 1일~5일
- 공급자와 장기적인 제휴 관계를 구축(성공 0, 실패 1)
- 품질(숫자로 표시)
- ……

목표를 결정할 경우 가능하면 여러 가지 목표 중에 우선 순위와 중요도를 미리 결정해야 함. 가장 중요한 목표는 무엇이고 또 그 다음은 그리고 어떤 목표와 어떤 목표가 서로 연관성이 있다 등등

공급자가격을 어떻게 분석할 것인가?

▪ 경쟁사 가격 비교	
▪ 획득 가능한 경쟁 가격 비교	
▪ 산업계 가격 정보	
▪ 역사적 가격 비교	
▪ 지역적 가격 비교	
▪ 글로벌 소싱 비교	

협상력 분석

▪ 나의 협상력의 근원은 무엇인가?	
▪ 상대방의 협상력의 근원은 무엇인가?	
▪ 나와 상대방의 강점, 약점은 무엇인가?	
▪ 누가 더 이번 협상의 타결을 원하고 있는가?	
▪ 독점 공급자에 가까운가? 아니면 일반 경쟁에 가까운가?	
▪ 공급과 수요 중 어느 쪽이 더 초과하는가?	
▪ 협상을 준비할 수 있는 시간이 충분하게 확보 되어 있는가?	
▪ 누가 더 마감시간이 급한가?	
▪ 공급자를 대체할 수 있는 대체 가능한 공급자가 있는가?	
▪ 협상에서 우위를 차지하는 다른 요소들은 어떠 한 것이 있는가?	

대안(BATNA) 분석

▪ 이번 협상의 공급자를 대체할 대안의 공급자가 존재하는가?	
▪ 대안인 공급자들은 얼마나 경쟁력이 있는가?	
▪ 대안이 없다면 협상 결렬 시에 우리의 선택 방안은 무엇인가?	
▪ 가능한 대안들을 열거하면 어떤 방안이 있는가?	
▪ 그러한 대안을 개발하는 데 많은 비용이 드는가?	

맞교환(Lever) 분석

▪ 상대방과 내가 서로 교환할 수 있는 조건들은 어떤 것들이 있는가?	
▪ 어떤 조건이 상대방에게 주어도 덜 부담스러운가?	
▪ 어떤 조건을 요구해야 내가 이익인가?	
▪ 내가 덜 중요하고 상대방이 더 중요한 이슈는 무엇인가?	
▪ 서로 교환하는 조건을 어떻게 가치를 측정할 수 있는가?	
▪ 여러 가지 조건들을 어떻게 메뉴로 만들 수 있는가?	

(3) 협상 결과 피드백

협상이 끝나면 끝난 협상이 지나간 과거가 되어서는 안 된다. 이번 협상에서 잘못 된 점, 개선할 점 그리고 새롭게 얻은 다양한 정보 및 내용들이 체계적으로 회사의 지식으로 보관되어 다음에 어떤 사람이 협상을 하더라도 이번 협상에서 얻은 교훈을 활용할 수 있게 되어야 한다.

도표 7-8	협상 피드백 사례

협상 A-157(2008-10-9) : 중국 공급자 K와 자재 P건 협상

▪ 내용 서술	
▪ 결과 및 평가	
▪ 분석, 검토	
▪ 사내 공유 사항	

이런 활동들이 지속된다면 협상은 개인의 능력이지만 회사의 역량도 될 수 있는 것이다. 구매부의 김과장이 협상을 잘하지만 우리 회사가 경쟁사보다 조직적 차원에서 협상 역량이 우수해지는 것이다. 마지막으로 이 한 마디를 꼭 하고 싶다.

당신 회사는 협상을 하면서 협상이 반복될수록 점점 더 똑똑해지고 있습니까?

글로벌 소싱(Global Sourcing)

생활과 환경이 글로벌화해짐에 따라 기업 경영도 글로벌해지고 있다. 오히려 글로 벌이란 단어의 의미가 점점 일상화되어간다. 제품이 하나 만들어지는 경우 그 제품의 공급 사슬을 보면, 글로벌하지 않은 제품을 찾기 어려울 지경이다. 모든 제품이 만들 어지는 곳은 다양한 지역의 공급자들이 결합되기 때문이다.

특히 저렴한 제조 원가 구조를 특성으로 하는 국가들이 출현함에 따라 많은 기업들 이 이러한 저원가 구조를 가지고 있는 나라(LCC, Low Cost Country)와 연계하여 기 업 경영을 하게 되었다. 구매 부분에서도 저원가 국가로 공급자 기반이 이전됨에 따라 다양한 경쟁력을 확보하게 되었다.

그러나 일반적으로 국내에서 한정하여 경영을 하던 기업이 글로벌화하려고 하면 여 러 가지 글로벌적인 특성을 이해해야 한다. 문화도 다르고 생각도 다르고 경영 방식도 국내와는 많이 다른 것이 사실이다. 그리고 글로벌 전략은 반드시 장기적인 안목과 전 략을 가지고 수행되어야 한다. 올해 10% 원가가 저렴한 나라가 불과 5년 안에 20% 원가가 비싼 지역으로 변하는 사례가 무수히 많기 때문이다.

본 장에서는 구매 활동의 글로벌화에 따라 고려해야 할 다양한 요소들과 사안들을 분석하고, 글로벌 소싱을 체계적으로 수행하기 위한 전략적 방법과 그에 따르는 요소 들을 살펴보고자 한다.

제8장

글로벌 소싱(Global Sourcing)

1 | 글로벌 소싱의 전략적 고려 사항

글로벌 소싱(Global Sourcing)이 일어나는 이유는 궁극적으로 무엇일까. 글로벌 소싱은 앞서 언급한 것처럼, 기업이 공급자 탐색 및 선택을 국내에서 제한적으로 하는 것이 아니라 글로벌한 영역으로 확장하는 것이다. 국내에서 해결하지 못하는 우수한 경쟁력(원가, 품질, 기타 등등)을 해외, 즉 글로벌에서 찾으려고 하는 시도이다. 글로벌이란 전 세계의 자원과 시장을 가장 효율적이고 효과적으로 결합함을 의미한다. 즉 기업의 가능한 해결책(Solution)의 영역(Range)이 국내에서 세계로 확대되고, 최적(Optimal)의 공정 간/제품 간 국제 분업 시스템을 구축함을 말한다. 결국 전체 공급 사슬의 구성이 국내가 아닌 세계에서 유능한 공급자들로 구성되는 것을 의미한다. 실제로 제품을 구성하는 부품이나 자재들을 살펴보면, 다양한 국가로부터 공급받는 공급자들이 늘어나고, 결국 하나의 제품을 생산하기 위해서는 구매가 다양한 국가의 공급자들을 탐색하고 거래하고 계약해야 하는 것이다. 이러한 글로벌 소싱을 할 경우에도 반드시 전략적으로 고려할 사항들이 있다.

(1) 지역적, 문화적 특성 이해

국내에서 소싱을 수행할 때 보다 글로벌한 소싱을 운영하게 되면, 가장 먼저 인지해야 할 항목이 각 지역의 특성과 문화의 이해이다. 기업이 다른 나라에서 비즈니스를 하려면 그 나라 사람들과 해야 하고, 그 나라의 문화, 행동, 가치 등의 특성을 이해하지 못하면 그 나라 사람들과 사업을 진행할 수 없다. 예를 들어 일본 공급자를 만나는 경우 그들이 '고려해보겠습니다.'라고 이야기 한다면 무슨 의미일까. 일본 사람들은 No를 잘 안 하는 문화가 있다. 그러므로 고려해보겠다는 의미는 부정적인 뜻을 가진다. 일본 문화를 이해해야 하는 것이다. 중국에서 글로벌 소싱 업체를 선택하기 위해 중국의 기업과 만나는 경우, 그들의 특성과 문화를 이해하고 중국 공급자들과의 협상은 어떤 방식으로 진행해야 하고 또 그들이 강조하는 관계(關係)란 어떤 의미인지 충분히 알고 있어야 한다. 상대방과 협상을 진행하다가 상대방이 "이 조건은 이번 협상에서 마지막 제안입니다. 더 이상의 협상은 없습니다."라고 말한 경우 미국인과 러시아인과 이집트인이 모두 같은 의미로 말한 것일까? 이태리에 도착하여 그 회사의 사장과 협상을 하려 한다면 언제, 어디에서 하는 것이 가장 좋은가? 일본 회사와 협상 시 과거부터 협상을 담당했던 담당자가 다른 부서로 옮긴 경우 그를 만나러 가야 하는가, 아니면 새로운 담당자와 시작해야 하는가? 아르헨티나에서 기계 부품 구매 규격 변경에 관한 협상 시 누구를 찾아가는 것이 가장 좋은가? 당신이 상대방에게 "이번에 내 체면을 봐서라도 A 사안은 양보를 해달라. 만약 A 사안에 대한 당신 회사의 양보를 얻어내지 못하면 나는 한국에 가서 난처한 입장에 빠진다. 이번에 도와주면 다음번에는 반드시 은혜를 갚겠다."라고 한 경우 일본 사람과 미국 사람의 반응은 같을까? 이렇게 각 나라마다 상황이 다르고, 그러므로 답이 또한 달라질 수 있다. 각 나라마다 고유한 문화와 그들의 비즈니스 형태가 존재한다. 그 나라의 관습과 가치관 국민성 의식 구조 등을 정확하게 이해하지 못하면 시장 개척도 어렵고 공급자와의 거래도 어렵다. 흔히 국내에서 통용되던 비즈니스 형태를 가지고 해외에서 그대로 적용하려고 하는 경우에 문제가 발생하는 것이다. 그러므로 특정 국가의 특성을 제대로 이해하는 것이 글로벌 소싱을 수행하는 첫 번째 고려할 항목이다.

(2) 글로벌 소싱 시 총 원가 분석

많은 기업들이 단순하고 단기적인 제조 원가의 우위를 발견하고 글로벌 공급자 선택(글로벌 소싱)을 하려고 한다. 예를 들어 중국이 한국보다 노동력의 원가 우위가 있다고 생각하고 많은 생산 기지 그리고 공급자를 중국에서 구하려고 한다. 물론 이러한 이면에는 중국이라는 거대한 시장의 존재도 무시할 수 없지만, 현재 단순히 비교한 노동력의 경쟁력이 중국이 앞서 있다고 생각하여 실행하게 된 것이다. 그러나 단순하고 단기적인 글로벌 소싱 전략은 장기적으로 보면 기업에 큰 부담이 될 수도 있다.

그러므로 글로벌 소싱 구성 시, 어떠한 부품을 어디에서 구매할 것인가에 관한 판단은 장기적이고 전략적인 관점에서 이루어져야 한다. 그리고 글로벌 소싱 시 반드시 구매 단가가 아닌 총 비용을 고려해야 한다. 총 비용이란 생산 원가 + 재고 유지 비용 + 물류 비용 + 원재료 구입 비용 + 기타 관리 비용 등을 말한다. 예를 들어 보자. 구매 원가를 절감하고자 LCC(Low Cost Country)의 대표적인 국가인 베트남에서 좋은 공급자를 선정한 글로벌 기업 A는 그들의 저렴한 원가 경쟁력을 활용하고 있었다. 하지만 베트남 내륙에 위치한 공급자는 구매 단가는 저렴하였지만, 그 지역의 도로 사정(일부분은 포장 도로, 일부분은 자연 흙 길)은 약간 열악한 상태였는데, 갑자기 비가 많이 와서 흙길이 망가지는 바람에 물류 이동 차량이 내륙에 위치한 그 공급자 공장에 갈 수 없었다. 자재를 반드시 가지고 와야 해서 할 수 없이 헬기를 사용하여 물건을 해안으로 공급 받았는데, 그러한 비싼 물류 비용이 구매 단가를 모두 상쇄하여 결국 가격이 더 올라 간 상황이 발생하였다.

또 다른 사례를 살펴보자. 현재 중국 공급자가 국내 공급자보다 저렴한 가격에 동일한 품질 수준의 부품을 공급할 수 있다고 가정하자. 그렇다면 중국에서 글로벌 소싱을 하는 것이 더 좋다고 할 수 있을 것이다. 그러나 향후 수요가 증대되어 중국 공급자에게 생산 능력 확장을 요구했는데, 중국 공급자가 생산 능력 확장을 원하는 시간에 잘 못 맞추고, 또한 생산 능력을 확장하려고 하다가 품질 문제를 발생시키면, 오히려 국내 공급자와의 거래 때보다 더 큰 어려움이 발생할 수 있다.

또 다른 사례로는 LCC 공급자의 국가가 정치적으로 혼란해지면서, 근로하던 노동자들이 정치적 시위에 참여하게 된 때문에 노동자들을 구하기가 어려워져 조업을 단축하게 되어 오히려 비용이 더 증가한 사례도 있었다. 다른 사례를 하나 더 살펴보자. LCC 국가에서 나무 박스에 담긴 물건을 구매하던 B사는 국내로 물건을 수입할 경우 모든 나무 박스는 훈증(수증기로 열을 가하여 나무를 쪄서 살균, 살충함)한 나무들을 사용해야 한다는 국가 정책을 알게 되었다. 혹시 나무 박스 안에 숨어서 들어오는 미생물이나 벌레들을 막기 위한 조치이다. 그러나 LCC 국가에서 수입하는 물건을 포장한 나무 박스는 훈증이 안 되어 있어서 추가적으로 훈증 비용을 부담하게 되니 오히려 가격이 올라간 경우도 있었다. LCC의 다양한 국가에서 가능한 공급자가 다수 존재하여도 그러한 공급자들의 총 원가(비용)를 고려하여 비교 분석하지 않으면 결코 올바른 선택이라고 볼 수 없다.

그러므로 단순한 구매 단가의 비교가 아닌 공급자와 구매 거래에서 발생하는 모든 비용을 합한 총 비용의 관점에서 글로벌 공급자 선택이 검토되고 분석되어야 한다. 이러한 총 비용을 Landed Cost(공급자 국가에서 구매자 국가까지 도착하는 데 드는 비용이라는 의미로 총 비용을 뜻함)라고 정의하기도 하는데, 이 경우는 글로벌 소싱 시에 포함되는 다양한 항목들을 더한 총합을 의미한다.

 📍 **Landed Cost =**
구매 단가 + 운송 방법 + 리드타임 + 운송 비용(해상, 항공, 철도, 차량) + 보험 + 관세 + 오퍼 중개 비용(필요하다면) + 신용장 수수료 + 창고료 + 환율 변동 + 운송 중 파손, 분실 비용 + 기타 비용

물론 글로벌 소싱을 위한 다양한 요소를 모두 감안하면서 총 원가(비용)를 정확하게 계산하기란 어렵다. 하지만 이러한 다양한 비용 요소들을 분석해가면서 총 비용을 계산하려는 노력은 앞서 언급한 총 소유비용(TCO)을 계산하는 것과 같은 맥락으로 이해하면 된다. 어렵지만 시도하면서 발전하고 자료를 수집하고 여러 부서가 소통하면서 정확한 비용 자료를 만들어가는 그러한 발전이 기업의 경쟁력을 만들어내는 것이다.

(3) 글로벌 공급자를 고려한 설계

일반적으로 부품 개발이나 설계 시 그 제품을 생산할 글로벌 공급자의 수준과 능력을 고려하여 설계해야 한다는 의미이다. 유럽의 자동차 생산업체는 중국 및 인도의 부품 공급업체들이 서스펜션 코일 스프링(Suspension Coil Spring) 생산에 관한 노하우를 가지고 있지 못하다는 사실을 발견했다. 이들 업체가 이러한 부품을 용이하게 대량 생산할 수 있도록 만들기에는 비용과 시간이 크게 소요될 것이라 예상되었다. 그래서 유럽의 자동차 생산 업체의 개발자들은 강철 스프링을 재설계하여 서스펜션 코일 스프링보다 생산이 쉽고 용이한, 그러나 여전히 원래 부품의 성능을 충족시킬 수 있도록 시도했다. 이 강철 스프링 부품의 생산 방식은 공급자들의 기술 수준에 맞추어 고열 가공(원래 계획된 개발안은 첨단 냉온 가공)을 채택했는데, 이것은 이 가공 방법이 부품 공급 업체의 생산 역량 기술 내에 속하는 것이었기 때문이다. 이러한 의사 결정은 관세 및 높은 투자, 선적 및 재고 비용에도 불구하고 20%의 원가 절감을 달성했다.

경우에 따라서는 보다 단순한 생산 공정의 변화가 효과를 발휘하는 경우도 있다. 예를 들어 특정 지역에 위치한 자동차 부품 공급 업체의 경우, 엔진 블록이나 실린더 헤드 같은 대형 부품을 제작하기 위해 자동화된 조립라인을 이용하는 대신에 그 운영에 보다 많은 노동력이 요구되는 수작업 가공 기구에 의존할 수 있다. 예를 들어 중국이나 인도 등지에서 이러한 부품이 생산된다면 그들 국가의 낮은 노동 임률로 인하여, 보다 적은 자본 투자가 추가적인 노동 원가 이상을 보상할 수 있다. 따라서 중국이나 인도 공급업체들에게 주어질 부품은 현대식의 자동화된 생산 공정 보다는 충분히 노동력으로 대치될 수 있는, 그리하여 낮은 자본 투자와 높은 노동력 투자가 가능한 생산 공정의 설계와 개발이 필요한 것이다. 결국 그 지역의 특성을 고려하여 제품의 설계와 요구 사항이 만들어져야 하는 것이다. 이러한 관점과 환경이, 구매 부서뿐만 아니라 개발이나 설계 부서도 글로벌 소싱을 이해하고 참여해야 하는 이유와 논리도 되는 것이다.

(4) 글로벌 공급자와 지적재산권 이슈

소싱이 글로벌화되어 가면서 특정 국가나 기업이 가지고 있는 기술 또는 지적 재산권이 소싱 전체의 영역에서 공유되고 협력되어야 하는 경우가 빈번히 발생할 수 있다. 이러한 경우, 다른 나라에 있는 공급 사슬의 구성원들이 특정 기술이나 지적재산권에 대하여 얼마나 인정하고 우호적으로 대하느냐 하는 문제가 글로벌 소싱의 운영에 매우 중요하고 민감한 요인이 될 수 있다. 예를 들어 미국의 방위 산업체가 글로벌 소싱을 구축하려고 하여도 절대로 미국과 적대적인 이란이나 북한 등에서 공급자를 소싱하지는 않을 것이다. 아무리 그 지역이 원가 경쟁력, 기술 경쟁력이 우수하여도 그러한 나라의 공급자들과 기술이나 지적재산권을 공유하려고 하지 않기 때문이다. 그리고 일반적인 무역 거래에서도 이러한 지적재산권에 대한 고려는 매우 중요한 경우가 많이 발생한다. 비록 현재 대부분의 국가가 WTO 체제에 들어 있어 지적재산권에 대한 인지가 많이 향상되었으나, 아직도 특정 국가 또는 기업들에서는 앞선 나라의 기술을 배우고자 불법으로 복제 또는 표절하는 경우가 발생할 수 있다. 이러한 경우 다음과 같은 전략적 구도하에서 고려해야 한다.

| 도표 8-1 | 지적재산권과 글로벌 공급자 선택 | |

	선택적 고려	핵심적 고려 영역
	글로벌 소싱 증가	관심 최소화

지적재산권의 민감도 (높다 / 낮다)

표절 및 모방의 용이성 (어렵다 / 쉽다)

(가) 글로벌 소싱의 증가 : 표절 및 모방이 어렵고 그러나 지적재산권이 민감하지 않은 품목은 글로벌 공급자를 선택하는 것이 경쟁력에 도움이 되는 경우 장려 되어야 한다.

(나) 선택적 고려 : 표절 및 모방이 어렵지만, 지적재산권에 민감한 품목들은 비록 표절이 어렵다고 하더라도 만약에 발생할 수 있는 경우를 고려하여 글로벌 공급자 선택에 신중함을 기울여야 한다.

(다) 관심 최소화 : 표절 및 모방이 쉽지만 표절해도 지적재산권에 별로 영향을 주지 않는 경우는, 글로벌 공급자를 선택해도 좋고, 국내 공급자를 선택해도 가능하기에 관심과 노력을 가능한 최소화 하는 것이 좋다.

(라) 핵심적 고려 영역 : 표절 및 모방이 쉬운데, 지적재산권에는 매우 민감한 품목이 있다면 글로벌 공급자를 선택할 경우 매우 신중을 요하고 핵심적인 노력을 기울여야 한다. 원가 경쟁력이 있어서 글로벌 공급자를 선택하였으나 그들이 제조업체의 생산 기술에 필요한 지적재산권을 도용하는 경우, 구매자가 피해를 입을 수 있다면 원가 경쟁력의 우위에도 불구하고 글로벌 공급자 선택에 매우 신중을 기울여야 한다.

2 │ 글로벌 소싱과 무역

글로벌 소싱은 외국 기업과의 거래이다. 그러므로 일반적인 무역 관련 지식과 내용을 학습하고 이해해야 한다. 몇 가지 관련 주제를 살펴보고자 한다.

(1) 신용장(LC, Letter of Credit)

수입 업자와 수출 업자 간에 서로 믿고 무역을 하게 만든 제도로서, 수입 업자는 거래 은행에 의뢰하여 자신의 신용을 보증하는 증서를 작성하게 하고, 이를 상대국 수출 업자에게 보내어 그것에 의거 어음을 발행하게 하면 신용장 발행 은행이 그 수입 업자의 신용을 보증하고 있으므로 수출지의 은행은 안심하고 어음을 매입할 수 있다. 수출 업자는 수입 업자의 신용 상태를 직접 조사 확인하지 않더라도 확실하게 대금을 받을 수 있게 되기에 무역이 가능하다.

(2) 인코텀즈(Incorterms)

인코텀스(Incoterms, ICC rules for the use of domestic and international trade and international trade terms)는 국제상업회의소가 제정하여 국가 간의 무역 거래에서 널리 쓰이고 있는 무역 거래 조건에 관한 해석 규칙이다. 공급자와 구매자 사이에 어느 시점에 물건의 소유권을 인도하고 받을 지를 정하는 것이다. 이러한 결정으로 인하여 국제 물류 흐름에서 어디까지가 공급자 또는 구매자의 권한과 책임인지가 정해진다. F(FCA, FAS, FOB), C(CFR, CIF, CPT, CIP), E(EXW), D(DAF, DES, DEQ, DDU, DDP) 군으로 나누어져 다양한 거래 조건을 정해놓고 있다. 보다 자세한 내용은 무역 관련 서적을 참조하면 되기에 본서에서는 생략하기로 한다.

(3) 품목 분류(HS Code)

HS Code는 1988년 국제협약으로 채택된 국제통일상품분류체계(Harmonized Commodity Description and Coding System)의 약칭이다. 국제통일상품분류체계는 대외무역 거래 상품을 숫자 코드로 분류하여 상품 분류 체계를 통일함으로써 국제 무역을 원활하게 하고 관세율 적용에 일관성을 유지하기 위한 것으로, 관세나 무역통계, 운송, 보험 등 다양한 목적에 사용된다.

(4) 관세

관세란 국외에서 수입하는 상품에 대해 부과하는 세금을 말한다. 관세의 종류는 크게 수입품의 가격에 대해 일정 비율로 부과되는 종가세(ad valorem tariff)와 수입품의 수량에 대해 일정액으로 부과되는 종량세(specific tariff) 등으로 나눌 수 있다.

보다 다양한 무역 관련 전문 지식과 더 깊은 내용들은 무역 관련 서적에 자세하게 서술되어 있음으로 본서에서는 생략하기로 한다.

3 | 글로벌 소싱의 장기적 운영 전략

앞서 언급한 것처럼 글로벌 소싱을 운영하는 전략을 수립하고자 하는 경우 단기적인 가치에만 급급하지 말고 장기적이고 체계적인 전략을 수립하여야 한다. 첫 번째로 고려해야 할 사항은 어떤 항목이 글로벌 소싱에 적합한지를 결정하는 것이다. 그렇다면 어떤 기준으로 글로벌 공급업체를 선택하고자 하는가? 어떤 부품은 무게에 비해 부피가 크고(운송 및 물류 비용이 높음) 또 어떤 부품은 손상을 입기 쉽고(품질 관리 비용이 높음), 또 어떤 부품은 공급자가 쉽게 만들 수 없고(품질 수준이 높음) 등 각각의 특성이 있다. 따라서 글로벌 공급자 선택 전략을 수립하려면 먼저 부품의 특성을 분류할 필요가 있다. 기업이 필요로 하는 자재와 부품을 구별하는 방법은 여러 가지가 있을 수 있으나 글로벌 공급자 선택을 위해 아래와 같이 구분하고자 한다.

도표 8-2 글로벌 공급자 선택을 위한 부품 체계 분류

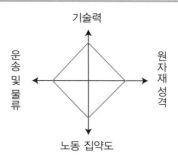

　위의 도표에서 보는 것처럼 4가지 요소(기술력, 노동 집약도, 원자재 성격, 운송 및 물류)를 기준으로 자재의 글로벌화 적합성 모형을 만들어보았다. 예를 들어 고도의 기술력이 필요한데 상대적으로 노동 집약적이 아닌 부품, 기술력이나 노동 집약도 보다는 부품의 부피가 커서 운송 및 물류가 매우 중요한 부품, 공급할 부품의 성격이 원자재 성격이 강하여 원산지가 반드시 고려되어야 할 부품, 매우 노동 집약적이어서 노동 원가가 상대적으로 매우 중요한 제품 등으로 구분하여 어떤 부품이 어떤 특정 지역에서 최적의 효과를 창출할지를 결정해야 한다. 예를 들어 부품의 성격이 기술적으로 정교한 부품으로서 그 생산에 노동력이 거의 필요치 않은 부품이라면 당연히 글로벌 소싱 시의 노동 원가의 특정 지역 경쟁 우위는 고려 대상이 되지 않는다. 물류 비용이 전체 원가의 많은 부분을 차지하고 있다면 가능한 한 생산 공장에 근접한 지역에서 부품을 공급받아야 할 것이다. 결국 글로벌 소싱 지역도 저원가 지역, 고품질 가능 지역, 근접 지역 등으로 구분하여 지역의 특성에 맞는 부품의 적합성이 체계적인 글로벌 소싱을 구축하는 기본이 되어야 할 것이다.

　미국에 생산 기지를 둔 자동차 업체가 자동차에 사용되는 냉각 장치용 플라스틱 팬을 구매하는 경우를 살펴보자. 이 품목은 노동 집약적이어서 당연히 중국이나 인도에서 공급하는 것이 최적이라고 생각되는 단순한 종류의 부품이다. 그러나 사실은 추가적인 물류 및 운송 비용과 이들 국가에서 사업을 수행하는 데 소요되는 높은 비용으로 인해 이들 국가에서 공급함으로써 얻게 되는 절감액이 추가적인 비용으로 인하여 많이 상쇄된다는 것이다. 그러므로 미국 자동차 생산업체들의 경우, 이 부품을 총 비용 기준으로 가장 저렴한 가격에 구입할 수 있는 곳은 멕시

코이며 멕시코는 향후 적어도 10년 내에는 이 부품의 가장 저렴한 구입처로서의
위치를 계속 유지할 가능성이 높다.

그렇다면 이러한 부품 체계를 분석한 다음에는 장기적이고 전략적인 질문을 준
비하여 기업이 얼마나 이러한 질문에 대답할 수 있는가를 판단하는 것이다. 이러
한 사항이야 말로 장기적으로 공급자 선택 전략을 세우는 체계적인 방안이 되기
때문이다.

- 글로벌 소싱 국가의 경제 발전과 전반적인 사회 구조는 향후 어떻게 발전할
  것인가?
- 글로벌 소싱 국가의 정치적인 상황은 안정적이고 기업 경영에 위험 요인은
  없는가?
- 글로벌 소싱 국가 내의 연관 산업의 전체 수요와 공급은 어떤가? 향후 공급이
  성장될 수 있는 지속적인 가능성이 있는가?
- 글로벌 소싱 국가의 특정 산업은 향후 어떠한 발전 경로를 가지겠는가? 그러
  한 발전 경로가 현재 전략에 어떤 영향을 주는가?
- 총 비용 측면에서 국내와 글로벌 어느 쪽이 유리한가?
- 총 비용 차이가 얼마 정도 어느 정도 지속 될 것인가?
- 글로벌 소싱의 가격적인 요소를 구성하는 외부 경제 환경적인 요인은 어떻게
  변할 것인가?
- 글로벌 공급자가 새로운 신제품 개발 프로세스에 참여가 가능한가? 가능하다
  면 어느 곳이 가장 강점인가?
- 글로벌 공급자의 납기는 국내 공급자에 비해 어느 정도 차이를 보이고 있는
  가? 납기의 정확도는 경쟁력에 중요한 요소인가?
- 글로벌 공급자의 자국내 시장에서의 성장은 어떠한가? 향후 글로벌 공급자를
  통해 소속 시장에 침투할 수 있는 가능성이 있는가?
- 글로벌 공급자와 협력적인 관계를 지속적으로 유지할 수 있는가?
- 글로벌 소싱을 강조할 경우, 현재 국내 공급자들은 어떻게 관리하고 발전시
  킬 것인가?

이런 질문에 대한 준비와 답을 통하여 기업은 자신이 결정한 글로벌 소싱의 전

략이 부품의 제품 수명 주기 동안 가능한 각각의 입지에서 어떻게 변화할 것인가를 예측하는 것이다. 이러한 논리를 기반으로 본 책에서는 글로벌 소싱의 전략적 모형을 제시하고자 한다.

도표 8-3 글로벌 소싱의 전략적 모형

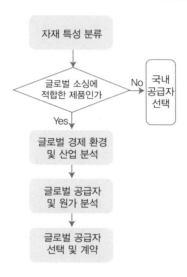

<도표 8-3>는 앞서 언급한 내용을 도식적으로 정리한 것이다. 글로벌 소싱을 수행하면서 전략적으로 판단하고 장기적인 관점에서 전체적인 상황을 분석한다면 반드시 경쟁 우위가 있는 결과가 나타날 것이라고 저자는 믿는다.

구매 위험 관리

경영 환경이 급변하고 기업의 활동 영역이 글로벌화해짐으로, 기업이 처할 수 있는 위험은 그 빈도가 많아지고 그리고 영향력 또한 증가하고 있는 실정이다. 그런데 위기 관리 능력이 뛰어난 기업은 피해의 확산을 조기에 차단하고 위기를 오히려 전화위복의 계기로 반전시킬 수도 있다. 이러한 관점에서 본다면 기업이 닥쳐올 위험을 인지하고 예방하고 추후 대책을 세우는 것은 이제 기업의 경쟁력을 창출하는 매우 중요한 요소가 되었다.

경영학에서 위험을 인지하고 관리하는 영역은 재무 관리 또는 보험 관리 분야에서 많이 연구되어 왔다. 그러나 경영 환경의 변화는 위험 관리의 영역과 내용을 변화시키고 있다. 특히 경영 환경이 스피드화, 글로벌화, 복잡화해가면서 기업 운영 분야에서도 다양하고 많은 위험에 노출되기 시작하였다. 구매란 기업이 필요로 하는 재화를 외부의 공급자로부터 획득하는 과정인데, 만약 공급자가 문제가 생겨 자재나 부품이 원하는 시기에 공급되지 못한다면 전체 생산 라인이 중단되는 사태가 발생할 수 있다. 생산이 중단되면 영업도 중단되고 그러면 기업의 전체 경영 활동도 중단되어 버린다.

이러한 위험 관리가 이제는 구매의 중요한 업무 중의 하나로서 인식되고 있다. 구매 관련 위험을 인지하고 사전에 대비하고 사후 방안을 수립하는 것이 구매의 중요한 일상적인 업무가 된 것이다. 본 장에서는 이러한 구매 활동에 영향을 주는 위험을 효율적으로 관리하는 방법에 관하여 학습하고자 한다.

제9장

구매 위험 관리

1 | 구매 부분의 위험 증가

2011년 3월 11일 일본 동북부에서 발생한 지진과 해일로 수만 명의 사상자가 발생하고 사회간접자본들도 파괴되었고 공장 가동도 중단되었다. 또한 2010년 3월 20일, 아이슬란드 에이야프얄라요쿨 화산이 폭발하여 유럽의 하늘길이 막히고, 그러한 여파로 세계적인 물류 대란이 발생하기도 하였다. 세계가 하나의 글로벌 경제로 이행됨에 따라서 각 지역에서 발생하는 모든 위험과 불확실성은 점점 동조화되고 그리고 영향력도 점점 강해져가고 있다. 과거에는 그저 강 건너 불구경이었던 사건들이 이제는 우리 기업에게 막 바로 영향을 주는 시대가 오고 있는 것이다. 앞서 언급한 아이슬랜드는 유럽의 중심 국가가 아닌데도 이 나라에서 발생한 화산 폭발이 우리 기업의 물류 이동 및 공급 사슬에 영향을 주는 것을 보면 실제로 세계는 이제 하나로 연결되었다는 사실을 부정할 수 없다. 고로 세계적으로 발생하는 자연 재해, 경제 불확실성 등이 모두 우리 기업에게 중요한 경영 환경이 되어버린 것이다. 결국 경영 환경이 급변하고 기업의 활동 영역이 글로벌화 해짐으로, 기업에 연관되는 위험은 그 빈도가 많아지고 그리고 영향력 또한 증가하고 있는 실정이다. 또한 기업이 직면하는 위기는 갈수록 대형화하고 복잡화 할 전망이다.

위기관리 능력이 뛰어난 기업은 피해의 확산을 조기에 차단하고 위기를 오히려 전화위복의 계기로 반전시킬 수도 있다. 이러한 관점에서 본다면 기업이 닥쳐올 위험을 인지하고 예방하고 추후 대책을 세우는 것은 이제 기업의 경쟁력을 창출하는 매우 중요한 축이 되었다. 경영학에서 위험을 인지하고 관리하는 영역은 재무 관리 또는 보험 관리 분야에서 많이 연구되어 왔다. 일반적으로 자금 조달이나 투자업무에 있어서 불확실성을 제거하고 분산 투자를 실행하고 만약의 상황에 대비하여 보험을 준비하는 내용들이 그 동안 위험 관리의 대부분을 이루어왔다. 그러나 경영 환경의 변화는 위험 관리의 영역과 내용을 변화시키고 있다. 특히 경영 환경이 스피드화, 글로벌화, 복잡화해가면서 기업 운영에 필요한 공급 사슬 관리 분야에서도 다양하고 많은 위험에 노출되기 시작하였다. 공급 사슬에서 발생할 수 있는 위험은 매우 다양하고 그러한 위험이 발생할 경우 기업에 치명적인 손실을 입힐 수도 있다. 기본적으로 공급 사슬은 어떠한 경우에도 중단 없이 재화 및 자재가 연속적으로 흘러가야 하나, 이러한 위험이 발생하면 공급 사슬의 흐름이 중단되고 만다. 그렇다면 어떠한 경영 요소들이 공급 사슬 운영의 흐름에 위험을 주고 있는 것인가.

일본 기업들에 의해 시작된 적기 생산 시스템(JIT, Just In Time)은 생산 활동 시에 나타날 수 있는 여러 가지 낭비를 제거하고 효율성을 극대화함으로써 기업을 성공에 이르게 하는 좋은 방법으로 알려져 있다. JIT 목표 중의 하나가 재고를 가능한 적게 가지고 가려는 노력이다. 재고를 낭비로 인지하였기 때문이다. 그러나 JIT 환경으로 기업을 운영하는 경우, 내부 또는 외부에서 갑작스럽게 위험이 발생할 때 최소의 재고를 가지고 운영되는 JIT 시스템이 이러한 위험을 흡수하지 못하는 경우가 발생할 수 있다. 예를 들어 2시간 분량의 재고만을 공급받는 경우 갑자기 공급자의 공정에 문제가 발생하여 2시간이 넘도록 재고가 보충되지 않는다면 구매 기업의 생산 라인은 가동이 중단될 수 있는 위험이 있다. 이러한 기업의 연속적인 운영에 대한 위험은 기업 내부의 요인에서만 발생하는 것이 아니고 기업의 외부에서도 발생할 수 있다. 향후 기업은 여러 가지 이유로(원가, 납기, 전문화, 핵심 역량, 유연성, 민첩한 대응 등) 점점 자체 생산을 줄이고 외부의 공급자로부터 많이 구매하게 됨으로써 기업의 효율성과 효과성을 증대시키기는 하였으나 그만큼 외부 공급자에게 많이 의존하게 되어 외부 공급자의 성과가 기업에 직접적으로 영향을 미치게 되었다. 예를 들어 많은 부품을 외부 공급자로부터 구매하는 경우, 외부 공급자의 부품의 공급 실패는 그 공급자를 이용하는 구매 기업 생산에 차질을 주고 결국 그 기업은 실패하게 된다. 더군다나 과거보다 구매가 점점 글로벌해지고 복잡해짐에 따라 위험 발생 요인들도 더 많이 나타나게 되었다.

도표 9-1 구매 운영의 위험을 발생시키는 요인		
구매 이슈	실행 이유	발생 가능한 위험 원인
JIT 실행	재고 감축, 원가 절감, 낭비 제거	갑작스런 환경 변화에 대처가 어려움
아웃소싱 증가	원가 절감, 핵심 역량 구축	공급자의 의존성 증가
구매의 글로벌화	글로벌 품질, 원가 및 경쟁력 확보	글로벌한 위험 요소가 모두 구매로 유입
경영의 인터넷 환경	신속하고 빠른 경영	위험의 속도가 빨라 짐

2 │ 위험 관리의 중요성

구매의 기본은 자재 공급을 통하여 물자 및 정보 등이 중단없이 흘러가게 하는 것이다. 어떤 외부의 충격에도 영향을 받지 않고, 중단없는 자재의 흐름을 계획하고 관리하는 것을 자재 공급 유지 계획(SCP, Supply Continuity Planning)라고 한다. 그러나 자재 획득 활동의 단절을 위협하는 요소는 도처에 널려져 있다. 공급사의 파산, 불량품의 생산, 자연 재해, 사고, 노사 분규, 지역적 분쟁, 테러 등 모든 것이 경영 활동의 원활한 흐름을 방해하는 요소들인 것이다. 이러한 요소들을 생산 및 구매의 위험이라고 명명하기로 한다. 그렇다면 실제로 발생하게 되는 위험은 구매에서 어떤 결과를 야기하게 되는가.

- 자재의 공급 실패에 의한 생산의 단절
- 불량 자재 공급에 의한 생산 차질
- 불량 제품 생산에 의한 고객 신뢰도 상실 및 배상 책임
- 환경 변화에 의한 현 자재 및 제품의 진부화
- 자재 및 부품 가격 상승에 의한 제조 원가 상승
- 신제품 개발 출시 지연에 의한 시장 점유률 하락
- 환경 문제 발생에 의한 신뢰도 추락 및 보상

• 구매 내의 정보 왜곡에 의한 비효율 및 낭비 요인 발생

그렇다면 이러한 위험을 관리해야 하는 이유는 무엇인가.

도표 9-2 위험 관리의 중요성

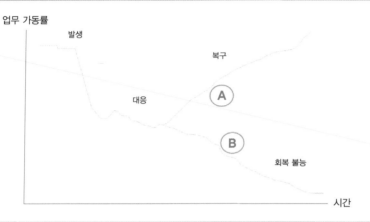

먼저 위험이 발생하면 기업이 피해를 입게 되고 결과적으로 기업의 가동률이 현저하게 떨어지기 시작한다. 그 후 기업은 이러한 위험에 대응하기 위하여 여러 가지 경영 자원을 활용하기 시작한다. 물론 이러한 대응은 신속하게 수행되어야 한다. 일단 대응이 지속되면서 기업은 크게 두 가지 경우로 반응한다. 먼저 적합한 대응으로 복구 경로를 가는 기업은 <도표 9-2>에서 보는 것처럼 Ⓐ 경로를 가게 된다. 일정 시간이 흐르면 다시 위험 발생 전의 상태로 돌아가고 위험을 극복하면서 여러 가지 교훈을 얻어 과거 보다 더 강해지는 경우가 많다. 그러나 대응이 부실하고 위기관리가 엉망인 기업은 결국 시간이 지나도 복구되지 못하고 Ⓑ 경로를 가게 된다. 결국 기업은 경영 불능인 상태에 빠져 파산이나 도산하게 되는 것이다. 이렇게 보면 위험을 관리할 수 있는 역량은 기업의 생과 사에 매우 중요한 역할을 한다.

그러면 이러한 위험을 어떻게 예방하고 대처해야 하는가? 크게 두 가지로 나누어 보면 (1) 위험을 발생시키는 원인을 변화시키는 방법과 (2) 취약성(vulnerability)을 감소시키는 방법이 있다.

모든 구매의 운영 및 생산 공정에는 변동(variance)이 발생한다. 이러한 variance가 결국 위험을 발생시키는데, 궁극적으로 구매의 운영 및 생산 시스템에서는 어떻게 variance를 최소화할 수 있는가 하는 것이다. 사전적으로 variance를 발생하지 않도록 하는 예방 시스템과 사후적으로 variance가 발생하여도 흡수할 수 있는 수습 시스템을 만들어가려고 하는 것이다.

먼저 사전적으로 분석해 보면 모든 variance의 원인은 많은 자원을 이용하기 때문이라고 볼 수 있다. 여기서 자원이란 시간과 단계라고 정의하자. 시간이 길어질수록 variance 발생 빈도가 높아진다고 보면 — 즉, 시간이 길면 그 사이에 여러 가지 경우의 수가 많이 발생할 수 있기 때문에, 이것을 변동이라고 함 — 전체 사이클 타임을 줄이는 것은 variance의 발생 확률을 줄일 수 있는 것이다. 예를 들어 재고 관리에서 발주 리드타임이 아주 긴 경우, 그 긴 리드타임 내에서 여러 가지 위험이 발생할 수 있고 리드타임이 긴 이유로 재고 입고의 도착 시점도 매우 불확실하지만, 리드타임을 줄여 짧게 만들 경우 위험 발생 확률 자체가 줄어들고, 도착 시간의 불확실성도 줄어든다. 시간 축 경쟁(Time-based competition)도 따지고 보면 시간을 단축함으로써 얻을 수 있는 가장 큰 이점은 미래의 불확실성 및 위험이 발생할 수 있는 가능성의 영역(시간)을 원천적으로 줄인다는 점이라고 이해할 수도 있다. 또한 앞서 언급한 단계란 많은 단계를 거칠수록 variance가 증가 한다는 의미이다. 생산 시스템에서 10단계를 거치는 제품과 2단계만 거치는 제품은 2단계만 거치는 제품이 훨씬 variance 발생 가능성이 적다. 또한 10명의 공급자를 가지고 있는 제품과 2명의 공급자를 가지고 있는 제품은 2명의 공급자를 가지고 있는 제품이 variance가 발생할 확률이 적다. 이런 이유로 생산 시스템의 프로세스를 혁신을 통해 단순화한다거나, 전체 구매의 단계를 축소한다거나 또는 공급자들을 정예화하여 숫자를 줄이는 것들을 시행하게 되는 것이다.

그 다음 사후적으로 variance가 발생하는 경우 가장 좋은 대처 방안은 variance를 흡수할 수 있는 완충 영역(buffer)을 보유하는 것이다. 즉 buffer의 종류는 여러 가지가 있을 수 있다. 여유 생산 능력, 여유 조달 리드타임, 여유 인력, 여유 재고 등이다. 예를 들어 재고를 많이 보유하고 있으면, variance가 발생하여 어떠한 위험이 초래되더라도 그러한 위험에서 야기될 수 있는 생산 운영상의 실패와 단절을 넉넉한 재고가 모두 흡수할 수 있다. 그러나 재고를 넉넉히 보유한다는 것은 비용을 지불해야 하는 일이고 점점 치열해지는 경영 환경은 원가와 비용의 절감을 요구하기 때문에 바람직한 행동이라고는 볼 수 없다. 우리는 간단한 예를 들어서 기업이 구매 및 생산 시스템을 운영하면서 어떻게 위험의 발생을 예방하고 통제하려고 하는지를 살펴보았다. 다음 장에서는 앞서 언급한 이러한 개념을 보다 깊이 분석하여, 체계적으로 위험 관리 시스템을 연구해보고자 한다.

3 │ 위험 관리 시스템

어떤 경우라도 위험에 대처하는 방안은 두 가지로 요약할 수 있다. 사전적 방안과 사후적 방안이다. 사전적 방안이란 위험이 발생하기 전에 사전적으로 예방이 가능한 경우, 또 예방을 통하여 위험 발생 가능성을 줄이는 경우와, 사후적 방안이란 아무리 노력해도 위험은 발생할 수 있다고 가정할 경우, 발생한 후에 사후적으로 위험의 영향을 최소화하려는 노력 이렇게 크게 두 가지인 경우이다.

먼저 위험을 관리하는 프로세스에 관하여 분석하고자 한다. 앞서 언급한 사전적, 사후적 관리 시스템을 구축하기 위해 먼저 처음에는 위험을 인지하는 일부터 시작해야 한다. 다음 표에서 이러한 위험을 관리하기 위한 체계적인 프로세스를 제시하고자 한다.

도표 9-3 위험 관리 프로세스

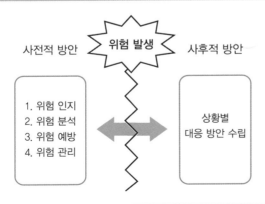

(1) 위험의 인지

일반적으로 여러 가지 위험이 존재함에도 기업에서는 그러한 위험을 인지하지 못하는 경우가 많다. 첫째로 위험한 가능성이 있었으나 다행히 위험이 발생하지 않고 넘어가면 일반적으로 위험이 존재하지 않는다고 인지하게 된다. 예를 들어 음주 운전이 매우 위험한 경우임에도 불구하고 운전을 하여 무사히 집에 도착하였다면, 운전자는 위험이 마치 없는 것처럼 인식하게 되는 것이다. 구매 운영 측면에서 생각해보면, 공급자의 생산 라인에 치명적인 결함이 존재하여 공급자가 매우 큰 위험 요소를 가지고 있어도 이번에 공급자로부터 제품을 아무 문제없이 공급 받으면 그 공급자가 위험 요소가 없다고 생각하게 되는 경향이다. 즉 위험이 존재하여도 나에게 발생하지 않으면 없다고 인지하게 되는 것이다.

두 번째로는 위험을 이야기 하고 위험에 대비한다는 것이 일이 실패할 경우를 두려워하여 걱정하는 모습이 되어, 이러한 위험을 공개적으로 다른 사람에게 인지시키려는 경우 겁이 많은 자, 의지가 약한 자 또는 자신이 없는 자로 평가되어 부정적으로 취급될 우려가 있어 누구도 위험을 공개적으로 표현하지 않으려는 경향이 있다. 예를 들어서 "우리 공급라인에 문제가 생길 경우 대체 공급자를 어떻게 찾을 것인가" 하고 질문하는데 상대방이 "우리 공급라인은 그 동안 매우 안정적이었고 또 만약의 경우에도 대체 공급자를 구하는 일은 별로 어렵지 않을 것 같은데 왜 자신없게, 그리고 그렇게 우리 공급라인을 못 믿어서야 어떻게 사업을 하겠냐." 하고 공격하는 경우이다. 이러한 경우 조직에서 위험을 인지하기가 무척 어렵게 된다. 이렇듯 위험은 늘 존재하고 어느 시간 어느 장소에서도 발생할 가능성이 있다. 위험을 인지하는 것이 겁쟁이의 생각이라는 조직 문화를 바꾸어 위험은 늘 존재하고 또 우리에게 아주 치명적인 모습으로 다가올 수 있다는 사실을 인정하고, 그러한 위험에 대응하는 방안을 모색하는 것을 조직의 문화와 시스템으로 만드는 것이 제일 첫 번째 임무이다. 위험이 발생할 수 있는 이유를 살펴보면 다음과 같다.

- **불확실** – 예측지 못한 상황의 발생
- **대안이 없음** – 위험 발생 시 돌아갈 수 있는 길이 없다.
- **환경의 변화** – 과거와 다른 새로운 환경 요인에 의하여 위험 발생
- **인간의 능력적인 한계** – 위험의 인지 및 대처 부족
- **실패를 인지하고 대처하는 능력의 부족** – 잘못된 일을 처리하는 과정

(2) 위험의 분석

기업에서 위험이 인지되고 그러한 위험을 관리하고 대비할 필요가 있다는 공감대가 형성되었다면, 그 다음 단계로 구매의 운영에서 발생할 수 있는 위험한 사안별로 어떠한 위험이 얼마나 존재하는가를 분석하는 것이다. 위험의 정도를 측정및 분석하기 위해, 본 연구에서는 위험의 정도를 측정하고 분석할 수 있는 요소를3가지로 규정하였다. 3가지 요소는 다음과 같이 정의하고자 한다.

도표 9-4 **위험 분석의 3요소**	

이 의미는 위험 발생 확률이 높아도 지속 기간이 짧거나, 기업에 미치는 영향력이 적은 경우는 중요한 위험 사안이 아니라는 의미이고, 결국 위험은 발생 가능성, 지속 기간, 기업에 미치는 영향 이렇게 3요소를 모두 고려해야 한다는 의미이다. 이와 같은 논리를 배경으로 다음과 같은 함수 관계를 만들어낼 수 있다.

$$위험의\ 중요도 = f\{위험\ 발생\ 확률 * 지속\ 기간 * 영향도\}$$

기업은 위험이 발생할 수 있는 여러 가지 사안에 관하여 위의 3가지 속성을 중심으로 분석할 수 있다. 예를 들어 화학 산업에서 공급자의 공장이 폭발할 가능성을 분석해보면 위험 발생 확률이 매우 높고, 지속 기간도 길수 있고 특히 기업에게 미치는 영향력이 매우 크다고 분석되었다고 가정한다면 위험의 중요도가 매우높을 것이다. 이런 식으로 여러 가지 사안(공급자의 공장이 폭발함, 공급자가 납기를어김, 품질 불량이 발생함, 유통자가 물류 시스템 운영을 잘못함 등)에 관하여 위험의 중요도를 계량적으로 산출하여 우선 순위를 부여하고, 가장 시급하게 대처해야 할 사안이 무엇이고 그 다음 사안이 무엇이고 등의 계획을 수립하고 계획 대비 예산과 노력도를 분배하는 일이 체계적인 위험의 분석이 될 것이다.

그리고 위험을 분석하기 위한 또 하나의 방안은 위험 발생의 인과 관계를 분석하는 일이다. 품질 관리의 기법으로 우리는 원인 결과표(Cause and Effect Diagram) 기법을 사용한다. 이러한 기법은 단지 품질 관리에만 사용할 수 있는 것이 아니라, 위험이 발생한 경우 그러한 위험이 발생하는 결과를 야기시키는 요인들을 분석해 볼 수 있다. 또 하나 고려해야 할 사항은 제약 이론(TOC, Theory of Constraint)의 적용이다. 제약 이론에서는 병목 현상을 집중적으로 관리한다. 전체 구매 중 가장 취약한 곳은 어디인가를 분석하는 것도 매우 중요하다. 가장 취약한 곳에서 위험이 발생하면 다른 곳은 아무리 잘 운영되고 있어도 전체 구매의 운영은 실패 할 수 있기 때문이다. 그리하여 전체 구매 중에서 위험의 발생 가능성이 가장 높은 곳(가장 취약한 곳)부터 집중적으로 개선하여 전체 최적화를 해가는 과정이 구매 전체의 분석에 도움을 줄 수 있다.

(3) 위험 예방 및 관리

위험의 분석이 되었다면 그 다음으로 그러한 위험이 발생하지 않도록, 위험을 예방하고 관리하는 방법을 강구하는 것이다. 위험을 관리하는 가장 좋은 방법은 그러한 위험이 발생하기 전에 위험의 가능성을 줄이고 차단하는 방법일 것이다. 가능하다면 사전에 위험이 발생하지 않도록 예방하고 관리하는 것이 위험이 발생하고 난 후에 사후적으로 대비하는 것보다 훨씬 효과적이다. 그렇다면 어떻게 위험을 예방하고 관리할 수 있을까?

📍 위험 회피

위험 회피란 본질적으로 위험한 사안이나 위험을 야기시킬 수 있는 사안을 피하는 것이다. 다시 말하면 자동차 사고를 내지 않는 가장 좋은 방법은 자동차를 타지 않는 방법이다. 예를 들어 A 나라에 정치적으로 여러 가지 복잡한 상황이 예견된다면 공급자를 선택할 때 A 나라의 공급자는 공급자 리스트에서 제거해버리는 방식이다. 사전에 최대한 발생할 위험의 요인과 소지를 원천적으로 제거하는 방법이다. 그러나 이러한 경우는, 사람이 자동차를 타지 않을 수 없는 것처럼, 제한적인 경우에 사용될 수 있다.

📍 위험 통제

위험 통제란 적극적으로 위험이 발생할 수 있는 사안이나 가능성을 찾아 그러한 위험이 발생하지 않게 개선하고 관리하고 향상시키는 방법이다. 자동차 사고를 방지하기 위해서는 자동차를 안 타는 방법이 최선이지만, 그것이 불가능한 경우 – 즉 어쩔 수 없이 자동차를 타고 다녀야 하는 경우 – 자동차 사고를 내지 않도록 사전에 철저히 점검하고 위험한 운전이나 행동을 하지 않는 것이다.

구매에서 공급자의 품질 불량이란 위험이 존재한다면, 앞서 언급한 위험 회피 방법은 공급자와 거래를 하지 않고 자체적으로 생산하는 방법이겠지만, 여러 가지 경영 환경 상 이러한 자체 생산이 불가능 또는 비경제적인 경우 그리하여 반드시 공급자와 거래를 해야 하는 경우에는 어떻게 공급자가 발생시키는 위험을 줄일 수 있는가 하는 것을 연구하는 것이다.

- ✓ 공급자의 능력을 주기적으로 점검한다.
- ✓ 공급자의 능력을 향상시킨다.
- ✓ 공급자와 신뢰 관계를 구축한다.
- ✓ 공급자의 생산 공정에 참여하여 도와준다.
- ✓ 공급자와 의사소통 및 정보 공유를 활성화한다.
- ✓ 공급자의 제품을 철저하게 검사한다.

이러한 행동들은 공급자의 품질 불량이라는 위험 발생을 최대한 억제할 수 있게 만드는 것이다. 또한 사전에 위험을 감지하고 예방하기 위해서 사전 경고 시스템을 구축할 필요가 있다. 즉 위험 발생 가능한 경우를 탐지하여 어느 정도 수준 이상으로 위험의 가능성이 올라가면 사전에 경고 시스템이 작동하도록 하는 것이다. 이렇게 경고 시스템이 작동함으로써 기업은 사전적인 대비를 할 수 있게 된다. 실제로 우리가 정기적으로 건강 검진을 받는 이유도 이러한 사전 경고 시스템을 실행하여 정말 큰 병이 나기 전에 그러한 가능성이 있다고 판단되면 사전에 방어하고 예방하기 위한 것이다. 이렇듯 사전에 예방과 통제를 한다는 것은 아무리 강조해도 지나치지 않다. 6시그마 품질 관리도 사실은 이러한 사전 예방 및 통제 시스템의 하나이다. 품질의 불량을 발생 전에 원인을 분석하고 철저하게 예방하여 거의 무결점으로 운영하자는 취지로 보면 품질 불량이란 위험을 사전에 예방하고 통제하려는 노력이라고 볼 수 있다.

구매의 관점에서 볼 때 구매의 투명성 및 가시성(visibility)과 위험은 밀접한 관계가 있다. 구매가 투명할수록 그리고 전체적으로 가시적일수록 위험의 확률이 낮아지고 대처 방법이 향상된다. 그렇다면 어떻게 구매의 투명성과 가시성을 높일수 있는가? 그 방법은 구매 내의 채찍 효과(Bullwhip effect)를 감소시키고 구성원들끼리 정보를 공유하며, 신뢰에 바탕이 되는 구매의 통합을 통하여 이룩할 수 있는 것이다. 이렇게 되는 경우 다가올 위험에 대하여 충분히 모든 구매 구성원들이 인지하게 되고 서로 협력하여 대비책을 만들어가게 되는 것이다.

📍 위험 공유

위험 공유란 위험을 혼자서 책임지거나 맡지 말고 다른 여러 사람 조직과 공유하는 것이다. 운전자는 자동차 사고의 위험을 자동차 보험에 가입함으로써 보험회사와 위험을 공유할 수 있다. 구매의 운영에서 특정 부품을 구매할 경우 가능하면 단수의 공급자로부터 구매하지 않고 적어도 둘 이상의 복수 공급자를 선택하여 구매 물량을 분산시켜 구매한다면 위험을 분산시키면서 여러 공급자와 공유하게된다. 이러한 경우 단수의 공급자와 거래하는 것보다는 거래 비용이 더 많이 발생하지만, 위험 측면에서 고려해보면 기업에게 거래 비용 이상의 이점을 제공할 수있다. 그러므로 능력 있는 다수의 공급자들의 품질 인증 등을 위해 기술 부서, 개발 부서, 품질 부서 및 구매 부서가 모두 협력하여 공급자를 다원화하려고 노력해야 할 것이다. 포트폴리오 이론은 재무 관리의 이론만이 아니고 구매에서도 위험을 공유하고 분산하는 데 적용될 수 있는 좋은 이론이다. 또한 대규모 프로젝트나 많은 위험이 수반되는 신제품 개발 프로젝트에 여러 회사가 컨소시엄을 구성하여 공동으로 위험에 대처해가는 방안도 위험 공유의 방법일 수 있다.

(4) 위험 발생 상황 설정 및 대비안 준비

아무리 위험을 잘 예방하려고 해도 위험의 본질은 불확실한 성격이기 때문에 위험한 사안이 발생할 수 있다. 자연재해나 천재지변을 인간이 어떻게 사전에 막을 수 있는가. 그러므로 대비안 준비란 어떤 특정 위험 사안이 발생하였다고 할경우 그러한 사안에 대비할 수 있는 여러 가지 대처 방안을 사전적으로 연구하고각각의 발생 상황에 맞는 대책을 수립하는 것이다. 이러한 상황 대비책을 플랜B(Plan B)라고도 한다. 앞서 언급한 자동차 사례를 본다면 만약 자동차 사고가 발생하였다고 가정할 경우, 일어날 수 있는 사고의 유형은 어떤 것이고 각각의 경우에 어떻게 대비하는 것이 최선인지 계획을 수립하는 것이다. 구매 운영에서 어떤 경우가 발생하여도 그러한 경우에 대비할 수 있는 대책을 세우는 것이다. 그리고 어떠한 상황이 발생할 경우 그러한 결과에 대하여 얼마나 신속하고 민첩하게 대응하느냐 하는 것을 미리 준비하는 것이다. 만약 공급업체에서 발생 가능한 자재 단절의 경우를 분석하여 예를 들자면 (1) 화재가 발생하는 경우 (2) 노사분규가 발생하는 경우 (3) 공급자의 공급자가 자재 품절을 발생시키는 경우 등의 상황을 예상하여, 구매 기업이 대처할 수 있는 방안들을 수립하고 그러한 대책을 실제 상황이 발생할 경우 어떻게 신속하게 수행할 수 있는가를 준비하는 것이다.

아무리 노력해도 지진을 예방할 수 없다면, 지진에 강하고 견딜 수 있는 집을 짓는 것이다. 지진이 발생할 수 있다는 가정을 세우고 지진이 발생해도 견딜 수 있게 사전에 설계를 하는 방식이다. 또한 만약 글로벌 공급자를 분석해보니 아무래도 품질 문제와 납기 문제가 불안하다고 인식되고 분석되었다면, 그러한 사항이 발생할 경우를 대비하여 수행할 수 있는 대비책을 상황별로 만들어 준비하는 것이 이러한 위험을 관리하는 경우인 것이다. 환율이 변동하는 경우를 예로 들어 기업 경영의 위험이 발생하는 경우를 살펴보자. 이러한 경우, 미래 환율 가격이 A 상황인 경우, B 상황인 경우, C 상황인 경우 등으로 미래 상황을 분류하고, 이러한 경우가 미래에 닥쳤을 때 기업이 할 수 있는 대비책을 상황 대비책 A, 상황 대비책 B, 상황 대비책 C 등으로 구분하여 미리 사전에 준비하여 놓은 일이다. 이런 경우 미래에 환율 가격이 A가 되건 B가 되건 C가 되건 기업은 동요없이 미리 준비된 대비책 대로 시행하면 되는 것이다. 이러한 연유로 기업들이 만약에 미래에 닥칠 수 있는 위험한 상황들을 설정해 놓고, 중요하고 치명적인 경우부터 우선하여 각각 상황에 맞는 대비책을 만들어 준비하고 대비한다면 이러한 위험이 실제로 닥치는 경우 다른 기업들보다 훨씬 더 유연하고 신속하게 위험을 관리하게 될 것이고, 이러한 위험 관리 능력이야 말로 기업의 경쟁력을 나타내는 아주 좋은 성과가 될 것이다.

그렇다면 아직 발생하지도 않은 미래의 위험을 관리하고 예방하는 것은 경영 자원의 낭비라고 볼 수 있는가. 야구 경기에서 유격수가 공을 잡아서 1루수에게 던질 때 만약 1루수가 공을 제대로 잡지 못할 경우를 대비하여 1루수 뒤에 2루수 또는 포수가 백업(back-up)을 들어간 경우, 그날 경기에서 공이 하나도 빠지지 않고 1루수가 모두 제대로 잡았다면, 백업을 들어간 2루수는 헛수고(낭비)일까. 공이 빠지지 않았기 때문에 그렇게 생각할 수도 있다. 그러나 그날 경기에서 공을 잡은 유격수가 1루 뒤에 백업이 있는 것을 보면 설사 자기가 공을 잘못 던져도 대비가 되어 있다는 것을 알기 때문에 편안한 마음으로 공을 던질 수 있다. 그런데 만약 1루수 뒤에 아무도 없다면 자기가 잘못 던질 경우 주자가 2루로 뛸 수 있다는 긴장감과 압박감 때문에 악송구를 할 수도 있다. 결국 백업(위험 대비)은 조직원들이 편안하고 압박감 없이 소신대로 일할 수 있는 방어벽이 되기에 충분한 의미가 있다. 일례로 미국 샌프란시스코의 바다 사이를 연결한 금문교에서 금문교 바닥의 색깔이 변색되어 새롭게 칠하는 업무를 맡은 노동자들이 일을 하다가 밑에 바다를 보고 긴장해서 실수로 바다로 떨어지는 사고가 발생하였다. 그런 사고를 막고자 금문교 밑에 안전망을 설치하였는데, 신기하게도 안전망이 설치된 후에 그 안전망 위에 떨어지는 노동자가 없었다는 것을 보면, 안전망의 목적이 바다로 떨어지는 노동자를 막자는 의도였지만, 설치되고 보니 노동자들이 편안하게 그리고 정상적으로 일할 수 있는 환경을 만들어 준 셈이다. 기업의 위험 대비 및 관리도 이와 같다고 할 수 있다.

4 ｜ 자재 가격 변동 위험 관리

구매하는 자재가 특히 원자재인 경우 공급 상황이나 특정 사안에 따라 가격 변동이 심하게 발생할 수 있다. 예를 들어 전선을 만드는 회사의 주 원료는 구리인데 구리 가격이 연초에 5,000\$/ton이였던 것이 수요 공급 또는 다른 요인으로 연말에 7,000\$이 될 수도 있다. 이러한 경우를 자재 자격의 변동이 심하다고 하고 (volatile) 그런 자재의 유형은 다음과 같다.

- 원유 및 관련 유류 자재 품목
- 철, 비철금속 및 다양한 광산물
- 식품, 곡물류 및 축산, 해산, 농산품
- 기타 수요와 공급에 영향을 받는 원자재 품목

이런 경우는 자재 가격이 갑작스런 변동 요인(예를 들자면 태풍이 몰려와 사과가 떨어지면 사과 가격이 폭등, 중동 지역에 전쟁이 발발하면 원유가 폭등, 갑자기 구제역이 발생하여 돼지가 살처분되면 돼지고기 가격이 상승 등)으로 예기치 않게 변동할 수 있다. 이러한 자재를 관리하는 구매팀은 늘 자재 가격의 변동성을 줄이고 안정적인 공급을 하기 위해 노력한다.

(1) 가격 변동 모니터링

만약 A라는 자재가 중요한 자재이고 가격 변동폭이 상당히 발생한다고 가정하자. 그렇다면 이러한 자재의 가격 변동 현상을 면밀하게 모니터링할 필요가 있다.

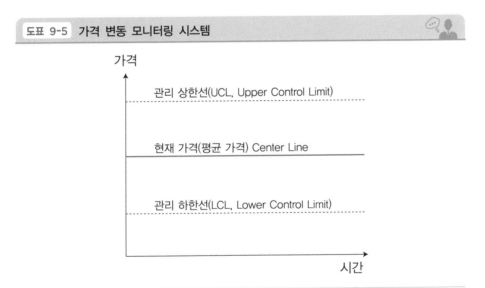

도표 9-5 가격 변동 모니터링 시스템

현재 가격이 100$인 원자재의 경우, 만약 90$ 밑으로 떨어지거나(관리 하한선), 110$ 위로 올라갔을 경우(관리 상한선) 그 자재가 관리 대상이 되어야 한다면, 관리 상한선과 하한선을 결정해놓고 자재 가격 현황을 계속 모니터링 하는 업무부터 시작해야 한다. 이러한 중요 관심 자재의 종류가 40가지가 있다면 구매 부서 내에 40가지 자재의 현황 가격판을 그려놓고 주의 깊게 살피는 업무가 기본이 되어야 한다. 만약 경계를 벗어나면 즉시 모두에게 알리고 대책을 수립해야 한다.

(2) 가격 변동 자재 위험 관리 방안

이러한 가격 변동이 심한 자재를 관리하는 방안은 크게 다음과 같이 4가지 방안으로 나누어진다.

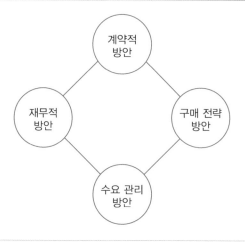

도표 9-6 가격 변동 위험 관리 방안

① 계약적 방안

계약적 방안은 구매 계약을 통하여 자재 가격 변동 위험을 방지하고자 하는 방법이다. 고정 가격으로 계약하거나(FFP, Firm Fixed Price) 또는 가격 변동이 발생한 경우 올라가거나 내려갈 때 구간을 정하여 그때 다시 계약 조건을 변경할 수 있는 내용을 포함(Escalator, De-escalator clause)시키는 방법 등이 있다.

② 재무적 방안

재무적 방안은 가장 널리 사용되는 방법이 헤징(Hedging) 방법이다. 헤징을 통하여 가격이 오르거나 내려도 서로 상쇄되는 조건을 헤징에 걸어놓아 가격 변동의 위험을 방지하는 방법이다. 선물, 옵션 등 파생상품을 이용하는 재무 관리의 기법이다.

③ 수요 관리 방안

사실 자재 가격 변동이 발생하는 자재를 사용하지 않게 되면 이러한 위험에서 벗어날 수 있다. 그러므로 가격 변동성이 덜한 대체 자재를 개발하든지, 또는 그 자재의 사용량을 줄일 수 있는 새로운 생산 방식을 개발하든지 해서 그 자재의 수요량을 줄이면 위험도 따라서 줄어들 수 있다.

④ 구매 전략 방안

이 방법은 구매가 전략적으로 시황을 분석해서 적합한 의사 결정을 하는 방안이다. 만약 자재 가격 상승이 예견된다면 지금 미리 구매하여 재고로 비축해 놓으면 된다. 그렇다면 언제 얼마나 비축을 할 것인가를 결정하는 방안이다. 또는 공급자가 매우 중요한 자재를 공급하는 데 변동성이 매우 심하다면 차라리 그 공급자를 수직 계열화하여 우리 기업 내부로 끌어들임으로써 가격 변동의 위험을 방지하는 방안이다. 그리고 또한 가격 변동이 지역적으로 차별화되어 발생한다면 공급자를 다변화하여 가격 변동을 상쇄시킬 수 있는 공급자 다변화 전략을 구축 할 수도 있다.

타 부서와 구매의 연계

모듈 2에서는 구매 부서의 핵심적인 업무 영역인 구매 업무의 기본에 관해 살펴보았다. 그러나 회사는 하나의 조직이고 편의상 영업, 생산, 구매 등으로 분리해 놓았을 뿐 실제로 회사를 성공시키는 일이 가장 중요하다. 각 부분인 영업, 생산, 구매가 중요한 것이 아니고 정작 중요한 것은 A 회사가 중요한 것이다. 이렇게 되기 위해 영업-생산-구매-개발 등 회사의 기능 부서는 서로 유기적인 연관성을 가지고 업무를 수행해야 한다. 그러므로 구매 부서가 원활하게 활동하기 위해서는 다른 기능 부서와의 연계된 활동이 요구된다.

그리고 향후의 구매 업무를 분석해보면 앞으로는 구매 부서 내부에서 구매 부서 단독으로 업무를 처리하는 영역이 점점 줄어들고 구매 부서와 타 부서가 연계하여 업무를 처리해야 하는 영역이 점점 더 증가하게 될 것이다. 예를 들어 공급자를 소싱하는 경우에도 여러 기능 부서가 한 팀이 되어 움직여야 하고, 신제품을 개발하는 경우에도 여러 부서가 협력하여 한 팀이 되어 일을 해야 한다. 설비 자재를 구매할 경우에도 설비의 전문가들과 함께 일을 해야 하고, 공급자를 육성할 때에도 공급자의 전문적인 기술적 능력과 특성을 잘 알고 있는 부서와 협업을 해야 한다. 모듈 2에서 구매 업무의 본질이 되는 고유한 구매 영역을 학습하였다면, 이번 모듈에서는 구매가 다른 부서와 어떻게 연계하여 업무를 처리해야 하는가를 집중적으로 살펴보기로 한다.

10장에서는 개발 부분과 구매의 연계를 살펴보고자 한다. 신제품을 개발해도 많은 부분의 개발 내용이 공급자에게 공유되고 요구되기 때문에, 구매가 개발에 참여하여 공급자와 연계된 부분들을 어떻게 협의하고 그 내용을 바탕으로 공급자와 함께 제품을 개발할 것인가를 살펴보고자 한다.

11장에서는 품질 부분과 구매의 연계성에 관하여 학습하고자 한다. 공급자에게 주어지는 적정한 규격이란 어떤 것인가, 그리고 공급자의 품질을 어떻게 관리하고 어떤 방식으로 구매자가 원하는 수준으로 향상시킬 수 있는가를 학습하고자 한다. 제조뿐만 아닌 서비스 구매의 품질도 살펴보고자 한다.

12장에서는 생산 부분과 구매의 연계성에 관하여 살펴보고자 한다. 전통적으로 생산 부분과 구매 부분은 가장 밀접한 연관이 있는 부서이다. 생산에서 필요한 자재를 요구하면 구매가 이러한 요구 사항을 충족해주는 경우를 말한다. 생산 계획과 구매 계획의 연계 그리고 적절한 자재의 재고를 보유해 생산과 구매 활동을 유지하는 방안들을 분석해보고자 한다.

13장에서는 공급 사슬 관점에서 본 구매에 관하여 살펴보고자 한다. 구매 부서는 단독으로 분리되어 있는 부서가 아니라 전체 공급 사슬 속에서 움직이고 있다. 그러므로 구매 앞 뒤 부분에서 어떤 일이 발생하고 그러한 사안이 구매에서 어떤 영향을 주고 결과적으로 공급자에게까지 어떤 효과를 발생시킬 것인가 하는 것을 이해하는 것은 매우 중요하다. 본 장에서는 이러한 공급 사슬 전체와 구매 부서의 연계성에 관하여 학습하고자 한다.

개발 부서와 구매의 연계

신제품을 출시하지 못하는 기업은 더 이상 경쟁력이 없는 기업이다. 고객의 요구 사안에 맞추어 신속하게 신제품을 개발하는 역량은 우리가 이미 아는 것처럼 가장 중요한 기업의 경쟁력 중 하나가 되고 있다.

신제품을 효과적으로 개발하기 위해서는 모든 기능 부서가 협조하고 참여해야 한다. 영업에서 고객의 요구 사항을 적절하게 투입해야 하고 기술에서 기업의 기술적 역량을 효과적으로 이용해야 한다. 또한 생산에서는 현재 생산 가능한 내용과 한계를 개발 부서와 공유하고 협력해야 한다.

구매 부분과 개발 부분의 연계성은 더욱 더 중요한 의미를 지닌다. 많은 부품이나 구성 요소들을 아웃소싱하고 공급자로부터 더 많은 자재를 구매하는 현재의 추세에서는 공급자와 구매가 개발과 연계하여 어떠한 부품과 자재를 공급자가 만들어야 하는지를 미리 알고 공유하고 협력해야 한다. 개발 기간 동안에 제품의 원가와 품질이 대부분 결정되기 때문에 이 시기에 필요한 부서가 적절하게 협력해 신제품 개발을 완성해야 한다. 개선과 혁신의 기회와 효과를 극대화할 수 있는 영역이 개발 기간이기 때문이다.

본 장에서는 구매 부분과 개발 부분이 무엇을 어떻게 협력해야 하고 어떤 부분에서 기업 경쟁력을 향상시키는 부가가치를 창출할 수 있는가를 살펴보고자 한다.

제10장

개발 부서와 구매의 연계

1 │ 신제품 개발과 구매

어느 기업이나 신제품 개발은 기업 성장의 중요한 열쇠이다. 신제품을 출시하지 못하는 기업은 죽은 기업이나 다름없다. 그러나 최근 고객의 기호가 수시로 변하고 제품의 수명 주기도 매우 짧아지면서, 고객이 원하는 제품을 시간에 맞추어 정확하게 시장에 출시하는 일이 결코 쉽지 않게 되었다. 그러므로 신제품 개발의 역량과 성공이 회사의 성공을 좌우한다고 해도 결코 무리한 주장은 아닐 것이다. 개발이 중요하다는 논리는 다음과 같은 도표로도 설명될 수 있다.

도표 10-1 신제품 개발의 중요성

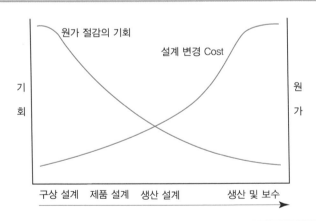

<도표 10-1>에서 보면 제품의 원가와 품질의 대부분의 개발 초기에 결정된다. 시간이 지나갈수록 원가 절감의 기회는 낮아지고 상대적으로 설계를 변경하는

데 필요한 비용은 증가한다. 그러므로 개발 초기에 잘하는 것이 매우 중요하다. 그런 면에서 개발이나 설계가 제품 개발을 진행하면서 여러 가지 이유로 자꾸 내용이 변경되면, 변경될 때마다 <도표 10-1>처럼 비용이 증가하고 납기가 늦어진다. 그러므로 개발 초기부터 여러 부서가 협력을 하여 개발 및 설계의 목적과 내용을 충분히 검토하고, 각 연관 부서의 상황들을 고려하여 최적의 개발 내용으로 진행함으로써 추후 변경을 최소화 하는 것이 가장 중요한 경쟁력 중의 하나라고 생각된다.

그렇다면 구매는 신제품 개발에서 어떤 역할들을 하는 것일까. 앞서 언급한 것처럼 제조업의 경우, 예를 들어 완성품 중 60%의 부품이 외부에서 공급된다면, 60%의 부품이 외부의 공급자들과 협력해 만들어진다는 이야기이다. 그렇다면 60%의 부품을 공급하는 공급자와 협력하지 않고는 결코 신제품 개발이 가능할 수 없다. 구매는 이러한 공급자들을 신제품 개발 과정에 참여시키고 협조를 통해 그들의 전문성을 잘 활용해서 신제품 개발을 신속하고 경제적으로 추진하는 데 중요한 목적이 있다. 회사 내부 개발 부서와 외부 공급자를 연계시키는 것이 구매 부서의 역할이기 때문이다.

도표 10-2 **신제품 개발 부분에서 공급자 활용의 의미**

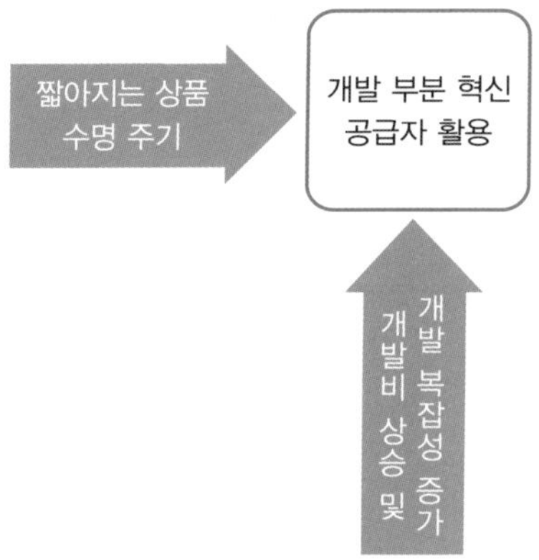

<도표 10-2>에서 보는 것처럼, 개발 기간은 점점 줄어들고, 개발해야 할 대상은 점점 더 복잡해지고 개발 비용은 증가한다. 결코 회사 내부의 개발 부서가 모든 제품 개발을 수행할 능력도 없고 시간도 없다. 이럴 경우 외부의 공급자를

적극적으로 활용해야 한다. 공급자가 특정 분야의 전문가라면 그들을 개발에 조기 참여시켜 그들로 하여금 우리가 원하는 부품을 개발하게 만든다면 시간을 절약할 수 있고, 쓸데 없는 시행 착오를 걱정하지 않아도 된다. 그들이 그 분야에 전문가이기 때문에 그들을 활용하면 되기 때문이다. 이렇게 신제품 개발 시에 공급자를 개발 프로세스에 조기 참여시켜서 공급자들의 능력을 활용하고 납기를 단축시키는 활동을 공급자 개발 조기 참여(ESI, Early Supplier Involvement)라고 한다. 공급자가 개발 단계에 조기 참여하면 다양한 장점이 발생한다. 제품 기획 단계에서 신제품의 기술적 검토가 필요한 경우, 공급자의 역량을 활용하여 그 기술의 가능성을 평가할 수 있다. 그리고 샘플(시제품)을 만들 경우 미리 그 샘플의 설계에 공급자가 참여하면 샘플의 설계 변경을 최소화할 수 있다. 또한 제품 개발 시 목표 원가가 주어진 경우 그러한 목표 원가를 달성하기 위한 공동의 노력을 개발 단계의 이른 시기부터 구매자와 공급자가 상호 협력함으로써 성공적으로 목표 원가를 맞출 수 있다. 그럼으로 개발 기간을 단축하고 원가를 절감하며 구매자가 원하는 품질 수준을 만족시키는 업무를 성공적으로 수행할 수 있다. 무엇보다도 이렇게 공급자가 개발에 조기 참여하면 구매자가 가지고 있지 않은 혁신적인 역량이나 새로운 기술이 개발 초기부터 적용되어, 신제품의 수준이 향상되고 심지어 공급자의 새로운 아이디어와 기술 역량이 신제품의 성공에 중요한 요인이 되기도 한다. 그러한 사례들을 추후에 논하기로 하자.

2 | 개발 기간 단축

그렇다면 기업은 어떻게 개발 기간을 단축할 수 있는가. 몇 가지 성공적인 방법을 학습해보자.

(1) 병렬 공학, 동시 공학(C.E. Concurrent Engineering)

병렬, 동시(Concurrent)란 의미는 동시라는 의미이다. 개발 프로세스의 여러 부분이 가능한 영역에서 동시에 실행된다는 의미이다. 일반적으로 전체 개발 프로세스가 다음과 같이 구성되었다고 가정하자.

제품 기획 → 설계 → 시제품 제작 → 시제품 검사 → 양산 제작 → 양산 검토 →
양산 시작

이럴 경우 한 가지 작업이 끝난 뒤 다음 작업을 수행하는 것을 직렬(Serial)로 일을 한다고 하고, 앞 공정이 완전히 끝나기 전에 시작할 수 있는 공정이 있다면 미리 시작하여 동시에 일을 진행시키는 것을 병렬(Concurrent)이라고 한다. 앞서 언급한 것처럼 병렬의 가장 큰 이점은 시간의 단축이다. <도표 10-3>에서 보는 것처럼 위의 경우가 직렬이고 아래의 경우가 병렬이다. 병렬은 직렬보다 개발 기간이 상당히 단축된다.

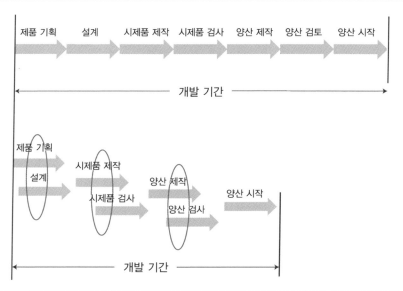

도표 10-3 직렬과 병렬의 개발 기간 비교 분석

그렇다면 동시에 일이 진행되기 위한 전제 조건은 무엇인가? 우선 여러 부서간 실시간의 정확하고 다양한 정보 공유가 필수이다. 사실 병렬 공학의 개념이나 이점은 오래 전부터 인지되어 왔다. 그러나 과거에는 시간과 공간의 제약으로 정보의 공유가 쉽지 않았기 때문에 실행에 어려움이 있었다. 만약 부서가 지리적으로 근접해 있지 않으면 정보를 공유하여 업무를 동시에 진행하기가 어렵기 때문이다. 그러나 인터넷 환경하의 경영에서 정보의 공유가 용이해짐으로써 시간과 공간의 제약 없이 정보를 공유할 수 있게 되어 동시에 가능한 일을 진행할 수 있게 되었다. 예를 들어 미국 캘리포니아의 본사와 한국 서울의 디자인 전문 회사가 협업을 할 경우, 과거에는 한국과 미국에서 서로 도면을 보내고 시간이 지나서 받은 뒤 검토하고 또 다시 보내고 받고를 반복해야 했는데, 이제는 CAD(Computer Aided Design)로 도면을 제작, 전자 문서를 만들어 인터넷을 이용해 발송하면 거의 실시간으로 바로 옆에서 일하는 것처럼 작업하는 것이 가능해진다. 정보 기술의 발전이 병렬 공학을 가능하게 만들어 준 것이다. 공급자와의 협업도 이러한 인터넷 환경하에서 훨씬 편리하게 진행할 수 있다. 앞서 언급한 ESI도 실제로 제조 기업과 한 공간에서 일을 하지 않더라도 인터넷을 이용하면 시간과 공간의 제약 없이 협업이 가능해진다. 그러므로 인터넷 환경하에서는 공급자를 개발에 조기 참여시켜 필요한 부분을 동시에 진행할 수 있는 경우가 더 빈번해지고 또한 용이해지고 있는 것이 사실이다.

(2) 다기능팀 활동 – 개발 협업

목표가 주어진 업무를 한 기능 부서가 처리한 뒤 다음 부서에게 넘겨주면, 부서 간의 이기주의와 충분한 상호 이해가 어려워 일이 자주 반복되고 진행이 느리게 된다. 회사 전체가 중요함에도 불구하고 기능별 전문화를 위해 모든 명령, 평가, 예산, 인력이 기능별로 구성되어 있기에 부서 이기주의와 부분 적정화가 발생 할 수밖에 없다. 특히 개발 과정에서 구매 부서와 개발 부서는 다른 시각을 가질 수도 있다. 구매 부서는 신제품을 개발할 경우, 신제품에 필요한 자재의 특성이 시장에서 쉽게 확보 가능하고 가격이 저렴하고 공급자가 다수여서 구매자의 선택 폭이 넓고 공급자 관리에서 우월적인 힘을 가질 수 있는 자재를 원한다. 한편, 상대적으로 개발자는 이상적인 품질 수준과 완벽한 규격을 가지고 있는 자재를 원한다. 비록 그러한 자재가 시장에서 조달하기 쉽지 않고 공급자 우위의 시장이라도 그러한 사안에는 구매 부서만큼 관심이 없다. 개발 부서와 구매 부서의 관점의 차이를 아래와 같이 정리해보았다.

도표 10-4 개발과 구매의 차이점	
구매 부서의 시각	**개발 부서의 시각**
1. 가능한 기본적 품질 수준의 확보	1. 가능한 높은 품질 수준의 확보
2. 충분한 가용성이 있는 자재의 사용	2. 규격에 맞는 가장 이상적인 자재의 사용
3. 원가에 관심	3. 원가보다는 기술력
4. 쉽게 구매 가능성에 관심	4. 성능에 관심
5. 경제적이고 제한적인 규격	5. 완벽하고 빈틈없는 규격
6. 자재의 동향 및 가격에 관심	6. 이상적인 자재의 확보에 관심

이렇게 구매와 개발의 시각 차이 때문에 공급자를 선정하는 경우에도 구매는 공급자의 경영 능력, 생산 능력, 노사 문제, 미래 성장성, 재무적 건전성 등을 고려하고 개발 부서는 공급자의 기술적 특성, 기술적 우수성 등을 고려하게 된다. 그래서 이러한 폐단을 없애고자 여러 기능 부서를 합쳐서 하나의 팀으로 구성해 마치 한 부서처럼 일하는 경우를 다기능팀(C.F.T. Cross Functional Team) 활동이라고 한다. 다기능팀을 구성하게 되면 다음과 같은 이점이 있다.

📍 시간 절약

부서 간의 의견 조절과 합의 도출을 위해 소모하였던 많은 시간이 줄어들고, 의견을 제시하고 분석하고 결정하는 모든 과정이 한 팀에서 이루어지기 때문에 시간이 절약된다.

📍 부서 이기주의 극복

과거의 갈등 요인이 발생하였던 부서들을 한 팀으로 만들었기 때문에, 부서 간의 갈등이 줄어 든다. 팀 내에서 어떤 방식으로라도 그러한 갈등을 해결하여 문제를 풀어야 하기 때문이다.

📍 다양한 시각에서 의사 소통 및 협력

여러 부서가 모여서 팀을 구성하기 때문에 각자의 다양한 시각으로 서로 이해하고 되고 상대방과 의사소통이 용이해진다.

📍 창의적인 문제 해결

과거에는 각 부서로 나뉘어서 다른 부서의 의견을 함께 논의하기가 쉽지 않았으나, 다기능팀이 구성되면서 다양한 의견들이 생성되고 다양한 시각에서 분석되기 때문에 새롭고 창의적인 문제 해결 방안이 나오기가 쉽다.

그러나 이러한 다기능팀의 이점에도 불구하고 아직도 다기능팀을 효과적으로 운영하는 것은 그렇게 쉽지 않다. 왜냐하면 다기능팀도 하나의 새로운 조직이고 새로운 조직을 구성하기 위해서는 조직화에 필요한 모든 요소를 가지고 있어야 하기 때문이다. 예를 들어 다기능팀의 목표와 평가 시스템도 없이 다기능팀을 구성한다면, 그야말로 방향도 목표도 없는 배가 되고 말 것이다. 그러므로 다음과 같은 요소를 가지고 있어야 다기능팀의 운영을 효과적으로 수행할 수 있다. 다기능팀을 효과적으로 운영하기 위한 방안을 살펴보자.

- **명확한 팀의 목표를 설정** – 목표가 주어져야 무엇을 해야 하는지 분명하게 인식할 수 있다.
- **팀의 조화와 협동을 강조** – 다양한 사람들이 모이면 갈등이 발생할 수 있기 때문에 조화와 협동이 필요하다.
- **팀 활동의 법칙과 절차를 수립** – 팀 활동을 하기 위한 기본적인 법칙과 절차를 수립해야 팀이 혼란에 빠지지 않고 부여된 임무를 완수할 수 있다.
- **의사 소통 및 명령 체계의 확립** – 조직의 명령 체계 및 의사 소통 방안을 수립해야 일이 체계적이고 한 방향으로 진행될 수 있다.
- **그룹의 강점과 약점을 이해** – 조직의 강점과 약점을 이해해야 문제가 발생할 경우 대처 능력이 생긴다.
- **그룹 활동의 우선 순위 집행 능력** – 모든 활동들을 다 할 수 없기 때문에 어떠한 활동을 먼저하고 우선 순위를 줄지 결정해야 한다.
- **문제가 생겼을 때 해결하는 기준 및 법칙 제정** – 문제가 발생할 경우 그때 그때 상황에 따라 해결한다면 기준도 없고 방향도 없는 조직이다. 모든 문제는 해결하는 법칙을 정해놓고 이러한 법칙을 준수하는 문화를 만들어야 한다.
- **보상과 평가 시스템 확립** – 적절한 보상과 정확한 평가 시스템은 다기능팀을 구성하고 있는 조직원들에게 동기를 부여하면서 활동하게 만드는 근간이 된다.

  개발팀이 다기능팀이 되어야 한다는 것은 다른 말로 여러 부서가 개발 협업을 해야
한다고도 할 수 있다. 생산 가능성을 고려한 설계(DFM, Design for Manufacturability)는
설계 시 그 회사의 생산 가능성을 고려하고 설계를 진행해야 한다는 의미이다. 예
를 들어 보자. 설계 시에 제품의 공차 한계를 0.01mm로 설계하고, 제품을 생산에
게 제작하도록 요구하였는데, 만약 생산에서 0.05mm 이하로 측정할 수 있는 설
비도 없고 또한 현재 그러한 기술이 없다면, 0.01mm의 공차 한계는 아무 의미가
없다. 결국 생산 가능 기반으로 다시 설계가 수정되어야 한다. 그러면 비용은 증
가하고 시간은 늦어진다. 결국 제대로 된 설계를 하려면, 생산에서 제조가 가능한
가, 구매에서 실제로 구매가 가능한가 등 타 부서의 가능성을 고려하고 설계를 해
야지 설계를 해놓고 그 후에 생산에서 불가능하든지 구매에서 불가능하면 아무
의미가 없고 다시 설계를 변경해야 한다. 그러므로 설계 초기에 모든 유관 부서와
협력하여 모든 환경을 고려한 설계를 해야 한다는 의미이다. 다기능팀이 필요한
이유가 되는 것이다.

  미국의 A사의 사례로 개발과 구매 부서의 협업을 분석해 보자. A사는 반도체 제
조 회사인데, 차세대 반도체를 설계하기 위해 기술 요구 사안 구성도(Technology
Road Map)를 그리게 된다. 다양하고 새로운 기술들이 차세대 반도체에 필요하다
고 가정하자. 그러면 그러한 기술 중에서 A사가 내부적으로 개발해 보유해야 할
즉, A사의 핵심 기술 부분은 개발 부서에서 자체적으로 개발하고, A사가 개발할
필요도 없고 개발할 능력도 없는 기술들은 외부 공급자로부터 구매해야 하는데,
이런 경우 구매 부서가 기술 및 개발 부서와 다기능팀을 이루어 외부 공급자 중
가장 우수한 공급자(기술, 능력, 경영 모두 고려)를 선택하여 그들의 기술을 구매하게
된다. A사의 경우 구매 부서에게 요구되는 가장 중요한 역량과 목표는 원가 절감
이 아니고, 외부에서 최적의 공급자를 소싱해 그들의 기술을 새로운 반도체 공정
에 활용하는 것이다. 이렇게 구매 부서가 신속하고 정확하게 공급자를 선정해야
그들이 원하는 반도체가 납기를 맞추어 개발할 수 있기 때문이고, 반도체를 신속
하게 개발하는 것이 이 회사의 핵심 경쟁력이기 때문이다.

3 │ 신제품 개발에서 구매의 역할

그렇다면 개발 단계마다 구매가 해야 할 역할은 무엇인가를 살펴보기로 하자. 먼저 전체 신제품 개발 프로세스를 (1) 제품 설계 (2) 제품 개발 (3) 제품 생산 의 3단계로 나누어 각각의 구매의 역할을 설명하고자 한다.

(1) 제품 설계 단계

도표 10-5 │ 제품 설계 프로세스와 구매의 역할

📍 신제품 정의

먼저 고객의 요구 사항을 기반으로 어떤 신제품을 개발할 것인지 결정한다. 상품 기획 부서와 마케팅 부서가 주도적으로 제품에 대한 개념을 정립한다.

구매 부서는 신제품에 연관된 공급 시장에서 어떤 새로운 기술이나 방법이 가능한지를 탐색하여 신제품을 기획하는 부서에게 최신 정보를 제공한다.

📍 제품 가격, 성능 결정

이 단계에서는 구체적으로 제품이 설계되고, 시장 목표 가격이 결정되어 목표 가격 하의 제품 성능 및 품질이 결정된다. 시장 목표 가격이 결정되면 앞서 본 것처럼(6장 전략적 원가 관리, 목표 원가 참조) 목표 원가가 결정된다. 목표 원가가 결정되면 구매 부서에서 어느 정도 가격으로 관련 부품들을 구매해야 할 지가 정해진다. 또한 그 가격에 맞추어 신제품이 가져야할 필수 기능, 성능 요건 및 품질 수준도 결정된다.

📍 제조 · 구매 의사결정

3장에서 언급한 것처럼 신제품 구성 중에서 어느 부분을 자체 생산하고 어느 부분을 외주 구매할지 결정한다. 구매 부서는 외주 구매를 하고자 할 경우, 공급자의 가능성, 자재의 가용성, 공급 시장의 구조들을 분석하여 합리적인 제조 · 구매 의사 결정을 돕는다.

📍 구매 시 자재 유형 결정

구매하기로 결정하였다면 그러한 자재를 원가, 규격 및 내용 특성 등 체계적으로 분석하여 구매해야 하는 자재를 정의하고 결정한다.

📍 신규 자재 – 견적의뢰

만약 그러한 자재가 새로운 자재가 아니라 기존 자재일 경우 현재 구매 부서에서 사용하고 있는 자재를 공급하고 있는 공급자에게 견적을 의뢰한다.

만약 그러한 자재가 신규 자재일 경우에는 기존 업체 중에서 그러한 신규 자재를 공급할 수 있는 공급자가 있는지 탐색해 본다. 만약 그러한 공급자가 존재할 경우 그 공급자에게 견적을 의뢰한다.

만약 신규 자재를 공급할 수 있는 공급자가 기존 업체에 없다면, 새로운 공급자를 탐색하고 소싱하여야 한다. 그래서 새로운 업체를 찾으면 그 업체에게 견적을 의뢰한다.

📍 견적 입수 - 검토

공급자에게 견적을 받으면 검토하고 분석하여 최적의 공급자를 정한다.

📍 업체 선정 및 등록

업체를 선정하고 구매 회사의 공급자 리스트에 등록시킨다.

(2) 제품 개발 단계

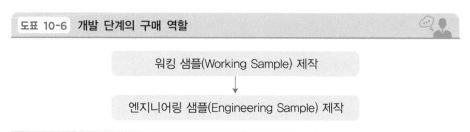

도표 10-6 개발 단계의 구매 역할

워킹 샘플(Working Sample) 제작

엔지니어링 샘플(Engineering Sample) 제작

이 단계에서는 이제 정해진 공급자와 함께 제품의 샘플을 제작해보는 단계이다.

📍 워킹 샘플 제작

먼저 워킹 샘플(Working Sample) 구매를 의뢰한다. 워킹 샘플은 시제품 제작 과정으로 공급자가 제대로 만들 수 있는 역량이 있는가를 검토해보는 과정으로서, 공급자에게 제작에 필요한 자원(금형 기술 등등)을 지원해 주고 샘플 단계에서 자재명세서(BOM, Bill of Materials)를 구성하고 소요되는 원가 항목들을 산출하는 단계이다.

📍 엔지니어링 샘플 제작

워킹 샘플 구매가 완성되면 본격적으로 엔지니어링 샘플(Engineering Sample)을 제작하는 단계이다. 이 단계에서는 본격적으로 약간의 수량(대략 몇 백 개) 정도를 만들어보면서 대량 생산을 하게 될 경우에 발생할 수 있는 이슈들을 대비하고, 품질의 안정 문제, 수율 및 생산 능력의 문제들을 고려하여 품질, 기술 부서와 협력하여 진행한다.

　제품 개발 단계에서 문제점이 발견되면 구매 부서와 공급자 및 품질, 개발, 기술 부서 등이 함께 협력하여 문제를 해결한다. 이 단계가 만족하게 진행되면 다음은 본격적인 대량생산을 준비한다.

(3) 제품 생산 단계

도표 10-7　생산 단계의 구매 역할

시 양산 단계(Mass Production Verification Stage)

↓

양산 단계(Mass Production Stage)

　이 단계에서는 공급자가 제품을 대량생산하기 위한 준비 단계와 본격적인 대량생산 단계로 나누어진다.

📍 시 양산 단계(Mass Production Verification Stage)

　이 단계에서는 공급자가 대량생산을 하기 위한 전 단계로서 대량생산 전의 생산 신뢰성을 확보하기 위한 다양한 검증 작업이 시행된다. 주로 이 단계는 개발 부서가 아닌 생산 기술 부서가 주도하며 구매는 양산의 안정을 위한 공급자와의 소통 및 협력을 수행한다.

📍 양산 단계(Mass Production Stage)

　이 단계는 공급자의 대량생산이 시작되는 단계이다. 구매는 대량생산이 차질 없이 진행되게 하기 위하여 공급자를 관리하며, 생산·관리와 협력하여 안정적인 조달로 진행시킨다. 구매 기업의 제품 수요가 증가할 경우를 대비해 공급자를 다원화하여 공급 능력을 향상시키고, 조달 위험을 분산시키는 목적으로 공급자 다원화 전략을 전략을 실행하기도 한다. 또한 지속적인 원가 절감을 위한 가치 분석이나 대체 자재 개발 등을 통하여 자재를 혁신하는 활동도 이어진다.

구매 부서는 처음 상품 기획 단계부터 참여하여 공급자를 선정하고, 공급자가 구매자가 원하는 부품(자재)의 대량생산을 안정화하여, 반복적이고 일상적인 자재 조달 업무가 수행될 때까지 구매 업무를 수행하여야 한다.

4 │ 부품 표준화, 공용화

기업은 다양한 신제품을 개발하고 있다. 예를 들어 자동차 회사인 경우 소형차, 중형차, 대형차 등 여러 가지 모델을 개발하는데, 이러한 여러 모델들의 부품이나 자재를 각각의 모델별로 다른 형태를 사용하지 않고, 특정 부품이나 자재로 표준화하여 모두 이러한 자재를 사용하는 경우를 자재의 표준화 및 공용화라고 한다. 기업은 어느 정도 표준화, 공용화할 수 있는가를 분석해보아야 한다. 자재나 부품이 표준화, 공용화되면 부품 숫자와 다양성이 감소한다. 이럴 경우 발생하는 이점을 살펴보자. 먼저 부품 수의 감소로 인한 관리 노력이 줄어들고 부품 숫자가 감소한다는 것은 특정 부품의 경우 상대적으로 수요량이 증가하므로 대량 구매에 의한 가격 할인 효과를 만들어낼 수 있다. 또한 다양한 모델의 부품이 표준화되면 모델에 관계없이 호환(interchangeable) 사용이 가능하게 된다. 즉 A 모델의 자재가 부족하다면 B 모델의 자재를 사용해도 되는 것이다. 자재가 A, B 모두에 사용될 수 있게 표준화되어 있기 때문에 가능하다. 그러므로 자재 품절과 과다 재고가 줄어든다. 이런 면은 모델에 상관없이 수요 예측이 총량으로 가능하다는 것으로 확장되어 설명이 가능하다. 과거에 소형, 중형, 대형차 별로 다른 부품을 사용하였다고 가정하자. 이 경우 소형차 부품, 중형차 부품, 대형차 부품을 각자 수요를 맞추어야 했고 만약 소형차 부품이 모자라면 소형차 생산을 중지하고 현재 부품이 가능한 대형차를 생산해야 하는 경우도 발생할 것이다. 그러나 만약 모든 부품이 호환된다면 그렇게 나눌 것 없이 전체 수요만 가지고 있으면 소형이든, 중형이든, 대형이든 부품이 호환되므로 나눌 필요가 없고 소형차 부품이 더 필요하면 대형차 부품을 가져다가 사용해도 되기에 자재 관리가 훨씬 더 용이해진다.

물론 기업은 그렇다고 무작정 부품을 표준화, 공용화할 수는 없다. 제품의 특성과 규격이 다르기 때문이다. 그러나 가능한 다양한 영역에서 제품의 특성과 성능을 해치지 않는다면 부품을 공용화시킬 필요가 있다. 예를 들어 자동차 회사에 두 개의 사업부가 있는 경우, 각 사업부에서 비슷한 사이즈의 차를 개발한다고 가정하자. 이럴 경우, 각자가 따로 차체를 개발하지 않고, 기본적인 차체 골격은 공용화하고 그 후의 여러 가지 자재는 특정한 모델에 맞추어 각자가 개발하는 경우를 공용 설계(Platform Design)라고 한다. 이 경우 기본적인 골격을 따로 개발해야 하는 비용을 절감할 수 있으며 그 후의 다른 자재 및 부품의 특성에 따라 차는 얼마든지 다르게 생산이 가능하다.

일반적으로 개발 시에 어느 정도의 자재나 부품을 공용화할지 개발과 구매가 함께 노력해야 한다. 현재 제품과 신제품의 자재를 공용화할 수도 있고, 현재 다양한 모델들의 추후 미래 모델별로도 자재를 공용화할 수 있다. 구매 부서는 이러한 신제품 개발 시의 자재 및 부품의 표준화, 공용화 프로젝트를 시행할 경우, 공급자와 어떤 부분을 어떻게 실행할지를 결정해 전체 개발 목표와 합치될 수 있도록 노력해야 할 것이다.

품질 부서와 구매의 연계

　품질은 기업의 경쟁력을 결정하는 중요한 요소 중의 하나이다. 품질이 우수하지 않은 제품은 고객으로부터 외면당하고 궁극적으로는 시장에서 퇴출되는 결과를 야기시키기 때문이다. 경영 혁신 방법으로 6시그마 품질 운동을 많은 기업들이 수행하고 있는 것을 보아도 알 수 있다. 품질이 우수한 제품을 생산하기 위해 먼저 해야 할 일은 공급자로부터 우수한 품질의 부품을 공급받아야 한다. 공급자 품질이 제품을 생산하는 구매자의 품질을 결정하기 때문이다.

　품질이 확보된 올바른 자재나 서비스를 구매하기 위해서는, 정해진 품질 규격이 필요하다. 품질 규격을 만드는 것은 품질 부서의 업무이지만, 품질 부서의 내용을 정확하게 이해하지 않으면 공급자가 공급하는 물건에 대한 올바른 판단을 할 수가 없다. 또한 공급자의 품질 향상을 위하여서는 품질 부서가 아닌 구매 부서가 주도적으로 활동하여야 한다. 공급자 품질이 문제가 발생하면, 그러한 문제의 원인을 분석하고, 원인을 개선하여 품질을 향상시키기 위하여 어떤 활동을 해야 하는지 구매가 결정하고 공급자와 협력해야 한다.

　이것이 구매 부서가 품질을 이해해야 하는 이유이다. 본 장에서는 품질의 내용에 관해 이해하고 공급자 품질을 향상시키는 방안에 관하여 학습하고자 한다.

품질 부서와 구매의 연계

1 | 품질의 이해

품질이란 무엇인가. 품질은 여러 가지 정의가 있어서 하나의 단어로 설명하기는 쉽지 않다. 일반적으로 '규격에 일치하게 만드는 것'이라고 정의할 수 있다. 그러나 품질에 관한 정의를 살펴보면, 일반적으로 내부적인 생산자의 관점으로 설명할 수도 있고, 상대적으로 외부의 소비자 관점으로 정의할 수도 있다. 그렇다면 두 가지 정의가 어떻게 다른지 살펴보기로 하자.

내부적인 생산자의 관점에서 품질을 정의한다면 앞서 언급한 규격에 일치(Conformation to Specification)일 것이다. 즉 만들어지도록 요구되는 형식, 내용, 특성에 맞게 정확하게 만들면 되는 것이다. 만약 냉장고를 만든다면 모든 냉장고의 성능, 외관, 기능을 주어진 규격에 맞추어 생산하는 것이 품질이라고 할 수 있다.

그러나 소비자 관점에서 본다면 품질이란 그들의 인지이고 만족인 것이다. 아무도 냉장고를 사러가서 사고자 하는 냉장고의 제조 도면과 규격을 보면서 실 제품과 측정, 비교해보면서 사지는 않는다. 그냥 어느 회사의 제품이 마음에 든다고 사는 것이다. 즉 소비자에게 품질이란 그 제품에 대한 만족이고 믿음이다.

앞에서 언급한 것처럼 품질을 내부적인 생산자 관점과 외부적인 소비자 관점으로 구분한다면 명백한 명제가 주어진다. ─ 생산자가 규격에 맞추어 생산한다면 고객이 만족할 것인가? ─ 하는 것이다. 그러므로 생산자는 제품을 만들기 전에 반드시 고객의 만족과 요구가 무엇이고 어떻게 제품을 설계하고 규격을 정해야 고객이 만족하는지를 반드시 살펴보아야 한다. 이것이 품질의 정의에서 가장 중요한 사안인 것이다. 그리고 고객의 요구 사항들을 제품의 기술적 요건으로 변환시키는 활동을 품질 기능 전개(QFD, Quality Function Deployment)라고 한다. 예를 들면 자동차를 사려는 고객들의 요구 사항이 '자동차가 고속으로 달려도 외부의 소음이 들리지 않고 조용했으면 좋겠다.'라면 그러한 조용하고 정숙한 차를 만들기 위한 기술적 요구 사항과 품질을 회사가 자동차 설계에 반영하는 것을 의미한다. 자세한 내용은 품질 관리 책을 참조하기 바란다.

그렇다면 품질을 구성하는 요소들은 어떤 것들이 있을까? 예를 들어 자동차를 구입한다고 하면 어떤 요소들을 고려하게 될까? 다음과 같은 요소가 중요한 요소들이 될 것이다.

- 내구성(오랫동안 사용할 수 있는가)
- 안전성(차량 사고에도 안전한가)
- 경제성(연비가 좋고 유지 보수비가 적게 드는가)
- 디자인(자동차가 세련되어 보이고 멋이 있는가)
- 스피드(자동차가 질주 능력이 좋은가)

기타 등등 여러 가지 요소를 고려하게 된다. 그런데 이러한 고려 사항의 우선순위는 대상과 연령 또는 지역에 따라서 변하기도 한다. 예를 들어 젊은 사람들은 스피드를 강조할 것이고 나이 든 사람들은 안정성을 강조할 수도 있다. 그러므로 규격을 만든 경우, 우리의 고객이 어떤 집단이고 그들이 원하는 것이 무엇인지 정확하게 분석해야 한다.

2 | 규격의 선정

앞서 규격과 품질에 관해 살펴보았다. 그렇다면 규격을 어떻게 만든 것이 합리적인가. 먼저 합리적인 규격을 만들기 위해서는 모든 부서의 요구 사항과 관점이 균형 있게 규격 안에 포함되어야 한다. 다음 사례를 살펴보자. 백화점 사장님이 명절이 다가오자 우수 고객들을 위해 사은품으로 크리스탈 유리잔을 선물로 주기로 결심하고 구매 부서 오 과장을 불렀다.

김 사장 "오 과장, 고객들을 위해 좋은 크리스탈 유리잔을 구매해오세요."

오 과장 "네, 잘 알겠습니다."

오 과장이 나가다가 재무팀장을 만났다.

재무팀장 "오 과장, 유리잔 사러가시죠?"

오 과장 "예."

재무팀장 "유리잔이 다 비슷하니까, 이왕이면 가격이 좀 낮은 걸로 사오세요."

오 과장 "네, 알겠습니다."

재무팀장은 가능하면 원가를 아끼는 쪽으로 요구 사항을 말하였다. 잠시 뒤에 영업부장을 만났다.

영업부장 "오 과장, 유리잔을 사러 가십니까?"

오 과장 "네"

영업부장 "우수 고객들에게 싸거나 품질 나쁜 것을 주면 아예 주지 않은 것만 못하다는 거 아시죠?"

오 과장 "알고 있습니다."

영업부장 "이왕 유리잔을 살 것이면, 확실하게 좋은 것을 줘서 우리 고객들에게 만족을 줍시다! 이왕이면 품질 좋고, 모양 좋은 것으로 사오세요."

오 과장 "네, 알겠습니다."

그런데 오 과장이 지나가다가 이번에는 물류팀장을 만났다.

물류팀장 "오 과장, 유리잔 사러가시죠?"

오 과장 "네."

물류팀장 "그 유리잔 제가 운반합니다. 그러니까 말이죠. 약해서 깨지면, 그 자리에서 저도 깨집니다. 그러니 유리잔 사오실 때, 가능하면 튼튼하고 깨지지 않는 것으로 사오세요."

오 과장 "네, 알겠습니다."

위의 상황을 분석해보자. 과연 오 과장은 어떤 유리잔을 사야 할까? 싸면서도 고객이 좋아할 수 있는 품위가 있고, 또한 튼튼하고 깨지지 않는 것을 구하기란 쉽지 않다. 내부적으로 많은 요구 사항이 존재하는 경우, 각기 다른 요구 조건들을 구매 부서는 어떻게 균형 있게 고려해 합리적인 규격을 만들 것인가 하는 점을 먼저 생각해야 한다. 구매할 경우 각 기능 부서의 요구 사항은 아래와 같이 정리해볼 수 있다.

- 미와 기능의 관점에 본 디자인적 고려
- 기술의 관점에서 본 제품 개발적 고려
- 고객의 수용 관점에서 본 마케팅적 고려
- 효율적인 제조 관점에서 본 생산적 고려
- 원활하고 효과적인 조달의 관점에서 본 구매적 고려

이러한 규격에 요구되는 사안들이 모두를 고려하면서도 균형 있게 조화되어야 하는 점이 규격 선정의 가장 중요한 사안 중 하나일 것이다.

그렇다면 규격은 어느 정도가 되는 것이 적당한가? 공급자가 만들어 내는 품질 수준이 우리가 원하는 수준을 만족시켜주고 있는가? 아니면 공급자의 품질 수준이 우리의 요구 사항보다 너무 과도하게 되어 있는 것은 아닌가? 이 문제는 원가와도 직결되는 문제이다. 만약 구매자가 공급자에게 과도하게 품질 수준을 요구해 그러한 품질 수준을 충족시키기 위해 공급자가 매우 많은 비용과 노력을 기울인다면 결코 바람직한 현상이 아니다. 그러므로 구매자는 가장 합리적인 즉, 모자라지도 않고 남지도 않는 규격을 만들 필요가 있다. 이러한 적정한 규격을 위해 공정능력지수(Process Capability Index, Cp)의 개념을 살펴보자.

도표 11-1   공정능력지수 Cp의 개념

$$Cp = \frac{\text{구매자가 요구하는 공차 한계}}{\text{공급자가 만드는 공차 한계}}$$

수식에서 보면 분모는 공급자가 만들어 내는 공차 한계를 나타내고 분자는 구매자가 요구하는 공차 한계를 표시한다. 예를 들어 보자. 구매자는 자재를 구매하는데, 표준 길이가 10cm이고 공차 한계가 0.005cm인 자재를 요구하고 있다. 즉 허용 가능한 영역이 [9.995 ~ 10.005]이라고 가정하자. 그런데 공급자가 공급하는 자재를 살펴보니 평균이 10cm이고 변동 오차 범위(공차한계)는 [9.996 ~ 10.004]을 유지하고 있다. 이럴 경우 Cp의 값은

$$Cp = \frac{10.005 - 9.995}{10.004 - 9.996} = 1.25$$

이고, 이 경우 공급자가 만들어 내는 변동 오차 범위(공차 한계)가 구매자가 요구하는 변동 오차 범위보다 작다. 필요 이상으로 품질을 관리한 것이다. 그러므로 Cp의 값이 1보다 클 경우는 품질 과잉(Over Specification)인 상태로 공급자와 협의해 적정한 품질 수준을 만들도록 조정해야 한다.

그러면 다른 상황을 살펴보자.

구매하는데, 표준 길이가 10cm이고 공차 한계가 0.005cm인 자재를 요구하고 있다. 즉 허용 가능한 영역이 [9.995 ~ 10.005]이라고 가정하자. 그런데 공급자가 공급하는 자재를 살펴보니 평균이 10cm이고 변동 오차 범위(공차한계)는 [9.994 ~ 10.006]을 유지하고 있다. 이럴 경우 Cp의 값은 다음과 같다.

$$Cp = \frac{10.005 - 9.995}{10.006 - 9.994} = 0.83$$

이럴 경우 공급자가 만들어 내는 변동 오차 범위(공차 한계)가 구매자가 요구하는 오차 범위보다 크다. 다시 말해 합격으로 허용할 수 없다는 것이다. 이런 경우를 품질 불충분(Under Specification)이라고 정의한다. 즉 불량품인 것이다. 이 경우 공급자는 구매자가 원하는 품질 수준을 확보하기 위해 개선과 향상을 해야 한다. 만약 개선과 향상이 없다면 이러한 공급자와의 거래 관계는 어렵게 될 것이다. 이론적으로는 Cp의 값이 1이 되면 바람직하다. 품질 불량도 품질 과잉도 없다는 것이다. 하지만 현실적으로는 기업은 Cp의 값을 1보다 약간 큰(다시 말해 약간의 품질 변동 여유분을 감안한, 공급자 품질 역량이 구매자가 원하는 수준보다 우수한 상태) 편을 선호하고 있다. Cp란 공급자가 공급하는 자재의 품질 수준이 구매자가 요구하는 정도에 비추어 과잉인가 아니면 부적합한가를 판단하는 기준이 되는 개념이다.

3 ｜ 규격의 종류

규격에는 어떠한 종류가 있는지 살펴보기로 하자. 먼저 규격의 특성으로 보면 상용품(Commercial Product)과 사양품(Specification Product)으로 크게 구분해볼 수 있는데, 상용품이란 특별히 구매자가 규격을 요구하지 않아도 이미 시장에서 요구하는 규격으로 만들어진 제품을 말한다. 사양품이란 구매자가 특별히 요청해 구매자의 요구 사항에 맞게 만들어진 규격을 말한다. 상용품은 이미 시장에서 규격에 대하여 검증을 받았기 때문에 이러한 제품을 구매할 경우 품질 문제나 성능에 대하여 신경을 쓰지 않아도 된다. 예를 들어 종이컵을 구매하는 경우를 살펴보자. 이미 시장에서 일반적으로 상용화되어 사용되는 종이컵이 있다면, 그 종이컵의 규격을 검증할 필요가 없다. 왜냐하면 시장에서 사용되는 것 자체가 이미 규격을 많은 사람이나 기관으로부터 검증받았기 때문이다. 그런가 하면 시장에서 일반적으로 사용되는 제품으로는 우리가 원하는 규격을 충족시키지 못하는 경우, 우리가 원하는 특별한 규격의 내용을 요구해야 하는 경우가 발생한다. 이러한 경우 사양품이라 하고 이러한 사양품은 구매자가 공급자에게 특별한 주문을 요구하는 경우에 생산된다.

그렇다면 개발할 경우 상용품과 사양품 중 어느 것으로 개발하는 것이 좋은가? 가능하다면 상용품으로 개발하고 상용품이 도저히 우리가 요구하는 품질 내용과 수준을 충족시켜 주지 못하는 경우에만 사양품을 사용하라고 권하고 싶다. 왜냐하면 상용품은 이미 시장에서 사용되고 있기 때문에 구매하기 쉽고 규격이나 품질은 검증을 받았기 때문에 하자가 없을 것이고 대부분 단일 공급자가 아닌 복수 공급자가 공급할 경우가 많기에 공급자 간의 경쟁을 유발시킬 수도 있다. 그러나 사양품을 주문하게 되면 그 사양품을 모든 공급자에게 주문할 수는 없고 특정 공급자에게만 주문해야 하는데, 그렇게 되면 공급자가 힘을 더 가지게 되고(앞서 언급한 교환 비용의 사례로 생각해 볼 것) 또한 가격이나 원가도 높아 질 수 있다. 그러므로 가능하면 상용품을 사용해 개발하고 상용품이 가능하지 않은 경우에만 사양품을 고려해야 할 것이다.

이번에는 규격의 종류를 살펴보기로 하자. 대체로 제조 규격(Design Specification)과 성능 규격(Performance Specification)으로 나누어진다. 제조 규격이란 공급자에게 구매자가 어떤 방식으로 제품을 만들어달라고 자세하고 상세하게 만드는 방식에 대한 규격을 주는 것이다. 예를 들어 전선을 구매하는 경우, 제조 규격이란 전선을 만드는 방법, 재료의 종류 및 구성, 작업 방식 등에 관해 공급자가 수행해야 할 내용을 상세하고 체계적으로 알려주는 것을 말한다. 이에 반해 성능 규격이란 공급자에게 제조에 관한 방법을 지시하는 것이 아니라 공급자가 어떤 방식으로 만들든 상관없이, 완성된 제품이 원하는 성능을 수행하기만 하면 되는 것이다. 예를 들어 전선의 경우, 어떤 방식으로 만들든 만드는 방식은 공급자에게 맡겨두고, 그러나 완성된 전선이 절연도는 어느 정도이어야 한다든지, 전선의 인장강도는 어느 정도여야 한다든지 등 성능으로 결정하는 것을 말한다.

 그러나 어떤 방식이 더 좋다고 말할 수는 없다. 제조 규격을 주는 경우, 공급자는 제조 방식이 확정되어 있기 때문에 어떤 방식으로 제조할까에 대해 고민을 할 필요가 없다. 시키는 대로 하기만 하면 될 뿐이다. 그러므로 시간과 시행착오가 줄어든다. 그러나 공급자에게 좋은 아이디어나 혁신적인 방법이 있어도 그러한 방법을 사용할 수 없기 때문에, 혁신을 기대하기 어렵고 진보되거나 개선된 품질이나 규격을 달성하기 어렵다. 반면에 성능 규격을 주는 경우, 공급자는 어떤 방식으로 만드는 것이 제일 효과적인지 시간을 많이 사용하게 되고 시행착오도 발생하게 된다. 그러나 혁신적인 방법을 사용할 수 있기 때문에 개선이나 진보도 가능하다. 그러므로 특정한 방법이 더 좋다고 말할 수는 없지만 각각 상황에 맞게 가장 좋은 방법을 선택해야 할 것이다.

 시장에서 규격을 미리 정해 놓는 방법도 있을까? 여러 가지로 가능한 방법이 있다. 예를 들어 한우 소고기를 사러간 경우, 상, 중, 하로 나누어져 있는 것을 볼 수 있다. 이것은 미리 생산자가 규격 등급과 품질 등급을 상, 중, 하로 나눠놓은 것이다. 이렇게 구분하는 이유는 미리 등급과 규격을 구분해놓음으로써, 고객에게 그러한 등급에 의해 원하는 규격을 구매하라고 하는 것이다. 그런 의미에서 보면 우리가 사용하는 제품의 브랜드가 미리 정해 놓은 규격이 될 수도 있다. 앞서 언급한 것처럼 명품 브랜드란 이미 규격을 시장에서 검증받아서 유명하게 된 것이기 때문에 고객들이 브랜드의 규격을 믿고 사는 것이다. 공급자도 마찬 가지고 회사도 마찬가지다. 결국 규격을 만들려고 하면 브랜드 인지도와 만족도를 향상 시켜야 한다는 결론을 얻게 될 것이다.

4 │ 공급자 품질 향상

　공급자의 품질 수준은 그들이 스스로 개선하고 향상해야 하지만 공급자의 품질 수준이 구매 회사의 경쟁력이 되기 때문에, 구매 담당자는 공급자가 그들의 품질을 향상시키고 우수한 품질의 제품을 생산할 수 있도록 협력하고 육성해야 한다.

📍 품질 문제 원인 분석

　공급자 품질이 문제가 발생하면 먼저 그 원인이 무엇인지 분석하고 연구한다. 이럴 경우 근본 원인 분석(RCA, Root Cause Analysis) 기법을 활용할 수 있다. 이것은 즉 불량의 원인 또 그 원인의 원인 또 그 원인의 원인은⋯ 이렇게 궁극적인 원인의 근본 원인까지 파헤치고 분석해야 진정으로 원인의 이유를 알아낼 수 있다는 논리하에 발전되었다. 또는 원인 결과표(Cause and Effect Diagram)를 이용 할 수도 있다. 이것은 생선 뼈처럼 생겨 Fishbone Diagram이라고도 불리는데, 원인을 크게 대 원인으로 나누고 그 밑에 중 원인 그리고 소 원인으로 원인을 체계적으로 그리고 분류하여 원인의 내용과 종류를 알아내는 기법이다. 그 외에도 계통도(Tree Diagram), 친화도(Affinity Diagram), 연관도(Relations Diagram) 등 다양한 기법이 있으나 본서에서는 생략하기로 한다.(품질 관리 책 참조)

📍 품질 향상 방안 수립

　원인을 분석하면 개선 및 향상 방안을 찾을 수 있다. 만약 설비가 노후하여 원하는 품질 성능을 발휘하지 못하면 설비 교체를 고려해보아야 한다. 물론 투자 비용이 수반되는 경우가 많지만 공급자와 구매자가 이러한 설비 투자를 어떻게 협력할지도 고민해보아야 한다. 만약 불량 원인이 프로세스나 규정의 미비에서 왔다면 품질을 처리하는 규정을 세우고 프로세스를 정립해야 한다. 품질을 관리하기 위한 공정도(Process Control Chart)가 필요하다면 공정도에 관한 교육과 실행 방법을 도와주어야 한다. 만약 불량의 원인이 작업자들이 규정은 존재하나, 주어진 규정대로 작업을 하지 않고, 멋대로 작업을 하여 발생하였다면, 작업자들의 마인드를 변화시키고 업무 수행 방법을 다시 재설계하여야 한다. 물론 많은 품질 문제가 단시간에 고쳐지고 향상되기는 어렵다. 하드웨어(설비, 기계, 시설)가 부족하여 발생한 경우는 투자가 수반된다. 소프트웨어(일 하는 방법, 업무 프로세스, 규정 준수, 작업자 마인드)가 부족하여 발생한 경우에는 이러한 소프트웨어를 개혁시키는 일이 필요하다. 두 가지 모두 구매자 입장에서는 쉬운 일이 아니다. 그러나 품질 문제를 개선하고 향상시키지 않고서는 공급자가 우수 공급자가 될 수 없다. 그들 스스로도 노력하고 구매자도 품질에 관련된 인센티브와 공급자 육성 프로그램을 활용하여 공급자 품질이 향상되도록 노력해야 한다.

5 │ 서비스 구매 규격

기업은 아웃소싱이 증가하면서 많은 용역을 구매할 필요가 발생하였다. 인쇄 광고, 일반 자문, 훈련 및 교육, 전산망 관리, 경비, 급식 서비스, 청소 이런 것들이 다 일반적인 서비스들인데 이런 서비스도 기업은 최적의 구매를 해야 한다. 그렇다면 서비스 구매는 일반적인 제조업의 직접 자재 구매와 어떤 점이 다른가. 가장 큰 차이점은 구매 대상이 유형이 아닌 무형의 제품이라는 것이다. 일반적으로 전자 부품을 구매할 경우, 부품의 특성 규격 품질이 측정 가능하고 검증 가능하지만, 교육 서비스를 구매할 경우 구매의 대상과 내용이 보이지 않기 때문에 정확한 규격, 품질 특성을 측정하기가 매우 어렵다. 이것이 서비스 구매의 가장 큰 특성이다. 예를 들어 보자. 만약 청소라는 서비스를 구매하였다고 가정하자. 건물을 깨끗하게 청소하는 조건으로 월 1,000만 원을 서비스 공급자에게 지급하기로 계약하였다. '깨끗하다.'는 것을 어떻게 정의하고 규격을 만들 것인가? 구매자가 "왜 청소를 이렇게밖에 못 했어요?"라고 얘기하면 공급자가 "이건 잘한 거죠. 청소를 어떻게 더 잘하라는 말입니까?"라고 얘기를 할 때, 어떤 기준이 청소를 잘했다고 할 것인가? 무형의 대상에 관해 규격과 기준을 어떻게 정할 것인가? 이러한 주제가 서비스 구매의 가장 큰 특성인 것이다.

자재 구매에 규격(Specification)이 존재하듯이, 서비스 구매에서도 반드시 이러한 규격은 있어야 한다. 서비스 구매에서 이러한 규격을 서비스 업무 기술서 SOW (Statement Of Work) 라고 한다. 다시 말해 서비스 업무의 규격을 정하는 내용이라

고 볼 수 있다. SOW는 공급자가 서비스를 제공할 때, 그 서비스가 진행되는 과
정에 있어서 어떤 내용들을 공급해야 되는지에 대해 좀 더 구체적이고 체계적으
로 분석해, 서비스 내용에 관해 명확하고, 정확하고, 완전하게 그 서비스 내용을
서술하는 것이다. 이렇게 서술해 문서로 적어놓고 구체적으로 규명해놓지 않으
면, 서비스 구매란 제공되는 용역이 무형이기 때문에 본질적으로 그 내용에 대해
서 서로 인식이 다르고 분쟁의 소지가 있을 수 있다는 것이다. 서비스 구매도 일
반 제조 구매처럼 공급자가 제공해야 하는 규격이 필요하고 그러한 규격을 만들
어야 한다는 논리이다. 이러한 서비스 구매 규격서 SOW는 구성 항목들이 아래
와 같다.

📍 자원 활용 계획

  – 서비스를 제공하기 위한 여러 자원에 관한 구체적인 활용 계획

📍 품질 측정 및 평가 방법

  – 품질 문제에 관한 측정 및 평가 수단을 강구하도록 공급자에게 요구

📍 인력 활용 방안

  – 서비스를 제공하기 위해 필요한 훈련 프로그램을 개발 및 유지 요구

📍 성과 지표

  – 목표의 계량화 및 정량화

📍 진도 관리

  – 계약의 진행, 진도 및 성과 관리

  서비스 구매 시에는 계약 조건에 이러한 내용이 구체적으로 정리되고 포함되어
야 진정한 의미의 서비스 규격이 되는 것이다. 또한 서비스 업무의 품질에 관해서
는 서비스 수준 협약(SLA, Service Level Agreement)을 제정한다. 이것은 서비스 공급
자와 고객 간에 맺는 서비스 품질에 대한 계약으로, 협약을 통해 사전에 정의된 수
준의 서비스를 고객에게 제공토록 한다. 이른바 서비스 품질 보장에 대한 협약이라

고 볼 수 있다. 서비스의 품질이 협약된 내용에 미달되는 경우에 서비스 공급자로부터 품질보증 위반에 따른 서비스 구매 비용의 조정 및 변상을 받을 수 있다.

6 │ 개발을 리드해가는 구매

규격을 결정하는 것은 구매 부서의 영역은 아니다. 일반적으로 개발이나 기술 부서에서 규격을 결정한다. 그런데 구매 부서는 개발이나 기술 부서가 규격을 결정하는 데 어느 정도 도움을 줄 수 있을까? 다음 사례로 설명해보기로 하자.

회사에서 식사를 하기 위해 구내 식당에 가면, 식당 운영에 핵심이 되는 두 가지 중요한 역할을 하는 사람이 있다. 먼저 요리사가 그날의 메뉴와 식단을 결정하고 식단에 필요한 모든 재료들을 선정한다. 그러면 구매 담당자는 요리사로부터 받은 식단을 기본으로 필요한 식재료들을 가장 좋은 조건으로 시장에서 구매해오는 일을 수행한다. 예를 들어서 요리사가 내일 저녁 식단의 일부를 고등어조림으로 결정하고 구매 담당자에게 고등어를 구매하도록 요구했다고 가정하자. 구매 담당자는 시장에서 가장 좋은 고등어를 구매해오는 것이 그의 역할이었다. 그런데 예를 들어 꽁치와 고등어가 영양학적으로 차이가 없다고 가정하자. 그런데 현재 동일한 품질의 꽁치의 시장 가격이 고등어 시장 가격보다 더 저렴한 사실을 구매 담당자가 알아냈다고 하고 다음과 같은 대화를 들어보자.

구매 담당자 "요리사님, 내일 저녁이 고등어 조림이라고 하셨지요?"

요리사 "네"

구매 담당자 "그런데 혹시 고등어 대신 꽁치로 바꿀 수 있나요?"

요리사 "왜죠?"

구매 담당자 "아, 네, 지금 시장에서 고등어는 한 마리에 1,200원이고 꽁치는 한 마리에 900원인데 제가 협상을 잘 하면 800원까지도 살 수 있을 것 같아서요."

요리사 "영양학적으로 별 차이가 없고 맛도 비슷하니 그렇다면 내일 저녁은 고등어조림에서 꽁치 조림으로 변경해도 무방할 것 같군요."

구매담당자 "네, 잘 알겠습니다. 그러면 제가 가장 좋은 조건으로 꽁치를 구매
하겠습니다."

이렇게 되어 내일 저녁 식단은 고등어조림에서 꽁치 조림으로 변경되고, 1,200
원의 원가가 800원으로 절감되었다. 고객에게는 전혀 불만을 야기시키지 않고 식
당은 400원의 원가를 절감할 수 있다. 앞서 언급한 것처럼 절감된 400원은 모두
100% 이익으로 가서 이익률은 매우 높아진다. 식당 경영의 모든 관계자가 흡족해
하고 만족할 것이다. 그렇다면 왜 요리사는 이러한 제안을 못하였을까? 요리사는
주로 식단을 결정하고 구성되는 재료를 결정하는 사람이지 현재 시장에서 가장
좋은 조건으로 구매할 수 있는 식재료가 무엇인지는 잘 모른다. 구매 부서가 이러
한 정보를 훨씬 더 신속하고 정확하게 알 수 있기 때문이다. 이런 상황이 지속된
다면 구매 담당자에게 시장에서 가장 좋은 조건의 자재들을 미리 선정해 그 자재
리스트를 요리사에게 주고, 요리사는 구매 담당자로부터 받은 자재 리스트를 가지
고 식단을 구성하게 되는 것이다. 과거에는 요리사가 본인이 결정한 요리에 필요
한 자재 요구 사항을 구매 담당자에게 주면 구매 담당자는 요리사의 요구 조건을
만족시키는 자재를 구매하는 방식이었는데, 현재는 구매 담당자가 현재 시장에서
가장 좋은 조건의 자재 리스트를 요리사에게 주면 요리사가 그 자재 리스트를 기
반으로 식단을 구성하는 방식이다. 단편적인 사례이지만 이러한 사례 속에서 '개
발을 리드해가는 구매' 즉 개발자가 규격을 결정하면 구매자가 그 규격에 맞는 제
품을 구매하는 방식에서, 구매자가 먼저 시장에서 가장 좋은 조건의 제품을 개발
자에게 제안하고 개발자는 그러한 제품을 기본으로 규격을 결정하는 방식을 설명
하고자 하였다. 물론 이러한 상황이 가능하게 되기 위해서는 구매 담당자가 열심
히 공급자 시장을 분석하고 탐색하여 현재 시장에서 가장 경쟁력이 있는 자재 또
는 기술이 무엇인지 끊임없이 공부해야 한다. 결국 개발을 리드해가는 구매가 되
기 위해서는 구매자가 자발적으로 시장을 분석하고 연구하고 현황과 추세를 살펴
보아야 한다. 공급자 시장을 연구하고 이해하여 개발자에게 제안하는 일은 매우
적극적이고 능동적이고 선행적인 일이다. 물론 쉬운 일은 아니고 노력과 열정이
필요한 것이다. 그러나 이러한 노력이 다른 기능 부서로부터 인정받고 그러한 결
과가 기업의 성공에 중요한 역할을 할 수 있다면 저자가 지속적으로 강조하고 있
는 기업 경쟁력을 창출하기 위한 구매가 되는 것이다.

생산 부서와 구매의 연계

　일반적으로 생산 활동을 하기 위해서는 생산에 필요한 자재를 요구하게 된다. 구매는 생산의 시작으로서, 구매가 없다면 생산도 존재할 수 없다. 특히 생산에 필요한 자재를 가장 좋은 조건으로 조달하는 것이 전통적인 구매의 역할이었던 점을 비추어 보면 구매와 생산은 아마도 가장 근접한 부서일 것이다. 모든 구매 계획과 구매 실행은 생산의 요구에서 비롯된다. 생산에서 자재의 요구 사항이 자주 변경되거나 불확실하면 구매 부서에서는 매우 어렵다. 생산의 안정과 효율성이 구매의 성과에 매우 밀접한 관계를 유지하고 있기 때문이다. 생산 계획의 수립과 절차 그리고 생산 계획의 운영 방안을 이해하는 것은 구매 부서의 계획과 실행에 매우 중요해 보인다.

　특히 재고의 측면에서 보면 구매 부서가 보유하게 되는 재고는 생산 부서의 계획과 실행에 연계되고 운영된다. 최적의 재고를 보유하기 위해서는 기업의 생산 시스템을 이해해야 한다.

　본 장에서는 생산 계획이 수립되는 과정과 그러한 생산 계획과 연동된 구매 계획은 어떻게 수립되고 운영되는지 살펴보고자 한다. 그리고 재고 관리를 효율적으로 수행하기 위해 생산과 구매 부서가 어떻게 연계되어야 하는지를 분석해보고자 한다.

생산 부서와 구매의 연계

1 │ 생산 계획과 구매 계획의 연계

일반적으로 구매 부서의 전통적인 역할은 생산 활동에 필요한 자재를 외부의 공급자로부터 구매하는 업무이다. 즉, 생산과 구매는 가장 밀접한 관계 중의 하나라고 이야기할 수 있다. 생산 계획이 변경되면 구매 계획도 변경되고, 외부로부터 공급되는 자재에 문제가 발생하면 내부적인 생산 활동도 중단된다.

고객이 제품을 원할 경우 또는 기업이 어떤 제품을 고객이 원할 것이라고 예측한 경우, 영업 부서에서는 이러한 고객의 요구 사항을 모아서 생산 부서에게 제품의 생산을 요청하게 된다. 그러면 생산 부서에서는 그러한 제품의 생산에 필요한 자재 및 부품을 구매 부서에게 요구하게 된다. 이러한 흐름을 아래와 같은 도표로 표시할 수 있다.

도표 12-1 자재 요구 발생의 프로세스

영업에서 받은 요구 사항을 기반으로 생산에서는 생산 계획을 수립하게 되는데, 이러한 생산 계획을 수립하게 되면 그에 따라 생산에 필요한 자재 소요 계획도 수립된다. 이러한 자재 수립 계획이 수립되면 그러한 자재를 공급하는 공급자에게 자재를 요구하게 된다. 공급자는 생산이 원하는 시기에 원하는 자재의 수량만큼을 정확하게 공급해야 한다.

예를 들어 보자. 만약 A라는 고객이 1,000개의 컴퓨터를 주문하면서 12월 20일까지 납품하라고 하였을 때, 이 납기를 맞추기 위해 공장에서는 컴퓨터 생산에 소요되는 원자재, 부품, 하위 조립품들을 언제, 얼마나 구매해야 할 것인가를 결정해야 한다. 미리 구매하면 재고로 쌓일 것이고, 늦게 구매하면 납기를 맞추지 못할 것이다. 그러므로 생산에 필요한 자재의 소요량과 소요시기에 관한 계획을 수립해 효율적인 재고 통제 및 일정 관리를 모색하는 기법을 자재 소요 계획(MRP : Materials Requirement Planning)이라고 한다.

자재 소요 계획에서는 생산 부서에 지시된 생산 일정 계획(MPS, Master Production Scheduling)을 기초로 해서 최종 완제품의 생산에 필요한 자재와 품목들의 정확한 소요량과 소요 시기를 파악하고 그러한 요구 사항을 공급자에게 전달하는 것이다.

2 │ 자재 소요 계획(MRP, Materials Requirement Planning)

자재 소요 계획을 좀 더 구체적으로 살펴보자.

MRP라고 명칭되는 자재 소요 계획을 수행하기 위해서는 필요한 구성 요소가 있다. 첫째는 생산에서 기본적으로 수립되는 생산 계획이다. 몇 개를 생산 할 지 결정되어야 어느 정도의 자재가 필요한지를 알 수 있기 때문이다. 이를 총괄생산 계획(MPS, Master Production Scheduling)이라고 정의하자. 둘째로 이러한 MPS를 기반으로 하여 하나의 완제품이 만들어지기 위해 부품이 몇 개가 어떻게 구성되어 있는지를 알아야 하는데, 이러한 부품 구성도를 자재 명세서(BOM, Bill Of Materials)라고 정의하자. 예를 들어 자동차 1대를 생산하기 위해 어떤 종류의 부품이 몇 개가 요구되는지를 알아야 하는 것이다. 만약 BOM이 없다면 자동차 1대를 만들기 위해 엔진에 들어가는 실린더가 어떤 종류가 몇 개 필요한지, 텔레비전 1대를 만들기 위해 거기에 들어가는 평형 코일이 몇 개 필요한지, 또 휴대 전화 하나를 만들기 위해서 들어가야 하는 반도체가 어떤 종류인지 전혀 모르기 때문에 반드시 필요한 것이다. 마지막으로 생산 계획이 수립되어 요구되는 최종 생산물의 수량이 확정되고 BOM을 통해 필요한 자재의 종류와 수량이 결정되었다면, 현재 우리가 보유하고 있는 자재의 재고 수준을 총 소요량에서 감해주어야 필요한 순 소요량이 나온다. 예를 들어 A 자재가 100개 필요한데, 현재 우리가 창고에 보관 중인 A 자재가 30개 있다면 공급자에게 요구되는 A 자재의 수량은 70개면 되는 것이다. 이렇게 현재 재고로 보유 중인 자재 현황을 현재 재고 상태(IRF, Inventory Record File)라고 정의하자. 이렇게 3가지가 MRP의 구성 요소가 되는 것이다.

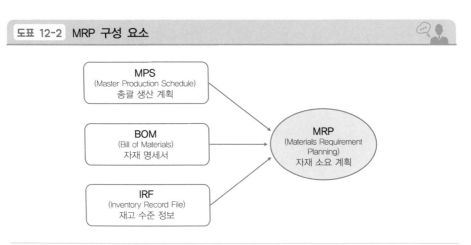

도표 12-2 MRP 구성 요소

그러면 이러한 3가지 구성 요소를 가지고 MRP를 수행하면, 필요한 자재의 종류와 수량이 나온다. 이렇게 계산된 MRP 결과를 공급자에게 구매 요구 사항으로 전달하게 된다.

이론적으로만 본다면 MRP는 완벽한 도구이다. 만약 MRP가 제대로 실행된다면 영업에서 요구 사항이 입력되고 생산에서 MRP가 작동되어 필요한 자재 요구가 공급자에게 전달되고 공급자는 그러한 요구 사항에 따라 자재를 공급하면 된다. 영업에서 생산을 거쳐 구매에 이르는 모든 과정이 자동화, 전산화 된다면 발주 프로세스는 컴퓨터를 통해 수행될 수 있을 것이다. 저자가 늘 주장하는 것이지만 향후 구매는 일반적이고 반복적인 업무는 자동화, 전산화해 사람이 필요 없게 만들고 구매 인력은 자동화, 전산화가 될 수 없는 영역, 예를 들자면 구매 전략을 수립하고, 협상을 수행하고, 내부 고객들의 요구 사항을 듣고 그들과 협의하고, 새로운 거래선을 발굴하고 평가하는 등의 전략적이고 좀 더 창의적인 업무에 시간을 할당해야 한다.

　그럼에도 불구하고 아직도 이러한 조달 업무에 많은 구매 인력들이 배치되어 업무를 수행하고 있는 것을 보면 위에서 언급한 사람이 필요 없는 자동화된 전산 업무가 어렵기 때문이다. 그러한 이유는 앞서 언급한 MRP의 3대 투입 요소를 분석해 보면 원인을 알아낼 수 있다. 예를 들어 보자. 만약 자재 실물 재고와 전산 재고가 일치하지 않으면 MRP에서 자재 요구 수량을 계산해도 그러한 요구 사항의 수량이 정확하지 않게 된다. 즉 위에서 언급한 IRF가 정확하지 않은 것이다. 또 생산 계획이 빈번하게 변경되어 너무 자주 MPS가 변경된다면, 하부 생산이나 구매 계획은 모두 변화해야 하는데, 이러한 빈번한 변화를 모든 공급자가 따라 올 수 없다면 MRP는 쓸모가 없는 것이다. 그리고 BOM이 정확하지 않은 경우에도 정확한 자재 요구량을 계산할 수 없다. 결국 MRP의 투입 요소들의 정확성과 안정성이 요구되나 이러한 것은 사실 많은 노력을 기울여야 하는 사안이다. 공급자 측면을 보자. 공급자가 분명히 이번 주 목요일까지 공급하겠다고 약속을 하였으나 갑자기 품질 문제가 발생해 다음 주에 공급하겠다는 소식을 전해왔다면 그냥 마냥 기다릴 수 없다. 다음 주에 공급함으로써 생산 계획의 차질을 발생시킬 수 있기 때문에 다른 방안을 강구해보아야 한다. 이렇게 모든 상황이 원래 계획대로 움직이기 않고 부정확, 변화, 불확실성, 실패 등이 발생하기 때문에, 아직도 조달 업무에 많은 인력을 할당해 여러 가지 예측하지 못한 일이나 부정확한 사안들을 사람의 힘으로 바로 잡고 수정해야 한다. 그러나 이런 모든 환경과 내용이 점점 안정화되고 정확해질수록 기업의 전산화, 자동화로 반복된 업무를 사람대신 컴퓨터로 대치할 수 있다. 결국 이러한 추세는 다소 시간이 걸리겠지만 기업이 발전해간다면 가야할 방향인 것이다.

3 │ 재고 관리

생산 활동에 필요한 자재를 구매하다 보면 어느 정도의 자재를 보유하고 있어야 적정한가 하는 질문을 자주 접하게 된다.

어느 정도의 재고가 적정 재고일까? 저자는 '덜도 말고 더도 말고'라고 이야기하기도 한다. '덜도 말고'에서 "덜"이란 재고를 적게 보유하여 생산이 수행되는 데 피해를 주는 자재 품절을 발생시키는 경우를 언급하며, '더도 말고'에서 "더"란 너무 많은 재고를 보유하여 낭비가 발생하는 경우를 말한다. 그러므로 재고의 적정 보유라 함은 자재 품절에 의한 생산의 중단을 야기시키지 않을 정도로, 그러나 너무 많아서 낭비가 되지 않는 정도라고 이야기하고 싶다. 물론 그 정도가 정확히 어느 정도인가 하는 것은 상황에 따라 다르기 때문에 일률적으로 이야기할 수는 없으나, 적정의 의미를 이렇게 설명해도 큰 무리는 아닐까 싶다.

(1) 재고 보유의 목적

재고를 보유하는 기본적인 이유에 대해 살펴보자. 먼저 외부 수요 변화에 대처하기 위해 재고를 보유하는 경우이다. 적정 재고를 보유함으로써 불확실한 외부 수요 변화에 대처할 수 있다. 고객의 수요가 언제 발생할지 모르는 상황에서 만약 재고를 보유하지 않았다면 고객의 수요에 대처할 수 없다. 그러므로 적절한 재고를 보유하고 있어야 고객의 수요에 대처할 수 있는 능력이 생기는 것이다.

그 다음으로는 내부 생산의 원활한 지속을 위해 재고를 보유하는 경우이다. 재고를 보유하고 있으면 내부적인 문제점이 발생해도 재고가 이러한 문제점으로 인한 생산의 중단을 방지해 준다. 예를 들어 내부적으로 기계에 문제가 발생해 특정 생산 단계가 작동하지 않더라도, 재고가 있으면 그러한 문제를 해결하는 동안 재고로서 다음 단계에 자연히 연결해준다. 만약 오늘 반드시 입고되어야 하는 원자재가 문제가 생겨서 내일 들어오게 된다고 가정하자. 만약 원자재 재고가 없다면 원자재 품절에 의한 생산의 중단이 발생할 수 있지만 원자재 재고가 있다면 재고를 활용하여 생산이 중단되지 않게 할 수 있다. 이렇게 재고를 보유하면 생산에서 발생될 수 있는 다양한 문제점들을 재고에 의해 흡수하여 생산을 원활하게 지속되게 할 수 있다.

이렇게 재고에 의한 생산의 원활함은 기업에게 득이 되는가, 아니면 해가 되는가? 앞서 언급한 것처럼 생산이 중단되지 않고 지속적으로 운영된다는 점에서 보면 분명 득이 된다. 그러나 재고를 보유하고 있기 때문에 그리하여 생산이 중단되지 않고 운영되기 때문에, 그러한 문제가 얼마나 심각한 문제인가에 대한 인식, 그래서 개선해야 한다는 생각은 절실하지 않아, 문제가 개선되기 어렵다. 예를 들어 공급자 A가 K 자재 불량품을 납품하는 경우에, 이미 K 자재가 충분한 재고가 있어서 생산이 중단되지 않으면, A는 자기의 불량이 얼마나 심각하게 나쁜 일인가를 인지하지 못하게 될 수 있다. A가 절실히 불량의 심각성을 인지하려면, A사의 K 자재 불량 때문에 구매 기업의 공장이 거의 생산 중단 위기에 봉착하고, 큰 법석이 벌어지고, 모든 사람이 A에 대해 비난하고, A는 심한 압박을 받는 등의 일을 겪어야 될 것이다. 그러나 재고 때문에 이러한 사태는 발생하지 않고, A도 심각성을 인지하지 못하는 것이다. 재고를 보유하는 경우 이렇게 양면성이 존재한다.

마지막 재고 보유 이유로는 사재기의 경우이다. 즉 미래 가격 상승이 예상되거나 특정 품목의 품귀 현상이 예측되는 경우, 미리 사재기를 통해 재고를 보유하는 경우이다. 곡물 가격이 상승한다면 필요한 곡물을 미리 많이 사서 재고로 비축 해 두는 경우가 그것이다. 구매 부서에서 이러한 사재기는 매우 중요하다. 구매하려는 자재의 가격 상승이 예상된다면(물론 미래이기에 불확실하지만) 언제 얼마나 미리 사야 하는 것인가. 이 문제는 늘 구매 부서를 따라 다니는 중요한 의사 결정이고 또 그러한 의사 결정을 합리적이고 효율적으로 수행하기를 요구받는다. 그러나 미래에 대한 예측과 판단이 내재되어 있어 쉽지 않은 의사 결정이다.

(2) 재고 관련 비용

재고 관리를 하는 경우 목적은 무엇일까? 재고 관리의 목적은 재고에 관련된 총 비용을 최소화하는 것이라고 언급할 수 있다. 재고에 관련된 총 비용은 재고 유지 비용과 주문 비용으로 구성되는데 이러한 두 가지 비용은 수요가 일정한 경우 반비례의 상관관계에 있다. 먼저 재고 유지 비용을 살펴보자.

① 재고 유지 비용(I.C.C. Inventory Carrying Cost)

재고 유지 비용이란 재고를 보유하고 유지하는 데 소요되는 비용이다. 재고를 보유하면 창고를 임대해야 하고 필요한 세금도 지불해야 하고 필요에 따라서는 사람을 고용해 재고를 관리하기도 해야 한다. 이러한 재고 유지 비용은 재고 보유 수량에 비례한다. 즉 재고를 많이 보유하면 재고 유지 비용이 많이 발생하고, 재고를 적게 보유하면 재고 유지 비용이 적게 발생한다. 재고 유지 비용에 간과해서는 안 되는 비용이 자본의 기회비용(Opportunity Cost of Capital)이다. 재고를 보유하게 되면 기업은 재고를 구매하기 위한 자본 비용을 지출한다. 즉 재고 금액만큼 자본(돈)이 재고에 잠겨있는 것이다. 만약 재고를 보유하지 않았다면 재고 구매에 상응하는 자본을 다른 용도에 사용할 수 있게 되는데, 재고를 보유하게 됨에 따라 이러한 자본의 다른 용도의 사용 기회를 잃어버리게 되는 것이다. 그리고 재고를 보유하고 있으면 진부 비용이 발생하기도 한다. 일반적으로 재고를 보유하면 시간이 지나가면서 재고의 가치가 하락한다. 이러한 가치 하락을 진부 비용이라고 한다. 특히 시간이 지나감에 따라 가치가 급격히 하락하는 제품을 상하기 쉬운 제품(perishable goods)라 하는데 대표적으로 식료품이 이에 속한다. 사실 가장 상하기 쉬운 제품은 신문일 것이다. 아침에 500원하던 신문이 저녁이면 가치가 0에 근접하기 때문이다. 얼마 전 어느 모임에서 전자 회사의 사장님이 "우유나 휴대폰이나 약간 시차는 있겠지만 모두 상하기 쉬운 제품(perishable goods)"이라고 주장하는 것을 보았다. 휴대폰의 빠른 제품 수명 주기를 본다면 저자는 매우 적절한 비유라고 생각한다.

② 주문 비용(O.C. Ordering Cost)

주문 비용이란 주문을 하기 위해 발생하는 비용으로 주문 처리 비용, 발주 비용 등이 포함된다. 이러한 주문 비용은 주문 수량에 비례하는 것이 아니고, 주문 횟수에 비례한다. 주문 횟수가 많으면 많은 비용이 발생하고, 주문 횟수가 적으면 적게 발생한다. 한번 주문하게 되면 일반적으로 주문 수량에 관계없이 일정하게 주문에 필요한 비용이 발생하기 때문이다.

재고 관리의 목적은 이러한 두 가지 비용을 적절하게 조화해 총 비용을 최소화하는데 있다.

재고 관리 총 비용 = 재고 유지 비용 + 주문 비용

총 비용은 재고 유지 비용과 주문 비용의 합으로 이루어지는데, 두 가지 비용이 적절하고 균형 있게 조화될 때 총 비용이 최소화된다. 예를 들어 하루에 사과를 하나씩 먹는 사람을 생각해보자. 사과 하나의 가격이 만원이라고 가정하자. 그리고 사과 상점은 지하철을 나와서 10분 정도 걸어가야 있다고 가정하자. 만약 매일매일 사과 상점에 들려서 그날 먹을 사과 하나씩을 산다면 재고를 보유할 필요가 없다. 그리고 돈도 만 원만 있으면 된다. 그런데 매일매일 사과 상점에 가는 것이 귀찮아서 한 번 가서 한 달 먹을 사과를 한꺼번에 사온다면, 한 번에 서른 개의 사과를 사야 하는데 그러면 30만 원이란 비용이 들고, 또 집에다 사과를 보관해야 하는 비용도 들것이다. 결국 매일매일 사과를 하나씩 산다면 주문 비용은 매일 발생(월 30회)하지만 재고 유지 비용은 거의 발생하지 않고, 반대로 한 달에 한 번만 사과 상점에 가서 사과를 사면 주문 비용은 한 달에 한 번만 발생하지만 재고 유지 비용(30만원이라는 금액이 다른 곳에 사용 못하고 잠겨있고 또 사과를 보관하는 데 들어가는 유지 비용)이 많이 발생한다. 그렇다면 매일매일 사는 것도 주문 비용이 너무 자주 발생하고(매일 가는 것이 귀찮고), 그렇다고 한 달에 한 번 사게 되면 재고 유지 비용이 너무나 많이 발생한다면, 결국 재고 유지 비용과 주문 비용을 적절하게 균형을 맞추기 위해 매일매일도 아닌 그렇다고 한 달에 한 번도 아닌 일주일에 한 번 정도 구매하게 되면(총 비용 = 한 달에 4번 정도 주문비용 + 일주일 정도의 재고 유지 비용) 재고 유지 비용과 주문 비용을 적절하게 균형을 맞출 수 있을 것이다. 이것이 최적 재고 유지의 기본적인 원리이다. 이러한 원리에 입각해 재고를 주문한다면 총 비용을 최소화할 수 있을 것이다. 물론 이 경우 재고 유지 비용과 주문 비용의 구체적인 수치를 비교해보아야 한다. 재고 유지 비용이 주문 비용에 비하여 매우 적으면, 재고 유지 비용을 많이 발생시키는 것이 유리하고(그것이 균형), 그 반대로 주문 비용이 재고 유지 비용보다 상대적으로 적으면, 주문 비용을 많이 발생시키는 것이 유리하다. 경제적 주문량(EOQ, Economic Order Quantity)등에 관한 자세한 내용은 재고 관리 책을 참조하기 바란다.

(3) ABC 재고 관리

자재의 종류가 다양해지면, 관리를 효율적으로 하는 것이 매우 중요해진다. 만약 자재의 종류가 100가지라면 100가지 자재를 동일한 노력과 관심으로 관리하는 것이 바람직할까? 이럴 경우 대부분 100가지의 자재를 동일한 노력으로 관리하는 것은 바람직하지 않다. 왜냐하면 자재에 따라 중요도와 관심도가 다르기 때문이다. 그러므로 자재를 중요도에 따라 A급, B급, C급으로 구분해 매우 중요한 자재인 A급은 많은 관심을 가지고 관리를 특히 세심하게 하고, 적당히 중요한 B급 자재는 관리를 적당히 하고, 별로 중요하지 않은 C급 자재는 관리와 관심을 최소화하는 관리 방법을 ABC 자재 관리 방법이라고 한다. 결국 ABC 자재 관리는 자재의 중요도에 따라 우선 순위를 부여하여 주어진 우선 순위에 적합하게 자재를 차등 관리하는 방법을 의미한다. 이렇게 함으로서 가장 최적의 관리 노력을 할 수 있게 된다. 그렇다면 A, B, C 급을 나누는 기준은 무엇인가? 일반적으로 구매 부서에서는 자재의 금액을 기준으로 정하는 경우가 많다. 즉 매우 고가의 자재를 A급으로 그 다음 중가의 자재를 B급으로 그리고 저가의 자재를 C급으로 결정한다는 의미이다. <도표 12−3>에서 A급 자재는 전체 품목 중 10% 정도의 수량이지만 자재의 가치와 가격면에서는 전체 가격의 75%를 차지한다. 이처럼 품목의 수와 가치의 정도가 동일한 것이 아니라는 것을 시사해주고 있다.

도표 12-3 ABC 재고 관리

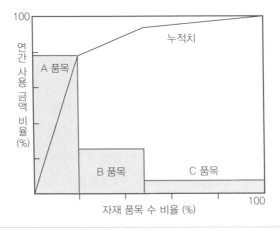

그러나 자재를 운영하는 데 관련된 부서는 구매 부서만 있는 것이 아니다. 그 자재를 사용하게 될 생산 부서라든지, 설비 부서라든지, 운영 및 보수에 관련된 다양한 부서들이 자재에 관심을 가지고 있다. 만약 구매 부서에서는 K라는 자재가 고가여서 A급으로 결정하였는데, 생산 부서에서는 K라는 자재보다 비록 고가이지는 않지만 P라는 자재가 품절이 되면 생산이 결정적으로 중단된다고 한다면, P를 A급 자재라고 생각할 것 이다. 그래서 모든 부서가 A, B, C 분류를 하는 기준은 부서마다 다를 수 있다. 그러므로 ABC 자재 관리 시스템을 운영하려면 자재에 관련된 다양한 부서 간에 ABC 분류의 기준을 협의해 합리적이고 모든 부서에 적용될 수 있는 동일한 기준을 만드는 것이 중요하다.

(4) 안전 재고

자재 품절이 발생하면 그러한 자재를 이용해 생산하는 생산이 중단될 수도 있다. 그러므로 재고 관리에서 자재의 품절을 방지하는 것은 중요하다. 자재의 품절을 방지하기 위해 기업은 안전 재고(Safety Stock)를 보유해야 한다. 안전 재고를 보유하면 품절에 대한 위험은 줄어든다. 그러나 안전 재고를 보유하는 만큼 재고 유지 비용을 지불해야 한다. 결국 안전 재고와 재고 유지 비용은 상반되는 관계에 있는데, 기업이 어느 정도 안전 재고를 보유해야 하는 가는 자재의 특성과 전략에 따라 달라진다. A자재는 어떠한 경우에도 품절이 발생하면 안 된다고 하면 재고 유지 비용을 지불하더라고 매우 충분한 안전 재고를 보유해야 한다. 상대적으로 B자재는 품절이 나면 바람직하지는 않지만 다른 자재로 대치할 수 있다면 적당한 정도의 안전 재고만 보유해도 된다. 결국 어느 정도의 안전 재고를 보유해야 바람직한가 하는 문제는 기업의 전략적 의사 결정에 달려 있다. 안전 재고와 재고 유지비의 상관관계를 분석해 적절한 안전 재고 수준을 선택해야 한다.

그러나 안전 재고 수준을 높이지 않고도 품절의 위험을 줄일 수 있는 방안이 있다면 매우 바람직할 것이다. 그러한 방안이 있는가? 발주 리드타임을 줄이면 안전 재고의 수준을 높이지 않고도 품절의 위험을 방지할 수 있다. 예를 들어보자. 발주 리드타임이 10일이 걸리는 경우, 그 기간 10일 동안 품절의 위험이 있기 때문에 안전 재고를 보유하게 된다. 그런데 발주에 걸리는 시간이 10일이 아니라 1시간이라고 가정하자. 그렇다면 1시간 내에 품절이 발생 할 확률은 10일 기간 내에 품절이 발생할 확률보다 현저하게 적다.(시간이 줄면 그 사이에 발생할 가능성도 줄어듦) 앞서 본 것처럼, 예를 들어 주문하면 1시간 내에 바로 조달된다면 안전 재고는 필요 없다. 바로 조달되기 때문에 품절이 없다. 그러므로 조달 리드타임을 줄이면 동일한 수준의 안전 재고를 가지고도 품절의 위험을 방지할 수 있다. 이러한 이유가 바로 자재를 구매할 경우 장 납기 자재보다 단 납기 자재가 유리한 이유가 되는 것이다. 그러므로 구매인들은 발주 리드타임을 줄이는 노력에 관심을 기울여야 한다. 그렇다면 어떻게 리드타임을 줄일 수 있을까? 다양한 경우가 있지만 여기서는 몇 가지만 언급해보도록 한다. 물론 지리적으로 근접하여 공급자가 구매자의 생산 현장 가까이 위치하고 바로 바로 조달할 수 있으면 좋지만, 늘 그러한 상황이 가능한 것만은 아니다. 다른 방법은 공급자와 정보를 잘 공유 하는 것이다. 어떠한 자재가 언제 필요한지 공급자에게 미리 정보를 주면 공급자는 그러한 정보를 기반으로 미리 준비를 할 수 있다. 또 다른 방법은 공급자에 기본적인 공통 부분을 미리 만들어 놓게 하는 방법이다. 만약 A, B, C 모델을 주문하는 경우 아직 A, B, C의 구체적인 수량이 결정되지는 않았지만, 전체적으로 약 100개가 필요하다면 A, B, C 모델이 분리되기 직전의 생산 공정까지는 만들어 놓고 기다리게 하는 방식이다. 그러면 그 후 A, B, C 각각이 주문되어도 짧은 시간에 완성할 수 있을 것이다. 물론 A, B, C가 공통적인 기본 유형을 가지고 있다는 전제하의 논지이다. 이런 것은 앞서 언급한 모델의 공용화(Platform Design)와도 연결되는 주제이다.

4 │ 적기 생산 시스템(JIT, Just In Time)

도요타 회사에서 시작되어 널리 세계로 퍼진 JIT(Just In Time)는 더 이상 일본의 전유물이 아니다. 다른 학자들에 의하여 Demand Pull 또는 Lean이라고 명명되기도 하는 JIT는, 구매 분야에서도 구매자가 어떤 방식으로 JIT 구매를 실현해야 하는가 하는 과제를 부여하였다. 그렇다면 JIT를 어떻게 정의할 것인가? JIT에 관한 여러 가지 서적과 논문이 나와 있지만, 저자는 지하철을 타는 것으로 설명해보기로 한다. 지하철을 타러간다고 가정하자. 뚜벅뚜벅 걸어서 지하철 역을 내려가서 지하철 타는 입구에 가서 발을 탁 내밀었는데 지하철이 정확하게 정지해 그 순간 안으로 들어갈 수 있었다면, 그러한 상태를 JIT라고 정의하자. 내가 발을 내밀자 지하철이 바로 그때(Just－In－Time)에 도착한 것이다. 그런데 발을 탁 내밀었으나 지하철이 오지 않으면 발을 내민 상태로 지하철이 올 때까지 대기해야 한다. JIT 에서는 이러한 대기를 낭비로 간주하고 모든 낭비를 제거하자는 것이 JIT의 철학 이다. 왜냐하면 낭비는 쓸데없이 발생하는 것이기 때문에 모든 낭비는 죄악이라고 생각하는 것이다. 생산 활동에서 낭비란 필요 없는 재고, 필요 없는 기계, 유휴 노 동력, 이동 중 대기, 불량 품질 등이다. 이러한 낭비가 발생하지 않게 모든 시스템 을 효율적으로 운영하고자 하는 것이다. 말 그대로 JIT 즉, 필요한 때에 필요한 것 만이라는 의미이다. 구매 관점에서 본다면 미리 자재를 재고로 가지고 있지 말고, 필요할 때 필요한 양만큼만 가지고 생산과 연계하라고 하는 의미이다.

그렇다면 이러한 JIT는 어떤 방식으로 달성할 수 있을까. 실제로 도요타 공장에 가보면 정말 많은 JIT의 실천을 보게 된다. 일본에서 JIT가 발전하고 활성화된 배 경에는 일본 고유의 개선(改善, Kaizen) 문화가 존재하는 것을 간과해서는 안 된다. 개선이란 영어로 CI(Continuous Improvement)라고 번역하는데, 저자는 "조금씩 조 금씩 끊임없이, 조금씩 조금씩 끊임없이, 조금씩 조금씩 끊임없이, 조금씩 조금씩 끊임없이……"라고 번역하고 싶다. 즉 작지만 중단없는 개선 활동을 하는 것이다. 예를 들어 보자. 도요타에 가면 실수 사전방지(Fool Proof)라는 제도가 있는데, 이 것은 사람은 누구나 실수할 수 있기 때문에 사전에 실수를 하지 않도록 미연에 방 지하는 시스템을 말한다. 예를 들어 K자동차 조립에는 A, B, C, D 공구함에서 C 에서 볼트를 꺼내어 조립하게 되어 있다면 K자동차가 조립 라인으로 흘러들어 오 면 자동으로 A, B, D 공구함은 잠겨버린다. 사람이 실수로 B공구함을 열려고 해 도 이미 잠겨 있어 열 수가 없다. 오직 열린 것은 C공구함 뿐이고 작업자는 C공구 함에서 볼트를 꺼내 작업을 하게 된다. 이렇게 함으로써 실수를 할 수 있는 경우 를 원천적으로 봉쇄하는 것을 Fool Proof라고 한다. 저자가 도요타 공장을 방문하 였을 때 공장장이 저자를 안내해 공장을 돌아 보면서 "저기 보이는 것은 5년 전 다나까 씨가 만든 Fool Proof입니다. 저 위의 것은 3년 전에 나까무라 씨가 만든 Fool Proof이고요, 그리고 저것은요……" 하면서 공장의 많은 시설이 여러 사람 들의 노력으로 개선되고 있다고 자랑하면서, 이러한 개선은 오늘도 진행되고 있다 고 말했다. 또한 자동차 모델을 교체하는 데 소요되는 시간이 과거에는 거의 50분

정도였는데 개선을 통해 지금은 10분 내로 모델 교체가 가능하다고 하면서 아직도 시간을 더 줄여야 한다고 강조했다. 결국 JIT이란 '주위에 보이는 모든 낭비 요소를 개선을 통해 줄여가는 활동'이라고 생각할 수 있을 것이다. 도요타 혁신이란 그렇게 쉽게 금방 얻어지는 것은 아니다. 개선이 체질화되고 끊임없이 주위의 낭비 요소를 줄이기 위해 마치 인생을 걸고 도전하는 것과 같은 느낌으로 조금씩 수행해가는 것이다.

저자가 도요타를 방문해 필요한 업무를 마치고 한국으로 돌아오기 전 날, 공장장과 만난 자리에서 일어난 일이다. 공장장이 저자에게 말하기를 "이제 JIT를 좀 이해하십니까?"라고 물었다. 저자가 "예, 조금 알겠습니다"라고 대답하였더니 못을 하나 주면서 망치로 못을 판자에 박아보라고 하였다. 그래서 판자에 못을 박았더니 공장장이 "지금 행동에서 낭비 요인을 제거해보세요."라고 말하였다. 저자가 "망치로 못을 박은 활동만 하였는데, 무슨 낭비가 있었습니까?"라고 물었더니 공장장이 "망치와 못이 만나는 점을 제외한 모든 행동이 낭비입니다. 오늘 이만큼 팔을 들어서 못을 박았다면, 내일은 조금 더 작게 들어서 못을 박아보시고, 모레는 좀 더 작게 그렇게 조금씩 조금씩 끊임없이 개선하다 보면 어느새 거의 팔을 들지 않아도 못이 박히지요."라고 말하였다. 저자가 그동안 경험하거나 읽은 JIT에 관한 내용 중에 가장 강렬하게 저자에게 다가온 순간이었다. '결국 JIT란 이렇게 거의 불가능할 정도의 수준을 향하여 구도자와 같이 한 걸음 한 걸음 정진하는 것인가.' 하는 생각이 들었다.

저자는 많은 한국 기업들이 도요타 생산 방식을 이해하기 위해 짧은 기간 동안 도요타를 방문하여 마치 모든 것을 알았다는 것처럼 이해하고 귀국하는 것을 경계하고 싶다. 물론 방문하여 많은 것을 이해할 수 있을 것이다. 그러나 그러한 사상과 행동이 실제로 현장에서 실천되기 위해서는 눈에 보이지 않는 많은 요소들이 있다는 것을 간과해서는 안 된다. 문화, 철학, 방법론, 문제 해결, 갈등 조정, 극복, 도전 등 이러한 것들은 쉽게 단기간에 모방하기 어렵다. 도요타가 많은 기업들에게 도요타에 와서 JIT에 관해 실제로 보고 공부해서 얻어가라고 여러 부분을 공개하는 이면에는, 아무리 보고 이해해도 결코 단기간에 완성할 수 없다는 자신감이 배경에 깔린 것이 아닌가 생각된다. 따라서 진정으로 그들을 이해하려면 오랜 기간 목숨을 걸고 전력을 다해 개선 활동을 해온 사실을 알아야 한다. 그렇게 할 수 없다면 단순히 며칠 가서 보거나, 몇 권의 책을 읽었다고 도요타처럼 될 수 있다는 생각은 버려야 할 것이다. 물론 도요타가 모든 부분에서 영원히 경쟁력을 유지할 수 있다고 생각하지는 않는다. 그런 의미에서 도요타 방식을 모든 기업에 다 적용할 수 있다는 생각도 약간은 고려해야 한다. 모든 기업은 각자의 특성이 있고 그러한 특성에 맞추어 기업을 발전시키는 것이 중요하지, 단지 성과가 우수하다고 무조건 다른 기업을 따라 하는 것은 어쩌면 위험해질 수도 있다. 그러나 도요타가 강조하는 낭비를 제거하기 위한 끊임없는 개선은 음미해볼 만하다.

공급 사슬 관점에서 본 구매

공급자부터 생산 및 물류 유통을 거쳐 고객에 이르는 전체적인 연결을 공급 사슬이라고 한다. 각각의 기능 부서별로 이해하는 것이 아니라 공급 사슬을 전체적인 하나의 시각으로 보고자 하는 목적으로 발전되었다. 공급 사슬 내에는 당연히 구매 업무도 포함된다. 그러므로 구매 업무를 독자적으로 분석하고 연구하는 것도 중요하지만 전체 공급 사슬의 성격과 특성을 이해하고, 그러한 공급 사슬의 내용이 구매와 어떻게 연계되고 영향을 주는가를 이해하는 것도 매우 중요한 영역이다. 이러한 전체적인 연계성이 중요한 이유는 아무리 구매 부서 독자적으로 혁신이나 개선을 하여도 전체 공급 사슬에 영향을 주지 못하면 그러한 노력은 수포로 돌아갈 수 있는 가능성이 크기 때문이다.

본 장에서는 공급 사슬은 어떻게 발전해왔으며 공급 사슬을 어떠한 관점으로 이해하는 것이 올바른 것인지 살펴보고자 한다. 공급 사슬을 이루는 중요한 항목들은 무엇이고 공급 사슬이 구성되어 운영될 경우 나타나는 특징과 현상들을 살펴보기로 한다. 그리고 이러한 공급 사슬의 특성을 기반으로 구매 부서가 어떻게 연계되고, 공급 사슬을 효율적으로 운영하기 위해 어떤 노력과 역할을 수행해야 하는지를 학습하고자 한다.

제13장

공급 사슬 관점에서 본 구매

[주] Supply Chain Management를 저자는 직역하여 공급 사슬 관리라고 번역하여 사용하나, 다른 책에는 공급망 관리 또는 공급 체인 관리 등으로 사용되고 있다. 향후 하나의 표준어로 정리되기를 바라며, 이 책에서는 Supply Chain Management를 공급 사슬 관리라는 용어로 통일하여 사용함을 일러둔다.

1 | 공급 사슬 관리의 발전 및 관점

전통적으로 기업은 효율성을 극대화하기 위해 노력하였으며, 이러한 결과로 분업과 전문성이란 주제가 강조되기 시작하였다. 그러므로 기업은 오랫동안 각 기능 부서를 나누어 각각의 개별적인 영역으로 구분해 운영하였다. 그 결과 생산-개발 -구매-영업-재무-인사 등 기업을 구성하는 다양한 부서들이 창출되었다. 이러한 부서들의 운영 기본 원칙은 분업과 전문성의 확보였다. 그리고 각자가 최선을 다하면 그것이 기업의 최선이 된다는 명제였다. 그래서 생산 부서는 생산 활동을 최적화하고, 영업 부서는 영업 활동을 최적화하고, 구매 부서는 구매 활동을 최적화 하였다. 경영 환경이 안정적이고 기업의 경쟁이 심하지 않았던 과거에는 이러한 방식의 운영이 경쟁 우위를 점하기도 하였다. 그러나 기업 경영 환경이 복잡해지고, 다양성과 스피드가 중요한 이슈로 발전하고, 고객의 요구가 수시로 변하고 예측이 어려워지는 현대에는, 이러한 부분 적정화로는 여러 부서에 연계되어 있는 문제를 해결하기 어려워졌다. 오히려 각 기능 부서가 그들의 목표를 달성하기 위해 노력할 때 발생하는 갈등 및 부분 적정화의 결과들이 매우 심각한 경쟁력의 저하로 나타나기 시작하였다. 예를 들어 영업 부서에서는 고객 만족과 판매 이익을 극대화하기 위해 재고를 충분히 보유하고 제품을 신속하게 고객에게 전달하려 하는가 하면, 생산 부서에서는 생산의 원가 경쟁력을 위해 재고를 줄이고 제품을 묶어서 한번에 생산하기를 원하고, 구매 부서에서는 협력 업체 육성을 위해 기술 이전을 하려 한다. 또 기술 부서에서는 새로운 기술을 개발하여 대체하려고 하는 등 많은 갈등의 요소들이 산재해 있다. 역사적인 사례를 들어보자.

1970년대 말 도요타사는 도요타 자동차 제작사와 도요타 자동차 판매사로 나누어져 있었다. 제작사에서 자동차 한 대를 만드는 데 채 이틀을 소모하지 않았는데, 판매사에서 고객과 계약을 체결하여 공장에 주문하고 주문을 받아서 고객에게 인도하기까지에는 15 – 25일을 소비하였다. 비용 절감에 헌신적이고 모든 낭비요소들을 죄악시하던 도요타 제작사의 직원들은 판매사의 직원들이 자기들이 이룩한 장점을 퇴색시키고 있다는 사실에 분개하였다. 마침내 1982년에 두 회사를 합병하여 하나의 회사를 만들고 혁신을 감행하였는데, 종래의 경우에서는 판매사가 주문을 모아두었다가 일정 시간이 흐른 뒤에 한꺼번에 처리했음이 발견되었다. 수주 정보가 어느 정도 대량의 묶음으로 모여서 다음 단계로 넘어갔기 때문에 그렇게 오랜 시간이 걸리게 된 것을 알게 되었다. 그래서 수주 정보의 묶음 크기를 줄이는 작업부터 시작하였는데, 이러한 해결책을 판매 직원들과 공장 작업자들과의 업무를 직접 연계시킴으로써 보다 신속한 업무 처리를 가능하게 하였다. 도요타사는 한 부분의 우수성만으로는 경쟁력을 증가시킬 수 없다는 사실을 인식하고 구매, 제조, 분배, 유통 등의 모든 분야의 우수성 확보를 통한 전체 공급 사슬의 흐름을 계획하고 관리하려고 노력하게 되었다.

미국 자동차 업계에서도 다른 방향으로부터 이러한 사실을 인식하게 되었다. 1980년대 후반, 일본의 자동차 회사들에게 많은 부분에서 경쟁력을 잃어 시장을 뺏긴 미국 자동차 업계가 일본 자동차 회사들을 벤치마킹하였다. 분석적이고 체계적인 벤치마킹의 결과로 미국 자동차 회사들이 일본 자동차 회사들과 대등할 정도의 경쟁력을 보유하게 되었음에도 불구하고 시장에서의 경쟁은 여전히 우위를 차지하지 못하고 있었다. 이러한 원인에 관한 분석을 진행하면서, 미국 기업들은 고객의 주문을 확보하기 위한 경쟁은 일본의 자동차 회사 대 미국의 자동차 회사 간의 경쟁이 아니라 미국 자동차를 만들어 고객에게 전달하는 미국 공급 사슬 팀 (자재 공급부터 고객에게 인도까지)과 일본 자동차를 만들어 고객에게 전달하는 일본 공급 사슬 팀간의 경쟁이라는 점을 발견하고 전체 공급 사슬 흐름에서 특정 부분이 아무리 우수하여도, 전체의 통합된 팀으로서 경쟁력이 없으면 결국 시장에서 승리하지 못한다는 점을 매우 중요하게 인식하게 되었다. 결과적으로 내부적 역량의 중요성을 강조하면서도 전체 흐름의 여러 연결 고리와 부분간의 유기적 관계를 더욱 더 강조하는 공급 사슬 관리에 자연히 중점을 기울이게 되었다. 그러면서 기업들은 자재 구매에서 고객에게 인도까지 전체적인 물류와 정보의 흐름이 끊어지거나 단절 없이 흘러가는 것을 집중적으로 연구하기 시작하였다. 이러한 현상은 기업의 경쟁력이 기업 내부의 우수성을 집중 육성하는 핵심 역량 발굴 방향에서 기업이 고객에게 재화 또는 서비스를 전달하는 과정으로 이어지는 여러 다른 조직이나 자원과의 연결 관계의 효율성과 우수성에서 경쟁력을 찾으려는 시도로 이해할 수 있다.

다른 접근법으로는 경영학 이론 중에 제약이론(TOC, Theory of Constraint)라는 것이 있다. 가장 취약한 곳에서 전체의 효율성이 결정된다는 이론이다. 예를 들어보자. 산을 10명이 등정할 경우 등정의 전체 속도는 가장 늦게 오는 사람에 의해 결정된다. 만약 가장 늦게 오는 사람이 식량을 운반하는 사람이라면, 앞서 가던 모든 사람들은 밥을 먹기 위해 식량을 메고 오는 사람을 기다려야 한다. 다른 사람들이 아무리 빨리 앞서 가도 식량을 메고 오는 사람에 의하여 전체 속도는 결정된다. 만약 부품이 100개인 경우 99개의 부품이 이미 도착하였으나 중요한 하나의 부품이 도착하지 않았다면 전체가 조립될 수 없다. 아무리 99개의 공급자를 혁신하여 납기를 줄이고 운영의 효율성을 극대화하여도 나머지 중요한 1개의 공급자가 문제를 만들어내면 99개의 효율적인 공급자의 우수성은 의미가 없게 되는 것이다. 결국 혁신이나 개선은 전체 시스템 중에 가장 취약한 곳(병목 구간, Bottleneck)을 집중적으로 분석하여 가장 취약한 부분을 개선해야 전체가 좋아질 수 있다는 이론이다. 이러한 이론을 공급 사슬에 활용하여 본다면 공급 사슬을 이루고 있는 모든 구성원 중에서 가장 취약한 구성원이 전체 공급 사슬의 우수성과 경쟁력을 결정할 수 있다고 할 수 있다. 결국 모두 합심하여 같이 잘해야 공급 사슬이 전체적으로 우수해지는 것이다.

결국 이러한 배경을 살펴보면, 공급 사슬을 연구하면서 관심을 기울일 분야는 연계성과 통합성이다. 하나의 기업이나 하나의 기능 부서가 우수하다고 승리하는 것이 아니고, 공급 사슬을 구성하고 있는 전체 구성 요소가 모두 우수해야 승리할 수 있는 것이다. 우리가 흔히 부분적인 혁신을 하여도 효과가 나지 않는 이유는 그러한 혁신이 전체 공급 사슬에 영향을 미칠 수 없기 때문이다. 공급 사슬 관리란 다음과 같이 이해할 수 있다. '공급 사슬 관리란 필요한 외부 자원의 조달에서 시작하여 구매, 제조, 분배, 유통을 거쳐 소비자에 이르는 모든 재화 및 서비스 그리고 그것에 수반되는 가치의 흐름을 통합하고 연계하여 전체적인 하나의 시스템으로 이해하고 분석하려는 노력'이다.

이러한 공급 사슬 관리는 하나의 시각으로 이해하기에는 너무 커다란 영역이다. 그래서 저자는 크게 3가지 영역과 관점으로 구분하여 설명하고자 한다.

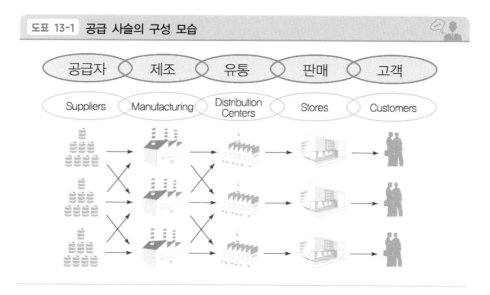

도표 13-1 공급 사슬의 구성 모습

(1) 통합 물류적 관점

공급 사슬을 공급자로부터 제조 - 유통 - 판매를 거쳐 고객에게까지 이어지는 물류 흐름으로 이해하고 어떻게 하면 이러한 물적 유통 과정을 최적화할 수 있을까 하는 시각으로 접근하는 방식이다. 만약 전세계 3,000곳의 공급자를 이용하여 20곳에서 물건을 제조한 뒤 5,000곳의 고객에게 전달한다면, 누가 어느 정도 재고를 보유하고 어떤 방식의 경로로 재화를 이동시키고 창고 및 운송 수단은 어떻게 사용해야 최적의 관리가 가능하고 비용을 최소화할 수 있는가 하는 것을 연구하는 것이다. 물적 유통면에서 재화의 흐름을 관리하고자 하는 것이다.

(2) 기업 간의 상호 작용 및 구성원 간의 연계적 관점

공급 사슬을 구성하고 있는 기업 들 즉 공급자들, 제조 회사, 유통 회사들의 상호 관계 및 힘의 우위를 연구하고자 하는 관점이다. 공급 사슬을 구성하고 있는 기업 간의 관리, 제휴 및 협력 신뢰 그리고 갈등 등으로 공급 사슬을 이해하고자 하는 노력이다. 구성원들끼리 갈등도 있고 힘의 우위가 있는 구성원이 다른 구성원을 관리하거나 압박하는 경우도 생긴다. 이러한 공급 사슬을 구성하는 구성원들 사이에서 발생하는 모든 역학 관계 및 상호 작용으로 공급 사슬을 이해하고자 하는 관점이다.

(3) 공급 사슬 내에 정보 공유 관점

공급 사슬 내에서는 3B가 흐른다고 하는데 그것은 정보(Byte), 실물(Box) 그리고 돈(Bucks)을 지칭한다. 특히 이러한 흐름이 중단되거나 변형되지 않고 흘러야 하는데, 어떻게 이러한 흐름을 잘 유지할 수 있는가 하는 관점이다. 또한 공급 사슬 내에서 수시로 상황이나 요구가 변화되고 변경되는데, 그러한 변화의 내용을 정보로서 얼마나 신속하고 정확하게 구성원들에게 전달되고 공유되는가 하는 관점에서 접근하는 방식이다. 고객이 요구 사항을 변경시키면 그러한 변화된 정보가 어떻게 신속하게 공급 사슬에 전달되고 공유되는가 하는 이슈도 포함된다.

앞서 언급한 3가지 관점은 어떤 관점이 맞고 틀리는 것이 아니라 어느 경우라도 3가지 관점으로 접근할 수 있고, 공급 사슬을 제대로 이해하려면 이러한 3가지 관점에서 모두 바라볼 수 있으면 바람직하겠다고 하는 것이다. 구매 관리자의 입장에서도 3가지 관점을 모두 생각해볼 수 있다. (1)의 관점에서 보는 물적 유통의 최적화에서는 공급자와 제조사 간에 어떻게 재고를 분배하고 어떻게 물동량을 조절하는 것이 최소의 비용으로 운영을 할 수 있는가 하는 것을 연구할 수 있다. (2)의 관점에서는 공급자와 제조 회사가 어떻게 협력을 이룰지 그리고 공급자를 압박하게 되는 요인은 무엇인지 실제로 공급자와 협력을 통한 새로운 가치를 창출하려면 어떻게 해야 하는지를 연구할 수 있다. (3)의 관점에서는 고객이 요구하는 정보를 어떻게 정보의 왜곡이나 변형 없이 신속하게 공급자와 함께 그러한 내용을 이해하고 그러한 요구에 대비할 수 있는가에 관한 연구이다.

특히 공급 사슬은 최근에 구매 분야에서 더 많은 연구를 하고 있다. 글로벌 기업인 A사의 구매 총괄 담당이 다음과 같은 이야기를 하였다. "당신이 구매하려는 자재 K가 있다. 공급자가 K의 가격이 200원이라고 한다. 만약 당신이 너무 비싸다고 100원에 달라고 하는 경우, 공급자가 눈물을 보이면 당신은 그 눈물이 무슨 의미인줄 아는가? 만약 원가가 30원이여서 100원이여도 너무 많이 남기에 기뻐서 우는 눈물일 수도 있다면, 당신은 100원에 구매하는 것을 만족해야 하는가? 이 모든 사안은 당신이 K자재에 관하여 몰라서 발생한 일이다. K자재의 원가에 관하여 정확하게 알면 이런 일이 발생할 수 없다. 공급 사슬 관리도 이러하다. 결국 공급 사슬을 잘 운영하려면 당신은 전체 공급 사슬을 잘 알고 철저하게 이해하여야 한다. 이것이 구매가 해야 할 업무인 것이다." 그래서 대상에 관하여 모르는 경우를 Black Box로 정의하고 반대로 구매하려는 대상에 관하여 모든 원가, 품질, 기업 상황을 알아낸 상태를 Black의 반대 개념인 White Box로 정의하였다. 글로벌 기업들은 1차 공급자들 뿐만이 아닌 그 밑에 있는 2차, 3차를 포함한 전체 공급 사슬을 White Box로 만들려는 시도를 하고 있다. A사의 경우 1차 공급자에게 RFP(Request for Proposal)을 줄 때 그 밑에 있는 2,3,4차 공급자들을 A사가 지정하여 준다. 결국 모든 공급 사슬을 관리하고 싶다는 의지이다. 그리고 A사는 실제로 1,2,3,4차 공급자들을 관리하고 모든 공급 사슬의 운영을 이해하려고 노력하고 있다. 그리고 대부분의 구매 부품에 대한 성능 및 규격 설계는 공급자에게 맡기지 않고 A사가 직접 정하여 공급자에게 요구한다. A사가 부품에 관련된 기술적 노하우와 제조 방법들을 모두 알고 공급자에게 요구하는 것이다. 그리고 제조에 관련된 대부분 부품의 자재명세서(BOM, Bill of Materials)의 소유권도 A사가 가지고 있다. 그러한 행동의 배경에는 '우리가 이해해야 관리가 가능하다.'는 철학이 존재하기 때문이다. 사실 제품의 원가를 절감하려면 1차 공급자뿐만이 아닌 전체 공급 사슬이 효율적으로 운영되어야 한다. 품질 문제도 2,3차에서 문제가 발생하면 전체에 영향을 주고 결국 최종 제품에 영향을 준다. 납기 또한 2,3차에 있는 공급자가 납기를 지연시키거나 예정대로 진행이 안 되면 최종 제품의 납기에 영향을 준다. 공급 사슬은 말 그대로 사슬 구조이기 때문에 전체가 연결되어 있어서 전체가 좋아지지 않으면 부분적으로 좋아져도 성과가 떨어지게 되어 있다. 앞서 언급한 제약이론(TOC, Theory Of Constraint)에 따르면 전체의 효율성은 가장 취약한 요소에서 발생한다. 전체 공급 사슬이 White Box가 되면, 공급 사슬 전체 중에서 누가 가장 취약한지 또 어떤 방법을 누구에게 실행하여야 전체 공급 사슬이 더 강해지는지 알아낼 수 있기 때문이다. 그래서 A사는 제품이 만들어 지는 전체 공급 사슬을 그들이 관리하고 통제하려고 하는 것이다.

공급 사슬을 이해하면 구매 회사가 할 수 있는 일도 많아진다. 미국 항공기 제조사 B사가 전체 공급 사슬을 분석하였다. 그 결과 1차 공급자들이 비행기 부품 제작에 필요한 알루미늄과 티타늄을 많이 사용하고 있다는 사실을 알게 되었다. 전체 1차 공급자들이 사용하는 소요량을 계산해 보고 난 뒤에, B사가 직접 2차 공급자 T사를 발굴하여 선정하고 2차 공급자인 T사와 구매 계약을 B사가 직접 하였다. 그 후 1차 공급자들에게 이미 계약된 T사로부터 재료를 구매하라고 알려주게 되어 원가를 절감하였다. 또한 식품 회사인 W사는 수입 소고기의 품질 문제를 분석하였는데 3차 공급자가 유통 과정에서 규정을 지키지 않은 점을 발견하였다. 사실 3차 공급자는 그들의 소고기가 W사에 가는지도 모르고 있었다. 이 3차 공급자를 W사가 방문하여 모든 것을 설명하고 유통 과정에서 규정을 지켜야함을 이해시키고 도와줌으로써 품질 문제를 해결할 수 있었다.

물론 이러한 White Box가 쉬운 것은 아니다. 자동차 산업의 예를 들어보자. 자동차는 부품의 개수와 내용이 매우 많고 복잡하다. 자동차에 들어가는 대부분의 부품을 처음에는 완성차 회사가 설계하였다. 완성차 업체는 부품에 관련된 기술이나 다른 내용을 다 이해하고 있었고 그러므로 공급자를 관리하고 통제할 수 있었다. 하지만, 시간이 지나가면서 완성차 업체는 개발해야 할 모델도 많아지고, 시장도 다변화 되면서 설계 및 개발의 요구 사항이 증가하기 시작하였다. 또한 공급자들의 역량도 향상되고 그들의 개발 능력도 우수해졌기 때문에, 완성차 업체는 모든 자동차 부품을 내부적으로 자체 설계 하지 않고, 필요한 부분만 하고 나머지 부분은 공급자에게 설계부터 부품 개발을 맡기게 된다. 그래서 기업 운영의 효율성이 증가하게 되었다.

하지만 이런 경우 시간이 지나면서 공급자가 지속적으로 부품을 새롭게 혁신시키고 발전시켜 가면, 완성차 업체는 점점 그러한 내용을 모르게 되고, 완성차 업체는 더 이상 부품의 이해와 판단 능력을 상실하게 된다. 결국 처음에 White Box였던 부분이 시간이 지나가면서 Black Box가 되어버린 것이다. Black Box가 되면 공급자에게 끌려다닐 수 있기 때문에(이것은 공급자의 설계 불충분, 또는 원가 구조 분석 및 타 부품과 자동차를 구성할 경우에 연계되는 성능 등을 완성차 업체가 알지 못하고

공급자가 원하는 대로 완성차 업체가 끌려 감을 의미한다.), 완성차 업체는 이러한 상황
이 되는 것을 반가워하지 않는다. 심지어 특정 부품 A에서 자동차의 문제가 발생
하면 완성차 업체가 아닌 그 부품을 설계하고 개발한 공급자에게 물어보고, 그들
의 도움으로 문제를 해결해야 하는 상황이 발생하게 되었다. 그렇다고, 모든 공급
자들의 부품 설계를 이해하고 그러한 이해를 기반으로 그들을 통제하기에는 자동
차 부품이 너무 많고, 기술 발전이 방대하고 빠르기 때문에 모든 것을 다 이해하
고 update하려고 하면 완성차 업체가 너무나 많은 노력과 경영 자원을 투입해야
하기에 사실 가능하지 않다. 딜레마이다. 완성차 업체는 공급 사슬이 블랙 박스가
되는 것은 싫고, 그렇다고 화이트 박스로 유지하기에는 너무 힘들고 - 이러한 고민
이 사실 자동차 산업에서 나타나고 있다. 물론 전략적으로 판단하여 어느 부분을
Black으로 그리고 어느 부분을 White로 관리하자고 해도 이것도 쉬운 방법은 아
니다. 특히 자동차 산업이 기계에서 전자, 통신, 화학 등 다른 기술과 융합되면서
더 많은 Black Box가 생겨나고 이러한 Black Box를 어떻게 잘 관리하느냐가 향
후 자동차 산업의 경쟁력을 좌우할 것으로 보인다.

2 ｜ 수요와 공급의 조화

모든 기업의 바람은 수요와 공급을 조화시키는 것일 것이다.

도표 13-2 수요와 공급의 일치　

수요 ＝ 공급

어떻게 이러한 일치가 기능할까? 크게 두 가지로 가능성을 설명해 보자.
첫째로 수요를 정확하게 예측하는 일이다. 만약 수요를 정확하게 예측할 수 있
다면, 그 수요에 맞추어 공급을 결정하면 되는 것이다. 예를 들어 도너츠 가게를
운영하는 경우, 팔리는 모델이 10가지가 있고 내일 팔릴 수량을 정확히 모델별로

예측할 수 있다면, 모델 1은 150개, 모델 2는 220개, 모델 3은 110개 등 그렇다면 오늘 저녁에 정확하게 그 수량만큼 만들어서 내일 정확한 수량을 공급하면 된다. 그러나 수요 예측은 미래의 일이기 때문에 어렵다. 우리가 단 1시간 후의 미래를 확신할 수 없는 것처럼 내일 정확하게 몇 개나 팔릴 것인지를 예측하는 일은 결코 쉬운 일이 아니다.

그렇다면 이러한 수요의 본질은 무엇인가? 수요는 원천적으로 변동 요인을 가지고 있다. 이러한 수요의 변동 요인이 기업이 반응하는 데 불확실성을 증가시키고 이렇게 증가된 불확실성은 전체 공급사슬 관리의 불확실성을 증가시킨다. 그렇다면 이러한 수요 변동 요인에 어떻게 대처할 것인가? 이러한 수요 변동 요인을 정확히 정의하고 인지하여 분석하고 원인을 규명하고 가능한 한 변동 요인을 줄이고자 하는 노력을 수요 관리(Demand Management)라 정의한다. 다시 언급하여 수요를 예측하는 데 머물러 있는 것이 아니라, 변동 요인들을 관리하고 노력하여 수요 예측의 정확도를 향상시키고자 하는 노력이다. 기업의 의지로 수요 패턴을 움직이려는 노력도 포함된다. 물론 이러한 노력이 어느 정도 의미는 있지만 그래도 미래 수요를 정확하게 예측하는 것은 매우 어렵다.

그렇다면 다른 방법은 없는가? 만약 수요를 정확히 예측하기 어렵다면 공급이 수요를 신속하게 따라 가면 가능할 것이다. 수요가 어떻게 변하든지 공급이 거의 즉시 변하는 수요를 따라가서 수요를 충족시킬 수 있다면 되는 것이다. 예를 들어 내일 도너츠가 몇 개 팔릴지 예측하기가 어렵다면 그냥 내일을 맞이하여 모델 1이 5개 주문이 들어오면 즉시 5개를 만들어주고, 모델 2가 7개 주문이 들어오면 즉시 만들어주면 된다. 그러나 만드는 일은 시간이 필요하고 수요가 발생하는 대로 즉시 공급이 수요를 정확히 충족시켜주는 일은 결코 쉬운 일은 아니다. 수요가 변하는 경우 공급 사슬 전체가 신속하게 수요에 대응하여 어떠한 수요의 변화도 충족시켜줄 수 있다면 수요와 공급을 일치시켜줄 수 있는 다른 하나의 방법이 되는 것이다. 그렇게 하기 위해서는 공급 사슬을 구성하고 있는 모든 구성원이 수요 변동의 정보를 공유하고 그러한 정보를 기반으로 각자의 유연성과 민첩성을 발휘하여 외부의 변화 환경에 신속하게 대응하여야 한다. 모든 구성원이 모두 신속하게 움직여야 하기 때문에 신속하고 정확한 정보 공유, 단 납기 체제에 의한 신속한 생산 및 구매 역량, 신속한 발주 및 유통 시스템 등이 확립되어야 한다. 특히 전체 산업 중에서도 공급의 신속한 대응이 기업의 성공에 핵심적인 요소인 경우에는 이러한 변화하는 수요에 신속하게 대응하는 것을 기업의 가장 큰 과제로 삼았다. 80년대 의류 업계에서 시작된 QR(Quick Response)의 개념이나, 90년대 식료품 업계에서 시작된 ECR(Efficient Consumer Response) 개념 등이 모두 이러한 신속한 공급의 대응 방안에 관한 해결책을 모색하였다고 보아도 무방할 것이다.

그럼에도 불구하고 사실상 이렇게 수요와 공급을 일치시키는 것이 매우 어렵기 때문에 실제 환경하에서는 수요와 공급이 일치하기 보다는 수요가 공급보다 많거나 공급이 수요보다 많은 일이 자주 발생한다. 만약 수요가 공급보다 큰 경우 기업의 가장 큰 당면 목표는 어떻게 공급을 증가시켜 수요를 맞추는가 하는 문제이다. 결국 생산을 증가시켜 수요를 충족시켜야 하는데, 생산을 증가시키기 위한 가장 큰 항목이 생산에 필요한 자재를 확보하는 일이다. 결국 구매 부서에서는 공급보다 수요가 커지게 되면 신속하게 자재를 확보하여 공급을 증가시켜야 하는데 원하는 자재를 신속하게 구매하여야 하는 부담이 주어진다. 결국 공급자를 압박하거나 또는 읍소하거나 어떠한 방법을 강구해서라도 원하는 자재를 빠른 시간 내에 확보해야 생산을 증가 시켜 수요를 맞출 수 있는 것이다. 그렇다면 반대의 경우는 어떠한가. 공급이 수요보다 클 경우에는 필요 없는 제품이 재고로 남아 있다는 이야기인데, 이럴 경우 자재도 남게 되는 경우이다. 이러한 자재가 추후에 다시 사용된다면 그나마 다행이지만 시간이 지나가면서 자재의 가치가 매우 적어지는 경우라면 과잉 자재를 보유함으로써 많은 비용을 지불하고 손해를 감수해야 한다. 기업에서는 구매 부서에게 최대한 자재를 효율적으로 운용해보라고 하겠지만 구매 부서로서는 난감하기 이를 데 없을 것이다. 자재가 남아서 잉여 자재가 되거나 불용 자재가 되면 그러한 자재를 효과적으로 처분해야 하는 것 또한 구매 부서의 업무가 되는 것이기 때문이다. 그러므로 수요와 공급이 불일치하는 경우 어떤 경우라도 구매 부서에게는 부담이 될 수밖에 없는 것이다.

그렇다면 구매 부서는 영업 부서가 수요를 예측하는 것을 보고만 있어서는 안 될 것이다. 생산 부서와 함께 적극적으로 수요 예측에 참여하여, 수요가 얼마큼 예측될 경우 확보해야 하는 자재는 얼마나 되고, 언제 필요한지 수요 예측에 따른 자재 수급 계획을 미리 세우지 않으면 나중에 낭패를 보는 경우가 발생할 수 있다. 그리고 또한 공급이 수요를 신속하게 따라가기 위해서 가장 중요한 항목은 무엇인가. 그것은 공급 사슬이 고객의 수요에 얼마나 민첩하고 신속하게 반응할 수 있는가 하는 것이다. 구매 부분에서는 변화하는 수요에 따라 어떻게 신속하게 공급자들을 움직여서 대응하느냐 하는 문제이고 이러한 문제는 아마도 공급자와의 정보 공유와 사전 준비를 통한 신속하고 민첩한 공급 체계의 구축이라고 할 수 있겠다.

3 │ 채찍 효과(Bullwhip Effect)와 정보 공유

아마도 공급 사슬을 운영하면서 가장 많이 발견하게 되는 현상 중 하나가 채찍 효과(Bullwhip Effect)일 것이다. 다음 도표를 보면서 설명해보자.

도표 13-3 채찍 효과

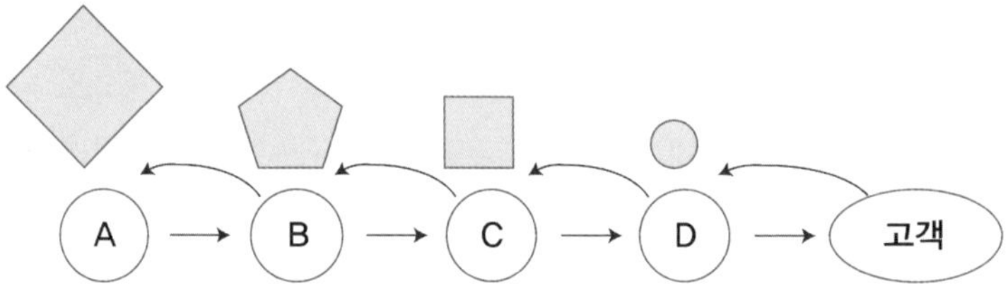

<도표 13-3>를, 보면 고객은 D에게 동그란 초록색을 달라고 하였으나, D는 C에게 네모난 파란색을 요구하고, 그것을 전달받은 C는 B에게 빨간 오각형을 달라고 요청하고, 그것을 받은 B는 A에게 검은 마름모를 달라고 한다. 크기도 커진다. 왜 이러한 현상이 발생하는 것일까? 우리는 남에게 어떤 이야기를 듣고 그 이야기를 다른 사람에게 전달할 경우, 대체로 들은 대로 전달하기 보다는 들었던 부분을 자기가 편하게 적당히 가공하여 다음 사람에게 전해준다. 그 사람도 그러한 행위를 반복하면서 진행하다 보면 여러 단계를 거친 다음에는 전혀 처음과 다른 엉뚱하고 이상한 이야기로 변형되어 왜곡되어진다. 이러한 사안이 공급 사슬에서 발생할 경우 우리는 그러한 경우를 채찍 효과(Bullwhip Effect)라고 한다. 정보가 공급 사슬의 단계를 거치면서 왜곡되어 더 큰 파장을 만들어, 본래의 정보보다 훨씬 더 변형의 정도가 심하고 증폭의 정도도 크게 되는 현상을 채찍 효과라고 정의하

고 있다.

채찍 효과의 예를 들어보기로 하자. A사는 새로운 신제품을 개발하여 시장에 출시하였는데, 반응이 매우 호의적이었다. 많은 고객들이 A사의 제품을 구매하기를 원했다. A사의 영업 사원은 고객으로부터 200개의 주문을 받아서 생산에 요구하였는데, 생산부서에서 돌아온 답변은 현재 공장의 생산 능력이 부족하여 요구한 수량 200개의 반인 100개만 가능하다는 회신이었다. 그래서 영업 사원은 고객들을 만족시켜 주지 못하였다. 다음 달 고객으로부터 더 많은 주문을 받은 영업 사원은 300개의 주문을 생산에게 요청하였는데, 역시 생산 능력 부족으로 절반인 150개만이 가능하다는 답신이어서 또 다시 영업사원은 곤란에 빠지게 되었다. 이러한 현상이 몇 번 반복되면서 영업 사원은 다음과 같은 생각을 하게 되었다.

"앞으로는 주문 수량의 두 배를 생산에게 요구하면 반으로 줄여서 줄 테니 그러면 내가 원하는 정확한 수량이 되겠지." 이렇게 생각하고 고객의 요구 수량에다 두 배를 곱하여 생산에게 주문하였고, 역시 영업 사원이 예측한 것처럼 반으로 줄어들어서 답신이 왔고, 영업 사원은 이제야 비로소 고객들을 만족시켜줄 수가 있게 되었다. 결국 고객이 주문한 수량이 아닌 영업 사원이 자기의 목적을 위해 고객의 정보를 왜곡, 증폭시킨 것이다. 다른 영업 사원들도 바보가 아닌 이상 이러한 현상을 보고 모두들 고객의 수요에다가 2배를 곱하여 생산에게 요구하기에 이르렀고, 생산 부서에서는 모든 영업 사원들로부터 접수한 정보에 의하면 고객의 수요가 폭발적으로 증가하니 이러한 수요를 충족시켜 주지 못하면 시장 점유율을 상대 회사에게 빼앗길 수도 있고 팔지 못하여 잃어 버리는 기회 손실 금액과 고객의 불만족도 크기 때문에 급히 서둘러서 생산 능력을 확장하였다. 그렇게 확장 한 뒤에는 생산 부서에서는 이제는 영업 사원들이 요구하는 수량을 반으로 절감하지 않고 모두 만족시켜줄 수가 있어서 행복하다고 생각하였고, 당연히 반으로 절감되어 올 줄 알고 기대하였던 영업 사원들은 요구한 전부의 수량이 오게 되니 말은 못하고 난감하기 이를 데 없게 되었다. 정보의 왜곡과 변형이 만들어 낸 대표적인 채찍 효과이다. 그렇다면 이러한 채찍 효과를 어떻게 감소시킬 것인가.

가장 확실한 방법은 공급 사슬에서 정보가 왜곡되고 변형되지 않게 막는 방법인데 모든 구성원들이 어느 정도 자의적으로 정보를 해석하고 전달하기 때문에 완전한 방지는 어렵다. 그렇다고 해도 가장 바람직한 방법은 정보가 발생하면 모든 구성원들이 그러한 정보를 공유하는 것이다.

도표 13-4 채찍 효과와 정보 공유

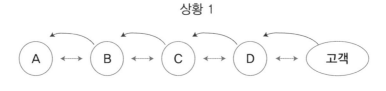

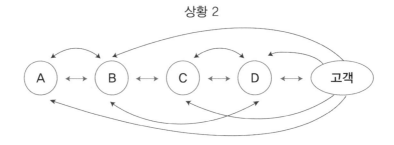

　　<도표 13-4, 상황 1>은 대표적인 채찍 효과가 발생하는 과정이다. 고객이 정보를 D에게 전달하면 D는 자기가 정보를 변형하여 C에게 전달하여 주고 C는 또 다시 B에게 그러한 행동을 확장한다. 그러나 <도표 13-4, 상황 2>를 보면 고객이 어떤 정보를 생성하면 그러한 정보가 모든 구성원들에게 공유된다. 결국 D가 정보를 변형시키고 싶어도 이미 다른 구성원들이 고객의 정확한 정보의 내용을 알고 있다면, D가 정보를 변형시키기 어렵게 될 것이다. 이렇게 공급 사슬을 구성하고 있는 구성원들이 상호 정보를 공유하고 교환함으로써 채찍 효과를 줄이려고 노력하고 있다. 영업이 혼자서 영업 계획을 수립하는 것이 아니라, 생산 부서와 구매 부서와 정보를 공유하여 영업 계획을 수립하고, 생산도 영업 부서와 구매 부서와 협조하여 생산 계획을 수립하고, 구매 역시 생산과 영업 부서의 정보와 현실을 이해하고 구매 계획을 수립한다면 모든 구성원들이 자기 부서 이기주의나, 정보의 왜곡 및 변형에 따른 손실과 낭비를 줄일 수 있다. 이러한 노력을 구매-생산-영업의 정보 공유 및 실행(CPFR, Collaborative Planning Forecast and Replenishment)라고 하는데 결국 정보를 공유하면서 여러 부서가 협력하고자 하는 노력이다.

기 업 경 쟁 력 창 출 을 위 한 구 매 관 리

Module 4.

사회적 환경하의 구매의 역할

앞서 모듈 3에서는 타 부서와 연계된 구매 업무의 내용에 관하여 살펴보았다. 이번 모듈에서는 구매가 기업에 포함되어 있고, 그러한 기업은 사회 속에 포함되어 있는 주제를 살펴보고자 한다.

사회 속에서 기업은 하나의 구성원으로서 그 역할과 책임 그리고 의무를 가지고 살아간다. 기업은 사회가 발전하는 데 책임을 진다. 그러므로 기업이 하는 모든 경영 활동은 사회적으로 의미를 가져야 하고, 그러한 가치를 만들기 위하여 기업은 노력하고 책임을 가져야 한다. 사회적 책임은 이제 기업이 일상적으로 수행해야 업무가 되었다. 기업이 사회적으로 책임을 가지고 있다면, 기업의 소속인 구매 부서도 마찬가지이다. 기업의 사회적 책임이 중요해진다면 구매의 사회적 책임 또한 중요하다.

본 모듈에서는 구매의 사회적 책임과 관련된 주제들을 살펴보고자 한다. 14장에서는 구매의 사회적 책임에 관하여 살펴보고자 한다. 기업의 사회적 책임의 중요성이 점점 증가하는 추세에서 구매 부분에서 생각해 보아야 할 사회적 책임은 어떤 것이고 또 그러한 사회적 책임을 어떻게 실행할 것인가를 학습하고자 한다.

15장은 사회적 책임에서 보다 발전한 공유 가치 창출에 관련된 주제이다. 사회적 책임이 의무라면 공유 가치 창출은 자발적 행동이다. 그리고 이러한 공유 가치 창출과 유사한 한국의 상생 협력 및 동반 성장의 특성과 내용 그리고 발전 과정에 관하여 살펴보고자 한다.

구매의 사회적 책임

　기업의 사회적 책임(CSR, Corporate Social Responsibility)이 매우 중요한 화두가 되고 있다. 기업의 목표는 주주 이익의 극대화였으나, 앞으로는 주주의 이익도 중요하지만 그 기업이 속한 사회를 건강하게 발전시키는 일에도 기업의 역할과 사명이 존재한다는 것이다. 기업의 바탕인 사회가 없다면 기업도 존재할 수 없기 때문이다. 그러한 사회를 바람직한 방향으로 발전시키는 것도 기업의 책임과 역할이라는 것이다.

　이러한 주제하에서 구매의 사회적 책임도 강조되고 있다. 전통적으로 구매 관리는 구매 기업의 원가를 절감하여 재료비를 줄임으로써 이익을 극대화하기 위해, 공급자에게 지출하는 비용에 관하여 효율적이고 관리 가능한 노력을 경주하였다. 이런 이유로서 기업과 공급자 들은 서로의 목표와 이익 때문에 충돌하는 경우도 많았고 서로를 갈등의 관계로 보게 되는 경우도 발생하였다.

　그러나 최근 기업들은 공급자들과 협력 관계를 통하여 기업의 경쟁력을 창출시키려는 노력을 기울이고 있다. 이러한 의미에서 본다면 구매는 내부적으로는 기업의 이익을 창출하는 기능이지만, 외부적으로 본다면 구매 기업보다 상대적으로 약자인 공급자들을 도와주고 상생을 통하여 그들도 사회에서 성장할 수 있도록 하는 책임을 가지게 된다. 이러한 것을 구매의 사회적 책임이라고 한다. 본 장에서는 이러한 구매 분야의 사회적 책임을 살펴보고자 한다.

제14장

구매의 사회적 책임

1 기업의 사회적 책임

　기업의 사회적 책임(CSR, Corporate Social Responsibility)이 기업 경영의 중요한 과제로 부상하고 있다. 기업의 역할에 대한 일반인들의 기대 수준이 높아지고 기업을 둘러싼 이해 관계자들의 행태가 변하고 있기 때문이다. 기업은 단순히 사회와 분리된 존재가 아니라 사회 속에서 관계를 맺으며 생존해가는 존재이다. 기업이란 기본적으로 사회가 필요로 하는 상품이나 서비스를 생산, 공급하기 위하여 창안된 제도로서, 이를 달성하기 위하여 환경과의 상호 작용을 수행하는 조직적 또는 협동적 행위 체제라고 정의할 수 있기 때문이다. 오늘날의 기업은 경제적인 요구뿐만 아니라 사회의 여러 가지 요구를 충족시키지 못하면 사회적으로 존립할 수 없게 되어 있다. 이제 기업은 단지 이윤을 극대화만을 추구하는 것이 아니라 사회적 생명체로서 사회와의 유기적 관계 속에서 적극적인 활동을 추진함으로써 자신의 발전과 함께 사회에 대한 보다 넓은 의미에서 책임을 다해야 한다.

　물론 이러한 사회적 책임은 기업의 의무이기도 하지만, 그러한 사회적 책임을 지키지 않는 경우 발생하는 부작용과 벌이 점점 더 강해져 기업들은 사회적 책임을 준수하기도 한다. 과거에는 기업이 조금 비윤리적인 행동을 하거나 또는 불법적인 행위를 하여도 그러한 사실을 고객이나 사회 구성원이 알게 되는 데는 반드시 언론 매체를 거쳐야 하였다. 그러나 인터넷과 소셜 미디어 등의 발전으로 이제는 그 무엇이든지 숨기거나 비밀로 하기가 어렵게 되었다. 그래서 기업이 비윤리적인 짓을 하면 그러한 사실이 금방 세상에 알려지게 된다. 그래서 이러한 나쁜 짓이 세상에 알려지면 사회 구성원들이 그에 대해 분노하여 그 회사의 제품이나 서비스의 불매운동으로 확장될 수 있다. 이렇게 되면 기업은 매우 곤란한 환경에 처하고 심지어는 생존이 위협받기도 한다. 우리가 이미 알고 있는 몇몇 기업의 사례를 보면, 그들의 반사회적 행위가 고객들의 불매운동으로 이어져 기업 자체가 위험해지는 경우를 확인할 수 있다.

기업의 사회적 책임이 공급 사슬 전체의 영역으로 확장되는 데에는 피터 드러커나 마이클 포터와 같은 경영 학자의 공헌이 두드러진다. 그들은 기업이 성공하고 발전하기 위하여서는 더 이상 경쟁의 구도가 기업 대 다른 경쟁 기업 간의 전쟁이 아니라, 공급 사슬을 구성하고 있는 전체 공급 사슬 팀 대 다른 경쟁 공급 사슬 팀 간의 경쟁으로 정의하고 공급 사슬을 구성하고 있는 팀이 함께 동반 협력하여야 한다고 주장하고 있고, 이러한 근거가 공급 사슬의 사회적 책임까지 영역을 넓히는 계기가 되었다.

기업의 사회적 책임과 함께 지속 가능 경영(Sustainability)의 개념도 활발하게 논의되고 수행되고 있다. 지속 가능 경영은 기업이 경제적 성과에만 매달려서는 장기적으로 생존할 수 없다는 반성으로부터 시작되었다. 즉 주주뿐만 아니라 다양한 이해 관계자들의 이익을 반영하고 환경적 책임과 사회적 책임을 다하면서 경제적 이익을 추구하는 기업만이 장기적으로 성장 가능하다는 믿음에 바탕을 하고 있는 것이다.

더욱 중요한 사실은 얼핏 보기에 지속 가능 경영에서는 환경 보호나 사회 공헌만을 강조하는 것 같지만, 사실 기업의 가장 중요한 책임은 무엇보다도 경제적 책임이다. 기업의 가장 궁극적인 목적은 지속적인 생존과 성장이다. 이러한 생존과 성장을 위하여서는 기업은 매출을 향상시키고 이익을 창출하여야 한다. 이것이 경제적 책임이다. 기업이 죽어 버리면 사회적 책임도 의미가 없다. 그러므로 윤리적, 환경적 책임이나 사회적 책임도 경제적 책임이 뒷받침되지 못한다면 사상누각에 불과 할 것이기 때문에, 경제적 책임은 지속 가능 경영의 첫 걸음이 된다. 반면 경제적 성과만을 추구하기 위하여 환경적 책임이나 사회적 책임을 외면하는 경우, 장기적인 지속 가능성을 위협받게 된다. 결국 장기적 관점에서 경제적 책임과 사회적 책임이 조화를 이루는 것이 중요하다. 기업의 지속 가능성을 평가하는 데 있어 세계적으로 가장 권위 있는 자료 중 하나인 다우존스 지속가능성지수(Dow Jones Sustainability Index : DJIS)에서도, DJIS에 편입될 기업을 선정하는 기준으로 경제적 항목을 약 40% 정도 집어넣고 있다. 여기에는 고객 관리, 투자자 관리, 리스크 관리 등이 포함된다. 사회적 혹은 환경적 책임을 다하는 지속 가능 경영에 있어서도, 기업의 이익과 조화를 이루려는 시도가 활발하게 이루어지고 있다. 지속 가능 경영의 목적은 기업이 장기적으로 지속하며 성장하는 것으로, 기업의 장기적 성장 기반을 훼손하면서 환경적 책임이나 사회적 책임만을 강조하는 것은 지속 가능 경영의 본질에 맞지 않는다. 지속 가능 경영 활동이 일방적인 기부 활동에서 벗어나 장기적으로 지속하려면, 사회 공헌 활동을 전략적으로 수행하는 것이 필요하다.

2 ┃ 구매의 사회적 책임 분류 및 유형

앞에서 언급한 것처럼 기업의 사회적 책임이 강조되고 있는 상황에서, 구매의 사회적 책임이 기업이 사회적 책임을 수행하는데 중요한 요소로서 부상하고 있다. 기업은 바람직한 경영 활동을 수행하기 위하여 외부의 공급자로부터 경영 활동에 필요한 재화나 서비스를 공급받는다. 이러한 활동을 통하여 외부의 공급자와 유기적인 관계를 형성하게 된다. 이 경우 공급자를 기업의 사회적 책임에 속하는 하나의 사회적 구성원으로 인식하고자 것이다.

전통적으로 기업은 공급자와의 관계에서 기업의 이익을 극대화하기 위하여, 공급자를 갈등과 경쟁의 대상으로 보고 공급자들을 압박·강요해온 것이 사실이다. 공급자의 희생과 강요에 의한 기업의 성장과 성공을 기업이 성공하기 위한 도구로 인식하여 당연한 경영 활동으로 수행하였다. 그러나 앞서 언급한 것처럼 오늘날의 기업은 경제적인 요구뿐만 아니라 사회의 여러 가지 요구를 충족시키지 못하면 사회적으로 존립할 수 없게 되어 있다. 이제 기업은 단지 이윤의 극대화만을 추구하는 것이 아니라 사회적 생명체로서 사회와의 유기적 관계 속에서 적극적인 활동을 추진함으로써 자신의 발전과 함께 사회에 대한 보다 넓은 의미에서 책임을 다해야 한다. 그러므로 공급자와의 관계에서도 일방적인 강요가 압박이 아닌 보다 협력적이고 장기적인 관계로 발전시켜야 하고 이러한 관계가 궁극적으로 기업의 지속 가능한 성장을 보장할 수 있다는 것이다. 이런 근거로 구매의 사회적 책임의 영역을 나누면 다음과 같이 나눌 수 있다.

| 도표 14-1 | 구매의 사회적 책임에 관한 영역 및 특성 | |

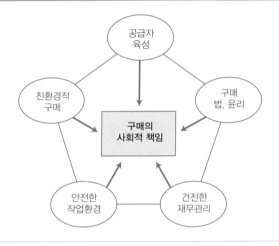

(1) 공급자 육성

공급자 육성에 관한 주제는 사실 사회적 책임과 기업의 이익이라는 두 개의 주제를 모두 포함하고 있다. 기업은 이익을 추구하는 집단으로서 경쟁에서 이기고자 한다. 공급자를 육성하는 근본적인 이유는 앞서 언급한 것처럼 공급자가 구매 기업과 팀이 되어서 경쟁하기 때문이다. 다시 말해 공급자를 육성, 개발하는 것은 구매 기업의 이익을 위해 그렇게 하는 것이다. 그러나 한편으로 이러한 공급자 육성은 사회적으로 보면 다른 기업을 육성하여 전체 사회의 성장과 발전에 공헌한다는 사회적 책임도 포함하고 있다. 일반적으로 공급자를 육성하는 과정은 다음과 같다.

① 구매 기업이 전략적으로 중요한 공급자를 탐색하고 평가한다.

② 그러한 공급자와 파트너쉽 또는 전략적 제휴 관계를 구축한다.

③ 구매자가 주도하여 공급자의 경영 능력, 품질, 원가, 납기, 유연성 등 다양한 능력을 배양하고 육성한다.

④ 공급자의 육성 및 향상에 따른 성과를 상호 배분한다.

⑤ 공급자가 구매자로부터 학습 한 내용을 지속적으로 수행하도록 도와 준다.

특히 미국은 인종적인 면에서 여러 민족이 혼재하게 되어, 다른 나라에서 볼 수 없는 특별한 개념과 사항이 발전하게 되었다. 백인들이 사회의 주류를 구성하고 있지만 다양한 민족이 혼재하는 미국을 발전시키기 위해 소수 민족 장려책이 나라의 기본적인 정책의 틀로 자리 잡히게 되고, 이러한 소수 민족 장려책은 구매 분야에도 전파되었다. 구매 업무 시행 시 공급자를 선택할 경우, 소수 민족이 운영하는 공급자를 차별하거나 멸시하지 말고 백인들과 동일하게 대우하고 평가하고, 가능하면 공급자 선택 시에 백인과 소수 민족을 혼합하여 다양하게 공급자를 구성하여 소수 민족이 사회적으로 발전할 수 있도록 장려하라는 사회적 책임이 부여 되었다. 이러한 개념을 공급자 다양화 정책(Supplier Diversity Policy)이라고 하고 이러한 정책이 현재 미국 기업의 구매 분야의 사회적 책임에서 매우 중요한 근간이 되고 있다.

(2) 친환경적 구매

친환경적인 구매는 크게 전체 공급 사슬 관리 측면에서 이해해야 한다. 아래 도표는 전체 공급 사슬이 어떻게 친환경적인 관리와 경영을 하여야 하는 지를 제시하고 있다.

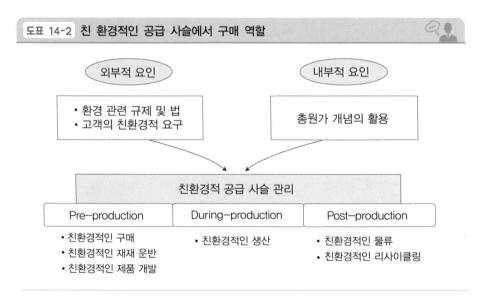

도표 14-2 친 환경적인 공급 사슬에서 구매 역할

<도표 14-2>에서 보는 것처럼 친환경적인 공급 사슬을 생산을 기준으로 사전적, 진행 중, 사후적인 3가지 단계와 측면으로 나눌 수 있는데, 친환경적인 공급 사슬을 구축함에 있어 특히 구매 부분의 비중이 가장 높은 부분이라고 할 수 있

다. 모든 환경 문제는 가장 이상적으로는 사전적인 예방 활동으로 이루어져야 하는 하는데, 구매 부분에서는 생산에서 야기될 수 있는 환경 문제를 근원적으로 예방할 수 있는 기능을 가지기 때문이다.

→ 이러한 구매 부분의 친환경 전략은
→ 공급 업체 선정과 평가 시 환경 요인의 중시
→ 자재의 친환경화
→ 자재 사용량의 절약으로 환경 문제 발생 요소 절감
→ 신제품 개발 시에 공급 업체의 참여 및 친환경 전략 공유, 협력
→ 자재 운송 시 친환경적인 물류, 운송 시스템의 운영

을 기본적 전략으로 하고 있다. 공급업체를 선정하고 평가할 때 친환경적인 내용을 평가 항목에 포함하여, 공급업체가 환경적인 면에 관심이 있고 환경적인 내용을 얼마나 기업 경영에서 실행하는가 하는 업적과 능력을 말한다.

자재의 친환경화 전략이란 크게

• 자재의 절약
• 환경에 악영향을 주는 자재류의 구매량 최소화 또는 단절
• 공급자에게 환경에 유해한 자재 포장 및 운송 최소화(리사이클링, 재사용, 자재원의 변경 및 관리)
• 낭비의 최소화(환경 친화적 분해 가능 자재 사용, 비독성 소각 또는 폐기 가능한 자재 사용)

등이 있다. 그리고 사용한 자재 처리에서 친환경적 관심이 되는 사안이 바로 잉여 자재 처분이다. 이러한 잉여 자재를 친환경적으로 처분하기 위한 프로세스는 다음과 같다.

① 잉여 자재 수집 – 잉여 자재를 인지하고 체계적으로 수집
② 잉여 자재가 된 원인의 분석 – 어떤 이유에서 잉여 자재가 되었는지 원인을 분석
③ 잉여 자재의 분류와 나눔 – 내용, 상태, 규격 등에 의하여 잉여 자재를 분류하고 특성에 따라 나눔
④ 잉여 자재의 현재 가치 인지 – 현재 잉여 자재가 가지고 있는 가치를 인지하고 분석
⑤ 처분 시기와 방법의 결정 – 어떤 식으로 잉여 자재를 처분하는 것이 가장 효율적인지 분석하고 결정

그렇다면 이러한 잉여 자재를 환경 친화적이고 낭비를 최소화할 수 있는 방법으로 처분하는 방법에는 어떠한 방법이 있는지 분석해보기로 하자. 가능하다면 기업 내부에서 다른 용도로 사용하거나, 다른 자재와 교환할 수 있으면 교환하고, 타 회사에게 매도할 수 있는 기회를 살펴보고, 필요하거나 쓸만한 부품이 있으면 골라내고, 보수 또는 재작업하여 현재 가치를 높이는 방안들이 있다. 어떤 방식이 가장 효과적인 잉여 자재 처분 방식인가를 살펴서 가장 효과적인 방안을 실행해야 할 것이다.

특히 유해 물질 관리에 관련된 환경 문제는 원 발생자가 제3자에게 유해 물질 관리 및 처리를 위임(위탁)하였다고 원 발생자가 책임을 회피하거나 면할 수 없다. 일반적으로 많은 국가에서 유해 물질을 발생시킨 소유주가 환경 문제를 책임지고 요람에서 무덤까지(유해 물질의 발생 시작부터 - 운송 - 보관 - 사용 - 친환경 폐기 처분까지) 책임을 지게 하는 것이 일반적인 경향이다.

(3) 구매 관련 법과 구매 윤리

구매 업무가 기업의 이익을 추구한 나머지 법적인 문제를 야기시켜서는 안 된다는 것이 기본적인 책임이라고 할 수 있다. 기본적으로는 공정거래법과 하도급법(공정한 하도급 거래 질서를 확립하여 원 사업자와 수급 사업자가 대등한 지위에서 상호 보완적으로 균형 있게 발전할 수 있게 하기 위한 법)이 구매의 법적 책임과 관련이 있다.

가) 공정거래법

독점 규제법 또는 독점금지법이라는 용어로도 사용된다. 공정거래법은 자본주의 사회의 효율성과 민주성의 기초가 되는 경쟁의 원리를 보장하기 위하여 마련된 제도적 장치이다. 시장 구조의 독과점화를 억제하고 경쟁 제한, 불공정한 거래 행위 규제, 공정하고 자유로운 경쟁 질서 확립과 시장 기능 활성화를 통해 기업 체질을 개선함으로써 국제 경쟁력을 강화하고, 사업자의 시장 지배적 지위의 남용과 부당한 거래 행위 등으로부터 소비자를 보호하여 국민 경제의 균형 발전을 도모하기 위해 제정된 법이다. 정식 명칭은 '독점 규제 및 공정거래에 관한 법률'이다.

📍 공정거래법과 구매의 연계

① 불공정 거래 금지

② 시장 지배적 지위 남용 금지

③ 부당한 가격의 결정·유지 및 변경 행위

④ 부당한 타 사업자의 사업 활동 방해 행위

⑤ 부당한 신규 사업자의 시장 참여 방해 행위

⑥ 공정하지 않은 공급자 압력 및 강요 금지

나) 하도급법

하도급 거래 공정화에 관한 법률은 공정한 하도급 거래 질서를 확립하여 원 사업자와 수급 사업자가 대등한 지위에서 상호보완적으로 균형 있게 발전할 수 있도록 하고자 제정된 법률이다. 간단히 하도급법이라고도 한다.

📍 하도급법과 구매의 연계

① 서면의 교부 및 보존

② 부당한 하도급 대금 결정, 수령 거부, 반품, 감액, 대금 결제, 대물 변제, 특약, 경영 간섭의 금지

③ 물품 구매 강제 금지

④ 선급금 지급의무

⑤ 경제적 이익의 부당 요구 금지

⑥ 보복 조치 금지

⑦ 내국 신용장 개설

⑧ 대금 지급 지연 금지

⑨ 관세 환급금 지급

⑩ 하도급 대금 직접지급

⑪ 설계 변경 조정 대금 지급

⑫ 기술 자료 제공 요구 금지

⑬ 탈법 행위 금지

⑭ 원 사업자 및 수급 사업자의 준수 사항 등

이러한 법들은 시간이 지나면서 개정되고 조정된다. 아마도 공정거래법과 하도 급법은 한국의 상황을 감안한다면, 더욱 더 강화 되는 쪽으로 발전할 가능성이 높다. 그리고 당연히 법의 문구와 내용 중에서, 약간은 추상적이거나 막연한 내용을 포함하는 법 조항들은 좀 더 구체적이고 명확한 사실과 사례로 발전할 가능성도 역시 높다.

(4) 건전한 재무 관리

구매 부서는 구매 및 조달 행위를 하기 위해 기업의 경비를 지출하는 부서이다. 최근 일련의 기업들의 회계 부정 사태에서 보듯이 기업이 회계 투명성을 유지 하지 못하고 여러 가지 정상적이지 않은 방법으로 기업을 운영하게 된다면 사회적 문제를 야기시킨다. 구매 부서는 기업의 비용을 담당하는 중요한 부서이기 때문에, 경비 처리에 관한 회계 운영에 있어서 객관성과 투명성을 유지하고, 공정하고 일반적으로 인정된 회계 기준을 이용하여 모든 재무적 거래를 기록하고 관리해야 한다. 특히 이러한 재무적 책임에 대하여 이해가 부족한 경우, 기업은 구매 부서 인들에게 교육과 학습의 기회를 제공해야 한다.

특히 공급자와 연계되어 재무적인 사안들이 발생할 경우, 구매 기업을 위해 공급자들의 재무적 안정성을 해치게 해서는 안 되고, 그들을 구매 기업의 비정상적인 재무 운영을 위해 연계시켜서도 안 된다. 미국 기업들이 구매인들을 교육 시킬 때 기업 회계 투명성 관련법인 Sarbanes-Oxley 법을 의무적으로 학습하도록 하는 이유를 새겨볼 만하다.

(5) 안전한 작업 환경

기본적으로 구매 업무는 공급자에게 일정한 업무를 위임하고, 공급자는 구매자의 요구에 따라 업무를 수행하게 된다. 이러한 경우 공급자는 구매자의 요구에 따라 일을 진행하다 보면 위험한 상황에 직면할 수도 있다. 그러므로 공급자를 가능한 한 위험한 작업 환경에 처하지 않도록 해야 하며, 또한 위험한 자재를 공급하거나 운반하는 경우 이러한 위험을 반드시 사전에 알리고 취급하는 법을 훈련시켜야 하는 의무가 있다. 산업안전보건법(OSHA, Occupational Safety and Health Act)은 산업재해 방지를 위한 유해, 위험 기준의 확립, 책임 체제의 명확화 등을 규정하여 근로자의 안전과 건강을 확보하기 위한 목적으로 제정된 법이다. 이 법은 공급자 관리에게도 적용된다. 또 환경 문제가 있는 자재의 운반 및 취급 시에는 반드시 취급자에게 그러한 위험을 알리고 적절한 대처를 하는 것을 법적으로 의무화하고 있다. 또한 물질 안전 보건 자료(MSDS, Material Safety Data Sheet)에서는 유해 화학물질 관리 및 운송 시에 해야 될 의무를 체계적으로 규정해놓고 있다.

  다음 사례를 살펴보자. 청소기를 만드는 A사는 청소기 필터를 글로벌 소싱 하고자 하였다. 다양한 공급자의 샘플을 분석하고 평가해보니, LCC(Low Cost Country)에 속하는 B국가의 한 공급자가 보내 온 샘플이 성능도 우수하고 가격도 저렴하였다. 그래서 공급자와 구매 계약을 타진해보고자 B국가로 가서 공급자를 만나 보니, 공급자 공장에서 청소기 필터를 만들고 있는 인력들은 여자 아이들로서, 대체로 14~16세 정도의 아이들이었다. 노동 시간도 이른 아침부터 늦은 밤까지 이어졌다. 미성년 노동 착취로 보일 수도 있는 사안이었다. A사는 그 공급자와의 구매 계약 타진은 취소하고 귀국하였다. 이럴 경우, 만약 이러한 사실이 실제로 노동 착취이면 A사도 매우 곤란한 환경에 처하게 된다. 그래서 대부분 국가들은 노예 계약 금지(Anti-slavery contract)를 만들어 노동의 인권과 안전을 보호하는 규범을 실행하고 있다. 그러므로 아무리 공급자의 제품이 가격 대비 성능이 우수하다고 할지라도 이러한 노예 계약을 기반으로 만들어졌다면 그러한 구매는 진행하지 말아야 한다. 만약 이러한 구매 계약이 진행되어 세상에 알려지면 노예 계약을 조장하고 도운 것으로 인정받아 훨씬 더 큰 피해(고객 불매 또는 법적 이슈, 사회적 불명예 등)를 발생시키기 때문이다.

3 │ 구매 윤리와 선진 구매

  앞에서 언급한 것처럼 기업의 사회적 책임이 강조되고 있는 상황에서 구매의 사회적 책임이 필요 조건이라면, 구매 윤리적인 측면은 충분 조건이라고 할 수 있다. 법적으로 문제가 없어도 윤리적으로 지탄받는다면 결코 구매의 사회적 책임의 소임을 수행하였다 할 수 없을 것이기 때문이다. 구매 윤리란 구매 행위를 하면서 구매자가 지켜야 하는 윤리적인 측면을 말한다. 특히 일반적으로 공급자는 구매자보다 상대적으로 열위의 위치에 처하게 되는 경우가 많아, 구매자가 윤리적이지 못하면 많은 사회적 문제를 야기시키게 된다. 예를 들어 공급자로부터 향응을 제공받는다든지, 부당한 압력을 행사한다든지, 공급자에게 다른 공급자의 비밀을 알려준다든지 등의 문제가 발생할 수 있다. 아무리 구매가 우수한 성과를 보여주어도 구매 행위들이 윤리적이지 못하면 구매 부서의 발전은 사상누각이라고 생각한다. 그렇다면 기업들은 이러한 윤리적인 문제를 어떻게 해결하는가.

가장 먼저 기업의 문화(규범)를 언급하고 싶다. 기업의 문화와 규칙이 '아무리 우수한 인재라도 윤리적으로 문제가 생기면 예외 없이 상응하는 대가를 치른다.'라든지 '모든 직원이 윤리적인 면에서는 타협하지 않는다.'가 기업의 문화라면 구매 부서도 그러한 문화에 반하여 비 윤리적으로 행동하기가 힘들 것이다. 그 다음 시스템적으로 비윤리적 행동을 할 수 없게 하면 된다. 공급자를 선정하는 경우, 각 부서(개발, 품질, 구매, 재무 등)에서 그 부서에 할당된 공급자 평가 항목을 평가하여 전산에 입력하고 전산 시스템이 총합을 내어 최선의 공급자를 선정하는 것이 공급자 선정 업무 방법이라면, 어느 한 부서가 공급자를 마음대로 선정하기도 어렵고, 상호 감시와 통제가 되어 공급자와 결탁하기가 어렵다. 이런 부분은 업무 프로세스와 규정을 잘 만들어 실행함으로써 효과를 볼 수 있다.

그리고 교육을 언급하고 싶다. 물론 자꾸 교육을 한다고 직원이 윤리적이 되는 것은 아니지만, 교육을 통하여 '어떤 상황을 만들지 말라.'든지 또는 비윤리적인 행위 후에 발생하는 결과에 대하여 지속적으로 인지시키고 계몽시키면 조직은 그러한 교육의 효과를 볼 수 있다. 구매 윤리가 문제가 되어 전반적으로 회사의 이미지에 먹칠을 하는 일이 발생해서는 안 된다. 구매가 회사의 공정성과 투명성을 만들어내는 핵심 부서라는 인식을 가져야 할 것이다.

그런 면에서 기업들은 구매 윤리 헌장을 제정하여 구매인들의 윤리적인 면을 강조하고 있는데 미국 ISM(Institute for Supply Management)이 제정한 핵심적인 윤리 규정들을 살펴보면 다음과 같다.

① 구매 업무를 하면서 상대방이 윤리적으로 오해할 수 있는 행위를 하지 말라.

② 회사의 법적 대리인인 구매 관리자의 임무를 충실히 수행하라.

③ 개인의 이해와 회사의 이해가 상충(Conflict of Interests)하는 경우 회사의 이해를 우선시하라.

④ 공급자에게 불법적이고 사적인 이면 계약(서로에게 도움을 주는 상호 거래 계약

- Reciprocal agreement)을 요구하지 말라.

⑤ 구매 업무를 하면서 알게 된 공급자의 비밀스러운 정보들을 그러한 정보가 이득이 되는 사람에게 누설하지 말라.

⑥ 구매 의사 결정에 영향을 미칠 수 있는 어떠한 향응도 공급자로부터 제공받지 말라.

⑦ 구매 업무에 관련된 관련 법령을 이해하고 준수하라.

⑧ 어느 경우에서도 공정성과 객관성을 가지고 공급자를 상대하라.

⑨ 구매인으로서의 직업적 자부심과 긍지를 가지고 행동하라.

참고로 A사의 구매 윤리 헌장을 첨부한다.

📍 A사 구매 부서의 윤리 헌장

구매 윤리 헌장

우리 구매인은 회사 이익 창출의 최일선에 선 선봉자로서 정직과 신뢰를 바탕으로 경영의 동반자인 협력 회사와 더불어 서로 돕고 함께 발전하는 상생의 구매를 실천하며, 항상 공명정대하고 청렴결백한 자세로 약속과 법규를 준수하며 정도 구매를 추구한다.

구매인 행동 강령

우리 구매인은 다음과 같이 행동할 것을 결의한다.

- 우리는 회사가 우리에게 부여한 권한 내에서 성실하고 공정하게 제반 법률과 규칙을 준수한다.
- 우리는 투명하고 공정한 절차에 따라 협력 회사를 선정하고, 상생의 원칙하에 상호 발전할 수 있도록 노력한다.
- 우리는 상도의에 어긋나는 부당행위에 대해 일체 수용하지 않으며, 건전하고 합리적인 구매 활동을 수행한다.
- 우리는 열린 마음으로 협력 회사의 의견을 경청하며, 진솔하고 원활한 의사소통을 위해 노력하고 약속을 지킨다.
- 우리는 한국을 대표하는 기업의 구매 요원으로서 자긍심을 갖고 명예와 품위를 지키며 구매 부문의 선도자로서 사명감을 갖고 항상 노력한다.

윤리 경영 5대 테마

1. 구매 권한의 사용
2. 공급선 선정 및 유지
3. 건전하고 합리적인 구매 활동
4. 열린 커뮤니케이션
5. 구매 부문 발전의 선도자

1. 구매 권한의 사용

우리는 회사가 우리에게 부여한 권한 내에서 성실하고 공정하게 행동하며 제반 법률과 규칙을 준수한다.

(1) 회사 대리인으로서의 책임

구매 담당자의 기본 책무는 회사에서 정한 목적을 달성하는 데 있다. 회사의 대리인으로서 취하는 행위는 회사의 이익을 위해 수행되어야 하며, 개인적인 이득을 목적으로 사용해서는 안 됨을 항상 인식하고 있어야 한다. 이를 위해서는 자신의 행위에 대한 건전한 판단과 법률적, 윤리적 의미를 숙고하고 회사에서 부여한 권한 내에서 행동하고 솔선하여 회사의 규정과 규칙을 준수하여야 한다.

(2) 직업인으로서의 윤리 의식

윤리 의식에 대한 잘못된 인식은 잘못 그 자체보다 더 큰 부작용을 초래할 수 있다. 구매 담당자는 협력 회사 또는 향후 거래가 예상되는 잠재 거래선과의 관계에 있어 공개적이고 공정한 자세로 업무를 수행해야 하며, 실제 구매 행위 또는 의사전달 과정에서 비윤리적인 의도가 있거나 외견상 의혹을 불러일으킬 수 있는 행위는 피해야 한다.

2. 공급선 선정 및 유지

우리는 투명하고 공정한 절차에 따라 협력 회사를 선정하고 상생의 원칙하에 상호 발전할 수 있도록 노력한다.

(1) 거래선 선정

우수한 공급선은 우리 회사의 경영 활동에 없어서는 안 될 중요한 자산이다. 우리의 성공적인 사업 수행에 직접적으로 기여하며, 최종 고객을 위한 제품 개발, 가치분석 활동, 적절한 품질과 적시 납기에 대응할 수 있도록 도와주는 조력자이다. 따라서 구매 담당자는 항상 활용 가능한 공급선 기반을 개발하고 유지하며, 잠재적인 거래 선의 능력을 객관적으로 평가하여 동반자로서 가능성을 타진하고, 공정하고 효과적 인 선정기준을 갖고 적절한 공급선을 선정하고, 협력회사가 적기 납기, 적정 품질, 적정 가격을 유지하는지 관리하여야 한다.

(2) 협력관계의 유지

공급선과 우호적인 협력관계는 구매 담당자의 업무성과를 높이고 협조적인 원가절 감 추진, 새로운 프로세스의 도입 등을 촉진시켜 준다. 협력회사와의 협상은 상황에 따라 적절하게 구사되어야 하나 부품·설비 등 산업재의 구매에 있어 단기적인 이익 추구는 장기적인 협력 관계를 훼손하고 더 큰 비용을 초래할 수 있다. 따라서 구매 담당자는 장기적인 수급 관계를 유지하고 상생의 기본 원칙하에 구매 협상에 임해 야 한다.

3. 건전하고 합리적인 구매활동

우리는 건전하고 합리적인 구매 활동을 수행하며 관련 법규와 상도의에 어긋나는 어떠한 부당행위도 용납하지 않는다.

(1) 합리적 구매활동 수행

구매는 경영상의 핵심기능이며 공급선 또한 회사 생산라인의 연장선이라고 볼 때, 구매 담당자는 공급선에서 납품되는 자재의 품질 및 서비스가 최소한 회사의 구매 요건을 충분히 만족시킬 수 있도록 해야 하는데, 이를 수행함에 있어 투철한 원가 의식을 갖고 객관적이고 합리성에 입각하여 효과적이고 신속한 구매 활동이 될 수 있도록 노력하여야 한다.

(2) 시장 감시자로서의 역할

구매 행위는 합법적이고 윤리적이어야 한다. 공정거래법, 하도급법 등 국내외 관련 법규를 침해하는 행위는 물론 회사 기밀사항의 누설, 개인적인 이해관계, 공급선으 로부터의 향응, 수뢰, 공급선 간에 발생할 수 있는 과다 경쟁이나 의도적 음해 등 상 도의에 어긋나는 행위는 구매 활동의 경쟁력을 현저히 저하시키고 구매 부문의 발전을 방해하는 원인이 된다. 따라서, 구매 담당자는 스스로도 청렴결백하고 합법적으로 행동해야 하며, 관련 업계에 대해서도 공정한 거래 행위가 유지될 수 있도록 시장 감시자로서의 역할을 수행해야 한다.

4. 열린 커뮤니케이션

우리는 열린 마음으로 협력 회사의 의견을 경청하며 진솔하고 원활한 의사소통을 위해 노력하고 약속을 지킨다. 협력 회사와의 효과적인 커뮤니케이션을 위해서는 토의 주제에 대한 자유로운 의견 교환과 질의응답이 이루어질 수 있는 우호적이고 개방적인 분위기를 조성하여야 한다.

상대방이 무엇을 느끼고 있는가를 올바르게 이해하기 위해, 먼저 자신이 갖고 있는 고정관념을 버리고 수용적인 자세에서 상대의 입장을 있는 그대로 받아들이고 자신의 감정을 거짓 없이 솔직하게 전달하는 성실한 태도를 보여야 한다. 상대방의 말을 중단시키거나 비판적인 자세 또는 충고하는 식의 태도는 상대방의 불신을 초래할 수 있으며, 궁극적으로 우호적인 업무 관계 형성을 저해하는 요인으로 작용할 수 있다.

5. 구매 부문 발전의 선도자

우리는 한국을 대표하는 기업의 구매 요원으로서 자긍심을 갖고 명예와 품위를 지키며 구매 부문의 선도로서 사명감을 가지고 항상 노력한다.

(1) 창구로서의 역할

구매 부문은 우리 회사의 창구이자 얼굴이다. 구매 요원의 행위가 사외 고객, 특히 협력 회사 사람들에 의해 평가되고 있다는 점에 항상 유념해야 한다. 따라서 구매 요원의 언행은 회사를 대표한다는 것을 명심하고, 항상 예의 바르고 절도 있게 행동함으로써 조직의 일원으로서, 그리고 개인으로서 협력 회사 임직원을 포함한 사내·외 고객으로부터 존경과 신뢰를 얻어야 한다. 또한 세계 모든 지역의 경영자원을 활용하는 글로벌 기업의 일원으로서 평소에 국가별 비즈니스 에티켓과 매너를 익히고 실천하도록 하여야 한다.

(2) 선도자로서의 역할

구매 요원은 회사의 발전과 개인의 성장이 불가분의 관계임을 인식하고, 조직의 보다 높은 성과 창출을 위하여 동료 간 존중과 신뢰를 바탕으로 서로 믿고 협력하며, 새로운 일을 시작함에 있어 실패를 두려워하지 않고 경험을 통해 배운다는 진취적인 자세와 창의적이고 혁신적인 조직이 될 수 있도록 항상 새로운 아이디어를 찾고 조직의 유연성을 증진시키도록 하여야 한다. 구매인은 구매 분야의 지속적인 발전을 위하여, 그리고 개인의 발전을 위하여 주도적으로 최신 업무 방법을 배우고 연구하여 개인의 경쟁력 향상에 노력해야 한다.

공유 가치 창출과 상생 협력

　　기업의 사회적 책임(CSR)은 책임이라는 면에서 보듯이 기업의 자발적인 활동이라기 보다는 해야 할 책무인 경우가 많았다. 그래서 좀 더 적극적이고 자발적인 기업의 사회적 가치 창출 활동을 위하여, 공유 가치 창출(CSV, Creating Shared Value) 개념이 출현하였다. 공유 가치 창출이란 기업이 스스로 자발적인 경영 활동을 하는 경우, 그러한 경영 활동의 결과가 기업에게도 이익이 되고, 또한 동시에 사회적으로도 발전을 위한 좋은 가치를 창출하는 즉 기업과 사회에 동시에 이익과 공헌이 되는 활동들을 말한다. 이러한 활동은 기업이 보다 자발적으로 행하고 적극적으로 활동함으로써 기업의 사회적 책임보다는 좀 더 발전되고 능동적인 개념인 것이다. 본 장에서는 공유 가치 창출을 위한 구체적인 개념과 방법론들에 관하여 살펴보고자 한다.

　　'상생 협력'이란 개념은 너무나 오랫동안 언급되어 이제는 진부한 표현이 되어버렸다. 기업이 공급자를 동반자로 인식하고 공급자와 협력하여 서로에게 도움이 되고 동반 성장해가야 한다는 논지는 기업의 자발적인 활동이 기업과 공급자에게 모두 도움이 되는 그리고 동시에 이익과 공헌이 된다는 면에서 공유 가치 창출과 매우 유사한 성격을 지닌다. 이러한 상생 협력과 동반 성장은 현재 다양한 회사가 다양한 방법으로 실행하고 있다. 그렇다면 이러한 다양한 프로그램들의 핵심과 공통 가치 그리고 효과적이고 체계적인 방법론이 무엇인지 본 장에서 살펴보고자 한다.

공유 가치 창출과 상생 협력

1 | 패러다임의 전환 : 기업의 사회적 책임에서 공유 가치 창출로

기업의 사회적 책임(CSR, Corporate Social Responsibility)이 기업 경영의 중요한 과제로 부상하였다. 14장에서는 이러한 기업의 사회적 책임하의 구매의 사회적 책임에 관한 내용들을 살펴보았다.

그렇다면 이러한 기업의 사회적 책임이 오랫동안 학계와 산업계에서 논의되었음에도 불구하고 현실적으로 기업에게 전략적 의미를 주지 못하는 근거는 무엇인가? 그것은 바로 이러한 기업의 사회적 책임은 말 그대로 책임이기 때문이다. 책임이란 반드시 해야 할 의무라는 뜻으로 기업은 그들이 원해서 하려고 하는 것이아니라 사회적으로 책임을 지기 때문에 해야 하는 일종의 의무와 규범이라는 것이다. 그러므로 기업들은 서로 먼저 이러한 사회적 책임을 실행하려고 하기 보다는 사회적으로 비난받지 않기 위해서 또는 기업의 이미지에 도움을 주기 위해서하는 행위인 것이다. 그리고 또한 이러한 사회적 책임에 관련된 활동도 사실 기업의 전략적 방향과는 상당히 거리가 있는 행동들이었다. 예를 들어 K제조 기업이소외된 이웃들을 위하여 A지역에 새롭게 도로를 건설해준다고 하는 경우, 도로건설의 효용과 제조 기업 K의 핵심 역량이나 가치 창출과 연관 관계는 실로 매우적다. 그러나 사회적으로 어려운 사람들을 돕는 의미에서 행해졌던 것이다. 이러한 면에서 공유 가치 창출은 다르다. 공유 가치 창출(CSV, Creating Shared Value)의개념은 과거 기업의 사회적 책임이 기업의 의무였던 데 비하여, 공유 가치 창출의기반은 기업은 사회에 공헌하는 활동을 통하여 매출과 이익을 증대시키고, 사회는이러한 활동을 통하여 발전하고 문제를 해결한다는 서로 다른 두 가치를 모두 충족시킬 수 있다는 것이다. 결국 기업은 기업 자체의 수익성과 성장을 확보하면서도 사회적으로 공익성을 가능하게 만드는 활동인 것이다. 결국 기업의 사회적 책임 활동이 책임과 의무였다면, 이러한 공유 가치 활동은 자발적이고 기업이 원해서 하는 활동인 점에서 매우 다르다. 또한 기업의 사회적 책임은 기업이 본연의 업무인 이익 창출과 매출 증대라는 활동을 영위하면서 동시에 사회적 책임 부서를 두고 사회적으로 공헌할 수 있는 일을 찾고 만들어서 해야 하는 반면에, 공유 가치 창출 활동은 기업이 이익 창출과 매출 증대를 추구하면 자연적으로 사회적인 공유 가치가 창출되기 때문에 구태여 사회적 책임 활동처럼 다른 부서를 두거나 또는 다른 활동을 할 필요가 없는 것이다. 이것이야 말로 기업이 본연의 업무에 충실하면서도 사회적으로도 공헌을 할 수 있는 일석이조의 효과라고 할 수 있다.

도표 15-1	사회적 책임(CSR)과 공유 가치 창출(CSV)의 차이점 분석	
	사회적 책임(CSR)	공유 가치 창출(CSV)
기본 가치	사회에 대한 책무, 의무	기업과 사회에 상호 이익
외부 영향	사회적 이미지	사회 기업 공존
기업 이익 관점	CSR 활동과 이익은 무관	CSV 활동과 이익은 연계
예산 및 자원	한정된 예산 및 자원	자원 규제 없음. 많을수록 좋음
지속 및 연속성	한정되고 약함, 소극적 대응	지속되고 강함, 적극적 대응
예시	공정한 구매 활동	공급자 육성 및 개발을 통한 공급자, 구매자 상호 수익 창출

구체적으로 공유 가치 창출은 어떠한 사안들이 과거의 기업의 사회적 책임과 다른가? 구체적인 몇 가지 사례를 가지고 그러한 내용을 설명해보고자 한다. 미국의 홀 푸드 마켓(The Whole Foods Market)의 경우에는 그 지역 농부들의 농산물을 유통한다. 그리고 매장 내의 직원은 그 지역 커뮤니티의 장애인이나 노인들을 고용하기도 하며, 그 수익을 지역사회에 다시 돌려준다. 이렇게 되면 홀 푸드를 이용하는 고객들은 자연스럽게 자신의 지역사회를 위한 활동을 하고 있는 것과 마찬가지이며, 홀 푸드를 이용할수록 자신이 무언가 '의미 있는' 일을 하고 있다는

의식을 가지고 더 홀 푸드를 이용하게 된다. 따라서 홀 푸드는 따로 이익을 사회에 '기부'하지 않아도, 자신의 이익을 극대화하려는 노력만으로 사회의 많은 이슈를 해결하고 있는 것이다. 다른 예는 탐스 신발(Tom's Shoes) 사례이다. 한 켤레의 신발을 살 때마다, 한 켤레의 신발을 신발이 없어서 고생하는 아이들에게 기부하는 시스템이다. 따라서 사람들은 탐스 신발을 살 때마다 좋은 일을 하는 셈이고, 사회를 위해서 기여하고 있다는 의식을 갖고 더 소비하게 된다. 결국 기업의 경영자는 자신의 기업의 이익을 극대화하려는 노력을 통해서 사회의 공익을 실현하게 된다는 것이다. 일본 스미토모 화학은 2000년대 초반 신제품 모기장인 '오리셋 넷'을 개발했다. 표면에 인체에 해롭지 않은 살충 처리를 해 주변의 모기까지 쫓는 혁신적인 제품이었다. 오리셋 넷은 아프리카에서만 매년 100만 명의 목숨을 앗아가는 말라리아 '해결사'로 주목을 받았다. 스미토모 화학은 탄자니아 등 아프리카 현지에 오리셋 넷 생산을 맡겼다. 연간 3,000만~4,000만 장의 오리셋 넷이 생산되자 약 4,000명의 일자리가 생겼다. 아프리카의 빈민과 면역력이 약한 아이들도 말라리아의 공포에서 한 발짝 비켜설 수 있었다. 물론 오리셋 넷은 스미토모 기업에도 큰 수익을 가져다 주었다.

2 | 공유 가치 창출 방법 및 적용 사례 연구

이러한 공유 가치 창출을 어떻게 구체적인 방법으로 실행할 수 있는가를 살펴보고자 한다. 공유 가치 창출을 실현하기 위한 방법은 다양하게 존재할 수 있고, 그 어떤 방법도 더 우수하다고 말할 수는 없다. 공유 가치 창출을 구체적으로 실현하기 위하여 3가지 영역으로 창출할 수 있는 방법을 살펴보고자 한다.

도표 15-2 공유 가치 창출 방법의 영역별 유형

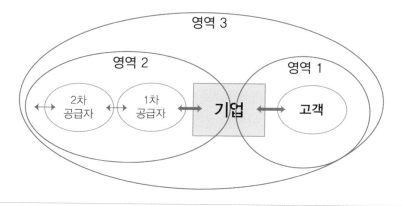

(1) 영역 1 : 제품과 시장에 대한 재해석

기존 제품에 대한 새로운 해석 방법을 통하여 공유 가치를 창출할 수 있다. 일반적으로 기업은 제품을 팔아서 기업의 수익을 창출하나, 그러한 제품을 통하여 사회에 공헌하는 것에는 사실 별로 관심이 없었다. 그러나 공유 가치 창출에서는 이러한 두 마리의 토끼를 모두 잡을 수 있다는 것이 새로운 경영의 의미를 전달해준다.

제네럴 일렉트릭(GE, General Electric)사는 다양한 사업 영역에서 세계적인 경쟁력을 만들어 온 회사이다. 그 회사의 과거 회장이었던 Jeffrey Immelt가 2005년 Ecomagination이라는 사업 개념을 들고 나왔다. 환경을 뜻하는 Eco와 상상력을 뜻하는 Imagination의 합성어로 친환경 사업을 통하여 기업에게도 이익과 성장이 되고 그러한 사업의 결과물인 제품을 고객들이 상용함으로써 사회적인 환경 문제에 도움을 주고 친환경 사회를 구현하고자 하는 개념이다. 즉 기업은 제품을 팔아서 수익 창출과 성장을, 사회는 그러한 제품을 사용함으로써 친환경 사회를 만들게 되어, 기업과 사회에 모두 이익이 되는 활동인 것이다.

청정 에너지 시장 분야를 살펴보자. GE는 탄소 사용량 감축과 친환경 사업 부문에 대한 투자 확대를 통해 청정 에너지 사업에서 매우 비약적인 매출과 이익을 올리는 성과를 거뒀다. 결국 기업도 좋아지고 사회도 좋아지는 두 가지를 모두 달성하게 된 것이다. GE는 그동안 생산했던 제품에 대한 시장과 친환경이라는 새로운 시장을 융합하면서 이러한 Ecomagination을 강력하게 추진해가고 있다. 또한

GE는 친환경사업과 관련해 가치가 있는 중소기업에는 자본 투자만이 아니라 공동 연구개발, 마케팅, 파트너십 형성 등 다양한 방법으로 지원하고 있다.

다른 경우를 보자. 그 동안 BOP(Bottom of Pyramid) 즉 사회 구조에서 최하층에 해당하는 인구 또는 영역에는 기업의 사회적 책임에 의한 자선 또는 지원들이 대부분을 구성하였다. 어렵게 사는 저소득층 사람들에게 자금, 재물 등을 기부하거나 또는 자선 활동을 통하여 그들을 돕는 것을 가장 좋은 방법으로 생각하였다. 그러나 공유 가치 창출에서는 이러한 저소득층의 시장을 적극적으로 개척하여 기업의 이익과 저소득층의 삶의 질 향상 그리고 사회의 발전을 동시에 이룩할 수 있는 방안을 제시하고 있다.

사례를 분석해보자. 식품 회사인 네슬레(Nestle)는 이러한 저소득층의 영양 상태를 고려하여 영양가 높은 제품을 저가로 출시하였다. 일반적으로 냉장고를 가지고 있지 않은 저소득층을 위하여 작은 포장 단위로 내용물에 충실하고 마케팅이나 다른 비용들을 과감히 절감하여 저가의 작은 단위 포장으로 출시한 것이다. 또한 유니레버(Unilever)는 인도 현지의 취약한 유통 판매망을 고려하여, 인도 여성들에게 가정 방문 판매 영업직을 제공하였다. 그 결과 유통망 부족으로 진출하기 어려운 여러 지역의 소규모 시장에 그 지역에 거주하는 여성 판매 인력을 통해 유통 채널을 구축하여 사업 신장과 이익 창출을 하였다. 그리고 동시에 여성들에게 소득 창출 기회를 부여하고 경제적 자립 기반을 제공함으로써 사회적 발전과 공헌도 동시에 추구하게 되었다. 지금은 일반화되어 당연한 것처럼 인지되는 한국에서의 가정 방문 시스템도 분석해보면 이러한 관점으로 해석이 가능하다. 오래 전, 한국이 저소득 국가였을 때, 야쿠르트 회사는 야쿠르트라는 제품을 직접 가정에서 매일 아침 먹게 하고 싶었다. 그렇게 하기 위해서 회사는 판매망과 유통망을 구축하여야 하는데, 이러한 유통망은 많은 투자가 필요한 사업이었다. 그래서 고안해 낸 것이 유통망에 대한 대규모 투자 대신, 여성들을 영업 사원으로 고용하여 직접 가정을 방문해 야쿠르트를 파는 모델을 개발하였다. 즉 직접 가정에 방문하여 제품을 판매하게 하는 시스템을 도입하였고, 일명 '야쿠르트 아줌마'라는 직업이 생겨나기 시작하였다. 회사는 이러한 여성들을 이용하여 큰 투자 없이 제품을 판매하여 이익을 만들어낼 수 있었고, 야쿠르트 판매원들은 야쿠르트를 판매함으로써 각자 소득을 창출하여 사회적으로 저소득 가정이 점점 적어지고 사회가 발전할 수 있는 데 크게 기여하였다.

결국 과거의 제품과 시장에 대한 인식을 바꾸고 제품과 시장을 공유 가치 창출의 관점에서 새롭게 정의하고 인식한다면, 기업에게도 이익이 되면서 사회적으로도 공헌할 수 있는 제품이나 시장을 창출할 수 있다는 논리가 확립되는 것이다.

(2) 공급 사슬 내에 생산성 혁신

기업의 경영 활동은 자원을 사용하는 일이다. 그렇다면 공급 사슬 내에서 다양한 자원을 효율적으로 관리하여 자원 사용을 절감한다면 기업은 자원 절감에 의한 원가 절감으로 혜택을 보고, 사회는 적은 원료 사용에 의한 친환경 공급 사슬 운영으로 혜택을 보는 일석이조의 효과를 만들어 낼 수 있다.

세계적인 유통 기업인 월마트(Wal-Mart)는 유통 경로와 방법에 대하여 효율적인 관리 시스템을 개발하여 혁신적으로 실행하였다. 그 결과 이동과 운송에 필요한 패키지(package)의 절대 숫자와 내용을 줄임으로써, 트럭 이동 경로를 줄이고 트럭이 배출하는 이산화탄소 배출을 절감하여 기업도 원가를 절감하는 이익을 보고, 이산화탄소를 적게 배출하는 친환경 운송 및 유통으로 사회에도 공헌하였다. 많은 다른 유통 및 물류 기업들도 물류 유통 시스템을 효율화하고 개혁하여 물류의 시간과 비용을 줄인다면 기업에게도 이익이 되고 사회에도 공헌하는 활동이 되는 것이다.

또한 코카 콜라(Coca Cola)는 2014년을 기준으로 물 사용량을 2020년까지 20% 줄이는 프로젝트에 착수하였다. 콜라를 만들기 위하여 반드시 필요한 물을 혁신적인 공법과 개선으로 물의 사용량을 줄이고도 제품을 생산할 수 있다면 이것은 기업에게도 득이 되고 자원을 절감하여 사회적으로 공헌을 하는 일이 될 것이다. 마찬가지로 화학 기업인 다우 케미칼(Dow Chemical)도 화학제품을 만들기 위하여 사용하는 물을 매년 10% 이상 절감하는 프로젝트를 통하여 기업의 이익과 사회적 공헌을 동시에 달성하고 있다.

이러한 공급 사슬 내에서의 자원의 절감 및 재활용은 새로운 것이 아니다. 철을 생산하는 포스코는 철을 제조하기 위하여 많은 공업용수를 사용하는데, 이러한 물을 한 번 사용하고 버리는 것이 아니라, 95% 이상 재활용하여 자원도 절약하고 사회적으로도 공헌하는 등 많은 기업의 친환경 정책을 살펴보면 사실 오래 전부터 실행해오고 있는 점이 많은 것이 사실이다.

이러한 자원의 절감과 함께 중요성을 가지는 활동이 공급 사슬을 구성하고 있는 운영자들의 생산성 혁신일 것이다. 네스프레소(Nespresso)는 세계적인 식음료 제조 기업 네슬레의 자회사로, 1986년에 설립된 이후 오랜 기간 연구 개발 과정을 거친 끝에 캡슐 커피를 고안해냈다. 이후 2000년대 들어 유럽에서 선풍적인 인기를 끌기 시작해, 현재는 프리미엄 커피 시장의 최강자의 하나로 자리 잡았다. 네스프레소에게 가장 중요한 것은 양질의 커피를 농부들로부터 공급받는 일이었다. 그러나 네스프레소가 커피를 경작하는 농부들을 분석해본 결과, 그들의 커피 재배 방식에 문제가 있음을 발견하였다. 그래서 네스프레소의 구매 부서는 농부들에게 단지 커피 원료를 저렴하게 구매하기 위하여 그들과 협상을 하는 대신, 그들이 커피 경작 방법을 개선하여 생산성을 향상시키는 방식을 채택하였다. 이러한 네스프레소의 노력의 결과로 커피를 경작하는 농부들의 생산성이 획기적으로 증가하였다. 그 결과 네스프레소는 저렴한 가격으로 커피 원료를 구매할 수 있게 되어 회사에 도움이 되었고, 농부들은 경작 방법의 개선으로 더 많은 커피를 생산 할 수 있어서 그들에게도 도움이 되었다. 결국 네스프레소가 그들의 공급자인 커피 재배 농부들의 역량과 생산성을 개선하고 혁신한 사안은 기업과 사회에 모두 이익이 되는 공유 가치 활동인 것이다. 그들은 한 발짝 더 나아가서 단순하게 농부들을 도와 주는 것이 아닌 커피 공급 사슬 전체의 효율화 및 혁신을 시도하였다. 2010년 지속 가능 성장 플랫폼인 에콜라보레이션(Ecolaboration)이란 프로그램을 개발한 이후, 2년 만에 에콜라보레이션의 성과와 진행 상황을 보고하였다. 네스프레소 에콜라보레이션이란 네스프레소가 하나의 기업이자 사회의 구성원으로서, 기업의 경제적 이익과 사회 공공의 이익 모두를 만족시키는 공유가치(Shared Value)를 실현시키기 위해 커피의 재배부터 캡슐의 재활용에 이르기까지 행하는 모든 과정을 말한다. 에콜라보레이션은 총 세 가지 영역을 중심으로 진행되고 있다. 먼저 네스프레소는 지속 가능 품질 프로그램을 통해 전세계 1%의 최상급 원두의 미래를 보호하고 있다. 또한 네스프레소 회원들과 함께하는 캡슐 재활용 프로그램을 통해 사용한 캡슐의 재활용률을 2020년에는 80%까지 증가시키려고 하고 있다. 마지막으로는, 한 알의 커피 원두가 한 잔의 커피로 재탄생하기까지 네스프레소가 행하는 모든 경영 활동이 사회의 환경에 미치는 영향을 관리함으로써, 탄소 배출을 감소시키고자 노력하고 있다. 결국 네스프레소의 에콜라보레이션은 커피 재배 농부들이 더 많은 양의 커피를 생산하고, 더 높은 가격에 커피를 판매할 수 있게 해줄 뿐만 아니라 환경에 보다 긍정적인 영향을 미치고 지속 가능한 성장을 할 수 있게 해주는 혁신적인 프로그램으로, 자선으로 운용되지 않음에도 불구하고 훌륭한 가치를 창출하고 있다. 네스프레소는 커피 재배 농가들이 에콜라보레이션을 통해 커피 품질을 개선할수록, 그리고 더 지속 가능한 커피 용품을 생산할 수 있도록 전략적으로 이익을 얻게 될 것이다. 이는 기업의 이익과 사회적 책임 사이에서 발생하는 공조관계며, 경제와 사회 발전의 핵심인 것이다.

이러한 공유 가치 창출 활동을 분석해보면 한국 사회에서 진행되고 있는 '상생 협력 및 동반 성장'의 개념과도 맥을 같이 한다. 사회 공유 가치와 동반 성장의 연관성과 연계성에 대하여서는 다음 장에서 살펴보기로 하자.

(3) 지역의 집단 클러스터(cluster) 발전 지원

클러스터란 상호 연관 관계가 깊은 다수의 기관과 기업이 특정 지역에 모여 있는 것을 의미한다. 연관 기관과 기업들이 일정지역에 근접하게 모임으로써 개별 기업의 단순 합을 넘는 시너지와 외부 효과를 발휘할 수 있다. 이렇게 함으로써 특정 지역이 특정 분야에서 경쟁 우위를 점할 수 있는 가능성이 증가한다. 이러한 클러스터는 수직적 수평적 네트워크를 통해 경쟁하고 협력하는 특정 산업 분야의 기업들이 집적되어 있는 일정한 지역으로 군집된 지역을 의미한다. 그러면 이러한 클러스터를 형성하는 것과 공유 가치 창출을 어떠한 연관 관계가 있을까. 기업이 특정 지역에 클러스터를 창출할 경우, 기업의 전방 또는 후방으로 이어지는 관계가 형성되고 이러한 관계를 통하여 많은 기업들이 모이고 관련 시너지를 만들어 내면 당연히 시장의 규모를 확대할 수 있다. 그렇게 되면 클러스터를 만든 기업의 매출이나 이익이 커지고, 또한 특정 지역에 모여 클러스터 형성의 일부가 된 다른 기업들에게도 혜택이 돌아간다. 결국 기업도 이익이 되고, 사회적으로 공헌을 할 수 있는 공유 가치 창출이 되는 것이다.

예를 들어, 특정 기업이 반도체를 생산한다고 가정하자. 이럴 경우 반도체를 생산하기 위하여서는 다양한 설비가 필요하고 또 반도체를 설계하고 기술을 혁신하기 위하여 다양한 연구기관도 요구된다. 이 경우, 반도체를 생산하는 기업이 특정 지역에 반도체 설비를 만들어서 필요한 회사에게 공급할 수 있는 공급자들을 유치하고 또 그러한 공급자들이 용이하게 반도체 설비를 제조할 수 있도록 다양한 기술적 지원을 함으로써, 그 지역에서 반도체 설비 제작 및 반도체 생산이 시너지 효과를 창출할 수 있다. 또한 그 특정 지역에서 연구소를 설립할 수 있도록 도와

주어 다양한 기술자와 연구자가 이 지역에 모여서 반도체에 관련된 연구를 할 수 있다면 생산 기업은 반도체 연구 결과에서 나온 성과물을 생산에 활용하고, 생산 회사는 제조의 혁신에 필요한 다양한 연구 과제를 연구소에게 제공하여 상호 Win-Win하는 관계로 발전시킬 수 있다. 그러므로 반도체 생산 회사가 특정 지역에 반도체 제조에 관련된 공급 사슬을 유치한다면 생산 회사는 공급 사슬을 구성하는 공급자들의 도움으로 좀 더 강력한 경쟁력을 보유할 수 있고, 공급자들은 생산 회사의 성장과 함께 더불어 성장할 수 있기 때문에 이러한 클러스터를 직접 만들고 운영하는 일은 생산 회사에게도 이익이 되고 또한 공급자들에게도 이익이 되는 기업의 이익과 사회의 공헌을 모두 추구할 수 있는 좋은 가능성이 되는 것이다.

다른 예를 분석 해 보자. 일반적으로 실리콘 밸리(Silicon Valley)라고 일컬어지는 미국 캘리포니아 샌 호세(San Jose) 지역은 정보 기술 분야에서 가장 강력한 클러스터 지역이다. 이러한 지역에서 새로운 정보 기술의 표준이 만들어 지고 많은 신흥 기업들이 창출되고 또 그들 중 일부는 세계적인 회사로 성장하기도 한다. 이러한 모든 배경에는 정보 기술과 관련된 모든 가용 자원, 기술, 인력, 인프라 및 시스템이 모여 있어 종합적인 시너지가 창출되는 실리콘 밸리가 있기에 가능한 것이다. 먼저 몇몇 기업들이 실리콘 밸리에서 정보 기술에 관련된 사업을 시작하면서 그 지역의 토양을 정보 기술을 용이하게 할 수 있는 환경으로 조성해갔고, 하나 둘씩 모여 들기 시작한 기업과 정부의 협조하에 점점 정보 기술을 위한 종합적인 자원과 인프라가 구축되기 시작하였다. 그렇게 발전해간 지역이 바로 정보 기술의 메카라고 언급되는 실리콘 밸리인 것이다. 즉 기업이 자신들의 이익에만 관심을 가지지 않고 전체적인 시장을 키우는 방식으로 다른 기업들에게도 이익을 줄 수 있는 토양을 구축해가면, 먼저 시작한 기업에게도 이익이 되고, 또 그러한 기업과 경쟁 혹은 협력 관계를 가지게 되는 후발 기업들의 그 지역의 참여와 성장이 결국 시장의 규모를 키우게 되고 결국 그 시장에서 활동하는 모든 기업에게 도움을 주는 것이다. 이러한 클러스터 형성을 기반으로 빠른 시간 내에 고객이 필요한 신제품을 신속하게 공급하고, 부품이나 설비를 신속하고 저렴하게 조달하고, 수요와 고객의 패턴과 변화를 신속하게 파악하고, 기술의 융합을 통한 새로운 신기술을 창출하는데 뛰어난 성과를 보일 수 있게 되었다. 또한 개발과 생산 네트워크에서 빈번한 미팅과 정보 교환을 통하여 실리콘 밸리 지역 내에서 새로운 표준을 확립하는데 매우 용이한 점도 간과 할 수 없는 이점이 되었다. 결국 이러한 모든 성공과 성장의 가능성은 많고 다양한 정보 기술 관련 기업들이 이 지역에 모여 있으면서 때로는 경쟁을 때로는 협력을 통하여 다양하고 창의적인 시너지를 만들어 내었기에 가능한 것이다.

그러므로 특정 지역에 클러스터를 만들어 그 지역을 키우는 활동은 결국 전체 시장의 규모와 파이를 키우는 결과를 만들고 기업도 이익이고 산업에게도 공헌이 되는 길이다.

3 │ 동반 성장 프로그램

앞서 살펴본 공유 가치 창출 활동은 우리 사회에서 지속적으로 화두가 되어 온 '상생 협력 및 동반 성장'과도 맥을 같이 한다고 주장 할 수 있다. 동반 성장의 기본 개념이 중 소 기업의 부족한 역량을 대기업이 나서서 도와주고 육성하여 중소 기업이 자체적으로 역량이 강화되고, 또 이러한 중·소기업의 역량 강화가 그러한 중·소기업으로부터 자재나 부품을 구매하는 대기업에게도 이익이 되어 기업과 사회(기업을 둘러싼 전체 공급 사슬 즉 사회로 보아도 무방함)에 모두 이익과 효용이 된다는 공유 가치와 유사점이 많음을 발견 하였다. 앞서 언급한 성과 공유제(5장 공급자 관리 중 공급자 육성 내용 참조)를 살펴보자. 이러한 활동을 하게 되면 구매자도 이익이지만 공급자에게도 혜택이 돌아간다. 그러므로 해외에서 발전된 기업의 사회적 책임이나, 공유 가치 창출이 한국의 사회와 기업들이 추구하는 상생 협력 및 동반 성장과 개념적으로 매우 흡사한 성격을 지니고 있다고 결론지어 말할 수 있다.

한국의 기업들은 동반 성장 프로그램을 다양하고 지속적으로 실행하고 있다. 그러한 프로그램은 산업의 특성과 기업의 성격에 따라서 실로 다양하고 또한 그들이 추구하는 목표나 가치도 다양한 것을 발견할 수 있다. 그렇다면 이렇게 다양한 동반 성장 프로그램을 이해할 수 있는 종합적이고 포괄적인 개념과 방법론이 없을까 고민하던 저자는 다음과 같은 이론으로 전반적인 프로그램을 설명하고자 한다.

| 도표 15-3 | 동반 성장 실행 단계 | |

동반 성장의 가장 기본은 일단 모든 구매 거래에서 (1) '공정하자.'이다. 공정하다고 인정되어야 그 다음 성장이라는 단어도 사용할 수가 있는 것이다. 이러한 공정성이 확립된다면 그 다음은 공급자의 부족한 역량을 구매 회사가 (2) '도와주자.'이다. 그것은 재무적 자금일 수도 있고, 기술일 수도 있고, 인력일 수도 있고 일반적인 경영 활동일 수 있다. 그것이 가능해서 진행되고 달성된다면 궁극적으로 협력의 결과물을 구매자와 공급자가 (3) '나누자.'이다. 성과를 공유하거나 수익을 공유할 수 있다. 아직 이렇게 나누는 제도와 시스템이 많은 것은 아니지만 성과나 결과를 서로 나눌 수 있으면 동반 성장 프로그램의 완성이라고 보는 것이다. 저자는 늘 주장한다. 진정한 협력이 지속 될 수 있는 조건은 두 가지라고. 첫째 쌍방이 협력을 통하여 그들 모두에게 이익이 된다는 것을 실감하고 있어야 한다(일방적인 한 쪽의 혜택이 돌아가면 협력은 지속될 수 없다). 둘째로 그러한 협력의 결과가 쌍방에게 공정하게 배분되었다고 인식되어야 한다(한 쪽이 다른 쪽보다 결과를 더 많이 가져간다고 생각하면 협력은 지속될 수 없다). 결국 동반 성장도 모기업(구매회사)이 공급자를 주도적으로 육성하는 과정이지만, 앞서 언급한 두 가지 조건이 충족되지 않으면 결코 지속될 수 없다. 한국의 기업들이 동반 성장을 진정성 있게 진행하기보다는 단순한 일과성으로 그리고 보여주기 식으로 진행하게 된다면 결코 그러한 활동은 지속될 수 없다. 그렇다면 그러한 개념의 영역 안에서 어떠한 활동들이 수행되어야 하는지 살펴보기로 하자.

(1) 공정하자

동반 성장의 가장 근본이고 바탕이 되는 사안은 구매자와 공급자간의 거래가 공정한가이다. 만약 공급자와의 구매 거래와 계약이 공정하지 않다면 그 어떠한 동반 성장 프로그램도 의미가 없을 것이다. 그러므로 동반 성장 프로그램의 가장 기본은 먼저 공정한 구매 계약을 수행하자에서 시작되어야 한다. 그렇다면 무엇이 공정하다는 것인가. 공급자와 거래에 있어서 모든 접점 부서가 공정하고 투명하게 업무를 수행할 수 있도록 사내 기준 및 운영체계를 구축하여 시행하여야 한다. 기본적으로 공정거래법과 하도급법에서는 구매 계약 시에 해야 할 사항들을 상세하게 언급하였다. 포괄적으로 언급하면 '구매자가 우월적 지위에서 공급자에게 행하는 불법적인 그리고 비윤리적인 구매 행위 금지'라고 할 수 있다.

어떤 내용이 불법적이고 비윤리적인지 다양한 관계법 그리고 회사의 기본 정책으로 규정되고 서술되어 있으나, 저자는 기본적으로 구매인의 건전한 양식과 판단이 가장 중요하다고 생각한다. 예를 들어 보자. 구두(말, 언어)로 공급자에게 장기 계약을 주는 조건으로 계약 조건을 구매자가 원하는 대로 진행하였다. 그런데 6개월이 지나서 갑자기 공급자를 변경할 수밖에 없는 상황이 와서 미안하게 되었다고 업체 변경을 통보한다면, 공급자는 어떤 기분일까. 이것은 공정한가. 결국 모든 법과 제도 및 정책도 중요하지만 가장 중요한 것은 구매 담당자 자신이 생각할 때 공정한지 그렇지 않은지에 관한 본인의 판단과 가치인 것이다. 간략하게 '공정하자.'의 핵심 사안들을 살펴보자.

📍 요구 사안 지키기(임의적 변경 금지)

구매 부서가 한 번 요구하고 약속한 사항을 지키자는 것이다. 발주 시에는 구두가 아닌 서류로 계약(계약 내용 준수)해서 구매자 마음대로 빈번하게 변경하는 것을 방지하고, 발주를 변경하거나 취소 할 경우에도 공급자와 협의를 통하여 실행한다.

📍 구매 단가 합리화

구매 단가의 문제는 쉽지 않은 문제이다. 공급자는 구매자가 구매 단가 후려치기로 공급자를 압박한다고 하고, 구매자는 그 정도 가격에 구매하지 못하면 기업이 생존할 수 없다고 양측이 주장한다. 어느 쪽이 옳은가는 상황에 따라 다르겠지만 앞서 언급한 내용을 참고로 해볼 때, 구매자가 구매 기업이 수행하는 정도보다 훨씬 더 많은 양을 공급자의 단가에서 요구한다면 그것은 틀린 것이고, 구매 기업도 공급자에게 요구하는 정도로 열심히 그리고 처절하게 원가 절감을 노력하고 있다면 그것은 공정할 수도 있다. 이러한 사실은 구매 담당자가 가장 잘 알 것이다. 그리고 원자재 가격 변동분을 부품 단가에 적기에 반영하여 공급자가 원자재 가격 변동의 위험에서 어느 정도 탈피하게 해주자는 것이다. 물론 그러면 구매 회사가 모든 원자재 가격 변동을 다 책임져야 하느냐는 문제도 있지만, 일반적으로 구매자가 공급자보다 시장 상황을 더 잘 분석할 수 있기에, 만약 자재 가격이 심하게 변동된다면 그러한 위험을 구매자가 나서서 해결해보라는 취지인 것이다.

📍 공급자 기술 보존(기술 탈취 금지)

공급자가 우수하고 혁신적인 기술을 개발하면 그들의 기술로 인정해주고 만약 필요하다면 지적재산권을 지불하고 구매자가 사용하라는 것이다. 공급자의 좋은 기술을 구매자 회사 것으로 임의적으로 변경하고 무단으로 탈취하지 말라는 것이다. 이러한 기술 탈취 금지는 제도적으로 시행할 수도 있다. 기술 자료 임치제(technology escrow)제도를 활용하면 된다. 중소기업은 핵심 기술 정보를 제3의 신뢰성 있는 기관 ─ 예를 들자면 대·중소기업 협력재단 ─ 에 보관해두고 중소기업의 기술 유출이 발생하였을 경우, 임치물을 이용하여 기술 개발 사실을 입증할 수 있도록 하고, 대기업은 중소기업이 파산·폐업 등을 한 경우, 해당 임치물을 이용하여 지속적인 유지보수 및 기술의 사용이 가능하게 하는 제도이다.

(2) 돕자

공급자는 구매 회사보다 일반적으로 역량이 부족한 경우가 많다. 이런 경우 구매자가 적극적으로 공급자를 도와주자는 것이다. 돕는다는 것은 그냥 의미 없이 돕는 것이 아니고 앞서 여러 번 언급한 것처럼, 공급자의 경쟁력이 구매자의 경쟁력이기 때문에 그들을 도와서 공급가가 경쟁력이 강화되면 그것은 결국 구매자에도 도움이 된다는 사실이다. 결국 나에게 도움이 되기에 하는 것이다.

♀ 재무적 도움

공급자가 은행 대출이나 자금 대출을 원할 경우, 구매자가 보증을 하거나 또는 상생 협력 펀드를 만들어 공급자가 저렴한 대출 이자로 자금을 활용할 수 있게 해 주는 방안이다. 또는 구매자가 은행에서 구매자의 신용을 기반으로 자금을 대출(공급자보다는 싼 대출 이자 적용)받아서 공급자에게 그러한 대출을 제공할 수도 있다. 그리고 구매 시 대금 지급을 신속하게 해 주는 방안도 포함된다. 만약 기업이 구매 대금 정산을 주 단위를 기준으로 시행한다면, 그 주에 구매 완료하고 결제 처리하면, 그 다음 주에 대금 지급이 가능할 수 있다. 만약 월 단위 마감을 하고 월말에 대금을 지급하게 되면, 3월 1일 자재를 받고 3월 말에 마감하고 그 대금을 4월 30일에 지급하게 되는 경우도 발생한다. 가능하면 이러한 대금 지불 사이클을 당겨서 공급자가 자금 압박을 받게 하지 말자는 의도이다. 사실 공급자도 만약 대금 지급이 60일 걸린다면 그러한 경우의 재무적 비용도 그들의 원가에 포함시킨다. 신속하게 대금을 지불하는 것이 오히려 구매 원가를 절감시키는 방안이 될 수도 있다.

♀ 기술적 도움

공급자가 기술적 추세나 신기술에 관한 업데이트가 필요한 경우 글로벌 우수 기업 또는 연구소나 대학에서 개발된 신기술들을 설명해주고 알려주는 기회를 만들어서 그들과 관련된 기술적 역량을 강화하게 만든다. 그리고 새로운 기술을 도입하여 그러한 기술이 안정화 상태에 도달하도록 구매자가 도와준다. 이러한 기술적 도움에 생산 기술도 포함된다. 양산 단계에서 안정적으로 공정을 유지하는 방안, 품질과 수율을 향상 시키는 방안, 기계 설비를 효율적으로 운영하고 관리하는 방안, 생산의 낭비를 제거하는 방안 등이 포함된다.

♀ 인적 자원 도움

공급자의 인재들을 구매자의 인적 자원 수준으로 육성하고자 하는 목적이다. 구매자가 받는 다양한 교육 기회를 동일 또는 유사한 방법으로 공급자들의 직원들에게 제공하는 방법이 있고, 공급자가 특정 인력을 원하는 경우, 그러한 요구 사항에 맞게 인재를 찾고 탐색하여 선정하여 주는 방법도 포함된다. 공급자 직원들의 경력 개발 과정을 도와주어서 그들이 다양한 환경과 업무에서 공급자가 원하는 역량을 발휘하도록 도와주는 것도 포함된다.

경영 도움

전반적인 경영 능력이 부족한 경우, 공급자의 경영 능력을 향상시키고자 하는 목적으로 실행된다. 구매자가 경영 진단팀을 구성하여 공급자 회사를 컨설팅해주고 그러한 컨설팅 결과를 바탕으로 무엇이 어떻게 향상되어야 하는지를 알려주고 실행한다. 공급가자 요구한 특정 영역(생산, 구매, 마케팅, 개발, 인사, 재무, 전략 등)을 자문하고 돕기도 하고 또는 구매자가 공급자의 전반적인 경영 상태를 평가하여 가장 시급한 문제를 분석하여 해결책을 제시하고 돕기도 한다. 이러한 공급자 자문 및 컨설팅 팀을 구매자의 회사에 상설 조직으로 보유하고 늘 공급자 자문 및 컨설팅을 수행하게 하는 것이다.

(3) 나누자

공급자가 구매자가 원하는 수준으로 육성되고 개발되었다면 그러한 공급자와 함께 다양한 프로젝트를 진행할 수 있다. 이러한 공동의 협력적인 업무의 결과를 나누자는 것이다. 물론 나누는 것은 그렇게 쉬운 문제가 아니다. 무엇을 어떻게 나누어야 할 지 어렵다. 만약 구매자가 이익이 100원이 발생하였다고 그러한 이익을 공급자와 나눌 수 있겠는가. 그러나 앞서 언급한 것처럼 성과 공유제를 실행한다면 일정한 성과에 관하여 공급자와 구매자가 공정하게 나눌 수도 있다.

성과 공유제

공급자 경쟁력 제고를 위해 구매자와 공급자가 공동으로 혁신 과제를 선정, 공동 목표 달성을 위해 인력, 자금. 교육, 평가 등을 지원하고, 그 성과를 공유하는 제도이다. 예를 들어 그러한 과제가 재료비·가공비 절감, 품질 개선, 국산화 개발, 신기술 개발 등이라면 협력하여 과제를 수행하여 성과를 내고 그러한 성과를 공유하는 것이다. 공유 방법으로는 재료비, 가공비에 대해 공동 노력으로 절감된 성과를 구매 단가에 반영하거나, 현금으로 일시 지급하거나, 특정 기간 동안 공유 물량 확대 및 신규 또는 양산 적용으로 인한 성과를 당초 물량 배분 계획보다 추가로 배정할 수도 있다. 또 공동 협력 과제 수행을 통한 기술 자료 및 지적재산권을 공동 특허 출원을 할 수도 있고, 공동 과제 성공 후 장기 구매 계약 및 거래를 제안할 수도 있다.

📍 우수 공급자 포상

우수한 공급자에게 상을 주고 그러한 우수 공급자 사례를 공유하여 공급자 전반적인 경쟁력 강화를 하고자 하는 목적이다. 상은 다양한 형태로 구성될 수 있고 상의 내용도 영역을 구분하여 줄 수도 있다. 상의 내용은 다양할 수 있지만, 사실상 가장 핵심은 A사가 세계적인 회사인데, A사의 공급자 B가 A사로부터 상을 받는다면 그러한 상을 받았다는 사실이 B공급자의 수준을 세계에 알리는 계기가 되는 것이다. 예를 들자면 글로벌 기업인 P사는 공급자들을 평가하여 최고 우수 공급자들에게는 'P사가 보증하는'(Guaranteed by P)이라는 칭호를 준다. 다시 말하여 P사는 매우 까다롭고 높은 수준의 평가 기준을 가지고 있는데 P사가 보증을 하였다는 의미 자체가 그 기업의 엄청난 홍보 효과인 것이다. 다른 기업들은 P사가 보증했다는 사실 하나만으로 더 이상 다른 질문을 하지 않고 그 기업으로부터 구매하기를 원하길 때문이다. 그러므로 매년 P사의 최우수 공급자 상을 받기 위하여 많은 기업들이 노력한다.

---

4 | 동반 성장 활동의 변화와 발전

이러한 동반 성장도 세월이 흐르면서 특성과 내용이 조금씩 발전하고 변화하였다. 한국 기업들의 상생 협력 및 동반 성장 활동을 분석해보면 다음과 같은 과정을 거친다고 할 수 있다.

📍 초기 - 시작과 출발

동반 성장을 이해한 기업들이 먼저 공급자의 체질을 개선하는 것이 가장 시급하다고 생각하였다. 그래서 기본적으로 공급자의 종합 경쟁력 향상을 목표로 하였다. 단순한 일회성 육성이 아닌 체계적이고 종합적인 육성만이 지속적인 효과를 나타낼 수 있다는 믿음에서 구매 기업이 제시하는 방향으로 공급자를 체계적으로 육성하였다. 구체적인 방안으로는 (i) 자금 지원 - 품질 생산성 향상을 위하여 노후 설비 교체 후 추가적인 비용을 지원, 핵심 부품의 국산화를 위한 개발 자금 지원 지원 (ii) 종합적인 컨설팅 - 공급자 제조 생산성 향상을 위하여 공급자 제조 시스템 선진화 지도, 6 시그마 품질 교육, 금형 기종 변경 시간 단축, 사내 사외 전문가 활용 (iii) 정보 선진화 활동 - 기준 정보 관리, 공급자 내부 프로세스 향상, 정보 연계 ERP 연계 및 구축, (iv) 인력 역량 강화 - 공급자 경영 향상 프로그램 및 경영 능력 강화, (v) 구매 조건부 신제품 개발 - 모 기업이 반드시 구매한다는 조건 하에 신제품 개발 등을 실시하였다. 이러한 종합적인 육성의 배경으로는 90년대 후반의 IMF 경제 위기 이후 많은 공급자들이 흥망성쇠를 거듭하였으나, 이러한 역경을 이기고 어느 정도 안정적으로 생존한 공급자들을 대상으로 향후 공급자를 체계적이고 종합적으로 육성하기 위하여, 공급자의 전체 역량을 향상시키는 프로그램을 개발하여 실행하게 된 것이다.

♀ 중기 - 자생력 강화

전 단계가 구매자가 주도하여 공급자 체질을 개선하려고 하였던 육성 단계였다면, 한 단계 나아가서 일방적인 공급자 육성 및 지도에서 탈피하여 공급자의 스스로 활동할 수 있는 자생력을 극대화하려고 노력하였다. 객관적이고 투명하며 공정한 공급자 성과 평가 시스템을 구축하여 체계적이고 연계된 보상 시스템을 구축함으로써, 공급자가 스스로의 성과에 대한 정확하고 확실한 미래를 예측하게 하여 공급자의 동기 부여를 극대화하고, 그러한 동기 부여를 기반으로 상호 상생할 수 있는 경쟁력을 구축하도록 노력하였다. 공급자 관계 경영 시스템(SRM, Supplier Relationship Management)을 구축하여 체계적인 공급자 분류 및 평가 시스템을 만들었고, 공급자의 성과를 공유하는 제도를 새롭게 시행하였고, 정보 공유를 통한 공급자와의 협업의 대상과 배경을 확장하였다. 이러한 자생적 공급자 육성의 배경에는 더 이상 구매 회사(모기업)가 일방적으로 공급자를 이끌고 가는 것은 무리가 있고, 특별히 강요에 의한 육성은 한계가 있다고 인식하였기 때문이다. 그러므로 공급자 스스로가 좀 더 강력한 동기 부여가 되어야 하고 그렇게 되기 위해서는 공급자의 공정한 평가 - 적절한 보상 - 동기 부여로 이어지는 선순환 고리를 확립할 필요가 있다고 생각하였기 때문이다.

완성기 – 관계 구축

이 시기에 와서는 많은 기업들이 새로운 패러다임을 받아들이고자 노력하였다. 지금까지 동반 성장 및 공급자 육성이 공급자 자체의 경쟁력을 중요하게 생각한 데 반하여, 앞으로는 공급자와 구매자 간의 연계성 및 관계가 더 중요할 수 있다고 인식하기 시작한 것이다. 결국 공급자의 능력만을 개발하고 발전시키는 것보다도 공급자와 구매자 간의 바람직한 상호 신뢰 및 연계 그리고 협력 관계의 구축이 더욱 더 중요한 사안이 된 것이다. 그렇게 함으로써 기업의 사회적 책임도 수행하고 사회적으로 존경 받는 기업의 반열에도 오를 수 있다고 인식하였다. 공급자가 진정으로 원하는 것이 무엇인가를 파악하게 되었으며, 구매 회사와 공급자가 '갑'과 '을'의 위치가 아닌 진정한 파트너의 관계로 가기 위한 다양한 시스템과 문화 그리고 교육을 실행하였다. 이러한 배경에는 진정으로 공급자와 협력을 하고 구매 기업과 상생을 이루지 못하면 더 이상의 성장과 발전은 불가능하다는 모기업의 절박함이 위치해 있다고 할 수 있다. 일방적인 강요나 명령에 의한 공급자 관리는 더 이상 새로운 혁신과 부가가치를 창출하지 못하고 그러한 경영 방식으로는 더 이상 세계 수준의 기업으로 성장하기에는 매우 어렵다는 인식이 확고하게 자리 잡았기 때문이라고 할 수 있다.

Module 5.

구매 혁신 및 구매 발전 방향

이번 모듈에서는 구매 분야가 생산을 지원하는 단순한 조달의 영역에서 벗어나서 능동적이고 전략적으로 활동하여 기업의 성공과 성장을 리드해가는 핵심 부서로서 발전하기 위한 주제들을 살펴보고자 한다. 또한 최근 4차 산업혁명이 화두인데, 이러한 4차 산업혁명 하의 구매는 어떻게 변화하고 미래의 구매 발전 모습에 관한 주제도 분석해보고자 한다.

16장에서는 구매의 전략적이고 미래 지향적인 평가 및 성과 측정에 관하여 살펴보고자 한다. 단지 원가 절감이나 안정적 조달로서 평가받는 구매에서 보다 전략적이고 능동적인 구매 활동을 위한 평가와 성과 측정 방안들을 제시하고자 한다.

17장은 구매 부분에서의 새롭게 창출할 수 있는 기업 가치 활동을 살펴보고자 한다. 원가 절감을 통한 이익의 창출이란 전통적 영역에서 공급자와 협력을 통한 새로운 혁신을 창조하여 기업의 매출과 성장에 공헌하는 구매로 발전하기 위한 방안을 제시하고자 한다.

18장은 4차 산업혁명 하의 구매의 변화와 발전에 관한 주제이다. 새롭게 다가오는 경영 환경은 구매를 어떻게 변화시키고 발전시킬지 그리고 그렇다면 구매인들은 무엇을 어떻게 준비하고 대비하여야 하는지 살펴보고자 한다.

구매 성과 평가

평가는 인간의 행위를 결정한다고 할 수 있다. 평가받는 방식대로 행동하기 때문이다. 그렇다면 구매 부서의 발전을 위해서는 어떠한 내용의 평가가 어떻게 이루어 져야 하는가. 전통적인 구매 활동은 기업이 원하는 자재나 서비스를 외부의 공급자로부터 효율적으로 조달하는 것으로 인식되어 왔다. 결국 품질 좋은 자재를 저렴하게 구매하여 원가를 줄이고 생산에 관련된 납기를 맞추는 것이 가장 중요한 평가의 기준의 되었다.

그러나 구매의 역할과 내용이 변화하고, 구매 부서가 기업에서 전략적으로 중요한 역할을 수행하고자 하는 방향에서 보면, 과거의 조달 기능의 우수함이란 기준으로 구매를 평가를 하는 것은 구매의 혁신과 발전을 통하여 구매 부서를 기업의 성장과 성공의 핵심 경쟁력으로 만들어가야 하는 미래 지향적 구매 부서에게는 적합하지 않을 수도 있다.

본 장에서는 먼저 구매의 전통적 평가 영역이면서도 정확하게 인정받지 못하였던 재무적 영역에 대한 재평가와 투자수익률의 개념을 활용한 구매 활동, 투자수익률의 내용과 방법을 살펴보기로 하자. 그리고 재무적 영역의 평가를 넘어선 다양하고 전략적인 평가 방법과 성과 측정 방법을 제안하고자 한다.

제16장

구매 성과 평가

1 | 경영 성과 평가의 의미

기업을 원하는 방향으로 이끌어갈 수 있는 가장 효과적인 방법은 무엇인가에 관하여 오랫동안 경영학자와 기업 전문가들은 연구를 계속하였다. 여러 가지 방법이 있을 수 있다. 조직의 비전 공유, 조직원의 가치 공유 등이 있겠으나, 실행적인 방법으로는 적절하고 효과적인 성과 평가 시스템 구축도 중요한 방법이 된다. 인간은 평가 받는 대로 행동하기 때문이다. 예를 하나 들어보자. 농구 경기에서 어시스트(assist)라는 성과 지표를 만들어 실행하였더니, 본인이 무리하게 혼자 득점을 하려고 하지 않고 팀 동료와 협동을 통하여 득점할 수 있는 효과적인 패스가 과거보다 훨씬 더 많아졌던 사실은 인간 행동과 평가가 어떻게 연계되는지를 보여주는 사례이다. 평가의 지표와 기준이 기업이 가고자 하는 방향으로 정립된다면 조직 구성원은 그러한 방향으로 나아가게 되어 있기 때문이다. 그만큼 평가는 인간의 행동을 결정하고 조직의 방향과 미래를 결정하는 중요한 요인이 된다. 또한 Peter Drucker는 측정할 수 없는 것은 평가할 수 없고, 평가할 수 없는 것은 경영할 수 없다고 역설하였다. 그만큼 측정과 평가는 기업이 발전하기 위하여 반드시 필요한 항목이다.

이러한 성과 평가는 단지 현재 기업의 활동이 어느 정도 잘 진행되고 있는가를 평가하는 단계에 머물러 있는 것이 아니고, 이러한 성과 평가를 기준으로 경영 자원을 배분하여 성과가 좋은 곳에 더 많은 경영 자원을 집중하여 기업의 핵심 경쟁력을 창출하고, 구성원들에게도 성과 평가를 기준으로 그에 상응하는 보답(상 또는 벌)을 시행하여 구성원들이 더 많은 성과를 창출하기 위한 동기 부여의 수단으로 활용할 수 있다. 또한 성과 평가는 그 자체로도 구성원들에게 기업이 가고자 하는 방향을 제시할 수 있다. 앞서 언급 한 것처럼 인간은 평가받는 대로 행동하기 때문에, 기업이 원하는 방향으로 진행하도록 평가의 지표와 내용을 설계하면 구성원들은 그 방향으로 가게 되어 있는 것이다. 그러므로 평가는 조직의 성과를 측정하고 그러한 결과를 가지고 많은 경영 관리 활동을 할 수 있는 아주 중요한 경영 요소인 것이다.

　물론 이러한 성과 평가가 잘 진행되기 위해서는 그러한 평가에 적합한 체계적이고 과학적인 지표를 개발하여야 한다. 지표란 성과 평가의 결과를 구체적인 모습으로 보여 주는 것으로, 구성원 누구나가 인정할 수 있는 의미 있는 지표가 선정되어야 한다. 지표는 전략적으로 중요한 의미를 포함하여야 하고, 측정 방법이 객관적이고 타당하여 누구나 인정할 수 있어야 한다. 이러한 지표를 잘 개발 하는 것은 결국 정확한 성과 평가를 할 수 있는 가장 중요한 기반이 된다. 구매 부서의 성과 평가도 앞서 언급한 논리적 배경을 기반으로 하고 있다. 구매 계획을 수립한 뒤에 실행이 잘 진행 되었는가, 구매 부서의 효율성과 효과성은 어느 정도 인가, 그리고 구매 성과가 좋은 구성원에게 어떤 보상을 할 것인가 등을 모든 성과 평가에서 결정해야 한다. 특히 구매 부서가 과연 기업에게 어떤 의미가 있는 부서인가 ― 단지 생산이 원하는 자재를 조달하는 부서인지 아니면 다른 활동들을 통하여 기업의 어느 부분에 어떤 성과를 보여줄 수 있는가 하는 문제는 성과 평가의 방향과 그러한 방향에 합당한 새로운 지표를 개발하여야 가능한 것이다. 본 장에서는 전통적인 조달의 기능으로서의 구매 성과 평가의 구체적인 내용은 무엇이고 그리고, 그러한 조달 기능에서 탈피하여 구매가 보다 전략적이고 능동적으로 발전하여, 기업의 성공과 성장에 보다 많은 공헌을 할 수 있는 선진 구매로 가기 위해서, 새로운 평가 방향 및 발전 모습은 어떤 모습이어야 하는지 살펴보고자 한다.

2 | 전통적 구매 성과 평가 방법

구매 부서에서 가장 중요하게 인식되었던 점은 조달 기능의 효율성이었다. 구매는 생산의 앞에서 생산이 원하는 자재를 효율적으로 공급해주는 것을 중요한 존재의 목적으로 한다. 그래서 기본적인 성과 평가의 기준이 얼마나 자재를 잘 조달 하였는가 하는 점이었다. 결국 자재 조달의 가장 중요한 항목인 원가(Cost), 품질(Quality), 납기(Delivery)가 중요한 항목이었다.

원가 절감은 어느 정도 원가를 절감하였는가가 기준인데 일반적으로 전년도 대비 또는 원래 계획 대비 어느 정도 실제로 원가를 절감하였는가를 측정하는 것이다. 또는 시장 가격이 존재하는 자재인 경우에는 현재 시장에서 기준 가격 대비 구매 부서가 어느 정도 저렴하게 구매하였느냐를 평가하기도 한다. 만약 경쟁사의 원가 자료를 입수할 수 있다면 경쟁사 대비 어느 정도 저렴하게 구매하였는가도 평가할 수 있다. 물론 원가 절감에 관련된 활동들은 앞서 6장 전략적 원가 관리에서 본 것처럼 가치 분석, 공급 사슬 관리 전체 측면에서 절감, 총 소유 비용 절감, 다양한 부서가 협력을 하여 공동 원가 절감 활동들도 평가하고 측정해야 하나, 아직 구매 원가 절감이 입체적이고 다면적인 평가가 아니고 구매 부서 혼자서 수행하는 성과 측정에 머물러 있는 기업이 많은 것도 사실이고, 이러한 종합적이고 다면적인 원가 관리 측정 및 평가 활동 사항은 향후 구매 부서에 과제로서 수행되어야 한다. 또한 원가의 중요한 항목 중 하나가 재고를 보유하여 발생하는 비용의 최소화이다. 고로 구매 부서는 생산을 중단시키지 않는 범위에서 적절하게 재고를 관리하여 재고 비용을 최소화하려는 노력을 오랫동안 시행해온 것이 사실이다. 품질은 일반적으로 불량률을 기준으로 평가하는데, 자재를 구매할 경우 입고 검사 시에 어느 정도 불량률이 나오는가, 또는 현장에서 구매한 자재를 사용할 경우 현장에서 자재의 불량이 어느 정도 발생하는가를 기준으로 품질 불량률은 평가 하는 것이다. 납기는 대체적으로 생산이 원하는 시점에 어느 정도 자재가 준비 되어 있느냐 하는 점이다. 생산이 원하는 시점 맞추는 정도를 납기 준수율이라고 정의하고 이러한 납기를 구매 부서의 역량으로 어느 정도 잘 맞추는가 하는 점이다. 특히 납기는 자주 그리고 빈번하게 내·외부의 환경에 의하여 변하는 경향이 있다. 고로 구매 부서는 이러한 변하는 납기에 얼마나 잘 대응하여 기업이 원하는 생산 활동이 차질 없이 진행될 수 있게 만드느냐 하는 점이 매우 중요한 평가 항목이었다.

물론 전통적인 구매 업적을 평가하는 것도 이러한 원가, 품질, 납기에 모든 것을 다 포함하지는 않았다. 구매 부서의 활동이 전산 및 정보화되어감에 따라서 구매 부서 업무가 어느 정도 자동화, 전산화, 정보화되어 있는지도 평가하였고, 구매 업무 수행 시 전산화 및 자동화의 정도, 정보 기술을 활용한 구매 업무의 효율화 정도, 그리고 사회적으로 중요성이 점점 강조 되는 구매 부서의 법적, 윤리적 측면도 매우 강조되었기 때문에 구매 부서 소속의 직원들이 발생시키는 법적, 윤리적인 문제(뇌물, 공급자 부당 거래, 비밀 정보 유출 등)가 어느 정도 발생하였는가도 중요한 항목으로 인정되었다. 그리고 구매 부서가 잘 운영되기 위하여서는 구매 인력의 육성이 무엇보다도 중요하다고 생각하고 인력 육성 및 경력 개발 정도도 평가의 중요한 항목이 되었다.

전통적인 구매 평가의 문제점은 평가 지표가 매우 일방적인 위에서 아래로 탑 다운(Top down) 형식이라는 것이다. 적어도 평가 지표는 부서를 평가하는 것이 주요한 것인데, 그렇게 되기 위해서는 부서원들의 합의와 이해가 수반되어야 하는 것이다. 일방적이고 강요에 의한 평가 지표는 결코 구매 조직을 발전시키지 못한다. 목표 관리(MBO, Management By Objective)에서 보는 것처럼 합리적이고 실현 가능한 성과 목표와 평가 지표를 구성원과 합의하여 설정하는 것이 매우 중요하다. 또한 평가 지표와 내용도 시대에 따라 기업의 환경 변화에 따라 변화하고 발전해야 한다. 그러나 한번 정해진 평가 지표가 다른 변화나 개선 없이 지속적으로 유지되는 것은 구매 기능에 발전에 별로 도움을 주지 못한다. 평가의 가장 큰 목표는 평가를 통하여 구매 조직의 효율성과 효과성을 검증하고 그러한 검증 결과로 인센티브와 페널티를 부과하여 조직이 원하는 방향으로 진행되게 만드는 일이다. 고로 구매 업적을 평가하여 그러한 평가 내용을 구매 부서의 인센티브로 반영해야 하는데, 이러한 반영 내용이 전통적인 구매 평가에서는 대단히 미흡하였다. 구매가 원가를 절감하여도 그러한 원가 절감이 기업 성과에 미친 영향을 정확히 재무적으로 측정하기가 어렵기 때문에 구매 부서의 노력이 제대로 보상을 받기가 어려웠다. 또한 구매 부서에서 변경된 납기에 맞추어 자재를 조달하느라 매우 노력하여 성공적으로 완수하였는데, 그러한 조달의 성공이 기업의 어떤 성과를 만들어 주는지 명확하게 측정하지 못하였다. 그러므로 구매 부서의 자조적인 말인 '잘

하면 본전, 못하면 욕'이라는 분위기가 널리 펴지게 된 이유가 된다. 그러므로 정확하게 구매부서의 업적을 평가하여 그러한 업적에 따라서 보상이 주어지는 평가 지표를 개발하여야 하는 것이다.

3 │ 구매의 재무적 성과 평가

구매 부서의 중요성은 점점 증가하고 있다. 그런데 이러한 구매 부서의 중요성을 어떻게 기업 내부의 이해 관계자들에게 설명하고 설득할 것인가. 대부분 이해 관계자들에게 가장 좋은 설득 방법은 그들이 믿고 이해하고 있는 도구를 사용하는 것이 가장 좋은 방법일 것이다. 그러한 면에서 구매 성과를 재무적으로 표현(구체적인 숫자로 표현)할 수 있다면, 아마도 가장 좋은 소통과 설득의 방법이 될 것이다. 그러므로 구매 부분도 이러한 재무적 성과로 구매 활동의 공헌을 표현하려고 다양한 노력을 하였다. 특히 기업의 이익 면에서 구매의 공헌은 매우 의미가 있다. 일반적인 제조업에서 원가를 차지하는 비중 중 가장 큰 부분은 재료비이고 그러한 재료비를 주로 관리하는 것이 구매 부서이기 때문에, 구매 부서가 재료비를 잘 관리할 수 있다면, 구매 활동이 기업의 제품 원가와 이익에 공헌하는 부분이 많은 것이다.(6장 구매원가관리에서 많이 언급 한 내용) 그러나 사실 현실에서는 구매가 자재 원가를 절감하여도 구매 활동 후에 생산 및 물류, 판매 등 다양한 활동을 거치면서 구매를 한 대상(원재료, 부품, 자재 등등)을 사용하는 제품도 다양해지고, 제조 과정도 복잡하고, 후속 프로세스가 경우에 따라서 일정하지 않고 변화하기 때문에, 구매 원가 절감 금액이 분산되고 변형되어 나누어지고 제품별로 흩어지면서 정확한 숫자로 구매 원가 절감 금액을 지속적으로 추적하고 구매 원가 절감 활동이 이익에 미치는 효과를 검증을 하는 데 어려움이 있다.

그렇다면 구매 활동과 성과를 재무적으로 표현하는 다른 방법은 무엇일까. 기업에서 가장 공통적으로 통용되는 투자수익률의 방법으로 구매 활동과 성과를 표현해 보려는 시도가 시행되었다. 투자수익률(ROI, Return Of Investment)은 가장 널리 사용되는 경영성과 측정 기준 중의 하나로, 기업의 순이익을 투자액으로 나누어 구한다.

$$ROI = \frac{이익}{투자액}$$

그렇다면 ROI를 높일 수 있는 방안은 무엇인가. 그것이 첫째 동일한 이익을 창출하면서도 투자를 줄이거나, 둘째 동일한 투자로서 더 많은 이익을 창출하면 된다. 먼저 투자를 줄이는 경우를 분석해보자. 기업이 A제품을 제조하여 판매함으로 경영 활동을 하려고 한다. 먼저 A제품을 제조하려면 일반적으로 제조에 필요한 투자(생산 활동)가 요구된다. 먼저 공장 부지를 구매하고 건물 및 기계·설비를 구매하고 인력을 모집하여 생산을 하여야 한다. 이러한 모든 생산 활동에 필요한 경영 요소들이 투자액이 된다. 그리고 이러한 투자가 된 결과를 대차대조표의 차변 항목인 고정 자산으로 표시한다. 그런데 만약 구매가 이러한 결정에 참여하게 되었다고 하자. 구매는 먼저 우리가 스스로 많은 투자를 하는 것 보다 기존의 이미 투자가 이루어진 다른 기업(공급자)을 탐색하여 우리가 직접 생산하는 것 보다 가능하면 구매할 수 있는 부분을 구매함으로써 기업이 A제품을 제조하기 위하여 지불해야 할 투자액을 상당히 절감할 수 있다. 물론 외부 공급자로부터 그러한 A제품을 구매하기 위하여 필요한 구매 비용을 지출해야 하지만 이러한 비용이 회사가 직접 투자한 비용보다는 훨씬 경제적으로 유리하다. 외부 공급자 입장에서는 이미 그들이 가지고 있는 고정자산에서 특정 기업이 요구하는 제품 A를 만들어주면, 변동비 부분만 증가하게 되는 것이 일반적인 현상이고, 오히려 요구받은 제조 수량이 증가할 경우 고정비가 분산되어 자체적으로 원가를 내릴 수 있는 요소가 되기 때문이다. 만약 모든 생산 활동을 다른 기업(공급자)이 하고 기업 S는 제품을 제조하여 판매하지만, 생산 설비에 대한 투자 없이 제조할 수 있다면 기업은 자체적인 투자를 하지 않고 제품 A를 판매하여 수익을 창출할 수 있을 것이다. 이럴 경우 기업의 투자수익률(ROI)은 아주 효율적일 것이다. 앞서 언급한 공장이 없는 제조업(Fabless Manufacturing)이 현대 경영의 여러 가지 성과를 보여주는 것도 이러한 근거에서 출발한다. 다시 말해 투자를 최소화 하고 수익을 창출할 수 있다면, 그것이 바로 기업이 가장 원하는 경영 활동이 될 수 있다는 의미이다. 그러므로 구매는 기업이 투자해야 할 경우, 직접 투자보다는 공급자를 탐색하여 그러한 제조 및 생산 활동을 구매 활동으로 대체하게 할 수 있다면 기업의 입장에서 ROI에 매우 공헌을 많이 하는 조직이 되는 것이다.

다음으로 투자를 해야 할 경우를 생각해보자. 생산 활동을 위한 설비 자재에 투자를 해야 할 경우를 가정해보면, 구매에서 핵심적으로 인지되어온 총 소유비용(TCO, Total Cost of Ownership)이 매우 중요한 것임을 알 수 있다. 설비 투자에서 가장 효율적이고 비용을 절감할 수 있는 방법은 투자 시점에 설비 자재의 가격만을 보고 의사 결정하는 것이 아니고, 그러한 설비 자재가 총 수명 주기 동안 발생하는 총원가를 살펴보고 결정하는 것이 궁극적으로 기업의 총 투자액을 절감할 수 있다는 것이기에, 투자의 효율적인 관리를 위해서는 매우 중요한 활동이 되는 것이다. 이러한 투자에는 고정자산도 포함된다. 기업이 가지고 있는 자산 중에서 생산 활동에 필요한 자재 재고는 중요한 자산이다. 구매가 효과적인 재고 관리를 통하여 자재 재고를 줄일 수 있다면 투자를 효율적으로 관리할 수 있을 것이다. 구매 부서가 공급자와 협력하여 재고를 줄이거나 또는 공급자 주도형 재고 관리(VMI, Vendor Managed Inventory)를 통하여 공급자와 재고 관리 부분을 협력한다면, 투자의 상당 부분을 효율적으로 절감할 수 있을 것이다. 고로 구매가 효율적이고 효과적인 구매 활동을 영위하면, 기업의 투자를 효과적으로 관리할 수 있고 동일한 수익을 창출하면서도 경쟁사 대비 투자를 절감하거나 효율적으로 관리할 수 있는 것이다. 이러한 점이 재무적 관점에서 구매의 공헌을 보여줄 수 있는 사안이 된다. 특히 구매 부서는 이러한 활동을 한 뒤에 직접 재무제표를 사용하여 구매의 성과를 표현할 수 있도록 노력하고, 그러한 재무제표의 결과를 이해 관계자들에게 알려주고 인지시키는 일을 소홀히 하지 말아야 한다.

4 | 구매수익률(ROSMA) 평가

구매의 활동에 따라서 기업은 ROI를 향상시킬 수 있고, 또한 손익계산서의 이익에 매우 긍정적인 효과와 영향을 줄 수 있다. 그러나 앞서 언급한 것처럼 아직도 그러한 구매 활동에 관한 정확한 재무제표의 성과 측정을 하기가 어려운 것이 사실이었다. 구매가 원가를 절감하여도 다양하고 복잡한 후속 공정 때문에 정확한 구매 원가 절감이 측정되고 평가 받기가 어려웠고, 또한 공급자를 통한 혁신으로

신제품에 공헌하여 새로운 시장을 개척하여도 그러한 활동이 진정으로 구매에서
주도적으로 나온 것인지 아니면 개발 부서에서 이미 공급자와 교류가 있던 것인
지 아니면 연구소가 그러한 기술을 외부에서 탐색하였는지에 관한 정확한 판단과
영역이 구별되어 평가받지 못하면, 이 또한 구매의 역할과 공헌으로 인정받기가
어려울 수도 있다. 또한 전통적인 구매에서는 안정적인 조달 활동이 구매의 역할
이기에 공급자를 통한 새로운 혁신이나 신제품 개발에 참여하는 것이 상황에 따
라서는 구매가 하고 싶어도 다양한 제약 조건이 있는 것도 사실이다.

　그런 면에서 정확한 구매 활동의 재무적 성과를 측정해보고자 하는 시도가 이루
어졌다. 글로벌 컨설팅 회사 커니(A. T. Kearney)는 재무적 평가 기준의 ROI(Return
On Investment)를 기초로 구매 부분의 재무적 성과를 표시할 수 있는 종합적인 지
표를 개발하였고, 그러한 지표를 구매수익률(ROSMA, Return On Supply Management
Asset)이라고 명하였다. 이것은 기업의 ROI(Return On Investment), ROA(Return On
Asset)처럼 구매의 투자액 대비 수익을 분석하고자 하는 시도이다. 이러한 ROSMA
의 의미에 관하여 살펴보고자 한다.

도표 16-1 구매수익률(ROSMA : Return On Supply Management Asset)

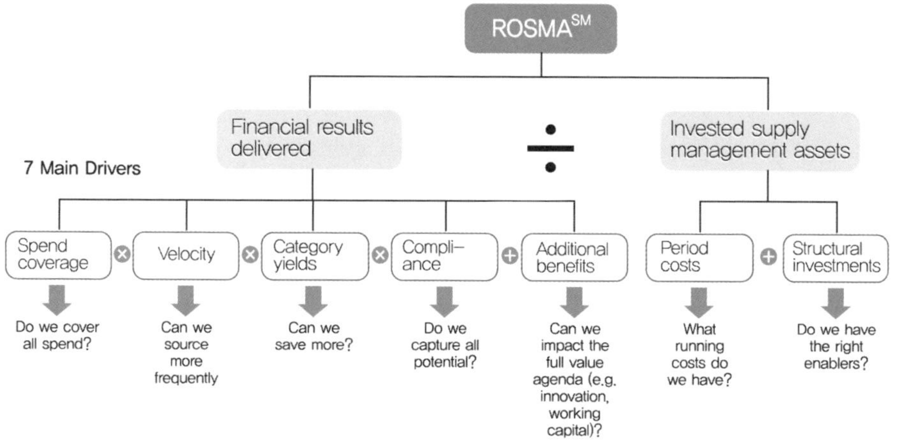

📍 **구매수익률**(ROSMA) **= 재무적 산출물 / 구매 활동에 관련된 투자**

가) **재무적 산출물**(Financial results delivered) =
구매 부서가 통제할 수 있는 범위(Spend coverage) * 구매 관리 빈도(Velocity)
* 구매 원가 절감(Category yields) * 구매 규정을 지키는 준법(Compliance) +
추가적인 이익(Additional benefits)

나) **구매 활동에 관련된 투자**(Invested supply management assets) =
구매 원가(Period Costs) + 구매 행위를 하기 위하여 투입된 노력, 자본(Structural Investment)

이렇게 항목들을 정의하고 그 수치를 계산하는 것이다.

먼저 분모를 구성하는 구매 활동 관련 투자에 관한 내용을 살펴보자.

① **Period costs**(구매 활동 비용) - 구매 활동 관련 모든 비용을 의미한다.
먼저 구매 인력 유지에 관련된 비용(임금, 상여 등)과 그 외의 구매 활동을
하기 위하여 소요되는 모든 경비 및 비용을 말한다.

② **Structural Investment**(구매 관련 투자) - 구매 관리가 효율적으로 운영
되기 위하여 지불되는 투자를 의미한다. 구매 인력을 선발하고 육성 및
훈련을 실시하고 그리고 구매 관리에 필요한 IT 투자 및 인프라 구축 비
용 등을 말한다.

분자의 구매의 활동에 의한 재무적 산출물의 내용을 살펴보자.

① **Spend coverage**(회사 지출 비용 중 구매가 관리하는 비중) - 회사는 다양한
지출(spend)을 실행한다. 생산 활동에 필요한 자재를 구매하기 위하여 지
출되고, 또는 다양한 기업 활동에 필요한 제반 경비, 서비스, 용역 등에도
경비가 지출된다. 이러한 기업이 지출하는 전체 경비 중에서 구매 부서가
관리하는 비중이 얼마나 되는가 하는 비율이다. 모든 부서가 각자가 알아
서 그들이 사용하는 경비를 관리하는 것이 일반적이지만 그래도 구매 부

서만큼 경비를 투명하고 효과적으로 지출하기는 쉽지 않다. 만약 전체 기업 지출이 100인데, 그 중 생산에 필요한 직접 자재 구매 금액이 60이고 그 비용만 구매가 관리한다면 Spend coverage는 0.6인 것이다. 결국 이러한 비율이 커질수록 구매가 기업의 지출 비용을 직접 관리하게 되고, 그렇게 될 때 재무적 성과가 우수하다는 것이 ROSMA의 기본 이론이다. 그렇다면 구매가 기업의 모든 지출 비용을 관리하는 것이 바람직한가. 이 문제에 관하여서는 아직 정확한 기준이 확립되어 있지는 않지만, 실제로 다양한 사례를 조사해보면 구매 부분이 선진화될수록 구매가 기업의 다양한 지출 비용에 더 많이 연관되고 관리하는 것이 보다 재무적 성과에 효율적인 것으로 나타나고 있다.

② **Velocity**(구매 관리 빈도) – 일반적으로 속도라고 정의되지만 ROSMA에서는 어느 정도 빈번하게 구매 계약을 챙기고 관리하였는가 하는 것이다. 만약 어떤 계약을 하고 1년 동안 그 계약을 다시 관리하지 않으면 그동안 다양한 변화를 대응할 수 없다. 한편 매일매일 그 계약 현황을 관리하면 변화를 인지하고 그러한 변화에 대응하며 구매 계약을 잘 관리할 수 있다. 얼마나 빈번히 구매 계약에 관심을 가지느냐 하는 것을 숫자로 표시한 것이다. 그렇다고 무조건 빈번하게 자주 구매 계약을 관리하는 것이 좋다는 것은 아니다. 모든 구매 계약은 그들의 특성이 있어서, 어떤 계약은 매월, 어떤 계약은 분기마다 등 최적의 검토 빈도를 가지고 있다. 즉 모든 구매 계약은 적절한 빈도로 검토되고 관리되어야 재무적 성과가 좋아진다는 이론이다.

③ **Category yield**(원가 절감 금액) – 구매 부분에서 직접적인 원가 절감 금액을 나타낸다. 모든 구매 활동을 통하여 얻어진 구매 원가 절감 금액이 이곳에 포함된다. 전략적 소싱 또는 공급자와 협상을 통한 계약 등에서 발생하는 모든 원가 절감 금액을 언급한다.

④ **Compliance**(구매 규정을 지킴) – 일반적으로 구매 프로세스와 규정이 정해져 있으나, 여러 가지 이유로 이러한 규정이나 프로세스를 정확하게 준수하지 못하는 경우가 발생한다. ROSMA에서는 이러한 규정을 어기는 구매 행위를 모두 재무적 성과에 부정적인 영향을 미치는 것으로 정의하였다. 규정이 제대로 지켜지지 않으면 구매 절감 금액이 사라지거나 그러한 기회를 잃어버릴 수 있기 때문이다. 그러므로 얼마나 정해진 구매 프로세스와 규정을 잘 준수하느냐 하는 점을 중요한 산출물로 정의하였고, 그러한 규정을 잘 준수할 때 재무적 성과가 좋아진다고 한다.

⑤ **Additional benefits**(추가적 혜택) – 앞에서 언급한 Spend coverage, Velocity, Category yield, Compliance 등이 모든 재무적 항목을 다 포함하기에는 어려움이 있다. 그래서 포함되지 않은 다른 항목들을 묶어서 Additional benefits 라고 정의하고 이 영역에 포함시키고자 하였다. 그리고 만약 TCO(Total Cost of Ownership)를 활용할 경우, 당장 실현되지 않지만 궁극적으로 기업에 공헌이 되는 가치(숫자)들도 이 영역에 포함될 수 있다.

그렇다면 ROSMA에서 구매의 재무적 공헌(숫자)을 향상시키기 위하여 구매가 어떤 활동을 해야 한다고 하는 것인지를 분석해 보자. 먼저 분모의 투자액을 보면 구매 활동을 하기 위한 최소의 투자가 ROSMA를 향상시킨다고 볼 수 있다. 이것은 그리 새로운 것이 아니다. 가능하면 적은 인원으로 원하는 구매 활동을 할 수 있다면 인당 구매금액(구매금액/구매인)이 향상되어 ROSMA가 좋아질 것이고(Period costs), 만약 기업이 구매 업무를 효율적으로 운영하고 구매 업무에 필요한 IT 자원의 투자도 효율적으로 관리하고, 구매 인력을 효율적으로 육성하여 구매 업무에 필요한 투자 비용을 절감하고 관리할 수 있다면 또한 ROSMA가 좋아질 것이다(Structural investment).

그렇다면 분자의 산출물들은 무엇이며, 어떤 활동이 ROSMA 성과를 우수하게 만들 수 있는가. 전통적으로 구매 활동을 통한 원가 절감이나 중·장기적 재무 비용 절감을 Category yields와 Additional benefits으로 정의하였고, 사실 이 부분은 그렇게 새로운 재무적 성과가 아니다. 그렇다면 ROSMA가 좀 더 강조하는 면은 어떤 것일까. 먼저 우수한 구매 기업은 구매 부서가 기업 지출의 많은 부분을 통제하는 것이 바람직하다고 하는 것이다. 이것은 다른 부서가 그들의 지출을 통제할 경우, 구매 부서만큼 효율적으로 비용의 관리가 잘 안 될 수 있다는 가정을 기반으로 하고 있다. 물론 모든 기업 지출을 모두 구매 부서에서 관장할 수도 없고 관장하기도 어렵지만 최근 선진 기업들 사이에서 많이 운영되고 있는 간접 자재 및 서비스·용역 구매를 구매 부서가 관장하려는 노력과 시도는 이러한 ROSMA와 일맥상통한다고 볼 수 있다.(6장 전략적 원가 관리, 간접 경비 관리 참조) 그 다음 구매 계약 관리의 적절한 빈도가 중요하다고 언급하고 있다. 구매 계약에 대한 관심과 빈도가 적절할수록 추가적으로 발생할 수 있는 비용의 낭비나 유출을 막을 수 있고, 그러한 유출이나 낭비를 사전에 방지하는 것이 구매 부서가 재무적으로 공헌할 수 있다는 것이다. 이것은 구매 부서 활동의 효과적인 운영에 대한 의미를 담고 있다. 구매 부서가 해야 할 일은 단순히 자재를 조달하는 것이 아니라, 이미 만들어진 구매 계약도 상황이 변하고 계약의 요소가 변경될 경우 끊임없이 관리하고 변화와 변경에 대한 노력을 경주하는 것이 구매의 재무적 공헌에 영향을 준다는 것이다. 고로 구매 부서는 한번 체결된 구매 계약은 방치하지 말고 수시로 그 계약의 타당성과 변화에 대하여 지속적인 관심과 노력을 기울여야 한다는 의미이다. 그 다음은 얼마나 구매의 규정을 잘 지키고 준수하느냐 하는 면이다. 규정을 잘 지키고 준수하여야 구매 업무 중에 발생할 수 있는 낭비적 비용의 발생을 방지할 수 있다고 하는 점이다. 상황이 긴박하다고 또 갑자기 생산이나 타 부서에서 요청한다고 원래 주어진 규정대로가 아닌 임의적 자의적 방법으로 구매를 한다면 그러한 행위가 재무적 성과에 나쁜 영향을 준다는 것이다. 결국 기업의 구매 부서를 둘러싼 환경이 안정되고 이해 관계가 인정될수록 기업의 재무 성과에 구매의 공헌이 도움을 준다는 것이다. 결국 구매가 재무적 성과를 내기 위해서는 전통적인 원가 절감 및 중·장기적 비용 절감의 부분에다가 구매 부서가 회사의 지출을 관리하려고 하는 노력, 구매 계약을 적절한 시간적 빈도와 관심을 가지고 검토하려는 의지 그리고 구매 규정을 잘 지키려는 노력으로 요약될 수 있다. 이러한 노력이 증가하고 활동적일수록 구매의 재무적 성과가 향상 된다는 것이 ROSMA의 핵심 이론인 것이다.

ROSMA의 개념은 새로운 것이다. 기업에게 새로운 개념을 설명하고 그러한 개념에 맞는 숫자를 투입하여야 구체적으로 원하는 답(계량화된 수치)을 구할 수 있다. 하지만 아직 개념에 관하여 일반적으로 정립되어 있지 않는 내용이 발견되고 (예를 들자면 – Additional benefits에 속하는 숫자는 어떤 내용이고 정확하게 어디까지인가), 만약 그러한 개념을 이해한 뒤에도 원하는 숫자를 얻기 위하여서는, 기업에 존재하는 정보를 수집하고, 필요하고 적절한 정보를 투입하여야 하는데, 정보의 소유주(ownership)도 구매가 아닌 경우도 있고 그럴 경우 수집과 분석의 방법 또는 전사적인 자료를 취합하고 분석해야 하는 경우, 자료 수집과 분석의 어려움 등 아직 정확하게 실행되어야 할 부분들이 잘 정립되고 익숙하게 운영된 사례가 적어서, 자료를 수집하고 분석하여 원하는 항목에 숫자를 입력하는 과정이 어려운 것이 사실이다. 그러므로 ROSMA가 보다 잘 실행되기 위해서는 먼저 이러한 개념이 산업계 전반적으로 일반 이론으로 인정받고 받아들여져야 한다. 그런 다음 이러한 ROSMA 숫자를 구하고자 하는 기업들의 시행착오와 다양한 실제 사례들이 축적되고 보고되면서, 어떤 자료를 어떻게 모으고 분석하여 어떤 방식으로 입력해야 하는 것인가에 관한 표준이 수립되고, 구체화되고 정형화 되어야 ROSMA 숫자를 구하고 상호 비교가 가능해질 것이다. 이러한 문제는 앞으로 ROSMA가 구매 영역에서 일반적으로 인정되는 지표로서 자리를 잡는가 아니면 하나의 특성화된 도구로서 일반적인 인정을 받지는 못하고 특수 상황에서만 사용 가능한 도구 정도로 인식되느냐에 관한 것이다. 앞으로 ROSMA의 발전 과정을 지켜보는 것은 매우 의미 있고 흥미로운 일일 것이다.

비록 아직 ROSMA가 구매 학계와 산업계에서 일반적인 이론으로 인정받고 있지는 않지만 그 나름대로 의미가 있다. 먼저 기업에서 가장 많이 사용하는 ROI, ROA의 개념을 구매 분야에서 활용하여, ROSMA가 일반적인 재무 성과를 기본으로 하는 모든 기업의 재무 관리자들이 구매의 투자수익률 개념으로 이해하게 만든 첫 번째의 시도이다. 즉 구매 영역에서 어떤 부분에 어떤 방식으로 투자하고 어떤 행동들을 실행하면 대체로 어떤 투자 효과가 재무적으로 나올 수 있는지를 밝혀내어 재무인들과 구매인들이 소통이 가능하게 만들었다. 또한 막연하였던 구매 부서의 성과를 재무적인 형태로 표현함으로써 구매의 역할과 의미에 대하여 보다 명확한 모습을 보여줄 수 있게 되었다.

다음의 의미는 실제로 ROSMA를 계산한 후에 ROSMA의 숫자가 향상되기 위해서는 구매에서 어떤 부분에 어떤 행동을 구체적으로 해야 하는 지를 분명하게 보여줌으로써, 기업의 경영자 층과 구매 담당자가 기업의 발전을 위하여 구매의 어떤 부분을 좀 더 관심을 가지고 향상시켜야 하는지 알게 만들어 주었다. 아직 이러한 ROSMA는 최근에 개발되어 현재 기업들에게 새롭게 인지의 단계에 머물러 있지만 향후 많은 기업들이 사용하게 된다면, 구매 부서에 세계적으로 공통적으로 사용되는 새로운 평가 지표가 생길 수 있다고 가정해 본다. 물론 많은 기업들에게서 논리성과 합리성을 인정받아야 하는 일이 남아 있지만 가능해진다면 새로운 구매의 발전 모습이 되리라 예상해 본다. 그런 의미에서 ROSMA가 발전해가서 산업계의 표준이 된다면 산업 내에서 ROSMA 점수로 구매 우수 기업과 그렇지 않은 기업이 분리될 수 있다. 그러면 기업의 구매 부서들은 올해 ROSMA 목표를 얼마로 하겠다고 정하고 그러한 목표를 달성하기 위하여 노력할 것이고 이러한 노력은 궁극적으로 구매를 발전시킬 수 있는 좋은 기반과 토양이 될 수 있다.

5 │ 균형 성과표를 활용한 구매 성과 평가

Kaplan은 기업을 평가하는 기준을 단순히 재무적인 매출, 이익, 주가 등으로 평가하는 것은 기업을 올바로 평가하지 못 할 수 있다고 보고, 전반적인 기업의 역량과 성과를 평가하기 위하여 균형 성과표(BSC, Balanced Score Card)를 제시하였다. 즉 균형 성과표란 단순히 기업을 재무적 수치로 판단하지 말고, 균형 잡힌 관점 – 즉 고객 관점, 재무적 관점, 내무 운영의 우수성 관점, 그리고 교육 및 성장에 관한 관점 등 4가지의 관점으로 기업을 평가하자는 이론이다. 이러한 이론은 단지 기업의 전반적인 평가에만 해당하는 것이 아니고 부서 또는 기능에도 적용시킬 수 있다고 생각한다. 이러한 균형 성과표를 구매의 성과에 활용하여 적용하여 보면 구매 평가 관점을 다음과 같은 논리로 설명할 수 있다.

도표 16-2 균형 성과표를 활용한 새로운 구매 평가 시스템

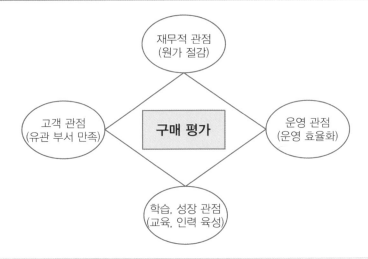

이러한 관점은 구매의 평가를 단순한 재무적 관점(원가 절감)에서 보려고 하는 전통적인 모습에서 탈피할 수 있는 논리적 기반을 제공한다. 기업처럼 구매 부서 도 지속적인 경쟁력을 확보하기 위하여서는 4가지 방향의 다양한 노력을 기울여 야 한다는 것이다. 균형 성과표를 기준으로 구매 부서의 업적을 평가한다면 다음 과 같은 모습이 될 것이다.

(i) **재무적 관점** – 구매를 통한 기업의 이익 창출 즉, 재료비 절감 금액이 가장 큰 항목이다. 원가 절감율, 저가 자재 대체율(가치 분석을 통한), 재 고 회전율, 재료비율 등이 이 항목에 속한다.

(ii) **운영의 우수성 관점** – 구매 부서 운영의 효율성과 효과성이다. 즉 구매부 서의 업무를 얼마나 효율적으로 운영하는가 하는 점이다. 전자 구매 활 용률, 업무 전산화률, 자동 발주률, 입고 · 정산 전산 프로세스 구축률, 인 당 구매 금액, 구매 발주 리드타임, 공급자와 정보 교환 및 활용도율 등 이 이 항목에 속한다.

(iii) **고객 만족 관점** – 대체로 구매 부서는 내부 고객을 인지한다. 즉 생산, 영업, 개발, 품질 등 유관 부서가 요구하는 사항을 구매 부서가 얼마나 만족시켜주었나 하는 점이다. 생산, 영업, 개발, 품질 등이 요구하는 항목을 지표로 만들어 구매 부서가 얼마나 이러한 유관 부서의 요구에 잘 응대하였는지 또한 고객이 원하는 구매 부서의 요구 사항을 잘 실행하여 유관 부서의 성과에 잘 공헌하였는지 내부적인 고객(유관부서) 만족 지수를 개발하여 평가하는 것이 이러한 고객 관점의 항목들이다.

(iv) **교육 및 성장 관점** – 구매 인력을 어떻게 육성하고 그들의 직업 만족도와 경력 개발 지수 등 인력에 대한 투자와 미래 준비가 어느 정도 잘 진행되는가 하는 점이 중요한 항목이 된다. 인당 교육 시간, 경력 개발 및 인력 관리 시스템 구축, 구매 전문가 육성 프로그램, 구매 교육 시스템 및 구매 인력 육성 마스터플랜 등이 이 항목에 포함된다.

이렇게 구매의 성과를 과거처럼 단순히 재무적인 원가 절감으로만 보지 말고 다양하고 균형 잡힌 시각 즉, 4가지 관점으로 구매를 평가해보면 구매가 해야 할 일을 보다 확실하게 이해할 수 있고, 또한 구매 부서에서 경쟁력을 만들기 위하여 어느 부분을 좀 더 강조해야 하는가도 이해할 수 있는 것이다.

구매 성과를 평가 하는 또 하나의 다양성은 정량적 성과와 정성적 성과를 모두 포함하여야 한다는 것이다. 일반적으로 지표를 개발할 경우, 평가 주체의 변동성과 주관성을 줄이고자 객관적인 숫자로 구현되는 지표에 집중하게 된다. 이런 이유로 대부분의 평가 지표는 원가 절감율(숫자), 납기 준수율(숫자), 공급자 부품 불량률(숫자) 등으로 표현된다. 물론 이러한 숫자는 평가 주체가 달라져도 변화하지 않고, 누구나 객관적으로 인정하기에 다른 이견이 발생하지 않음으로 합리적인 지표라고 인정받는다. 하지만 이러한 정량적 평가를 넘어서 다양하고 서술적인 구매 성과가 존재하고 이러한 구매 성과를 측정하고 평가하고 인정하기 위해서는 정성적 항목에 대한 고려가 반드시 필요하다. 사실 평가를 잘하기 위해서는 숫자로 표현되는 정량적 항목보다 숫자로 표현되기 어려운 정성적 항목들이 전략적으로 더 중요한 경우가 많이 있다. 예를 들어 구매 부서 인력이 구매 업무에 대한 전문성을 학습하고 활용하여 구매 역량을 강화시키고, 구매 인력의 선진화가 되었다고 가장하자. 구매 인력의 선진화와 전문화는 구매의 매우 중요한 평가 항목이지만 정성적인 내용이 많다. 그러나 정성적인 내용을 구체적인 정량적인 지표로 변화시킬 수 있다. 예를 들어 구매 인력의 전문가 수준을 1부터 10점의 단계로 분류하여 각 점수마다 상황을 부여하고 각 단계별 특성을 자세하고 구체적인 서술에 의하여 본인이 몇 점에 해당하는지 정확하게 평가할 수 있다고 하면, 그로 인해 점수가 부여되고 이러한 점수는 구매 인력 육성 지표로 활용할 수 있다. 공급자의 역량 강화에 관련된 평가도 매우 중요한 전략적 의미를 지닌다. 이 경우도 공급자를 단계별로 1에서 10점까지 각 점수마다 상황을 부여하고 구체적이고 정확한 서술에 의하여 구매 담당자가 객관적이고 합리적으로 평가할 수 있다면 공급자가 부여받은 점수가 공급자 개발 및 육성에 관한 평가 지표로 활용할 수 있다. 정성적 항목을 단계로 구분하고 각 단계별로 상황을 구체적으로 설명하고 단계별 특성을 상세히 서술하여 평가자가 객관적이고 합리적으로 정성적 항목들을 점수화할 수 있는 지표 개발이 요구되는 것이다. 이렇게 중요하고 전략적으로 의미 있는 정성적 항목을 성과 평가에 포함시키면 이러한 정성적 항목에 구매 조직이 관심을 가지게 되고 궁극적으로는 구매 조직을 원하는 방향으로 육성, 개발, 발전시킬 수 있는 것이다.

6 │ 능동적이고 적극적인 구매 활동 장려를 위한 평가

　과거의 구매는 단순하게 생산이 원하는 자재를 조달하는 수동적 행위였다. 수동적이라는 의미는 구매가 먼저 자발적으로 어떤 행동을 취하는 것이 아니라, 생산이나 타 부서에서 구매의 요청 사항이 접수되면 그때부터 구매 부서가 움직이기 시작한다는 의미이다. 결국 구매 부서는 타 부서의 요구 사항을 얼마나 잘 수행하였는가로 평가받는다는 의미이다. 그런데 이러한 평가는 대부분 잘하면 본전이고(요구 사항을 수행하는 것은 당연하다는 생각) 못하면 비난(그것도 못하나)을 받기가 쉬워서 구매 부서의 자긍심과 발전을 해치는 문화가 되었다. 고로 이러한 수동적인 일을 잘 하는 것이 아닌, 누가 시켜서 하는 것이 아니고 구매 부서가 적극적이고 능동적으로 일을 실행하여 기업에게 이롭게 되는 것들을 평가하자는 취지와 목적이다. 즉 과거처럼 주어진 일을 잘 하는 즉, 수동적인 업무의 완성도만을 평가하는 것이 아니라, 적극적이고 능동적으로 미래에 발생할 사안들을 분석하고 예측하여 대비한 결과에 대한 평가도 매우 중요하다고 생각한다. 예를 들어 보자. 일반적으로 과거에 구매한 자재에 대비하여 이번 평가 시점에서 더 저렴하게 구매 하는 것을 원가 절감(Cost reduction)이라고 한다. 그런데 이러한 원가 절감과는 다른 원가 회피(Cost avoidance)와 같은 개념을 활용한 평가 지표의 개발이 요구된다(6장 전략적 원가 관리 참조). 이러한 Cost avoidance를 제대로 수행하기 위해서는 공급자 시장에 대한 분석과 다양한 요소들을 연구하고 예측하는 능력을 구매 부서가 보유해야 한다. 앞서 언급한 것처럼 인간은 평가받는 대로 행동한다면, 이러한 Cost avoidance 활동의 결과를 평가함으로써 구매 조직이 좀 더 분석적이고, 미래를 예측하고, 과학적이고 합리적인 발전을 도모하게 만들 수 있는 것이다. 현재 시장 가격(market price) 대비 구매가 지불한 가격의 차이를 평가하여 과거의 어떠한 행동이 이런 결과를 만들었는지를 평가한다면 가능한 것이다. 물론 미래는 알 수 없기 때문에 이러한 Cost avoidance 활동이 늘 가능한 것은 아니다. 예를 들어 올해 A라는 원자재 가격이 너무 싸서 내년 구매 물량을 함께 구매 하였는데, 내년에 가격이 더 내려갈 수도 있는 것이다. 하지만 결과를 놓고 평가하는 것이 아닌 과정에 대한 평가(분석, 예측을 통하여 저렴하다고 생각되어 구매 행위를 실행)를 한다면 미래에 대한 불확실성에서 오는 능동적, 적극적 구매 활동의 주저함을 감소시킬 수 있을 것이다.

단지 Cost avoidance 뿐만이 아닌, 미래에 다가올 위험 요인과 내용을 분석, 예측하여 사전에 미리 구매에서 발생할 수 있는 다양한 위험을 인지하고 준비하고 예방하는 활동을 하는 것도 같은 논리이다.(9장 구매 위험 관리 참조) 위험이 발생하면 그 피해는 매우 치명적이다. 하지만 위험이 발생하기 전에는 누구나 그러한 위험에 대하여 진지하게 고민하지 않게 되는 것이 일반적인 현상이다. 이러한 기업 문화를 변혁시키면서 위험이 발생한 후에 지불하는 비용은 사전적인 예방 비용에 비하여 훨씬 크고 치명적이라는 것을 알리고 사전에 대비하는 활동을 평가한다면 이러한 활동이 기업의 선진 시스템(사전 예방 활동의 의미와 가치)을 만들어 갈 수 있는 것이다. 위험은 자연 재해나 뜻하지 않은 공급자 사건에서만 발생하는 것이 아니다. 공급자의 힘이 매우 강한 독점 공급자가 존재 하는 경우, 협상이 매우 어렵다. 이러한 위험에 직면하면 구매 기업이 할 수 있는 방안이 별로 없다. 그렇지만 늘 그런 것은 아니다. 공급자가 독점적 형태로 발전할 가능성을 분석하고 그런 가능성이 높은 공급자와 사전에 좋은 관계(제휴 관계 또는 파트너십 관계 등)를 구축하여 추후에 발생할 수 있는 공급자의 강한 힘을 잘 이용 할 수 있는 경우도 이러한 적극적, 능동적 활동에 속한다. 즉 구매가 발전해 가기 위해서는 단지 타 부서의 요구 사항을 만족시키는 단순한 구매가 아니라 먼저 적극적이고 능동적으로 구매가 기업에 공헌할 수 있는 부분들을 찾고 실행하는 것을 중요하게 평가하는 것이 매우 필요하다고 생각한다.

구매 부서가 발전하기 위하여 필요한 제반 조건들은 다양하다. 그중에서도 구매 부서의 성과 평가 관점을 미래 지향적으로 설계하고 그에 걸맞는 성과 지표를 개발하는 것이야 말로 구매의 발전에 가장 중요한 요소가 된다는 것을 밝히고자 하였다. 구매 부서는 앞으로 보다 선진화되고 미래 지향적인 구매 성과 평가 방법과 지표 개발에 많은 노력을 기울이기를 당부드리는 바이다.

구매의 새로운 가치 창출

구매는 전통적으로 현업이 원하는 자재나 서비스를 가장 효율적으로 조달하는 것을 본연의 업무로 인식하였다. 그러나 경영 환경의 변화와 불확실성의 증가에 따른 새로운 경영의 요구, 그리고 기업 간 산업 간의 경쟁이 심화됨에 따라서, 이러한 전통적인 조달 행위의 역할을 넘어선 전략적이고 고객 지향적인 가치를 창출하는 구매의 역할과 의의가 중요해지고 있다.

본 장에서는 전통적인 구매 역할을 넘어선 공급자를 통한 새로운 기술과 혁신의 발굴 및 제안, 그리고 이러한 공급자의 혁신적 동력을 활용한 신제품 개발로 인한 기업 매출 향상 및 성장과 발전에 공헌하는 구매의 새로운 가치 창출 모습을 살펴 보고자 한다. 그리고 이러한 기업의 성장에 공헌하는 구매는 어떠한 특성과 내용을 포함해야 하는지 그리고 그러한 성장을 리드해가는 구매가 되기 위하여 필요한 조건들은 무엇인지를 이해하고자 한다.

구매가 전통적인 생산, 개발, 품질, 기술 부서와의 연계성을 넘어서 최종 고객을 이해하고 그러한 고객의 요구 사항을 만족시키려는 활동을 통하여 고객 지향적 구매가 달성될 경우, 구매 부서에서 만들어 내는 새로운 가치와 경쟁력에 대하여도 살펴보고자 한다.

구매의 새로운 가치 창출

1 │ 구매 업무의 전통적 역할과 가치

구매 업무 프로세스를 분석해 보면 구매의 역할과 가치를 잘 이해할 수 있다. 자동차를 만드는 기업을 예를 들어 보자. 자동차를 만드는 생산 부서에서 자동차에 필요한 타이어를 구매하려고 한다. 이 경우 생산 부서가 구매 부서에게 타이어 구매요청서(PR, Purchase Requisition)을 발행하고 구매 부서는 현업으로부터 PR을 접수하면 구매 업무의 필요성이 발생하고 구매 업무가 시작된다. 결국 구매 부서는 현업으로부터 PR을 접수받는 시점에서 구매 활동이 시작되는 것이다. 그 후에 PR에 가장 근접한 공급자를 탐색하고 평가하고 최선의 공급자를 선택한다. 그 공급자와 계약을 하고 구매 발주서를 발행하고, 그 후 공급자가 자재를 공급하면 품질 및 수량 등을 검사하고 이상이 없으면 공급자에게 대금을 지불하고 그 후 현업이 원하면 현업에 그러한 자재를 전달하면 구매 업무는 종료되는 것이다. 그렇다면 구매의 시작은 PR(구매요청서)이고, PR을 접수받지 않으면 구매 활동은 없는가에 대한 대답은 사실상 없다라고 이야기하는 것이 올바를 것이다. 다시 말해 구매 부서는 PR을 접수받아야 시작되고(PR은 타 부서에서 생성 됨) 결국 스스로 활동을 한다(proactive) 보다는 타 부서의 구매 요청 사항이 발생하여야 활동을 시작하는 수동적(reactive)인 부서라고 정의될 수 있다.

이러한 구매 부서의 특성이 오랫동안 구매 부서의 성격과 활동을 규정지어 왔다. 즉 구매는 스스로 일 하는 것이 아니고, 타 부서가 요구 사항을 발생시키면 그러한 요구 사항에 맞추어 업무를 진행하는 것이다. 일종의 의무(현업의 요구 사항에 맞추어 잘 구매해야 하는 의무)가 발생하는 것이다. 결국 구매 부서의 성과는 현업의 요구 사항을 얼마나 잘 수행하였는가를 중요한 관점으로 보고 모든 활동이 진행되었다. 결국 구매 업무의 가치는 잘 조달 하는 것 — 경영 환경과 고객 및 사내의 요구 사항이 수시로 변동하여 구매 요구 물량과 특성이 자주 변하고, 공급 시장에서는 가격이 불안정하여도, 원하는 자재를 적시에 좋은 가격에 잘 조달해야 하는 것이었다. 물론 기업 경영에 매우 중요하지만 수동적이고 의무적인 가치였다. 그렇다면 구매가 새로운 가치를 창출할 수 있는 방법은 없을까. 아래의 손익계산서를 살펴보면서 그 논지를 풀어가보도록 하자.

2 | 기업의 이익과 매출 – 두 가지 측면의 구매의 역할

손익계산서를 살펴보자.

도표 17-1 손익계산서(P/L, Profit Loss Statement)

손익계산서 (P/L)

Top line – 매출

Bottom line – 이익

손익계산서(P/L, Profit/Loss Statement)를 살펴보면, 맨 윗부분에는 매출이 있고 맨 아랫부분에는 이익이 있다. 가운데는 기업 활동을 하면서 발생한 경비 및 제조원가이다. 단순하지만 가장 중요한 기업의 생존 방정식은 아래와 같다.

매출 – 원가 = 이익

   기업이 이익을 증대시키는 방법은 매출을 늘리거나 원가를 줄이는 일이다. 먼저 원가를 살펴보자. 일반적으로 기업의 원가 구조를 살펴보면, 전통적인 제조업의 경우, 전체 원가 중에서 재료비가 차지하는 비중이 크다. 그런데 이러한 재료비는 구매 부서가 관리하는 비용이고 구매 부서가 재료비를 절감하면 그만큼 기업의 이익에 공헌하는 것이다. 앞서 언급한 구매의 profit leverage(6장 전략적 원가 관리 참조)를 이해하면 구매 부서에서 절감된 재료비 절감 부분이 영업 이익에 매우 큰 영향을 미친다는 사실을 알 수 있다. 고로 구매 부서는 늘 원가 절감을 부서의 가장 중요한 업무이고, 따라서 구매 부서의 평가도 얼마나 원가를 절감하였는가에 초점을 맞추어 왔다. 이러한 사항을 손익계산서에서 살펴보면 이익은 손익계산서 가장 아래에 위치하기 때문에 구매의 손익계산서 하단 효과(Bottom line effect)라고 언급되어 왔다. 그래서 어떻게 하면 구매가 좀 더 합리적이고 체계적으로 원가를 절감하고 줄일 수 있는가에 많은 연구와 분석이 발전하였다.

   다음은 기업이 이익을 증대 시키는 방법 중 매출을 늘리는 상황에 관하여 살펴보자. 매출을 늘리는 활동은 모든 부서에서 시행되지만, 매출에 관련된 직접적인 부서는 전통적으로 영업이나 마케팅 영역이었고, 구매 부서는 상대적으로 연관성이 적었다. 그러나 구매 부서가 손익계산서의 아랫부분(Bottom line)을 강조하지 않고 맨 윗부분(Top line = 매출)에 공헌할 수 있을까.

   기업의 궁극적인 목표는 지속적으로 성장을 하는 것이라고 할 수 있다. 성장을 나타내는 가장 대표적인 지표가 아마도 매출일 것이다. 이런 이유로 많은 기업들의 경영 목표가 예를 들자면 '2020년 매출 1조원 달성' 등 매출 향상에 역점을 둔다. 매출이 늘어난다는 것은 기업의 규모가 커진다는 것이고, 그러한 것이 바로 성장의 의미로 이어진다. 그러면 기업은 지속적으로 성장하기 위하여, 과거 방식을 그대로 답습하여 성장을 할 수 있지만, 그러한 경우 많은 경쟁을 물리쳐야 하고 또한 이미 알려진 방법으로는 그렇게 효과적으로 성장을 만들어내기가 쉽지 않다. 결국 기업은 과거와 다른 방식을 활용하여 지속적인 성장을 달성해야 하는데 이러한 과거와 다른 방식이 바로 혁신(Innovation)이다. 기업은 먼저 기업 내부적인 혁신을 통한 성장을 이루고자 한다. 내부적 혁신은 다양한 방법이 있으나, 크게 정리하면 다음과 같다. 첫째 사내의 협력과 소통을 통하여 과거에는 부서 이기주의와 부서 간 장벽으로 인하여 실행되지 못하였던 새로운 방법을 모색하는 것이다. 일반적으로 다양한 다기능팀 활동(CFT, Cross Functional Team)이 증가하고 있는 것도 이러한 맥락에서 이해할 수 있다. 부분이나 부서만을 보고 업무를 수행하는 것이 아니고, 전사적인 관점을 가지고 새로운 시각과 방법론을 얻고자 하는 방법이다. 두 번째로는 인재 육성을 통하여 혁신을 이룰 수 있다. 기업 내부의 직원들이 역량이 강화되면 과거에 보지 못하였던 새로운 관점을 가지게 되고 그러한 새로운 관점을 실행할 수 있는 능력도 가지게 되어, 이러한 인재 개발과 육성을 통하여 과거와 다른 새로운 방식의 혁신을 모색할 수 있다. 또 다른 경우의 세 번째 방법은 현존하는 기술을 다른 분야로 활용하여 응용·발전시켜 혁신을 도모하는 방법이다. 이미 사용하고 있는 A라는 기술을 활용과 적용이 가능한 새로운 사업 영역에 도입하여 B라는 연관 기술로 변형시킬 수 있다면 기업은 이러한 기존 기술을 활용하여 새로운 영역을 개척하고 혁신을 이룰 수 있다.

그러나 이러한 기업 내부적 혁신이 가장 먼저 기업이 시도할 수 있는 방안이기는 하나, 일반적으로 다기능팀을 성공적으로 실행하려면, 다양한 기업 내부의 시각 차이와 정치적인 요소들로 효과와 성공이 쉽지 않다. 또한 인력은 육성할 수 있으나, 육성된 인력을 적재적소에 배치하여 원하는 혁신을 만들어 내기도 시간적으로 오래 걸리고 체계적인 지원과 육성이 있어야 가능한 일이다. 기존의 기술을 새로운 분야에 적용하는 업무도 새로운 분야에 대한 망설임과 불확실성 그리고 새로운 분야에 적용이 발생시킬 수 있는 위험에 대한 책임 소재 문제로 활발하게 진행되기 어려운 것이 사실이다. 그리고 이러한 내부적 혁신은 오랫동안 실행해 오면서, 영역과 가능성이 점점 고갈되어가고 있다. 결국 기업 내부적 혁신은 가장 쉽고 빠른 혁신의 방법이 될 수 있지만, 실행상의 여러 가지 어려움을 가지고 있는 것이 사실이다. 그렇다면 이러한 내부적 혁신이 어려울 경우 기업이 선택할 수 있는 방안은 무엇이 되어야 하는가.

그 답은 기업의 외부에서 찾아야 한다. 기업이 성장을 위하여 가지고 있는 내부적 자원이 유한하다면 그에 비하여 기업 외부적 자원은 상대적으로 풍부하고 아직 시도하지 않은 많은 가능성을 포함하고 있다. 이러한 외부적 자원은 즉 공급자를 의미하고 바로 공급자를 통한 혁신을 언급한다. 이러한 사실을 가장 극명하게 보여 주는 사례는 아마도 P&G(Procter and Gamble) 회사의 사례일 것이다. 경영 환경이 예측하지 못하게 변화하고, 기술의 발전 속도가 급속하게 빨라지자, 내부적인 연구 개발(R&D, Research and Development)의 능력이 세계 최고 수준이던 P&G도 기술 개발 투자에 한계를 느끼기 시작했다. 내부적인 R&D의 제품 개발 성공률은 저조해졌으며, 연구 개발에 투자된 금액의 자본 효율성도 점점 저조해지는 상황에 직면하였다. 그럼에도 불구하고 P&G는 새로운 기술을 이용한 새로운 신제품을 출시하지 못하면 시장에서 급속하게 경쟁력을 잃어버릴 위기에 봉착하게 되었다. 그렇다면 어떻게 효율적인 비용으로 효과적으로 기술을 개발하여 원하는 신제품을 시장에 적시에 출시할 수 있을까. 이 문제를 고민하던 P&G는 기업 외부에 존재하는 다양하고 풍부한 기술과 아이디어에 눈을 돌리게 되었다. 결국 그 대책으로 R&D 기능을 외부로 확장한 'C&D(Connect & Develop)'라는 전략을 수립하게 되었다. 모든 새로운 기술과 혁신 역량을 자체적으로 다 보유할 능력도 없고, 또 필요도 없기 때문에, 많은 부분을 외부의 유능한 공급자와 연계(Connect)하여 그들의 역량을 활용하여 신제품을 개발(Develop)하고 기업의 성장과 혁신을 이룩하자는 의미이다. P&G의 생각은, 외부의 공급자들은 특정 분야에서 오랫동안 사업을 하면서 그 분야에 전문적인 새로운 기술과 지식 그리고 새로운 아이디어를 많이 가지고 있고, P&G는 그러한 공급자의 경쟁력과 역량을 활용하여 새로운 신제품을 개발하자는 의도였다. 이러한 P&G의 Connect and Develop의 결과로서 P&G가 출시하는 새로운 제품들의 많은 부분이 외부의 공급자들의 새로운 혁신(아이디어와 기술)을 활용하여 성공한 것이다. 이러한 Connect and Develop의 배경에는 세상에서 가장 우수한 생각과 기술이 반드시 우리 기업 내부에 모두 존재할 수는 없다는 논리와 근거에서 시작되었다. 오히려 그러한 가능성은 기업 외부인 공급자들에서 존재할 수 있고, 그러한 우수함을 어떻게 연계하여 기업의 경쟁력으로 만드는가 하는 것이 보다 중요한 성공 요소로서 인식을 한 것이다.

이러한 P&G의 Connect and Develop를 개방형 혁신(Open Innovation)의 도구로 살펴보면 다음과 같다. 과거에는 기업 내부에서 모든 연구 개발(R&D, Research & Development)이 이루어 졌지만 이제는 외부 공급자와 함께 협업을 통하여 이러한 개발이 이루어진다. 기업 내부에서 개발된 내용을 외부 공급자를 통하여 제품으로 완성하기도 하고(R은 기업이, D는 외부 공급자가) 또는 그 반대로 외부의 기술(R)을 가지고 들어와서 내부에서 제품으로 완성(D)하기도 하고, 또는 외부에서 기술(R)과 일부분의 제품(D)을 내부로 가지고 들어오기도 한다. 이러한 내용을 도식화하면 아래와 같다.

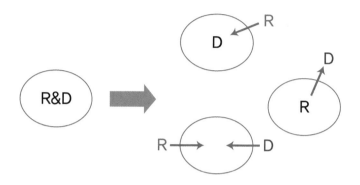

도표 17-2 개방형 혁신에 의한 연구 개발(R&D) 기능의 변화

　　결국 외부적 혁신은 공급자를 활용하여 혁신을 주도하는 것이고 이러한 공급자를 활용한 혁신(Supplier-driven Innovation)이야 말로 기업이 원하는 것이다. 그러면 기업에서 공급자를 통한 혁신을 주도할 부서는 어디인가. 그 부서가 바로 구매 부서가 되어야 하는 것이다. 회사 내의 어떤 부서보다도 공급자에 대한 이해도가 높고, 어떤 공급자가 어떤 역량을 가지고 있는지 가장 잘 알고 있는 부서가 구매 부서이기 때문이다. 결국 구매 부서는 공급자를 활용하여 외부적 혁신을 주도하게 되고, 외부적 혁신을 통하여 새로운 아이디어와 기술 및 역량을 기업이 활용하게 되고, 그러한 내용이 기업의 신제품에 들어가서 시장에서 성공하고, 신제품의 성공이 매출을 증대시키고 기업의 성장을 도모하게 되는 것이다. 다시 말하면 손익계산서의 맨 위에 존재하는(Top lone) 매출 부분을 구매가 공급자를 통한 혁신으로 달성하게 만들자는 것이다. 이러한 구매 활동을, 원가 절감을 Bottom line effect (손익계산서 상의)라고 언급되는 것과 대조하여, 구매의 Top line effect라고 명명하게 된 것이다. 이러한 Top line effect야 말로 전통적인 구매가 가지고 있지 않았던 새로운 구매의 역할과 가치의 창출로서 인정받아야 된다.

　　영상 의료기를 제조, 판매하는 W사의 사례를 분석해보자. 이 W사는 최근 매출의 정체와 기업 성장의 둔화에 직면하게 되었다. 회사의 CEO는 이러한 정체를 해소할 수 있는 방안을 모색하기 시작하였는데, 결국 두 가지 방법으로 결론지어졌다. 첫째로는 지금보다 훨씬 더 선명한 화면으로 새로운 차세대 영상 의료기를 개발하여 선진국 시장에 출시하여 매출을 증대하는 것이고, 다른 하나는 현재의 품질을 희생하지 않고 가격을 30% 정도 저렴하게 만들어 개발도상국이나 중진국 시장을 개척하여 매출을 증대시키는 것이다. 이러한 두 가지 전략적 활동과 방법을 통하여 새로운 시장을 창출하고 기업의 성장과 성공을 지속해 가자는 결론이었다. 그런데 이러한 두 가지 전략적 방법을 개발이나 영업 부서가 아닌 구매 부서가 해결하였다. 먼저 회사 내의 기술 최고 책임자(CTO, Chief Technical Officer)를 만나본 구매 최고 책임자(CPO, Chief Purchasing Officer)는 기업 내부에 CEO가 언급한 선명한 기술이 아직 개발되지 않았고 개발 미래도 불확실하다는 사실을 알게 되었다. 그 후 구매 최고 책임자(CPO)는 지금까지 거래하던 공급자들을 대상으로 새로운 선명한 영상 기술을 탐색하기 시작하였다. 결국 특정 공급자의 제안으로 새로운 영상 구현 기술을 가지고 있는 새로운 공급자를 발견하고 사내의 기술 담당자들과 협력하여 그 공급자의 새로운 기술 활용을 통한 훨씬 더 선명한 영상 의료기를 개발하여 선진 시장에 출시해 매출과 성장을 이끌어갈 수 있었다. 또한 CPO는 지금까지 영상 의료기를 만들던 방식을 혁신적으로 변화시켜보고자 하였다. 지금까지 영상 의료기는 정교한 의료 기기이기 때문에, 대부분 선진국의 공급자들을 사용하고 있었고, 품질이나 기업의 이미지 관리 측면에서 저원가 국가(LCC, low cost country)에서의 부품 구매는 생각도 하지 않고 있었던 것이 현실이었다. 그러나 최근 중국이나 베트남 공급자들을 상대해 본 CPO의 생각은 달랐다. 그러한 저원가 국가에 대한 편견은 과거의 일이고, 현재는 품질이 좋고 원가 경쟁력이 있는 유능한 공급자도 저원가 국가에 존재한다는 사실이다. 그래서 LCC 소싱에 부정적인 사내 경영진과 유관 부서들을 대상으로 지속적인 설득과 사실을 제시하고 소통을 하면서 결국 영상 의료기의 부품 중 일부를 우수한 저원가 국가에 있는 공급자들로부터 소싱을 하였다. 그 결과 품질을 희생하지 않고 가격을 30% 정도 절감할 수 있게 되어 개발도상국이나 중진국에서 새로운 영상 의료기 시장을 개척하고 매출을 향상시키고 기업의 성장을 지속할 수 있게 되었다. 결론적으로 기업 내부의 역량으로 하지 못하였던 매출의 증대(Top line effect)를 기업 외부의 공급자를 통하여 구매가 주도적으로 달성시킨 사례로 이해할 수 있다.

　다른 사례를 보자. 세계가 점점 글로벌화 되고 스피드화 되면서, 경영 활동에서 지역적인 이동 시간을 단축시키고자 하는 경향이 증가하고 그러한 이유로 항공기를 통한 이동은 점점 증가하고 있다. 특히 브라질이나 중국 또는 인도 같은 나라가 크고 인구가 많은 지역은 향후 항공기 운송의 비약적 발전이 기대되는데, 이러한 비약적 발전에 크게 공헌할 수 있는 것이 새로운 기술의 항공기이다. 과거보다 20% 정도 가볍고 튼튼한 항공기 동체 그리고 엔진 효율이 우수한 항공기를 제작한다면, 그 만큼 연료 소모가 적고, 운행 경비가 절감되어, 과거에는 항공기 노선으로 경제성이 없던 A−B 지역 간 이동에서 새롭게 수익성 및 경제성을 확보 할 수 있어, 항공기 운송이 가능해지고, 그러한 항공기 노선을 고객이 사용하면서 시장이 커지고 항공기 생산 기업은 성장이 가능해진다. 이러한 새로운 항공기를 개발하기 위하여 미국 Boeing사나 유럽 Airbus사 모두, 공급자가 제시하는 새로운 신기술과 혁신을 차기 모델의 비행기 개발 및 제작에 활용하기를 주저하지 않고, 공급자의 새로운 기술을 매우 중요한 차세대 비행기 개발에 활용하고 있다. 외부 공급자가 없다면 차세대 비행기 개발은 매우 어렵고 어쩌면 불가능한 일이 될 지도 모른다. 상당히 많은 새로운 기술과 아이디어는 공급자를 통하여 달성되는 것이다. 결국 구매는 공급자와 협업을 통한 새로운 기술을 완성하는 것을 주도하고 회사의 기술 개발 부서와 공급자를 연결시키는 핵심 고리 역할을 해야 하는 것이다.

공급자와 제대로 된 기술 융합에 성공하면, 간단한 의미의 보완 정도가 아니라 상상을 못 하였던 새로운 경쟁력을 확보할 수 있다. 중소기업은 대기업보다 운신의 폭이 넓고 변화에 빠르게 대처할 수 있다. 대기업은 자본력과 조직을 통해 혁신적인 아이디어나 기술을 사업화하는 능력에서 앞선다. 때문에 공급자인 중소기업과 구매 기업인 대기업이 양자의 장점을 적절히 결합해야 한다. 구매가 전략적이 되어야 한다는 것은, 단지 현재의 상황만을 바라보지 말고 다가올 미래도 연구하고 분석해야 한다는 의미도 포함하고 있다. 미래에 다가올 현상과 문제를 이해하고 그러한 기회와 위험을 사전에 공급자들과 협력을 통하여 대비하면서, 시장을 선점하는 것도 구매가 해야 할 일이다.

스마트폰 보급이 확산되자, A통신사는 새로운 고민에 빠지게 되었다. 고객들이 급속도로 스마트 폰으로 상대방과 소통의 양과 질을 확장하여 데이터 증가가 폭발적으로 발생하고, 이에 따라 전반적으로 느려지는 통신 속도에, 고객들의 불만이 쌓이기 시작하였다. 그런데 데이터 처리 속도를 증가하기 위하여 새로운 기술과 중계기가 필요하였는데, 이러한 핵심 기술을 가지고 있는 것은 통신 사업자가 아닌 공급자들이었다. 미리 이러한 상황을 어느 정도 예상하였던 A사의 구매 부서는 데이터 증가 문제를 해결하기 위해 핵심 공급자들과 함께 공동 연구개발에 착수했고, 그 결과 저전력, 고효율의 대용량 중계기 개발에 성공했다. 고객들은 만족하였고, A사의 매출이 증가하였고, 공급자들도 이로 인한 기기 개발로 상당한 매출의 성장을 달성하였다.

P사는 글로벌 제약 회사로서 명성이 알려진 다국적 회사이다. 과거에 환경을 보면 하나의 약을 개발하여 모든 사람에게 제공(One size fits all)하는 환경이었다. 알레르기(allergy) 약을 개발한다면, 모든 알레르기에 효과가 있는 약으로 모든 알레르기 환자를 치료하고자 하였다. 그러나 1980년대부터 고객들로부터 일반 약보다는 좀 더 특화되고 본인의 현상에 적합한 약에 대한 요구가 증가하기 시작하였다. 이러한 약의 요구를 precision medicine의 시대가 도래하였다고 한다. 그래서 제약사들은 좀 더 다양한 약을 개발하기 시작하였다. 예를 들자면 알레르기 약도 풀 알레르기 약, 동물 털 알레르기 약, 식품 알레르기 약 등 다양해지기 시작하였다. 이렇게 특화되고 다양한 약을 개발하려고 하니 개발 비용은 점점 증가하였고, 또한 개발하여도 과거처럼 많은 고객이 사용하는 것이 아니라 특화된 고객만이 사용하게 되니 수익성도 감소하기 시작하였다. 다시 말해 약이 소품종 대량 생산에서 다품종 소량 생산으로 패러다임이 변하기 시작한 것이다. 2000년대 들어오면서 P사는 급격하게 증가하는 개발 비용을 감당할 수 없게 되었다. 결국 회사는 개발 비용의 동결이라는 특단의 조치를 사용할 수밖에 없는 환경이 되었으나, 그렇다고 신약 개발을 멈출 수도 없는 곤란한 환경에 직면하게 되었다. 이 문제를 해결한 부서가 구매 부서였다. 먼저 구매는 공급자들을 활용하기로 하였다. P사가 모든 개발 활동을 하는 대신 외부의 공급자들이 그들의 역량으로 이미 어느 정도 연구한 축적된 정보를 활용하여 개발을 하기로 하였다. 공급자 정보를 활용하면 그만큼 개발 비용과 기간을 줄일 수 있고 궁극적으로 개발 비용을 많이 지출하지 않고서도 원하는 약의 개발을 완수할 수 있을 거라는 믿음이 있었기 때문이다. 그래서 P사는 대학 병원, 연구소, 의료 기관 등을 탐색하면서 그들이 이미 수행한 연구 결과 중에서 신약 개발에 관련된 효과적인 정보를 구매하였다. 물론 의학적 전문 지식이 필요하기에 구매팀과 개발팀이 협력하고 구매팀이 관련 프로젝트를 주도하여 진행하였다. 결과적으로 P사는 과거보다 훨씬 적은 경비를 지출하고 신약 개발을 통한 기업의 성장과 매출 증가를 달성할 수 있었다.

이러한 모든 노력과 시도가 과거에 구매가 수동적일 경우, 그냥 조달만 하면 되는 경우에서는 쉽게 만들어지지 못한다. 구매가 능동적이고 적극적인(Proactive) 활동을 해야 가능한 것인데, 사실상 이러한 환경을 만들어가는 것은 쉬운 일이 아니다. 그 문제는 추후에 논하기로 한다.

3 | 고객 지향적 구매 관리

구매가 그동안 전통적인 조달 행위를 수행하기 위하여 가장 근접하게 연계되고 협력한 부서는 생산 부서, 품질 부서 그리고 개발 부서였다. 생산 부서에서 생산 계획이 수립되면 그러한 생산 계획에 맞는 자재를 조달하기 위하여 생산 부서와 협조하여 생산 계획의 사전 정보 공유를 위하여 노력하였다. 공급자가 공급하는 자재가 구매자가 원하는 품질 수준을 만족시키는가를 검증하기 위하여 구매 부서는 품질 부서와 함께 공급자의 공장을 방문하여 품질 검사를 하고, 공급자의 자재를 구매자의 공장에서 입고 검사를 하면서 협력하기도 하였다. 또한 새로운 제품을 개발하는 개발 부서는 신제품 개발에 필요한 신규 자재를 개발하고 확보하기 위하여 구매 부서와 협력을 통한 자재 확보에 노력하였다. 이처럼 구매 부서는 주로 기업의 생산 활동에 필요한 영역에서 활동하였다.

그러나 기업이 성장하기 위해서는 무엇보다도 경영 환경 및 시장의 변화와 고객이 무엇을 원하는지를 정확하게 파악하여야 한다. 그러한 고객의 요구 사항을 어떤 기업이 가장 신속하고 적합하게 만족시킬 수 있는가에 따라 기업이 성장하고 발전한다. 그런데 성장은 매출의 증대이고 매출은 고객이 만드는 것이다. 고로 고객의 요구와 그들의 방향 및 추세를 알아내는 것이 기업의 성장과 성공에 매우 중요하다. 하지만 구매 부서는 구매 부품의 원가 절감이나 조달 행위에 집중하느라, 기업 경영 환경을 이해하고, 기업의 전략을 이해하고, 고객의 요구와 고객의 추세를 이해하는 부분에서는 그다지 활동적이지 않았던 것이 사실이었다. 그러나 구매가 전략적이 되기 위한 가장 중요한 요소는 진정으로 고객이 무엇을 원하는지를 분석하고 그러한 방향에 맞추어 모든 구매 활동을 일치시켜야 한다.(2장 구매 전략 참조) 결국 구매가 해야 할 일은 단순하게 생산이 원하는 자재를 조달하는 업무가 아니라 고객의 요구 사항을 이해하고 그러한 요구 사항을 달성시킬 수 있는 구매의 역할 및 공급자 활용을 해야 한다는 것이다. 전통적으로 구매는 공급자와 함께 모든 업무를 수행하였고, 공급자와의 연계를 중요하게 생각하였다. 그러나 이제는 공급자도 중요하지만 동시에 고객 쪽을 바라볼 수 있어야 한다. 그들의 요구를 이해하고 그러한 요구 사항을 어떻게 달성할지 고민해야 한다. 이러한 구매의 활동을 저자는 '고객 지향적 구매 활동'이라고 명명하고자 한다.

구매가 고객을 이해할 수 있다면, 구매 부서야 말로 기업에서 고객과 공급자를 동시에 볼 수 있는 매우 중요하고 전략적인 부서가 되는 것이다. 일반적으로 기업에서 많은 부서가 고객을 이해하려고 노력한다. 또한 많은 부서가 공급자와 협력과 소통을 하려고 노력한다. 하지만 어떤 부서도 고객과 공급자를 동시에 보고 이해하고 연결하는 부서는 없다. 구매 부서가 바로 이런 새로운 가능성에 도전해야 한다. 구매 부서가 전략적 관점으로 고객 지향적이 되면 고객의 요구 사항들을 이해하게 되고, 그러한 요구 사항을 공급자들의 역량을 활용하여 달성한다면 기업의 새로운 성장과 발전이 가능해진다. 이것이 향후 기대되는 구매의 역할인 것이다.

도표 17-3 공급자 그리고 고객과 연계 된 구매

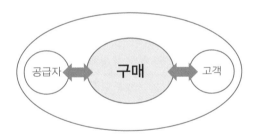

사례를 들어 보자. A컴퓨터 회사는 컴퓨터에 내장되는 광디스크 드라이브 − ODD(Optical Disk Driver) 기기의 우수성으로 컴퓨터 매출을 성공적으로 신장할 수 있었다. 이러한 ODD는 공급자로부터 구매하는 품목이었다. A사가 고객의 요구 사항을 분석해보니, 고객들이 ODD에 원하는 것은 디자인도 아니고 가격도 아니고 배속 스피드 − 즉 얼마나 빨리 정보를 읽어 낼 수 있는가 − 하는 것이었다. 이러한 고객의 요구 사항을 이해한 A사는 ODD 부품의 최우선 목표와 과제를 속도로 정하였다. 기업의 이러한 전략에 따라서 당연히 구매 부서는 공급자들에게 모든 ODD 개발 과정에서 스피드를 최우선으로 하라고 통보하였고, A사도 ODD의

스피드를 높이도록 협력 지원하였다. 그 결과 타 경쟁사가 2배속 ODD를 출시할 때, A사는 4배속, 경쟁사가 4배속을 출시할 때 A사는 8배속 ODD, 이렇게 타 경쟁사와 격차를 벌리면서 컴퓨터 매출 성장을 견인하였다. 결국 고객의 요구와 기업의 전략, 구매의 전략과 공급자 관리 모든 것이 일치 조화된 사례라고 볼 수 있다.

고객의 요구를 분석 및 연구하여 미국 시장에서 성공한 사례로서 글로벌 자동차 회사 B사의 사례를 살펴보자. 고객들이 자동차를 구매할 경우 관심이 있는 자동차 내부 요소를 파악해본 결과 의외로 컵 홀더(Cup Holder)가 매우 높은 우선순위에 있음을 B사는 알게 되었다. 일반적으로 장기간 운전을 하는 미국 고객들의 습성상 음료를 컵 홀더에 넣은 상태로 운전을 하는 경우가 많은데, 이 때 컵 홀더가 부실하면 음료가 약간의 외부 충격이나 진동으로 밖으로 나와 분리될 수 있고, 만약 음료가 차 내부에 쏟아진다면 청소도 매우 어렵고 대단히 나쁜 상황이 발생할 수 있기에, 고객들은 자동차 내부의 컵 홀더에 매우 관심을 많이 가지게 된 것이다. B사의 구매가 이러한 사실을 이해한 다음, 컵 홀더를 제작하여 공급하는 H사의 사장을 만나서 컵 홀더의 전략적 중요성을 알려주게 되었다. 과거의 컵 홀더를 구매하던 관점은 어떻게 하면 비용을 절감하고 적시에 규격대로 품질의 문제없이 구매하는가 하는 관점이었지만, 구매가 고객의 요구 사항을 이해한 다음에는, 컵 홀더를 만드는 공급자에게 어떻게 하면 고객이 원하는 컵 홀더를 만들 수 있는가 하는 관점으로 발전하게 되었다. 오랫동안 컵 홀더를 만들어 온 공급자 H는 혁신을 하게 되었다. 전통적인 컵 홀더에 강력한 스프링을 추가하여 한번 삽입된 음료 컵은 쉽게 분리되지 않게 만들었고, 한 단계 더 나아가 컵 홀더에 온도 센서(Sensor)를 삽입하여 냉·온 음료의 온도를 적정시간 동안 유지할 수 있는 방안을 개발하여 효율적인 컵 홀더를 공급하게 되었다. 이러한 컵 홀더를 알아 본 고객들은 환호하였고, 그 자동차가 시장에서 성공을 거두게 된 것은 당연한 결과이었다. 결국 고객의 요구 사항을 정확히 이해한 구매 부서가 그러한 요구 사항을 만족시킬 수 있게, 공급자를 움직였고, 공급자가 그러한 요구 사항에 맞추어 혁신적인 제품을 개발함으로서, 고객이 만족하고 제품이 시장에서 성공하는 결과를 가지고 오게 된 것이다.

이러한 고객 지향적 구매는 단순히 제조업에 머물러 있는 것이 아니고 다양한 서비스업 또는 다른 산업에서도 찾아볼 수 있다. 호텔에서 구매를 통한 매출 상승의 사례를 살펴보자. 규모가 크지 않은 30만 인구 정도가 거주하는 미국 중서부 중소 도시인 T도시에 위치한 그 지역 호텔 S사는 오랫동안 T도시에서 사업을 영위하였다. S호텔의 구매 부서가 하는 일은 전통적으로 S호텔에서 필요한 다양한 자재(욕실 비품, 가구, 음식 자재 등) 또는 서비스(경비, 청소 등)를 구매하는 업무였다. 그런데 새로 구매 부서를 맡은 K팀장은, 그 지역 젊은이들이 대규모 장소에서 비디오 게임을 하고 싶어하는 욕구와 경향을 알게 되었다. 넓은 장소에서 가상 현실을 이용한 자동차, 스포츠 등의 비디오 게임이 유행이지만, 중소 도시인 T도시에는 그만한 장소와 시설, 그리고 그러한 투자를 할 수 있는 곳이 없었기에, 수요는 존재하지만 고객의 요구 사항을 만족시킬 수 있는 방안이 쉽게 만들어지지 못하였다. K팀장은 투자만 되면 충분히 좋은 수익률을 만들어낼 수 있는 사업이라고 인식하고, S호텔이 이러한 사업을 할 수 있는 방법을 모색하기 시작하였다. S호텔 지하실에 넓은 공간이 있는데, 호텔의 세탁장으로 사용되고 있었다. 그런데 구매 부서가 외부의 역량 있는 공급자를 탐색하여 세탁 서비스는 외주를 주고, 그 공간에다가 대규모 비디오 게임 시설을 설치하는 방안을 모색하였다. 먼저 외부의 역량 있는 공급자들을 탐색하고 평가하여 가장 우수한 공급자를 선정하게 되었다. 내부의 세탁 업무를 외부 아웃소싱을 주더라도 전혀 문제가 발생하지 않고, 오히려 원가 경쟁력 면에서 더 나은 상황을 만들었다. 그 다음 비어있는 지하실을 개조하여 대규모 비디오 게임 시설을 만들자, 그 지역의 청소년들이 몰려들기 시작하였다. 단순하게 비디오 게임만을 즐기는 것이 아니라, 그러한 게임을 하는 동안 음식을 먹고, 또 아주 좋아하는 사람들은 숙박을 하면서 게임을 즐기게 되어 전체적인 S호텔의 매출이 늘어나고 지역에서 평판도 상승하게 되었다. 이 경우도 구매 부서가 단순하게 호텔이 원하는 자재나 서비스를 조달하는 수준에 머물러 있는 것이 아니고 경영 환경을 이해하고, 그러한 경영 환경 및 고객의 요구를 공급자를 통하여 어떻게 만족시킬 수 있는가를 연구한 사례인 것이다.

그렇다면 이렇게 고객 지향적 구매 부서로 변환하는 것이 현실적으로 가능하게 하려면 어떤 사안들을 고려해야 하는가를 살펴보고자 한다.

도표 17-4	고객 지향적 구매의 실행 모형

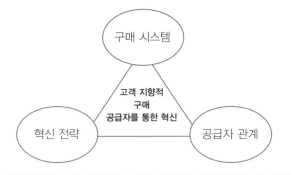

(1) 혁신 전략

공급자를 통한 혁신으로 고객이 원하는 요구를 만족시켜주려면, 먼저 기업이 혁신에 관한 전사적이고 체계적인 전략을 수립하여야 한다. 혁신이란 전사적인 관점에서 체계적으로 진행되어야 하는데, 고객의 요구를 인지하여 요구 사항을 연구·분석하고 그 후 공급자를 통한 혁신으로 그러한 문제를 해결하는 것은 단지 구매 부서 독자적으로 할 수 있는 업무가 아니므로, 전사적으로 혁신에 관한 기업의 가치, 방향, 전략이 수립되어 있어야 고객 지향적 구매가 가능하다. 결국 구매가 고객 지향적이 되기 위하여, 기업이 전사적으로 연계되고 한 방향으로 나아가야 한다는 의미이고, 이러한 기업의 혁신에 관한 전략이 수립되어 있지 않으면, 구매 부서가 스스로 공급자의 혁신을 찾아내고 노력하려는 시도도 하지 않을 것이다.

(2) 공급자 관계

앞서 언급한 것처럼 공급자와의 관계는 다양한 유형이 존재한다. 그런데 고객 지향적 구매가 달성되기 위하여서는 공급자와 구매기업이 단순한 거래 관계가 아닌 협력적이고 상호 의존적인 관계가 만들어져야 하는 것이다. 공급자의 혁신적 역량이 고객을 만족시켜줄 수 있다면, 그러한 공급자가 적극적으로 그러한 혁신 역량을 구매 기업과 공유하고 그러한 공유에 따른 결과와 성과를 나눌 수 있다는 믿음이 있어야 이러한 행동이 가능하다. 공급자가 제시한 혁신 사안에서 발생하는 지적재산권, 기업의 이익이나 성장 등을 구매자가 공급자로부터 착취해가지 않는다는 믿음이 가장 중요하다. 결국 공급자와 신뢰 기반으로 협력적인 관계를 구축하는 것이, 공급자가 뛰어난 역량을 가지고 있어도 그러한 역량을 구매자가 이용할 수 있는 기회가 되는 선결 조건인 것이다.

(3) 구매 시스템

공급자를 통한 혁신을 이루고자 한다면 그러한 공급자 혁신 프로세스와 평가 시스템이 존재하여야 한다. 공급자의 새로운 기술 역량을 구매 부서가 발견하여도 그러한 새로운 기술을 활용해 신제품을 개발하는 모든 과정이 회사의 개발 부서 및 연구소에 집중되어 있고, 그러한 결과 만들어진 신제품이 시장에서 성공을 거둘 경우, 모든 평가와 공로가 개발 및 연구소로 간다면 구매 부서가 공급자 혁신을 적극적으로 유도하고 참여시킬 동기와 열정이 없어지는 것이다. 결국 이러한 공급자 혁신을 통한 고객 만족을 이루기 위하여 구매, 개발, 연구소가 참여하는 공식적인 업무 프로세스의 정립, 그리고 결과와 성과가 발생할 경우, 평가 방법이나 인정 및 분배 방법들이 발전되고 확립되어야 구매 부서의 적극적인 새로운 시도와 노력이 가능할 것이다.

그러므로 구매 부서가 단순 조달을 넘어서 고객을 이해하고 그러한 고객의 요구를 공급자를 통하여 해결하려고 하는 것이 미래의 방향이고 진정한 가치를 창출하는 것이라는 논리에 이견을 제시하는 사람은 없을 것이다. 그렇다면 이러한 고객 지향적 구매가 그동안 발전되지 못하고, 조직 내에서 활성화되지 못한 이유는 무엇일까. 고객이 원하는 점을 인식하고 그러한 해답을 공급자의 혁신을 통하여 달성하려고 하면 가장 먼저 경영진 또는 유관 부서 심지어 구매 부서 내부에서도 새로운 시도에 대한 거부가 발생한다. 지금까지 시도하지 않았던 새로운 업무와 영역에 대한 불안감, 거부이다. 기업의 유관 부서나 경영진은 구매는 조달을 열심히 하면 되는데 왜 시키지도 않은 쓸데없는 일을 하려고 하는지에 대한 불만과 비협조적 태도를 보이고, 구매 조직 내부에서도 그동안 해보지 않았던 새로운 일을 과연 해야 하는가, 왜 이러한 시도를 시작해야 하는가에 대한 이해도의 부족, 두려움과 거부가 발생할 수 있다. 구매 부서의 리더(leader)란 이러한 내부 외부의 부정적인 환경을 극복하고 구매 부서를 단순 조달 부서에서 기업의 성장과 성공을 리드해 가는 부서로 변환시킬 수 있는 사람을 말한다. 소통과 설득을 통하여 왜 구매 부서가 이러한 새로운 업무를 시도하고 진행해야 하는지에 대한 당위

성과 논리를 조직 내에 설파하고, 또한 아주 작지만 분명하게 보여줄 수 있는 고객 지향적 구매의 성공 사례를 만드는 데 전력을 기울여 반드시 완성시킨다. 그래서 많은 조직원들이 그러한 새로운 사실을 믿게 만들고, 다음번에는 조금 더 큰 사안으로 성공을 도모하면서 점점 내부 외부의 인식의 전환과 구매의 새로운 가능성을 조직에 전파하고, 구매인들의 사고와 행동의 변화를 리드해가야 하는 것이다. 일반적으로 리더십이라는 언어가 요즈음 경영에서 빈번하게 사용되고 있으나, 구매 부서의 진정한 리더는 바로 이러한 구매 조직을 단순 조달에서 기업의 전략적 핵심 부서로 변환시킬 수 있는 사람이 아닌가 생각된다.

공급자를 통한 혁신을 시도하려면, 혁신이란 아직 일어나지 않은 미래에 대한 모험이고 투자이기에 그러한 혁신이 반드시 늘 성공하리란 보장이 없다. 실패할 수도 있는 두려움과 거부가 존재한다. 공급자 또한 새로운 혁신에 투자를 해야 할 경우, 그러한 투자의 결과로서 발생하는 성공 또는 실패를 어떻게 구매 기업과 공유할 것인가에 관심이 많다. 그렇다면 이러한 모험적인 활동에 어떻게 구매 부서가 공급자 그리고 회사 내부의 타 부서와 협력하여 원하는 목표를 원활하게 수행할 수 있는가도 중요하다. 기업가 정신(entrepreneurship)이란 기꺼이 위험을 채택하면서 새로운 것에 도전하여 과거와 다른 새로운 세상과 결과를 만들어내고 그러한 새로움이 기업의 성장과 성공에 중요한 요소가 될 수 있도록 지속적으로 활동하는 것을 의미한다. 새롭게 성장하는 많은 IT 기반 기업들이 그렇고 오래된 기업이 지속적으로 경쟁력을 유지해가고 있는 이유도 상당히 많은 부분 기업가 정신에서 유래된다고 할 수 있다. 그런데 이러한 기업가 정신이야 말로 구매 부서가 받아 들여야 하는 가장 중요한 가치가 아닐까 생각된다. 다시 말하면, 구매 조직을 수동적이고 종속적인 조직에서 능동적이고 적극적이고 도전적인 조직으로 변환시켜야 하는 것이다. 물론 그냥 변환시킨다고 되는 것은 아니고 그러한 변환이 가능한 구매 조직의 새로운 가치 정립, 새로운 목표의 설정, 평가 시스템의 변화, 구매 조직 인들의 사고의 전환 등 새롭게 변화하고 혁신해야 할 내용들이 많고 이러한 것들을 구체적으로 어떻게 가능하게 만드는가에 달려 있다.

저자는 말한다. 이제 공급자를 더 이상 착취의 대상으로 보지 말고 혁신의 도구로 인지하라는 것을 － "당신이 그 무엇을 상상하든 공급자는 당신에게 더 많은 것을 줄 수 있습니다." 저자는 이렇게 구매의 역할과 정의를 새롭게 하고 싶다. '구매는 단순히 자재를 조달하는 것이 아니라 고객의 질문(요구) 사항을 이해하고,

기업 내부에서 그러한 고객의 질문에 답을 주지 못하고 어려움에 처해 있을 때, 공급자를 통하여 고객의 질문에 대한 답을 줄 수 있는 부서가 되어야 한다.'

4차 산업혁명 하의
구매의 변화

패러다임이 변하고 있다. 4차 산업혁명이라 명칭되는 새로운 변화는 모든 것을 변화시키고 혁명을 요구하고 있다. 일하는 방법이 변화되어야 하는 것 뿐만이 아니라 경쟁하는 방식, 기업의 기본적인 경영 자원도 완전히 새롭게 변화되는 시대가 도래하고 있다.

본 장에서는 4차 산업혁명의 핵심과 본질이 무엇인지를 분석하고 살펴보고자 한다. 4차 산업혁명의 핵심인 빅 데이터, 센서, 인공지능, 사물 인터넷 그리고 3D 프린터 등 핵심 요소들과 그러한 핵심 요소들이 변화시키는 새로운 경영을 이해하고자 한다.

그렇다면 그러한 변화와 혁명 속에서 구매는 어떤 변화와 새로운 모습을 가지게 될 것인가. 빅 데이터를 활용하면 구매는 어떤 방식으로 변화할 것인가. 인공 지능이나 센서는 구매 업무에 어떻게 영향을 주는지를 살펴보고자 한다. 또한 기계와 인간이 서로 공존하면서 구매 영역을 발전시키는 방안을 모색하고자 한다.

기계가 인간을 대신하여 구매 업무를 수행하게 된다고 해서 구매의 가치와 영역이 줄어드는 것은 아니다. 오히려 그동안 못 했던 새로운 영역과 방법에 도전함으로써 구매 부분에 더 많은 가치를 창출할 수 있는 기회가 되는 4차 산업혁명 하의 구매의 변화를 이해하고 살펴보고자 한다.

4차 산업혁명 하의 구매의 변화

1 | 패러다임의 변화

패러다임이란 어떤 한 시대를 지배하는 개념이나 틀이라고 정의할 수 있다. 기업은 이런 방식으로 경쟁하여야 한다고 규정지어진 법칙이나 방법이라고도 표현될 수 있다. 그런데 패러다임이 변하고 있다는 말을 자주 접한다. 쉽게 말하여 오늘의 성공 방식이 내일의 성공 방식이 될 수 없다는 의미이다. 예를 들어 보자. 한국에서 70년대 연탄을 생산하던 기업은 모든 국민들이 연탄을 사용했기 때문에 성장하고 성공하고 있었다. 그들은 한국의 겨울이 계속 추운 한 연탄은 영원할 것이라고 생각하고 품질 좋은 연탄을 저렴한 가격으로 공급하는 즉, 연탄을 잘 만들어 파는 일에 집중하고 열심히 연탄을 만들었다. 그러나 그들의 연탄에 대한 노력과 열정과는 상관없이, 국민들의 주택 형태가 아파트로 변하고 석유와 가스가 난방의 원료로 되면서 연탄의 수요는 급감하기 시작하였다. 결국 연탄 기업은 일을 열심히 안 해서가 아니라 패러다임이 바뀐 탓에 어려워진 것이다. 오늘 하는 일을 계속하여 내일 더 잘하기 위하여 노력해야 한다. 그렇지 않으면 이번 달 기업의 매출이 발생하지 않는다. 하지만 그렇다고 그 일을 계속 열심히 잘 한다고 10년 뒤에도 기업이 살아남고 성공할 수 있을지는 모른다. 왜냐하면 패러다임이 변하기 때문이다. 이러한 패러다임 변화가 최근 더욱 더 급격하게 나타나고 있다.

신용카드 예를 들어보자. 과거에는 신용카드는 다른 신용카드사와 경쟁하였다. 이렇게 몇십 년 동안 진행되었다. 신용카드 회사가 성공하려면 다른 신용카드사보다 우수한 조건으로 많은 고객을 유치하면 되었다. 그러나 현재 신용카드를 사용하는 사람들이 휴대 전화 결제 시스템이 더 편하다고 생각되면 더 이상 신용카드가 아닌 휴대 전화로 물건을 사고 금액을 결제하려고 할 것이다. 많은 고객들이 그렇게 한다면 전체 신용카드 고객 숫자는 급격하게 줄어들 것이다. 그렇다면 신용카드의 경쟁자가 누구인가. 과거와 달리 휴대 전화 서비스 업체 또는 IT 업체가 경쟁자가 될 수 있다. 이러한 현상을 경계를 넘어 감(Crossover)이라고 한다. 다시 말해 산업 간의 경계가 없어지고 경쟁의 범위와 영역이 사라져버린 것이다. 결국 신용카드 회사는 과거에는 다른 신용카드 회사만 고려하여 사업을 하였으나, 이제는 완전히 다른 산업인 휴대 전화 서비스 회사 또는 IT회사가 어떤 정책과 서비스를 제공할 것인지를 보고 사업을 진행하여야 한다. 과거의 경쟁 방식이 완전히 바뀐 것이다. 자동차 네비게이션(Navigation)을 잘 만들어 팔던 회사가 있었다. 그 회사의 경쟁자는 다른 네비게이션 제조사가 되어야 한다. 그런데 휴대 전화 서비스의 '운전 시의 길 찾기' 앱(App) 기능이 활성화되면서 더 이상 고객들이 네비게이션을 구매하려고 하지 않는다. 마찬가지이다. 다른 산업 다른 형태의 기업이 완전히 다른 산업의 다른 기업들을 경쟁에서 물리치고 있는 것이다. 그러므로 현재 산업 내의 동종 경쟁자들을 이긴다고 결코 미래가 밝은 것이 아니다. 완전히 다른 엉뚱한 기업이 우리 기업을 이기려고 덤벼들지 아무도 모르기에 과거와 다른 방식으로 경쟁을 준비해야 하는 것이다. 다시 말해 현재의 성공이 미래의 성공을 보장해주지 못한다는 이야기이다.

　다음과 같은 사례를 들어보자. 만약 사물 인터넷이 활성화되어 모든 기계들이 서로 대화가 가능한 시대가 왔다고 가정하자(아마도 곧 실현될 듯). 여름 날 운전을 하던 홍길동 씨가 매우 더워서, 운전하던 차에게 이야기 하였다. "30분 정도 후에 집에 도착하면 시원한 물을 욕탕 가득히 받아놓고 첨벙 들어가서 냉수 목욕을 하고 싶다." 그러면 자동차가 통신 회사의 도움으로 집의 명령 센터(아마도 냉장고이기 쉽다. 왜냐하면 냉장고는 늘 켜져 있기 때문)에 이야기한다. 그다음 냉장고가 그러한 명령을 접수받아서 목욕탕에게 시원한 물을 받으라고 명령한다. 이러한 사업은 누가 하여야 하는가? 자동차 회사인가 통신 회사인가 아니면 가전 회사인가 아니면 주택 건설 회사인가? 이럴 경우를 융합(Convergence)이라고 한다. 다시 말해 하나의 산업이 홀로 분리되어 사업이 영위되는 것이 아니고 여러 산업이 결합되고 연계되어 진행되는 것이 미래의 가장 중요한 패러다임의 변화라는 것이다. 섬유와 전자가 결합하여 입는 옷이 건강을 체크하게 되는 기능이 가능해지는 것도 융합이고, 휴대폰으로 필요한 물건을 구매하고 돈을 송금하고 10명이 함께 대화하고 보고 싶은 영화를 보게 되는 것도 융합이다. 그러므로 전혀 다른 기업과 연계되고 협력을 만들어내는 것이 매우 중요한 경쟁력이 될 것이다.

제조업의 패러다임이 변하고 있다. 지금까지 제조업은 튼튼하고 품질 좋은 제품을 저렴하게 고객에게 판매하면 계속 성장하고 성공할 수 있었다. 그러나 그러한 패러다임도 바뀌고 있다. 예를 들어 보자. 글로벌 기업인 GE(General Electric) 사는 다양한 사업부로 구성되어 있는데, 그중에 비행기 엔진과 가스 터빈을 제조하여 판매하는 사업부들이 있다. 과거에는 제품을 판매함으로써 수익을 창출하였으나, 몇 년 전부터 데이터 센터를 구축하여 제품 운영 시의 데이터를 모으고 분석하여 항공기 엔진의 유지 보수 및 가스 터빈의 유지 보수로서 더 큰 수익을 창출하고 있다. 결국 제조업에 소프트웨어를 더하여 전체 산업을 통째로 변환시키는 작업을 성공적으로 수행하였다. GE는 더 이상 제조업이 물건을 잘 만들어 파는 것으로 승부하는 것이 아니고 그러한 제품을 고객에게 인도해준 뒤에 그 제품에서 발생하는 다양한 정보를 수집하고 분석하여 그러한 제품을 가장 효율적으로 사용할 수 있는 서비스를 제공하는 방식으로 더 큰 수익을 창출한다. 그러한 서비스를 제공하기 때문에 고객들은 더 GE 제품을 선호하게 되었다. 물론 제조업의 기본은 제품을 잘 만들어야 한다. 하지만 잘 만든다고 미래가 보장되는 것이 아니다. 제조업의 수익 모델과 경쟁 방법 모두가 완전히 변하고 있는 것이 제조업의 현실이다.

자동차 산업은 어떠한가. 과거의 자동차 산업은 대체로 기계 산업이었다. 물론 전자나 다른 부품도 사용되었지만 그 비중은 기계 보다는 훨씬 미약한 수준이었다. 그러나 자동차의 미래를 ACE(Autonomous, Connected, Electric)이라고 하는 것처럼 향후 자동차는 자율 자동차, 연결되고 연계된 자동차 그리고 전기 자동차가 미래 모습이라는 것이 대부분의 전문가들의 의견이다. 그렇다면 자동차 회사의 구매 부장은 어떤 업무를 해야 할까. A자동차 회사의 L부장은 30년 동안 기계 부품 공급자들과 거래와 교류를 하였다. 그래서 기계 분야는 잘 알고 있지만 전자 분야는 한 번도 경험하지 못한 새로운 분야이다. 그러나 자동차 회사에서는 기계보다는 전자 쪽으로 공급자를 탐색하고 평가하기를 원한다. 예를 들어 보자. 자동차가 달리고 있을 때 연비를 나쁘게 만드는 물건이 사이드 미러(side mirror)이다. 그 근처에서 많은 공기 저항이 발생하기 때문이다. 그러나 자동차 운전 안전 상 이러한 사이드 미러는 제거될 수 없었다. 하지만 기술의 발전으로 이제 많은 나라들이 법을 변경하여 사이드 미러 대신 360도 카메라로 대체할 수 있게 하였다. 그러면 구매 부장은 더 이상 기계류인 사이드 미러를 구매하는 것이 아니라 전자 부품류인 이미지 센서와 카메라를 구매해야 한다. 문제는 누구에게서 어떻게 구매하여야 하는 가이다. 잘 모르는 전기, 전자 회사들로부터 향후 자동차의 경쟁력을 만들어 낼 부품들을 검토하고 계약하여야 하는 데서 자동차 회사의 구매 부장의 고민은 깊어지고 있다. 자율 자동차가 된다면 수많은 반도체, 센서 그리고 프로그램들이 자동차에 들어와야 한다. 전혀 새로운 영역이다. 전체 자동차 공급 사슬이 과거처럼 내가 잘 알고 내가 원하는 방식으로 설계되고 운영되는 것이 아닌, 내가 잘 모르는 힘과 요소에 의하여 변경되고 혁신될 수 있다는 걱정과 격정이 다가오고 있다. 과거와 같은 형태가 아닌 완전히 새로운 공급 사슬이 펼쳐지고 있다. 누가 어떤 새로운 공급자와 새롭게 공급 사슬을 어떻게 구축하는가에 따라서 자동차 회사의 경쟁력이 좌우될 것이다.

패러다임의 변화는 이렇게 현재의 경영 방식이 아닌 새로운 규칙과 방법을 요구한다. 결국 구매 부서도 이러한 패러다임의 변화를 이해하고 인지하지 못한다면 현재의 구매 행위에서 벗어나지 못하고 결국 구매 부서가 존재하는 의미를 점점 상실해갈 것이다.

2 | 4차 산업혁명의 의미

4차 산업혁명이라는 말은 2016년 세계경제포럼에서 클라우스 슈밥(Klaus Schwab) 회장이 현재 일어나고 있는 변화는 과거와는 완전히 다른 변화이고 그러한 변화의 속도, 범위가 지각 변동 수준이라고 하면서, 4차 산업혁명이란 단어를 사용하기 시작하였다. 물론 1차(증기 기관 발명), 2차(대량 생산 시대), 3차(컴퓨터, 인터넷 발전) 산업혁명이 일어났지만, 4차 산업혁명은 또 다른 패러다임의 변화이고 새로운 시대가 오고 있다는 것은 모든 사람들이 인정하고 있다. 물론 언어에서 미국 사람들은 4차 산업혁명이란 단어 대신 Digital transformation이란 단어를 사용하고 있으나 편의 상 4차 산업혁명으로 통일하여 설명하고자 한다. 그렇다면 이러한 4차 산업혁명의 본질적인 내용은 무엇인가.

(1) 빅 데이터(Big data)

이미 많이 언급되어 친숙한 단어가 되었지만 사실 빅 데이터를 정확하게 규정하기는 쉽지 않다. 일반적으로 그동안 가지고 있던 데이터에 비하여 규모도 크고 그러한 방대한 데이터를 분석할 수 있는 역량도 가지게 되었다고 설명할 수 있다.

사실 그동안 기업들이 가지고 있는 정보는 정형화된 정보(Structured data)들이었다. 예를 들자면 ERP 자료, 공급자 거래 내역 정보, 대차대조표, 손익계산서, 구매발주서 등등 이였다. 그런데 이러한 정보에 대비하여 비정형화된 정보(Unstructured data)가 세상에는 많이 존재한다. 비정형화라는 의미처럼 일정한 보관 방법이 있는 것도 아니고 정보 관리 시스템이 있는 것도 아니고 누군가가 정보를 수집 분석하는 것도 아니라는 것이다. 예를 들자면 회사 또는 공급자와 서로 주고 받는 이메일, 고객 응대 기록, 회의 자료, CFT 활동 내역, 개발 프로젝트 제안서 등이 사내의 비정형화된 정보라면 외부의 비정형화된 자료는 고객 반응, 공급자 반응, 시장 정보, 정치적 이슈, SNS 이슈 등 다양하다. 이러한 정보도 잘 살펴보면 분명 의미가 있다. 하지만 지금까지는 그런 활동을 못 하였다. 체계적으로 수집도 어렵고 분석도 어려웠기 때문이다. 일반적으로 전체 정보 중에 정형화된 정보와 비정형화된 정보는 대략 2:8 정도로 비정형화된 정보가 월등히 많고 크다. 빅 데이터란 이런 큰(Big) 비정형화된 정보(data)들을 수집·분석하여 의미 있는 내용으로 변환시키는 과정이라고 볼 수 있다.

예를 들어 보자. 공급자 회사 사장의 경영 마인드를 평가하고 싶다. 사장이 진정으로 우리 기업과 성실하고 열심히 사업을 하고 싶어하는지 아니면 다른 마음을 먹고 있는지를 판단하는 것은 매우 중요하다. 과거에는 사장과의 면담을 통하여 질문을 하고 그러한 질문을 기반으로 정성적인 경영자의 마인드를 평가하였다 그러나 이럴 경우 대부분 사장들이 면담에서는 잘 이야기하고 성실하게 대답하기 때문에 사실 정확한 판단과 변별력이 별로 없는 경우가 많고 그래서 정성적 평가에서 그냥 적당한 점수를 부여하여 이러한 경영 마인드 평가가 유명무실해지는 경우가 많았다. 그러나 사장과 관련된 비정형화된 자료를 수집하여 분석할 수 있다면 이야기가 달라진다. 그동안 사장의 SNS 대화 내용, 이메일에서 직원들에게 지시한 사항 및 대화 내용 그리고 회의 결과 및 사장에 대한 직원들의 반응 및 평가 등 이러한 데이터는 존재하지만 그 동안 비정형화 되어 누군가가 수집을 하지 않았거나 못했다. 빅 데이터는 이러한 데이터를 수집 분석하여 의미를 가지게 만들어 그동안 모르고 있었던 내용을 보다 정확하게 판단하게 할 수 있게 해준다는 데 가치가 있다.

신용카드 회사의 경우를 보면, 과거의 신용카드 수익은 다양한 수수료 또는 회비 또는 현금 대출 이자 등 이었다. 그러나 그러한 수익이 점점 줄어든다면 어떤 새로운 사업이 가능할까. 신용카드 고객들이 매일 카드를 사용하면 카드회사에는 누가 언제 어디서 무엇을 얼마나 구매하였는지가 기록으로 남는다. 그러나 지금까지는 이러한 데이터를 체계적으로 관리하지 않았다. 즉 비정형화된 데이터이다. 이러한 데이터는 매우 방대하여 빅 데이터로 불릴 만하다. 그러나 이 데이터를 분석해 보면 특정 계층 또는 나이 구분 및 어디에 거주하는 어떤 사람들이 주로 무엇을 소비하고 있는지 소비 특성을 알아낼 수 있다. 그러면 이러한 특성을 활용하여 고객들의 소비 패턴과 추세를 분석하여 향후 미래에 소비자들이 어떤 방향으로 움직일지 알고 있다면 새로운 사업의 기회를 창출할 수 있다. 이러한 것은 과거에는 데이터를 모으기도 쉽지 않았고 그러한 데이터를 분석하기에도 컴퓨터가 슈퍼 컴퓨팅 파워가 필요하여 어려웠고 또한 데이터를 분석 판단하는 알고리즘이 부족하고 미흡하여 잘 알 수가 없었다. 그런데 빅 데이터 환경하에서는 컴퓨팅 파워도 매우 발전하였고 데이터를 분석하는 알고리즘도 발전했기에 이러한 분석이 가능해진 것이다.

(2) 센서(Sensor)

앞서 언급한 데이터를 모으려면 누군가가 필요한 상태를 측정하여 그 상태에 관한 정보를 어디론가 보내주어야 한다. 이러한 현재 상태를 측정할 수 있는 도구가 센서(sensor)이다. 예를 들어 보자. K사는 엘리베이터를 만들어서 파는 회사이다. 엘리베이터가 작동하고 있을 때 현재 엘리베이터 상태가 어떤지 측정하고 싶다. 제대로 층에 정확하게 맞추어 서는지, 올라가거나 내려가는 속도도 일정한지, 그리고 작동 중에 소리가 나거나 이상한 움직임이 없는지 등 이러한 정보를 모아서 현재 엘리베이터 상태를 알아내고 만약 문제가 있다면 고장이 나기 전에 미리 유지 보수 및 수리를 하여 고장나지 않는 안전한 엘리베이터를 사용하게 하고 싶다. 이렇게 하려면 K사가 제조 판매하여 현재 운영 중인 모든 엘리베이터에 필요한 센서를 부착하여 그러한 종합적인 상태를 측정하고 그 정보를 K본사 정보 센터로 보내야 한다. 사실 이러한 생각은 오래 전부터 있었으나, 센서의 비용이 비싸서 모든 엘리베이터에 센서를 부착하는 것은 현실적으로 거의 불가능하였다. 그러나 기술의 발전으로 센서의 값이 매우 저렴해져서 이제는 모든 엘리베이터에 센서 부착이 가능해졌다. 4차 산업혁명 핵심 중 하나가 이러한 센서가 저렴해지고 그래서 다양한 상태의 정보가 측정되고 모이고 전달되고 분석이 가능해졌다는 것이다. 실제로 K사는 이렇게 모아지는 정보를 분석하여 모든 K사 엘리베이터들의 현재 상태를 정확하게 판단하게 되었고, 이상 징후가 포착 되면 고장이 나기 전에 엘리베이터를 미리 수리 보존하여 고객들로부터 매우 좋은 평판을 얻게 되었고 또한 이렇게 얻어진 정보로서 최적의 엘리베이터 운영 방법을 알아내고 실행하고 있다. 신규 건물을 건축할 경우, 이러한 장점이 K사의 엘리베이터가 선정되는 매우 중요한 요소로 작용하고 있다. 이러한 센서는 현재 자동차, 엘리베이터, 생산 공정, 냉장고 등 거의 모든 분야에서 활용되어 상태 정보를 모으고 분석하여 과거와는 차원이 다른 제품의 유지 보수가 가능하게 되었다. 앞서 언급한 GE Power 사업부도 가스터빈 각 부분에 이러한 센서를 부착하여 사전 점검 및 유지 보수 서비스를 함으로써 제품을 제조하여 판매하는 수익보다 더 큰 수익을 유지 보수 서비스에서 창출하고 있는 것이다.

(3) 사물 인터넷(IOT, Internet of Things)

과거의 공장 자동화는 단순한 기계의 자동화이었다. 예를 들자면 기계 A에게 H라는 동작을 하도록 명령을 하면 정확하게 반복하여 동작을 수행하였다. 그러나 기계와 기계 사이에 연계나 상호 협력은 없었다. 사물 인터넷은 한 마디로 기계와 기계가 서로 대화가 가능하다는 것이다. 현재 인터넷을 하려면 컴퓨터 또는 휴대 전화를 사용하여 가능하지 그냥 공장의 기계 또는 사무실 책상이나 집안의 목욕탕 또는 주전자가 인터넷이 연결될 수는 없다. 하지만 사물 인터넷이 되면 모든 기계나 도구가 인터넷이 연결된 것처럼 대화가 가능해 진다는 것이다. 결국 기계와 기계가 독립되어 존재하고 사람이 명령을 내려야 각각 작동하던 과거에서, 하나의 명령을 사람이 내리면 기계들끼리 대화하면서 그러한 명령을 가장 효율적으로 수행 할 수 있는 방법을 기계들끼리 협력하여 운영되는 자동화인 것이다. 이러한 공장을 스마트 팩토리(smart factory)라고 한다. 만약 A기계가 F라는 작업을 수행하는 경우, B기계가 그 다음 G라는 작업을 해야 할 경우라면 기계 A와 B가 소통하여

F와 G 작업의 속도를 결정하고, 또는 묶어서 작업할 수 있는 방법을 발견하여 실행하는 것이다. 다른 예로는 앞서 언급한 융합(Convergence)의 경우 자동차 - 냉장고 - 목욕탕이 서로 대화하고 소통해가면서 집에 들어올 주인의 목욕물을 욕조에 채우는 동작을 실행하게 하는 것이다. 물론 이러한 사물 인터넷은 가장 중요한 것이 사물끼리 이야기할 수 있는 언어이다. 인간의 긴 역사 동안 인간이 언어를 만들고 언어를 통하여 소통하고 발전하였다. 이제 사물들끼리도 소통할 수 있는 언어가 필요하게 되었다. 저자의 생각으로는 사물끼리 소통할 수 있는 언어를 만들어 그 언어가 세계 표준이 된다면 그 언어를 만든 조직(기업일 수도 있고 다른 형태일 수도 있고)이 향후 가장 강력한 지배자가 될 것이라고 생각한다. 모든 기업과 사회가 그 언어를 사용해야 하기 때문이다. 이러한 사물들의 표준 언어를 선점하기 위하여 다양한 기업들이 경쟁하고 있는데, 세계적으로 통일된 표준이 만들어질지 아니면 다양한 사물들의 언어가 혼용되어 사용될지는 두고 보아야 할 것이다.

(4) 인공 지능(AI, Artificial Intelligence)

기계는 사람이 명령한 것만 행하는 도구이었다. 그런데 이미 바둑의 알파고에서 본 것처럼 기계가 스스로 학습을 하여 사람이 가르쳐주지 않았음에도 주어진 논리와 법칙을 바탕으로 스스로 학습과 판단을 하게 된다는 것이다. 이러한 인공 지능은 이미 많은 사례와 설명이 존재함으로 본서에서는 생략하기로 한다.

(5) 3D 프린터(3D Printer)

이 또한 이미 많이 언급되어 친숙한 단어가 되었다. 생산의 혁명이라고 언급되는데, 핵심은 고객이 원하는 대로 규모의 경제에 관계없이 하나의 주문도 고객에 맞추어 생산할 수 있다는 것이다. 이러한 기술은 과거에는 프린터 소재에 제한을 받았으나 점점 기술이 발전하여 소재도 무궁무진하게 발전해가고 있다. 3D 프린터로 주문형 자동차를 생산할 수 있고 특정 고객이 원하는 그 고객의 요구에 맞춘 가구 제작도 생산이 가능하다. 그러면서도 비용은 고객이 충분히 인정할 수 있는 가격에 생산이 가능하다는 점이 특징이다. 특히 최근 유명해진 A사의 신발제조공정을 보면 과거에는 LCC(low cost country)국가에서 낮은 임금의 노동력으로 규모의 경제를 이용하여 만들어지던 신발이, 그 회사의 본사가 있는 선진국에서 기계 몇 대와 3D 프린터를 가지고 기계들끼리 대화하고 협력하면서 그리고 3D 프린터가 가지고 있는 자유로운 생산 가능성을 이용하여 다양한 고객의 다양한 신발의 요구 사항을 주문형으로 신속하게 만들어서 합리적인 가격으로 고객에게 제공하는 사업을 운영하고 있다. 고객들은 실제로 자기가 원하는 자기만의 신발을 경제적인 가격으로 구매할 수 있게 된 것이다.

이러한 3D 프린터가 일상화된다면 더 이상 대량생산의 패러다임이 무의미해질 수도 있다. 대량 생산하여야 가격이 저렴해진다는 논리, 그래서 각자가 원하는 것이 있어도 가격 때문에 그냥 공장에서 규모의 경제를 통하여 만들어진 제품을 구매해야 한다는 근거가 완전히 무너질 수도 있을 것이다. 개인은 보다 자유로워지고 고유한 특성을 가지게 될 것이다.

3 │ 구매 업무의 변화와 발전

4차 산업혁명은 언급한 것처럼 혁명을 유발시킨다. 그렇다면 구체적으로 이러한 혁명이 구매 부분에 미치게 될 영향은 어떠한 것들인가. 저자는 크게 두 가지 방향으로 예측해보고자 한다.

도표 18-1 4차 산업혁명을 통한 새로운 구매

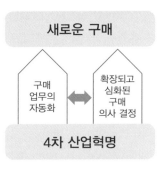

(1) 구매 업무의 자동화

과거의 1, 2, 3,차 산업혁명을 통하여 인간이 하던 일들을 기계가 대신 하게 되었는데 주로 그 대상은 육체 노동이었다. 무거운 돌을 사람을 대신하여 기계가 운반 하는 경우 또는 동일한 연마 작업을 반복적으로 하는 일을 기계가 대신하는 경우 등 주로 육체 노동을 대체하는 수준이었다. 그러나 4차 산업혁명의 가장 큰 특징은 생각하고 판단하는 즉 정신 노동 영역을 사람을 대신하여 기계가 할 것이라는 예측이다.

그렇다면 다양한 구매 업무 영역 중에서 어느 부분이 가장 먼저 고려 대상이 될까. 아마도 그러한 구매 영역은 반복적이고(routine) 기준이 있는(rule-based) 업무들로부터 시작될 것이다. 그런 이유에서 반복적으로 진행되는 구매 업무 프로세스가 자동화 영역의 시작이 될 것이다. 이러한 구매 업무 프로세스는 현업으로부터 구매 요구 사항(PR)을 전달 받아, 공급자를 탐색하고 평가하고 선택하여 구매 발주를 내고 자재가 입고되면 검사하고 대금을 지불하는 과정을 말한다. 즉 반복적이고(대부분 구매 발주는 이러한 프로세스를 거쳐서 진행되고 반복적임) 그리고 각 단계마다 기준(rule)이 정해져 있다. 예를 들자면 공급자를 평가하는 경우 어떤 항목으로 어느 정도 가중치를 두고 평가하여 합산한다 등등… 이러한 구매 업무 프로세스를 구매 시작(Procure)에서 대금 지불(Pay)까지라고 해서 일반적으로 P2P(Procure To Pay)라는 명칭으로도 사용된다.

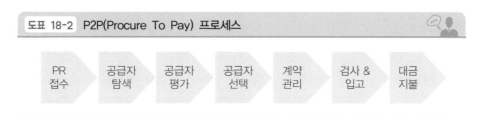

도표 18-2 P2P(Procure To Pay) 프로세스

| PR 접수 | 공급자 탐색 | 공급자 평가 | 공급자 선택 | 계약 관리 | 검사 & 입고 | 대금 지불 |

이러한 업무는 데이터를 모으고 주어진 알고리즘으로 사람이 하던 일을 기계가 대신하게 된다는 것이다.

먼저 현업에서 구매 요구 사항이 발생하면, 구매요청서(PR, Purchase Requisition)가 자동으로 생성되어 인간이 직접 PR 요청을 전달하는 일이 없어진다. 그 다음 PR을 접수받으면 그러한 PR에 관련된 공급자를 탐색하여야 한다. 현재는 사람이 자료들을 보면서 적합한 공급자를 탐색하는 과정을 거친다. 물론 지금도 공급자 탐색 프로그램을 사용해 할 수 있지만 그렇게 효율적으로 활용되지는 않는다. 하지만 4차 산업혁명 하의 발전에서는 기계에게 공급자 탐색에 관련된 기준을 주면 그대로 행한다. 즉 어떤 공급자를 어떤 기준에 따라 그런 기준이 만족되는 항목들을 발견하여 우리가 원하는 내용이 포함되어 있고 이런 이런 조건을 만족하면 (단순한 조건의 나열이 아니고, 조건들이 충돌하거나 누락되거나 변경되는 경우에 어떻게 수행하라는 명령을 입력하여 놓으면 다양한 조건들의 경우를 해석해가면서 진행함) 그들을 골라서 리스트를 만들어 결과를 보고하라고 명령을 내리면 기계가 가능한 모든 공급자들의 자료를 수집하여 분석한 다음 주어진 판단 기준에 따라 선택될 수 있는 공급자들을 뽑아서 리스트를 만들어줄 수 있다. 특히 우리가 원하는 공급자 탐색에서 Full and Open(모든 가능한 그리고 누구에게나 능력이 있는 사람에게 열려있는)이 가장 이상적인 경우라고 언급하였는데, 현실적으로 비용과 시간 때문에 불가능하고 단지 제한된 영역에서만 탐색이 가능하였지만, 실제로 기계가 대신하면서 가능해질 수도 있다. 그리고 공급자를 평가하는 경우에도, 평가 기준을 주고 그러한 기준을 가지고 후보 공급자들을 평가하여 가장 높은 점수를 받은 3명을 골라내라고 한다면 기계가 시키는 일을 수행한다. 결국 인간이 기계에게 어떤 명령을 내리면 기계는 그 명령에 따라 수행해야 하는 일을 충실히 수행한다. 명령도 구매할 때마다 내리는 것이 아니고 기본적으로 알고리즘(기준)을 만들어 정해 놓고 그러한 알고리즘에 따라서 진행되게 만들면, 사안 마다 명령을 내리는 것이 아니고 기계가 알고리즘을 따라서 업무를 진행하고 그 결과를 보고하는 형태가 될 것이다.

계약서 관리(검토)를 살펴보자. 공급자와 계약을 할 경우, 계약서를 작성해야 하는데 계약서 내용이 매우 방대하고 특히 공급자가 원하는 언어로 계약서를 작성하게 될 경우 우리와 다른 언어로 방대한 계약서를 작성하고 검토해야 할 경우가 발생한다. 이 경우 구매 부서는 계약서의 완전한 법적 검토를 위하여 법무팀과 협의하게 되는데 가끔은 법무팀이 계약서를 검토하면서 부분 부분 '전략적 판단을 요구 함'이라는 약간은 모호한 커멘트를 구매 부서에게 주기도 한다. 법무팀의 의견이 구매 부서가 잘 알아서 잘 판단하라는 것이다. 구매 부서가 약간 난감해지는 상황이 발생한다. 이럴 경우, 구매 계약관리 시스템이 자동화(기계화) 되어 있다면, 기계가 계약을 이해하게 만들고(인간의 언어를 기계가 이해 함) 그리고 계약 내용을 학습하고 그러한 계약 내용 중에서 구매 회사에 불리하거나 독소 조항이 있는지 그러하면 어떤 내용이 해당되는지 알려주어서 구매 담당자가 그러한 내용을 기반으로 공급자와 구매 계약서에 관한 협상을 진행하는 상황이 될 것이다.

자재가 입고 되면서, 공급자에게 송장(Invoice)를 받으면, 구매담당자는 발주 시의 구매발주서(PO, Purchase Order)와 공급자가 제공한 Invoice(대금청구서, 세금계산서 포함)가 서로 정확한지 대조하고 비교하는 작업을 실행한다. 두 개의 문서가 서로 일치하여야 대금이 지급될 수 있는 것이다. 이 경우 서로의 문서가 일치하는지 검증하는 작업을 그 동안은 인간이 직접 하였다. 그런데 이러한 작업을 기계가 대신 하게 되었다. 공급자의 Invoice(대금청구서)를 전산 시스템에 입력하면 자동으로 구매발주서와 비교·분석한다. 두 개의 문서를 비교하여 서로 다르면 어디가 다른지 알려주고, 두 개가 동일하면 일치한다고 알려주는 것이다.

이렇듯 기본은 반복적인 구매 업무 프로세스의 자동화에서 시작된다. 그렇다면 다른 영역들은 어떠한가. 비정형화되고 반복적이지도 않고 그리고 일관된 법칙이 없는 구매 영역에서도 기계가 인공지능을 통한 인지적 역량(Cognitive capability)을 개발해가면서 점점 인간이 생각하고 판단하던 영역으로 들어오고 있는 것이 사실이다.

다음과 같은 사례를 살펴보자. 미국에 있는 회사라고 가정하자. 당신의 회사가 내년 특정 시기에 큰 행사를 기획하고자 한다. 미국 내에서 어느 도시에서 하는 것이 최적일까? 이러한 의사 결정을 하기 위하여 관련 정보들을 수집하여 분석하여야 한다. 예를 들어 필요한 고려 사항은 다음과 같다고 가정하자.

✓ 호텔의 수용 가능 인원
✓ 그때 날씨
✓ 교통
✓ 비용
✓ 참석자들의 이동 거리

과거의 IT 시스템은 각각의 정보를 구해주었다. 데이터를 분석하면 호텔의 정보도 가능하고 날씨, 교통 관련 데이터 등등 다양한 정보를 구할 수 있다. 그러나 이러한 정보들을 다 구하더라도 결국 종합적인 판단은 인간이 내려야 한다. 그들의 경험이나 직관 또는 사안들을 종합한 개인적인 판단으로 결국 하나의 도시를 선정하게 되는 것이다. 그런데 인지적 분석(Cognitive analysis)은 기계가 이러한 의

사결정이 가능하게 도와준다. 이러한 자동화를 인지 자동화(Cognitive automation)라고 한다. 즉 기계가 학습을 통한 인지가 생겨서 스스로 판단을 할 수 있는 역량을 가지게 된다는 것이다. 흔히 인공지능이라고 명칭되는 부분과 동일한 경우이다. 예를 들어보자. 기업에서 30년 동안 구매 업무를 수행하면서 전문적인 구매 역량을 가지고 있는 K전무가 은퇴를 하였다. K전무의 30년 구매 경험을 기계가 인지적 역량으로 변화시킬 수 있다면 기계가 이러한 30년 구매 경험을 이해하고 학습하게 되고 이러한 학습을 통한 역량 발전이 종합적인 판단을 가능하게 만드는 것이다. 그리고 이러한 학습을 기반으로 더 진화되고 발전되어 간다. 이럴 경우 인간이 기계에게 종합적인 판단을 물어보고 그 결과대로 진행할 수 있게 될 것이다. 또한 LCC 후보 공급자 중 가장 적합한 공급자를 선정하고자 한다고 하자. 앞서 언급한 것처럼 각각의 정보는 이미 가지고 있다. 생산 단가 정보, 운송 및 물류 정보, 관세 정보, 품질 검사 정보 등 다양한 정보가 주어졌을 경우, 종합적인 판단을 어떻게 할 것인가? 마찬가지로 다양한 학습을 통한 기계가 종합적인 상황을 고려하여 가장 최선의 공급자를 선정한다. 전체 구매 자재를 대상으로 자재 유형 및 특성을 분석하여 최적의 조합과 그룹을 만들고 관리하는 일, 원가 절감의 다양한 영역과 활동 중에서 가장 먼저 우선적으로 실행하여야 할 내용, 구매할 것인가 제조할 것인가에 관한 종합적 판단 등 향후 기계가 인간을 대신하여 의사 결정을 내리게 되는 날도 멀지 않은 것 같다.

하지만 결국 사람을 움직이는 일은 아직도 기계가 하기 어렵다. 타 부서를 설득하여 다기능팀을 만들고 함께 공동의 목표를 수립하여 협력하는 일, 공급자와 협상을 통한 갈등을 해결하고 문제를 해결하는 일, 기업 전략을 이해하고 그러한 전략에 맞게 구매 담당자들을 한 방향으로 모으는 일 등 사람에 관련된 업무는 여전히 인간이 주도하게 될 것이고 그런 연유로 미래 구매 역량 중에서 타인과 소통과 설득 협력 및 조화 등 관계 역량이 강조되는 이유가 되는 것이다.

(2) 확장되고 심화된 구매 의사 결정

모든 정보 분석에서 원하는 것은 크게 두 가지이다. 첫째로 그 동안 전혀 인과 관계를 알 수 없을 정도로 복잡한 현상이 특성 및 원인 ↔ 결과를 이해하게 된다는 것이고, 둘째로 정보 분석을 바탕으로 미래에 관한 예측의 정확성을 향상시키고자 하는 노력이다. 물론 모든 현상이 매우 복잡하여 확연히 원인 ↔ 결과를 밝혀내기가 쉽지 않다. 그리고 또한 미래는 아직 실현되지 않은 상태이어서, 아무리 노력해도 정확하게 미래를 예측하기란 매우 어렵다. 그러나 4차 산업혁명의 빅 데이터와 인공지능을 활용한 분석 알고리즘이 활용되면서 과거에 하지 못하였던 새로운 의사 결정을 구매 영역에서 할 수 있게 도와준다. 몇 가지 사례를 살펴보자.

지출 관리(Spend management)

지금까지 지출 분석(spend analysis)은 현재의 자료를 기반으로 과거의 모든 구매 업무 및 특성을 이해하는 것에 초점을 맞추었다. 우리 회사 구매 특성은 어떤지, 각각의 구매 담당자들은 업무를 효율적으로 잘 수행하고 있는지, 공급자 및 자재들은 효과적으로 관리되고 있는지 비용은 잘 관리되어 지출되고 있는지 등 주로 현재에 초점을 맞추어 분석되고 진행되었다. 그런데 이러한 지출 분석의 정보가 지출의 패턴을 이해하게 되면 미래의 지출도 예측이 가능하고 그럴 경우 기계가 제안을 할 수도 있을 것이다. 예를 들어보자. 기업에서 매달 회사의 복사 업무에 필요한 A4 용지를 100권 씩 구매한다고 가정하자. 그런 일이 반복되면 기계는 매달 100권의 A4 용지가 필요하게 될 것이라는 것을 예측하게 된다. 그때 만약 H 공급자가 A4 용지를 특별 세일 한다면 빨리 그러한 사안을 구매 담당자에게 알려서 다음 달 A4 용지 구매를 미리 하게 할 수도 있다. 원가 절감이 가능한 영역이다. 결국 기계가 구매 지출 형태를 이해하고 현재 가장 최적의 공급자를 제시할 수도 있는 것이다. 구매 부서가 B라는 소재를 지속적으로 구매하게 되면 기계가 이 기업이 B라는 소재를 매달 필요로 한다는 것을 알게 되고 B라는 소재가 공급 시장에서 매우 빈번하게 언급된다면(이유는 가격 변동성이 높아질 것 같다는) 구매 담당자에게 B라는 자재에 관하여 특별히 관심을 가지라고 알려줄 수도 있고 필요하다면 위험을 줄이기 위한 구매 행위를 제안할 수도 있다. 즉 현재의 지출 분석이 단순히 우리가 어떤 자재를 얼마나 누구에게 어떤 방법으로 구매하였다는 정보를 분석하는 정도였다면 향후 지출 관리는 그러한 특성을 기반으로 앞으로 공급자 시장에서 어떤 일이 발생할 경우 어떻게 미리 대처하는 것이 좋다는 것을 알려줄 수 있는 선제적 구매 활동을 도와주는 도구로 활용될 수 있다. 다시 말하면 인간이 노력하지 않아도 기계가 구매 부서가 구매하는 품목 및 내용을 이해하고 있다면 그러한 품목에 관련된 정보들을 수시로 수집하고 분석하여 어떤 미래가 다가올 지를 예측하고 그러한 미래에 대응하는 전략 및 방안을 제안해주는 것이다.

📍 가격 모형(Price modeling)

구매가 A라는 자재를 지속적으로 구매하는 경우 과연 어떤 요소들이 A 자재의 가격에 중요한 변수일까? 무엇이 구매 가격에 영향을 주는가? 그리고 어느 정도 연관성이 있을까? 이러한 연관 관계를 알아내면 요소가 변할 경우 A 자재의 가격이 어떻게 변할지 예측할 수 있다.

$$Y = a X_1 + b X_2 + c X_3 + \dots$$

Y는 구매하고자 하는 A 자재의 가격이다. X_1, X_2, X_3는 중요 요소이고 a, b, c는 계수이다. 예를 들어보자. Y가 올해 구매하려고 하는 쌀의 가격인데 빅 데이터 분석을 통하여 가격을 결정하는 가장 중요한 요인들이, X_1이 올해 쌀 생산량 그리고 X_2가 현재 국내의 쌀 재고 수준, X_3는 수요량인 것을 알아내었다. 그리고 예를 들어 $a = 3.453$, $b = -10.19$, $c = 23.89$를 발견하였다면 올해 쌀 생산량과 재고 수준, 수요량을 가지고 어느 정도 가격이 형성될 것이라는 것을 알아낼 수 있다. 또한 그중에서 특정 요소가 변동하면 그러한 변화가 어느 정도 구매 가격에 영향을 주는지도 알 수 있다. 결국 인과 관계를 이해하고 구매 가격을 예상하고자 하는 노력이다.

📍 시장 탐지(Supply market sensing)

공급자 시장에서는 하루에도 수많은 사건들이 발생한다. 그러한 사건들이 우리 회사에게 어떠한 의미를 가지게 되는지를 분석하여 사전적 구매 활동을 할 수 있게 도와주는 영역이다. 자재 가격의 변동, 공급자의 다양한 행동, 수요 공급을 결정하는 행위의 발생 등 무엇인가 우리 기업에게 의미 있는 사안이 발생하게 되면 기계가 그러한 사안들을 알아내어서(sensing 즉 느낀다는 의미) 구매 부서에게 통지하고 의미를 전달한다. 인간은 세상에서 일어나는 모든 사안을 다 알 수도 없고 또 어떤 사안이 우리에게 어떤 의미가 있는지 모두 분석할 수도 없다. 기계에게 상황을 파악하는 역량(예를 들자면 일정한 패턴에서 벗어나는 경우를 탐색)을 가지게 하면 스스로 알아서 검토하고 일정한 영역을 벗어 나는 사건들을 알려주고 의미를 분석해준다. 이런 방법으로 미래에 발생할 위험을 대비하고 사전적으로 해야 할 구매 업무를 수행하여 그러한 일이 발생하지 않도록 하는 것이다. 이러한 sensing은 비단 공급자 시장 뿐만이 아닌 일반적인 거시 환경 즉 환율, 경제 환경, 정치, 노사, 기후 등의 정보를 수집하여 자체적으로 분석하고 판단하여 미래 추세를 예측하고 발생 가능한 위험에 대비할 수 있는 방안을 제시해주기도 한다.

📍 원가 관리(Cost management)

총 소유 비용(TCO)은 이해하기는 쉬우나 실제로 실행하려면 앞서 언급한 비정형화된 자료(Unstructured data)들을 수집하고 분석하여야 하기에 그동안 현실적으로 어려움이 존재하였다. 회사 내에 존재하는 TCO 관련 다양한 원가 항목을 일일이 파악하기도 어렵고 그러한 원가 항목을 모아서 총 소유 비용으로 구성하고 계산해 내는 것도 역시 쉽지 않았다. 그러나 4차 산업혁명 하의 혁신적인 정보 관리 방법으로 비정형화된 자료가 수집되고 분석된다면 이러한 TCO의 명확한 계산도 가능하다. 또한 늘 구매 부서가 받는 질문인 '구매 원가 절감 금액이 궁극적인 손익계산서에 어디 있나?'라는 질문에도 정확하게 구매에서 절감된 원가가 생산 물류 유통 판매 과정을 거치면서 지속적으로 관리되고 추적이 가능하다면 정확하게 구매 부분에서 절감된 원가 금액을 최종 손익계산서 상에 표현할 수도 있다. 이렇듯 그 동안 복잡한 현실 속에서 구하지 못하였던 원가 관련 정보를 알아냄으로써 보다 적극적이고 전략적으로 원가 관리 활동을 수행할 수 있을 것이다.

📍 최적 구매 의사 결정(Optimization of buying decision)

구매 부서는 재고 비용과 구매 비용의 최적화를 목표로 한다. 예를 들어 자재를 구매해야 하는 경우 미리 구매하여 재고로 보유하는 방법(재고 비용 발생 그러나 미래 불확실성 감소)과 필요한 때마다 현물 시장에서 즉시 구매(Spot buying)를 하는 방법(재고 비용 없음, 그러나 미래 불확실 비용) 이렇게 두 가지를 적절하게 혼합하여 사용하려고 한다면 그 결정에 필요한 정보 및 논리 – 현재 다양한 공급자 시장에서 형성된 가격 정보와 미래 위험 요인들 및 가격 예측 정보들 그리고 어떤 요인이 자재 가격과 수급을 결정하게 될지 그리고 기업의 재무 상태와 재고를 보유하는 경우에 공장 창고 여유, 재고 관련 비용 등 – 등이 매우 복잡하여, 언제 얼마의 수량을 어떤 방법으로 구매하는 것이 최적인가를 결정하려면 어려움에 직면하였다. 그러나 알고리즘이 개발되고 관련된 다양하고 방대한 정보가 체계적으로 수집된다면 기계의 도움으로 이러한 최적의 의사 결정을 합리적으로 수행할 수 있게 된다. 의사 결정을 하기에는 너무나 다양한 변수들이 존재하고 상황도 복잡하여 과거에는 최적의 의사 결정이 어려웠던 구매 영역이 점점 향후에는 그러한 복잡성이 이해되고 정보 수집에 의한 인과 관계가 밝혀짐으로써 합리적이고 효과적인 최적의 의사 결정이 가능해질 것이다.

그렇다면 이러한 4차 산업혁명을 활용한 구매 업무의 변환을 어디서부터 어떻게 시작하여야 할까. 이 질문에 대한 대답은 이러한 기계화를 통하여 구매 부서가 무엇을 가장 얻고자 하는가에 달려 있다. 그러한 목적이 업무 효율성 향상인지 원가 절감인지 위험 관리인지 또는 다른 목적이 있는지 먼저 기업 상황을 이해하고 그리고 기계화 목적을 인지하고 시작하면 좋겠다. 괜히 다른 기업이 하니까 우리도 안 하면 뒤 떨어 지는 기분이 들어서 무작정 시작한다면 수많은 혁신 방안 실행에서 보았듯이 별로 효과가 없을 것이다.

이렇게 4차 산업혁명이 도래한다면 미래에 필요한 구매 역량은 무엇이 될까. 전반적으로 그동안 업무를 원활하게 수행하기 위한 전통적인 구매 역량은 기본적으로 지속될 것이다. 아무리 기계가 사람을 대신한다고 해도 인간이 알고 이해하여야 그러한 기계를 움직이고 명령을 줄 수 있다. 더 필요한 역량을 언급해보면 앞서 언급한 소통과 설득 역량이 맨 먼저일 것으로 생각된다. 결국 사람을 움직이는 것은 기계가 아닌 사람이고, 그렇게 하려면 설득과 소통 및 협력을 이끌어 내는 관계 역량일 것이다. 그 다음으로는 데이터 분석 능력이 중요해질 것이다. 아무리 데이터가 잘 관리되어도 결국 사람이 판단하여 선택하여야 한다. 그러므로 데이터에 관련된 분석과 통찰 능력이 중요해질 것이다. 그리고 미래는 VUCA(Volatility, Uncertainty, Complexity, Ambiguity)로 표현되는 매우 불확실하고 모호한 경영 환경을 맞이하게 될 것이다. 그러므로 지금처럼 하나의 단일한 구매 전략이나 방법을 가지고 구매를 수행하는 것이 아닌 상황별로 다양한 플랜을 수립하고 실행하는 시대가 올 것이다. 결국 이러한 다양성을 예측하고 상황을 대비하고 준비하는 역량이 필요하다.

그러면 결국 이러한 4차 산업혁명은 구매인에게 어떤 의미가 있을까. 저자는 기계가 인간을 대체한다는 관점이 아니라, 반복적이고 규칙이 있는 구매 업무들을 기계가 대신 하고, 인간은 그 동안 정보 부족, 시간 부족, 역량 부족 등으로 하지 못하였던 일들을 기계의 도움으로 할 수 있게 되는 – 예를 들자면 공급자의 혁신 역량을 평가하고 우수한 공급자에게 관련된 정보를 수집하고 필요하다면 투자를 하여 원하는 혁신을 완성시켜서 기업의 경쟁력으로 활용 – 상황이 도래하여 과거나 현재보다 더 많은 구매 가치를 창출하고 더 많은 성공의 기회를 만들어내는 구매가 될 수 있을 것이라 생각된다. 4차 산업혁명은 우리 구매인에게 새로운 가치를 창출할 수 있는 기회이자 새로운 도전이다.

색 인

저자약력

최정욱 교수는 연세대학교 경영학과를 졸업하고 University of Illinois at Urbana-Champaign에서 경영학 석사 및 박사(구매, 생산, SCM 전공)를 취득하였다. 그 후 Bowling Green State University 경영학과 교수, Arizona State University 구매학과 연구교수 등을 역임하였다. 현재 국민대학교 경영대학 교수로 재직하고 있다.

한국에서 구매분야가 학문적 틀과 체계를 이루지 못하였던 90년대 초반 귀국하여 구매의 체계와 이론을 만들어가는 데 노력하였다. 대학에서 구매관리 과목을 개설하여 구매 전공 석사 및 박사들을 육성, 후진을 양성하였고, 산업계에서 국제공인 구매전문가(C.P.M. & CPSM) 교육과정을 개설하여 많은 구매전문가를 배출하였다. 학계에서는 한국구매조달학회 창설을 주도하고 학회장을 역임하였다. 한국의 기업에서 구매분야 교육, 구매혁신 자문, 구매인력 육성 프로그램 등을 만들어 시행하였고, 한국기업 구매담당 중역 모임을 창설하기도 하였다.

과거에 비하여 구매의 인식과 중요도가 향상되었으나, 아직도 구매의 발전은 진행형이고, 이 책의 제목처럼 구매 부서가 기업 경쟁력 창출의 핵심 부서가 되기 위하여 더 많은 노력이 필요하다고 생각하고 있다.

개정판
기업경쟁력 창출을 위한 구매관리

초판발행	2009년 1월 15일
개정판발행	2018년 2월 28일
중판발행	2023년 1월 30일

지은이	최정욱
펴낸이	안종만·안상준

편 집	하정원
기획/마케팅	오치웅
표지디자인	조아라
제 작	고철민·조영환

펴낸곳	(주) **박영사**
	서울특별시 금천구 가산디지털2로 53, 210호(가산동, 한라시그마밸리)
	등록 1959. 3. 11. 제300-1959-1호(倫)
전 화	02)733-6771
f a x	02)736-4818
e-mail	pys@pybook.co.kr
homepage	www.pybook.co.kr
ISBN	979-11-303-0542-4 93320

copyright©최정욱, 2018, Printed in Korea

* 파본은 구입하신 곳에서 교환해 드립니다. 본서의 무단복제행위를 금합니다.
* 저자와 협의하여 인지첩부를 생략합니다.

정 가   29,000원